민족문학과 근대성

민족문학사연구소 엮음

문학과지성사
1995

민족문학과 근대성

펴낸날/ 1995년 5월 20일

엮은이/ 민족문학사연구소
펴낸이/ 김병익
펴낸곳/ ㈜문학과지성사
등록번호/ 제10-918호(1993.12.16)

서울 마포구 서교동 363-12호 무원빌딩(121-210)
편집: 338)7224~5 · 7266~7 FAX 323)4180
영업: 338)7222~3 · 7245 FAX 338)7221

ⓒ 민족문학사연구소, 1995
ISBN 89-320-0742-X

* 잘못된 책은 바꾸어드립니다.
* 엮은이와 협의에 의해 인지는 생략합니다.

민족문학과 근대성

민족문학사연구소 엮음

머리말

 '민족문학사연구소'는 지난 1990년 4월 14일에 창립 총회를 가진 이래 올해로 다섯 돌을 맞이했다. 당시 연구소 창립에 동참한 회원들은 우리 문학을 민족문학적 시각에서 연구해보자는 자못 진지한 결의와 포부를 가지고 출발하였다. 그러기 위해서는 이 시대 민족사의 요구에 일치하는 연구와 활동이 되도록 하며, "참다운 민주주의의 실현과 자주적 통일이라는 우리 민족의 당면 과제를 해결하고 민족사를 발전시키는 데 학문적 차원에서 일정한 기여"를 해야 한다고 생각했다.
 대체로 회원들은 그런 생각으로 연구 활동에 임해왔고, 이에 따라 나름대로의 가시적 성과도 나왔다. 그 동안 우리는 특히 고전국문문학분과, 고전한문문학분과, 현대시분과, 현대소설분과, 이론비평분과, 희곡분과의 여섯 분과를 중심으로 활발한 연구 활동을 벌여왔으며, 공동 연구서로는 『북한의 우리 문학사 인식』을 비롯하여 기관지 『민족문학사연구』를 제6호까지 출간하였다. 또한 금년내에는 『민족문학사강좌』 전2권도 내놓을 예정이다. 이외에도 여러 연구반들이 중심이 되어 각종의 연구서와 번역서를 준비하고 있을 뿐만 아니라 해방 50주년을 맞이하여 그 동안 한국 문학이 걸어온 도정을 되돌아보고 앞으로의 바람직한 방향을 모색하기 위해 '광복 50년과 한국 문학'이라는 주제로 제2회 심포지엄을 성황리에 치르기도 하였다. 이처럼 회원들의 연구 활동이 질적·양적으로 심화 확대되고 그 결과물들이 축적되어가면 연구소의 내실도 그에 따라 착실히 다져질 것으로 기대된다.

그러나 창립 5주년을 맞이한 우리 연구소로서는 이 정도의 성과에 만족하려 하지 않거니와 실제로 만족할 수준에 이르렀다고도 생각하지 않는다. 더욱이 그간의 국내외 정치문화적 상황 변화는 기존의 민족문학적 연구 방법에도 철저한 자기 반성과 새로운 방향 정립을 요구하고 있다. 그런 점에서 현재는 종래와는 다른 획기적인 차원의 도약이 절실한 시점이라 할 수 있다. 소련과 동유럽 사회주의 국가들의 와해에 뒤이은 자본주의 세계 시장화의 급속한 진전 속에서 우리나라 역시 좋든 싫든 '국제화' '세계화'를 회피할 수 없게 되었고, 문학 연구에서도 우리가 견지해온 민족문학적 혹은 리얼리즘적 시각에 대한 자기 점검이 절박해졌다. 더 나아가 주요한 문학적 흐름으로 자리잡았거나 자리잡아가고 있는 모더니즘과 포스트모더니즘에까지도 시야를 확대하여 이들에 대한 비판적 검토와 지양의 길을 찾아보는 작업도 우리 연구소가 감당해야 할 시급한 과제가 되었다. 사실 이번 심포지엄의 주제를 '민족문학과 근대성'으로 정한 것 역시 우리 연구소가 이 시대에 걸맞는 새로운 지평을 열어나가는 데 적극적으로 기여하기 위한 노력의 일환이라 할 수 있다.

이 책은 민족문학사연구소 제1회 심포지엄의 발표문과 토론, 그리고 주제별 연구 모임의 성과물들을 모아 만들어졌다. 우리 연구소는 각종의 '탈근대'론이 유행하고 있는 지금이야말로 오히려 한국 문학의 근대성에 대한 근본적이고도 역사적인 조망이 긴요한 때라고 판단하여 그 문제를 여러 분야에서 공동으로 점검해왔다. 이 책에 실린 논문들은 그러한 공동 연구의 산물이다. 그런 점에서 형식적으로는 개별 집필이지만, 내용적으로는 부족하나마 일정한 일관성과 통일성을 갖추고 있다고 자부한다. 물론 서로 의견이 일치하지 않는 문제들도 허다하고, 그에 따라 각 논문들이 다른 견해를 제시하고 있는 경우도 적지 않다. 하지만 의견이 일치하지 않는다는 것은 그 문제가 그만큼 중요하다는 사실을 반증하는 것이라는 점에서 의견의 불일치를 정직하게 보여주는 것 자체가 오히려 보다 생산적인 논의를 촉진해주리라고 생각한다. 이는 심포지엄 후반의 토론 과정에서도 확인된 바 있다.

이 책은 크게 총론, 소설론, 시론, 비평론, 토론의 다섯 부로 나누어져 있다. 그리고 각 부는 한국 문학의 근대성 문제와 관련된 주요 쟁점을 다룬 논문들과 토론으로 구성되어 있다. 책을 만들어 놓고 보니까 반드시 다루어졌어야 할 문제들이 빠져 있는 점이 아쉽게 느껴진다. 이 문제들은 우리 연구소의 월례발표회나 연구반 활동 등을 통해 보완하여, 성과가 축적되는 대로 반드시 결과 보고서를 제출할 것을 약속드린다. 이번 심포지엄에 대한 기대 이상의 관심을 보면서 민족문학의 가능성이 여전하다는 것을 다시금 느낄 수 있었다. 물론 그 가능성의 현실화는 근본적인 자기 반성과 자기 갱신을 전제로 한다. 우리 연구소는 이를 위해 앞으로도 끊임없는 노력과 실천을 계속해나가겠다. 이번 심포지엄을 위해 물심양면으로 후원을 아끼지 않은 창작과비평사와 한샘출판사, 그리고 재정적 후원에서부터 책 출간까지 도맡아주신 문학과지성사에 다시 한번 감사의 말씀을 드린다.

민족문학사연구소 공동대표
이 선 영

차 례

머리말/iii

제 I 부 총론

우리 문학 연구의 새로운 지평 이선영/13
1. 근대성 논의와 그 개념의 범주 · 13
2. 모더니즘의 근대성에 대하여 · 18
3. 한국 문학사의 근대 기점에 대하여 · 21
4. 1930년대 한국 작가의 근대 의식 · 25
5. 민족문학적 단계 이후를 위하여 · 30

한국 문학의 근대성을 다시 생각한다 최원식/33
1. 근대와 근대 이후 · 33
2. 근대 문학의 기점을 끌어올리려는 부질없는 시도들 · 40
3. 프로 문학의 위상 · 52
4. 맺음말 · 64

한국 근대 문학 형성의 사회사적 조건 이현식/66
1. 한국 근대 문학사에 대한 제도사적 접근의 필요성 · 66
2. 상품 화폐 경제의 등장과 문학 존재 방식의 변화 · 70
3. 근대적 공공 영역의 등장과 정론적(政論的) 담론의 형성 · 76
4. 정론적 문학의 대두와 과도기적 문학 환경 · 86

5. 정론성의 탈각과 근대 문학의 굴절 · 93

제Ⅱ부 소설론

판소리의 근대 문학 지향과 『은세계』 ················· 김종철/101
1. 머리말 · 101
2. 창극 운동과 『은세계』· 104
3. 『은세계』의 시민성과 현실주의 · 120
4. 영웅적 비장미 · 134
5. 결론 · 139

이인직 소설의 근대성 연구 ················· 이상경/142
1. 머리말 · 142
2. 이인직 소설의 발전 과정 · 146
3. 초기 부르주아의 자기 표현: 『은세계』· 159
4. 맺음말 · 177

(백현미 1996: 35~75)

신소설과 풍자의 문제 ················· 한기형/179

이상의 소설과 한국 문학의 근대성 ················· 서영채/200
1. 머리말 · 200
2. 두 개의 권태 · 202
3. '위티즘'의 양상과 전략 · 210
4. '위티즘'의 이중성과 그 의미 · 220

제Ⅲ부 시 론

애국 계몽기 시운동과 그 근대적 성격 ················· 고미숙/231

1. 문제 제기 · 231
2. 논의를 위한 몇 가지 전제 · 234
3. 애국 계몽기 시운동과 근대시를 향한 모색 · 243
4. 결론 · 262

근대 자유시 양식의 모색과 갈등 ·············· 정우택/264
1. 머리말: 근대적 시양식에 대한 요구 · 264
2. 자유시의 운율 구조와 실현 양상 · 268
3. '가(歌)' 지향 시가들의 반(反)근대적 성격 · 273
4. 자유시 양식 모색 양상과 근대적 성격 · 279
5. 맺음말: 근대 자유시의 형성 · 295

1920년대 한국시의 근대성 연구 1 ············ 김경숙/300
1. 한국적 전통과 근대성의 개념 · 300
2. 소월 시의 근대적인 면모 · 305
3. 남는 문제 · 332

제Ⅳ부 비평론

춘원 이광수 문학의 근대성 연구 ············ 김영민/337
1. 머리말 · 337
2. 문학사의 근대성 논의: 한국 문학의 근대성이란 무엇인가? · 339
3. 이광수 문학의 근대성 · 345
4. 맺는 말 · 364

1930년대 후반 문학비평의 변모와 근대성 ············ 하정일/365
1. 1930년대 후반과 근대성의 문제 · 365
2. 프로 문학론의 내적 변화와 문학적 근대성의 새로운 인식 · 368

3. 모더니즘 문학과 '순수 문학'의 근대관 · 379
4. 소결: 근대성과 민족문학 · 389

안함광 문학론에 나타난 근대와 현대에 대한 인식 ······ 오현주/392
1. 들어가는 말 · 392
2. 몸말 · 395

1930년대 임화의 문학론과 근대성 ························· 이 훈/407
1. 서론 · 407
2. 근대 문학의 완성과 탈근대적 지향의
   문학적 담당자로서의 프로 문학,
   방법으로서의 사회주의 리얼리즘 · 410
3. 근대 문학의 완성에 대한 지향, 리얼리즘적인 관점의 약화 · 418
4. 결론 · 424

모더니즘 비평에 나타난
근대 문학과 현대 문학의 성격 ························· 김윤재/427
1. 서론 · 427
2. 근대와 현대의 시기 구분 · 429
3. 근대 문학의 성격 · 431
4. 현대 문학의 성격 · 438
5. 결론 · 451

제 V 부 토론

토론: 민족문학과 근대성 ·· 457

필자 소개/500

제 I 부 총론

우리 문학 연구의 새로운 지평*
―― 근대성 문제의 논의를 계기로

이 선 영

1. 근대성 논의와 그 개념의 범주

 근대성 문제가 근래 나라 안팎에서 중요한 학문적 주제로 주목되고 있는 것은 주지의 사실이다. 그런데 우리가 여기서 먼저 의문을 갖게 되는 점은 근대성 문제에 대한 이러한 관심이 도대체 무엇에 기인하느냐는 것이다. 다시 말해서 왜 이 시기에 새삼 근대성이 문제인가 하는 것이다. 그 원인을 사회과학적 안목으로 해명하기에 역부족인 필자로서도 그런 원인과 연관하여 먼저 염두에 떠올릴 수 있는 사항들은 다양하고 광범한 정치·사회적 문제들이다. 우리의 남북한 분단 문제를 비롯하여 핵 문제, 환경 문제, 남북 문제, 민족 대립 문제, 사회 불공정과 성차별 등의 문제들이 미해결로 복잡하게 얽혀 있는 현상들은 우리가 직면하고 있는 사상 이론적 위기와 떼어놓고 생각하기 어렵다. 오늘의 이러한 전지구적 차원의 복잡한 현실 문제들을 제대로 해결할 만한 강력한 이론이 부재하다는 것, 그 중에서도 사회주의 국가들의 해체와 그에

---
* 이 글은 심포지엄 기조 발제문이다.

따른 마르크스주의의 위기 국면이 주류 비판 이론의 존재를 어렵게 하고 있다는 것, 그렇다고 가령 국내외적으로 상당한 위력을 떨치고 있는 모더니즘 내지 포스트모더니즘 이론이 그 빈자리를 대신하여 메울 만한 것이 되지 못한다는 것 등은 그런 사상 이론적 위기를 잘 입증하고 있다. 따라서 우리는 이 불확실성의 혼돈기에 우리가 서 있는 현주소에 대하여, 또 우리가 하고 있는 것이 무엇인지에 대하여 새로운 역사 인식을 갖는다는 것, 그래서 이를테면 근대성의 개념과 원리를 새롭게 성찰하고 인식한다는 것이 필요하게 된 셈이다.

먼저 근대성 개념의 큰 테두리를 잡아나가기 위해서 마샬 버먼의 저서, 『모든 고정된 것이 연기처럼 사라진다: 근대성의 경험』[1]에 대해서 페리 앤더슨이 자신의 「근대성과 혁명」[2]이라는 글에서 비판한 핵심 사항부터 살펴보기로 한다. 그런데 앤더슨이 말하고 있듯이, 버먼 책의 중심 개념은 마르크스가 『공산당 선언』에서 지적하고 있는 것과 동일한 다음과 같은 내용이다. "한편으로 자본주의는 전세계에 걸쳐 문화와 관습의 낡은 부스러기들을 쓸어내면서 모든 해묵은 제약, 봉건적 속박, 사회적 경직성, 편협한 전통 등을 해체한다"는 것이고, "다른 한편으로 [……] 자본주의적 경제 발전의 도래는 비정한 경제적 착취와 냉담한 사회적 무관심을 특징으로 하는 야만적으로 소외되고 원자화된 사회를 만들어내며, 바로 그 경제 발전으로 말미암아 가능성이 생겨난 문화적·정치적 가치를 파괴한다"는 것이고, 또 "심리적인 차원에서도 이런 조건

---

[1] Marshall Berman, *All That Is Solid Melts Into Air: The Experience of Modernity*, New York, 1982. 이 책은 윤호병·이만식에 의해서 『현대성의 경험』(현대미학사, 1994)이라는 제목으로 번역되어 있다. 그런데 이 제목은 마르크스의 『공산당 선언』에 나오는 문구에서 따온 것이다.
[2] 앤더슨의 이 논문은 김영희·유재덕의 번역으로 『창작과비평』, 1993년 여름호에 실려 있다.

에서의 자아 발전이란 확장감이나 환희, 새로운 능력과 정서들의 해방과 동시에 〔……〕 심각한 혼란과 불안감, 좌절과 분노 등을 의미하지 않을 수 없다"는 것이다.[3] 마르크스와 버먼이 다 같이 지적한 바와 같이 자본주의 생산 양식이 그 이전의 문화와 관습, 사회와 정치, 심리나 자아에 큰 변화를——그것이 긍정적이건 부정적이건간에——초래해왔다는 것은 누구나 인정하는 터이다. 그리고 이러한 자본주의적 변화·발전은 보통 '근대화' 혹은 '근대성'과 연관시켜 수용하고 있음도 사실이다.

그러나 버먼의 이 책이 지닌 대략적 요지가 그렇다 하더라도, 근대성 개념에 대하여 버먼은 마르크스와 동일한 입장을 취하고 있는 것은 아니다. 버먼은 더구나 마르크스의 자본주의 발전론을 잘못 해석하기도 한 바 있는데, 이런 버먼의 오독에 대해서는 앤더슨이 정확하게 지적하고 있다. 버먼은 근대성이라는 것을 근대화 과정에서 겪게 되는 경험으로 규정하며, 이 경험은 본질적으로 전통적인 관습이나 역할의 벽이 와해될 때 겪게 되는 제한 없는 자아 발전이라는 주체상의 과정을 의미하는 것으로 본다. 그러나 마르크스에게 있어 자아는 타자와의 관계와 무관하게 선험적으로 주어지는 것이 아니라, 애초부터 타자와 불가분의 관계에 의해 구성되는 것이다. 그리고 그러한 타자와의 공존에는 늘 제한이 있게 마련이고 그런 제한이 없다면 발전 자체도 일어나지 않게 되는 것이다.[4] 따라서 버먼은 근대화 과정에서 겪게 되는 자아 발전이 타자와의 관계에 의해서 제한적으로 이루어진다는 마르크스의 주장을, 그것이 타자와 관계없이 무제한적으로 이루어지는 것으로 잘못 이해한 셈이 되는 것이다. 그리고 그 결과 버먼은 앤더슨이 바르게 지적하고 있는 것처럼, 마르크스가 개인주의적인 제한 없는

---

3) 『창작과비평』, 1993년 여름호, p. 338 참조.
4) 『창작과비평』, 1993년 여름호, p. 356 참조.

발전론에 의해서 마침내 그 자신의 미래 사회에 대한 전망 자체를, 또 그의 근대성에 대한 변증법 자체를 스스로 파괴하고 있는 것으로 잘못 해석하고 있는 것이다.

따라서 현대의 모더니즘 옹호론자인 버먼은 자신의 근대성 개념을 마르크스주의의 토대와 상부 구조라는 개념이나, 알튀세르의 레벨 개념[5] 같은 전체적 구조나 일종의 전체적 의미에 근거해 파악하지 못한다. 버먼은 그보다 오히려 그런 전체성의 의미가 근대 사상의 경향에 반대되는 점을 주목할 필요가 있다고 한다. 이처럼 사실상 해체론자에 가까운 버먼이니만큼 그가 자신의 근대성 개념의 핵심을 바로 위의 책 제목처럼 궁극적으로 견고한 모든 것이 소멸·해체된다는 데에 두는 것은 하등 이상할 것이 없다고 하겠다. 또 버먼은 마르크스를 자신의 모더니즘적인 시각으로 해석하여, 그를 드디어 '모더니즘 상상력의 절정'을 이룬 사람으로까지 파악하게 된다.[6] 그런데 여기서 버먼이 말하는 '모더니즘'이란 랭보, 니체, 릴케, 예이츠에게서 우리가 발견하려는 것들, 이를테면 '사회과학에서의 모더니즘'이나 '계몽주의적 근대성'과 유사한 것이라기보다 '예술에서의 모더니즘' 내지 '미적 근대성'에 연결되는 그런 성질의 것이다.

물론 19세기 전위 예술 내지 예술에서의 모더니즘을 18세기 프랑스 및 독일 계몽 사상의 연장선상에 두고 이해할 수 있는 면이 없지 않다. 원래 근대성 기획은 18세기 계몽 사상가들에 의해서

---

5) 마르크스주의의 토대와 상부 구조라는 개념에서 생산 양식 혹은 경제를 궁극적인 결정 심급(決定審級)으로 본다는 것은 잘 알려진 사실이다. 그러나 알튀세르는 생산 양식을 사회 구조 전체와 동일한 것으로 보지만, 경제는 생산 양식과 동일한 것으로 보지 않고 다만 일종의 특권을 지니고 있는 정도로만 본다. 그래서 경제의 레벨은 다른 레벨들, 즉 정치·법률·이념·문화 등의 레벨에 중요한 작용을 가한다는 것이다. 그리고 각 레벨들은 상호 작용뿐만 아니라 스스로도 반(半) 자율성 *semi-autonomy*을 가진다고 한다.
6) 『현대성의 경험』, 앞의 책, pp. 106~07 참조.

객관적 과학, 보편적 도덕률, 자율적 예술이 그 자체의 논리에 따라 발전되도록 하기 위해 구사한 독특한 지적 노력이라고 하버마스가 밝힌 바 있다. 또 그런 계몽 이성은 합리적인 사회 조직과 사고 방식의 발전에 의해서 인간을 신화·종교·미신의 비합리성에서 해방시켰으며, 권력의 자의적인 전횡으로부터 벗어나게 한 것도 사실이다. 따라서 그러한 계몽 이성의 긍정적 성과는 마땅히 인정되고 활용되어야 할 일이다. 그러나 그러한 계몽 이성이라고 해서 언제까지나 좋게만 이용되지는 않는다. 그것은 히틀러나 스탈린 같은 사람에 의해서 문화와 개성을 억누르는 도구적 이성 내지 압제적 권력으로 화하게 된다. 그리고 그보다 앞서 이미 니체는 계몽 이성의 전제로서 근대적인 것들을 들고, 이 근대적인 것들은 권력에 대한 의지인 동시에 원초적 에너지에 불과하다는 것을 말한다. 지식과 과학에 의해서 주도되는 근대적 삶의 배후에는 야만적이며 무자비한 원초적 에너지가 있으며, 따라서 문명·이성·도덕성 따위에 대한 계몽주의적 상상은 한결같이 무의미하다는 것이다.[7] 그러므로 니체가 계몽 사상이나 과학에 우선하여 선악을 초월한 원초적 에너지 내지 심미적 경험 혹은 새로운 모더니즘이 자리한다는 것을 주장한 것은 바로 그러한 전후 관계의 맥락에서 기인한 것이다.

따라서 우리는 이로써 18세기 계몽 사상이 어떻게 19세기의 새로운 모더니즘으로 연속되면서 동시에 극복되었는지를 알게 되었거니와, 한편 그 후 피카소, 아라공과 같은 20세기 아방가르드 예술가들이 공산주의적 대의를 적극 지지한 것도 이해할 수 있는 일이다. 그러나 우리에게 미적 근대성이나 모더니즘 원천으로서의 근대성은 계몽 사상보다 유럽의 본격적인 예술에서의 모더니즘

---

7) 데이비드 하비, 구동회·박영민 옮김, 『포스트모더니티의 조건』(한울, 1994), pp. 30~34 참조.

(1890~1930)에 더 가까운 것으로 인식되는 것이 사실이다. 더욱이 그런 인식을 굳히게 하는 것은 이미 보들레르나 플로베르 그리고 니체 같은 사람들에 의해서 계몽 이성과 진보에 대한 종래의 확신이 의문시되었고, 많은 모더니스트들에 의해서 인간의 세계 지배·세계 정복의 가능성이 거부되었기 때문이다. 그리고 앞에 든 여러 사실들은 마르크스의 그 『공산당 선언』에 대한 버먼의 해석이 정곡을 이탈하고 있음을 다시 확인하게 하고 있거니와, 특히 그 『공산당 선언』에 의거하여 마르크스를 심미적 모더니스트로 보는 듯한 버먼의 주장은 수긍하기 어렵다(그렇다고 이런 말은 버먼이 그 책에서 보여주는 근대성 이미지와 근대성 개념의 참신성과 다양성의 의미까지 부정하는 것은 물론 아니다).

2. 모더니즘의 근대성에 대하여

전술한 바와 같이 이성과 진보 그리고 인간의 세계 정복 등에 대한 믿음을 거부한 모더니즘은 마침내 인간 정신의 내면 경험이나 신화 내지 심리적 세계로 물러서게 된다. 그러나 이러한 모더니즘에는 가령 그것과 대조적인 리얼리즘 입장의 논자까지도 쉬 간과할 수 없는 문제가 도사리고 있었다. 특히 이 문제와 관련해서 1930년대의 중요한 문학비평가인 루카치와 극작가인 브레히트가 서로 입장을 달리하여 리얼리즘, 사회주의 문학, 모더니즘의 실험적인 작품의 성격 등에 관해서 논쟁을 벌인 것은 유명하다. 우리나라에서도 꽤 알려져 있는 바와 같이 루카치는 문학 작품을 본질과 현상, 구체와 추상, 개인과 사회 등의 관계에서 나타나는 자본주의 제모순을 융화시키는 하나의 '전체'라고 본다. 예술은 그런 여러 모순들을 극복하면서 전체성과 조화를 재창조한다는 것이다. 또 루카치는 모더니즘 작가에 의해서 개발된 형식상의 여러 가지 고안에 대해서 강력히 반대하였다. 모더니스트들이 통일된 원근법을 버리고 붕괴적인 여러 기교들(몽타주, 콜라주, 다면적 원근법, 르포르타주, 에피소드적 구조 등등)에 의존하는 것은 루카치가 보기에는 후기 자본주의 사회에서의 인간 존재의 소외화나 단편화를 반영하고 있는 것이다. 그러나 브레히트는 루카치가 말하는 '문학 작품에 의한 자본주의 제모순의 극복'을 반동적인 회고 취미라고 말한다. 브레히트에게 있어 예술은 그런 제모순들을 제거한다기보다 오히려 그것들을 폭로하는 것이 되어야 하며, 그렇게 함으로써 인간을 자극하고 인간은 현실 생활 속에서 그 제모순을 극복하려고 한다는 것이다. 또 문학 작품은 그 자체로 균형 있는 완전체이어서는 안 되며, 모든 사회적 생산물과 마찬가지로, '사용된다'고 하는 행위를 통하여 비로소 완성되는 것이 되어야 한다는 것이다. 또 표현주의자나 초현실주의자와 같은 모더니스트의 실험에 대한 브레히트의 자세 역시 루카치와는 전혀 다른 것이었다. 브레히트의 견해에 의하면 사회주의 예술가는 불공평한 사회를 변혁하는 과정을 돕는 모든 기법을 이용해야 하는 것이었다.[8]

루카치에 의하면 부르주아적 문학 형식인 소설은 19세기 초기까지는 고전적인 희랍 서사시가 지닌 구체성과 조화를 어느 정도까지 회복하고 있었다. 예컨대 소설은 신흥 부르주아에 대한 원숙하고 집중적인 '반영'을 보여주며, 그리고 사회 전체의 구조와 개인과의 상호 관계에 대한 감각을 부여한다고 루카치는 생각하였다. 그는 부르주아 소설을 사회 발전에 관한 '현실적인' 표현으로서 이상적인 형태라고 보고 있었다. 사회주의 리얼리즘은 새로운 내

---

8) 이 두 사람의 상반되는 견해에 대해서는 주로 Terry Eagleton, *Marxism and Literary Criticism*(Methuen, 1976)의 일역본, 有泉學宙 외 4인 옮김, 『マルクス主義と 文藝批評』(圖書刊行會, 1987), Ⅳ장 및 Raman Selden, *Practising Theory and Reading Literature: An Introduction*(Harvester Wheatsheaf, 1989)의 일역본, 『現代の文學批評』(彩流社, 1994), 23장을 참조함.

용을 요구하지만 새로운 형식은 필요하지 않다고 본 루카치는 한편으로 모더니즘은 주관적이고 비관주의적이며 형식주의적이라 하여 공격하였다. 그러나 브레히트의 희곡은 관객이 세계를 자기 만족적인 낯익은 기분으로 수용하는 것을 막기 위해서 새로운 기술상의 고안들을 받아들였다. 그가 희곡에서 사용한 '낯설게 하기의 효과'는 관객이 피동적으로 작중인물과 일체화하여 작중인물을 이상하지 않은 보편적인 존재로 다루는 것을 방해하는 것을 노리고 있었다. 브레히트는 사람들이 공감하는 감정의 물결에 깊이 침잠하는 것이 아니라, 그의 희곡이 제기하고 있는 문제들에 반응하는 것에 의해서 사회 질서를 비판하기를 희망하였다. 문학 형식에 대한 그의 연구 방법은 비타협적으로 정치적이었다. 즉, 그의 관심은 세계를 변혁하는 것에 있었으며, 단순히 세계를 이해하는 것은 아니었다. 루카치가 작가의 정치적 입장에 관계없이 사회에 관한 역사적 이해를 가능하게 하는 소설까지도 찬양한 반면 브레히트는 그러한 루카치의 19세기 소설과의 관계 양상을 일종의 형식주의로 간주하였다. 브레히트는 사람들의 정치 의식을 변혁하기 위한 예술의 능력만을 중시하였다.

  문학이 개인과 사회의 전체성에 관한 역사적 이해를 가능하게 하는 것으로 보는 루카치와 세계를 이해하기보다 세계를 변혁하는 예술의 능력을 더 중시하는 브레히트, 부르주아 소설을 현실적 표현을 위한 이상적 형태로 보는 루카치와 세계 변혁을 위해 모더니즘 기교(술)의 필요성을 강조하는 브레히트, '옛날의 좋은 시대'로 돌아가자고 하는 루카치와 오늘의 '나쁜 새 시대'로부터 출발하여 거기서 무엇인가를 만들어야 한다고 믿는 브레히트는 서로 다른 입장을 취하고 있다. 한편 루카치의 전체성, 이를테면 사회 생활의 우연적 현상과 본질적 요소의 조화에 의한 전체적 형식이라는 것이 갖는 관념성의 한계가 있으며, 브레히트의 기술 중시, 즉 예술의 기술적 기반에 대한 관심이 초래할 기술 만능주의라는 덫이 없는 것은 아니다. 그러나 그럼에도 불구하고 우리는 개인과 사회의 전체성을 효과적으로 파악하는 루카치의 원근법과, 현실의 변혁에 능동적으로 대처하는 브레히트의 예술적 실험, 즉 끊임없이 변화하는 오늘의 사회 현실을 효과적으로 반영하는 예술의 새로운 방법과 기술 내지 모더니즘의 실험을 다 같이 포기할 수 없다.

따라서 이러한 모더니즘 원천으로서의 근대성이 지닌 한계와 가능성을 파악함에 있어서도 루카치와 브레히트의 그런 상반된 입장을 모두 고려한 바탕 위에서 시작하는 것이 현실적이고 생산적일 터이다. 또 그러한 미적 근대성의 수용과 폐기 역시 양자의 변증법적인 지양의 방향에서 모색되어야 할 것이다. 원칙 없는 절충주의에서가 아니라 발전을 위한 유연성의 차원에서 볼 때, 우리는 그 동안 문학·예술의 리얼리즘이나 모더니즘에 대해서 너무 협소하고 경직된 시각에 사로잡혀 있었던 것이 아니었나 느껴진다. 엄연히 존재하는 모더니즘 내지 그 연장선상에 있는 것으로 생각되는 포스트모더니즘의 실체와 그 긍정적인 이용 가능성을 무시하거나, 급속한 변화와 다양성을 지닌 현실에 대해서도 최선의 원근법과 전체적 파악을 단념할 수 없다는 것이 우리의 입장이다.

3. 한국 문학사의 근대 기점에 대하여

한국 근대 문학의 근대성을 살펴보려고 할 때 그에 앞서 우리가 불가피하게 부딪치는 문제가 있다. 그것은 거듭 논의되어온 근대문학의 기점 문제인데, 사실 이에 대해서는 간단히 몇 마디로 견해를 밝힌다고 해서 문제가 쉽게 매듭지어질 수 있는 성질의 것이 아닐지도 모른다. 논자들의 역사 내지 문학사에 대한 관점의 차이로 인해서 근대의 기점 설정이 달라지는 것은 필연적이기 때문이다. 그런 점을 고려하여, 또 이 글의 기조적 성격도 감안하여 여기서는 근대 문학 기점의 획정 그 자체보다 그것에 관한 원칙적인 문제에 대해서 무게를 두고 살펴보고자 한다. 이런 생각에서 먼저 밝혀두고 싶은 것은 한국 문학사에서 전반적으로 근대와는 거리가 있는 구시대·구사회에 다소간 어떤 근대성을 내비치는 작품이 있다고 해서 그것을 근대의 기점을 장식하는 물건으로 보아서는 안 된다는 것과, 그렇다고 세계적 걸작에 견줄 만한 뛰어난 근대적 작품이 없다는 이유로 무작정 근대의 기점을 끌어내릴 수도 없다는 것이다. 우리의 근대 문학은 비록 유럽의 그것에 비해서 상대적으로 빈곤한 것이 사실이라 하더라도, 그것은 함부로 내버려도 좋은, 시효가 이미 지난 폐품이 아니라, 현대 민족문학의 전통적 기반이 되는, 살아 있으면서 지양되기도 해야 할 성질의 것이다.

이러한 진술은 막연한 절충주의나 값싼 민족적 감상주의에 의해서 우리의 근대 문학을 규정하려는 의도에서 하는 말이 아니다. 이 진술에 대한 필자의 입장은 시대 구분 문제란 본질적으로 생산 양식의 문제와 분리하여 생각하기 어렵다는 것과, 한국 문학사의 시대 구분은 세계 문학사적 시각도 고려되어야 하겠지만 그렇다고 그런 시각이 한국 민족문학사 자체의 자생적·자율적인 시각을 무시하거나 배제해서는 안 된다는 것이다. 먼저 역사의 시대 구분 문제를 생산 양식적 지평에 두고 생각할 때, 물론 '근대'는 자본주의 생산 양식의 지평에 대응하는 것이라고 하겠다. 그러나 그런 의미로 '근대의 기점'을 획정한다 하더라도 그것을 좀더 구체적으로 실천하려고 하면 그것은 간단한 일이 아니다. 왜냐하면 이를테면 봉건 사회, 봉건 시대가 어느 날 별안간에 자본주의 시대로 이행한 것은 아니기 때문이다. 그 이행은 지역에 따라 완급의 차이는 있다 하더라도, 그 두 시대는 중간의 상당한 이행 기간 없이 곧바로 양분될 수 있을 만큼 급격히 변화하는 것은 아니다. 다시 말해서 그 변화는 낡은(봉건주의) 생산 양식에 대응하는 가치관이나 습관이 해체되고(즉 모든 고정된 것이 연기처럼 사라지고), 새로운

(자본주의) 생산 양식에 대응하는 습관과 생활 형태 및 가치 체계가 들어서지만, 그것은 언제나 복수의 생산 양식이 공존하며 서로 투쟁하는 형태로 나타난다. 그리고 이 새로운 체제는 점점 그 지배력을 확립하고, 그때부터 그 새로운 지배권을 유지해나가기 위해서 다른 체제와 투쟁을 벌여나간다. 이 투쟁은 그 새로운 체제가 생명을 지속하는 동안까지 계속되게 마련이다. 또 이 새로운 체제가 확립되면, 낡은(봉건주의) 체제와 더욱 새로운 (가령 사회주의) 체제는 이 새로운 체제에 동화되는 것을 거부하려고 한다. 이와 같이 적대적 체제들과 새로운 체제는 끊임없이 체제간의 싸움을 전개해나가는 것이다.[9] 따라서 우리는 여기서 이러한 역사와 문화의 여러 이행 단계 가운데서 이를테면 우리나라 역사상 '근대의 기점,' 즉 자본주의 생산 양식의 체제가 지배력을 획득·확립하는 시점을 가려서 포착하려는 것이다.

그러면 이러한 관점에서 볼 때, 한국 민족문학사의 '근대 기점'은 과연 어디로 잡는 것이 가장 타당할까. 이 근대의 기점에 관해서는 최근 백낙청 교수가 「문학과 예술에서의 근대성 문제」라는 논문에서 근대의 출발 시기를 그 형태상 강화도 조약(1876)으로 상징되는 세계 시장으로의 편입 시기로 보는 한편, 근대 문학의 기점은 갑오경장의 해요 농민 전쟁의 해이기도 한 1894년으로 보되, 작품다운 작품의 출현을 고려하여 그보다 한 십 년 혹은 한 세대 정도의 뒤로 잡아볼 수 있지 않을까 하는 제안을 한 바 있다.[10] 이럴 경우 전자는 1904년 무렵이 되고 후자는 1924년 무렵이 되지만 그것은 차치하고 이 견해는 예컨대 작품다운 작품의 선별 기준을 어떤 수준에 둘 것이냐 하는 세부적 차원에서는 이론의 여지가 있

---

9) Fredric Jameson, *The Political Unconscious: Narrative as a Socially Symbolic Act*(Cornell University Press, 1981), pp. 96~97 및 일역본, 大橋洋一 외 2인 옮김, 『政治的 無意識』(平凡社, 1989), pp. 116~17 참조.
10) 『창작과비평』, 1993년 겨울호, pp. 23~26 참조.

을지 모르겠으나, 그의 시대 구분의 기본 시각은 필자에게도 공감된다. 그렇게 생각하는 것은 그의 시각이 한국 근대 문학의 기점을, 단순히 '일국 사회 내부의 변화를 세계 체제 전체의 맥락에서 파악해야 한다는 원칙'에서 설정하고 있기 때문에서가 아니다. 그보다는 오히려 이 근대 문학 기점을 세계 자본주의 발전 단계에 편입시켜보는 보편적 사관에 기초해 있으면서도, 작품의 독자적인 근대성을 아울러 존중하는 적절한 입장을 취하고 있기 때문이다.

여기서 우리는 문학 작품의 근대성이 무엇인지에 대해서 좀더 명확하게 생각해볼 필요가 있을 것이다. 그런데 이것은 우선 작품에 나타난 여러 현상, 예컨대 작자 및 등장인물의 가치관·습관·언어·생활 태도 등이 자본주의 생산 양식에 대응하는 변화·진보의 의미를 지닌 것들과 연결되는 것들로 파악할 수 있을 것이다. 그리고 근대 한국 문학 초창기의 경우 그런 근대성은 특히 봉건적 미신과 무지, 외세의 침입과 억압으로부터 벗어나는 의미와 다르지 않았다. 그래서 흔히 한국 문학의 근대성을 대표하는 덕목으로 과학·이성·자주·자유가 거론되기도 하였다. 물론 한국 근대 문학 가운데 이런 근대적 성격을 투철하게 반영한 작품이 어떤 것이냐는 것도 검토해보아야 하겠지만, 그렇다고 그러한 근대성을 지닌 작품은 무엇이나 훌륭한 근대 문학이라고 하기도 어려운 것이다. 그것은 근대 문학 가운데서도 어떤 근대성을 어떻게 수용하고 있느냐에 따라서 그 작품의 가치는 달라질 수밖에 없기 때문이다. 따라서 이 경우 작품의 가치는 근대성의 가능성과 한계성을 제대로 분별하여 그것을 바르고 슬기롭게 예술 작품으로 다루느냐 그렇지 못하느냐에 달린 것이라 하겠다.

이런 시각에서 볼 때 우리는 19세기 말엽에서 식민지 시대에 이르는 동안의 문학 작품 내지 모든 지적·사상적 활동까지도 좀더 분별력을 가지고 살펴야 한다는 것과 근대성의 지양이 어떤 방향에서 이루어져야 하는지도 생각하게 된다. 그래서 가령 그런 시각으로 우리는 구한말의 세 가지 사상 이론, 즉 전통적 학문 체계를 그대로 수용하자는 위정척사론과, 서양 문물을 전폭적으로 받아들이자는 개화론, 그리고 동도(東道)는 그대로 지키면서 서양 문물을 받아들이자는 동도서기론에 대해서 검토해볼 수 있다. 여기서 우리는 먼저 근대화라는 면에서 위정척사론이 시대착오적인 반면, 나머지 두 가지 이론은 전자보다 시대 적응성이 우월한 것으로 느껴지는 것이 사실이다. 그러나 대한제국 때까지 현실적으로 가장 유효했던 동도서기론이 한일 합방 이후 친일적 개화론의 세력에 밀리고 말았다[11]는 역사적 사실에 대한 평가는 좀더 투철한 분별력을 요한다. 동도서기론이 대안일 수 있었느냐의 여부는 차치하고서라도 최소한 친일적 개화론이 우리나라의 근대화에 가장 유효한 길이 아니었다는 것은 역사가 이미 증명한 터이다. 결국 우리는 식민지 시대와 분단기를 겪으면서 근대화의 방향은 민족의 주체적 발전이라는 범위를 벗어날 수 없음을 다시 확인하게 되는 셈이다. 그리고 참다운 민족문학의 발전 역시 그러한 근대화의 방향과 궤를 달리하여 이루어질 수는 없을 것이다.

4. 1930년대 한국 작가의 근대 의식

식민지 시대 문학을 이런저런 의미의 근대성이라는 면에서 생각할 때 필자의 머리에 떠오르는 서너 사람의 대조적인 성격의 작가들──이광수·한설야(혹은 이기영)·이상──이 있다. 이들은 당대 우리나라의 대표적인 작가들에 속할 뿐만 아니라, 이들 각각의 작품들은 한국 근대 문학의 상이한 근대성들을 매우 두드러지

---

11) 이태진, 「한국의 학문적 전통과 서양 학문에 대한 반응」, 『현대의 학문 체계』 (민음사, 1994), pp. 118~19 참조.

게 보여주기도 한다. 보통 이 작가들은 각각 계몽주의·프로 문학·모더니즘을 대표하는 것으로 인식되어왔고, 또 필자도 그런 통념은 대체로 유효한 것으로 생각한다. 그리고 이들의 작품들이 지닌 그러한 개별적 특징들은 전술한 근대성의 개념에 비추어볼 때 더욱 분명한 맥락 속에서 모습을 드러내게 된다. 이를테면 그러한 작품의 특징들은 각각 당시의 어떠한 사회·경제적 발전과 또 그런 사회·경제적 힘의 작용을 입은 어떠한 주체적 발전을 반영하고 있는지를 보여줄 것이며, 또 그 각각의 근대성이 갖는 가능성과 한계성 역시 그런 물질적 내지 정신적 맥락 속에서 이해될 수 있을 것이다.

먼저 계몽주의 작가로 알려져 있는 이광수의 경우를 보면 부분적인 예외가 없지 않으나 대체로 그의 작품들은 자본주의 생산 양식에 대응하는 계몽적 합리성을 강조하고 있는 것으로 볼 수 있다. 그것은 이를테면 『무정』(1917)이나 『흙』(1933)과 같은 장편소설에도 나타나 있다. 계몽적 합리성의 강조는 이형식이 봉건적 유교 사상과 생활 태도를 부정하고 자유 연애·과학 문명·근대 교육 등을 지향하면서 이전의 소설에 비해서 사실적 묘사와 구어체 문장에 더욱 힘쓰고 있는 점으로도 알 수 있다. 또 춘원의 그런 계몽적 이성은 『흙』이 전근대적인 생활 형태와 영농 방식을 탈피하여 합리적이고 과학적인 방향으로 농촌을 개량하려는 주제를 내세우고 있는 동시에, 작품의 박진성과 객관성을 살리기 위해서 대체로 전지적 시점에 따른 서술과 내용을 선명하게 드러내는 간결한 문체를 즐겨 사용하고 있는 점에서도 드러난다. 그러나 그의 이런 작품들이 갖는 한계는 그와 같은 근대의 계몽적 합리성이 그의 소설에서 일사불란하게 관철되어 있지 않을 뿐더러, 식민지하 우리 민족사의 주체적 발전이라는 일종의 근대 의식을 그의 작품들이 제대로 담아내지 못한 점에 있다고 하겠다. 가령 한 젊은 변호사의 지도 아래 조선의 농촌을 경제적·문화적으로 잘살게 한다는 기본 서사를 지니고 있음에도 불구하고, 『흙』은 그러한 계몽 운동이 고작 일제 통치를 전제한 개량 운동이자 지식인의 도덕적 교화 운동에 그치고 있다는 데서 문제점이 드러나고 있다. 식민지 농촌의 경제적 궁핍과 문화적 낙후성의 개선은 지도자와 농민 모두의 사회적 자각이나 합리적 깨달음을 토대로 추진되는 것이 아니라, 시혜자의 일방적인 선의나 도덕성에 전적으로 의존하고 있다. 또 그러한 지도자의 노력은 농촌의 자본주의 근대화에 대한 의욕을 내포하고 있는 것이 사실이지만, 그것은 어디까지나 "아무 정치적 의도가 없는 식민지 체제 안에서의 타협적인 개량 운동"에 지나지 못한다. 그런 점들이 춘원의 작품에서 식민지하 예속 자본주의 체제에 순응하는 태도와 긍정적 주인공의 윤리적 허위 의식을 통하여 드러나고 있음을 필자는 이미 다른 글에서도 지적한 바 있다.[12]

다음으로 대표적인 프로 작가들 가운데 한 사람인 한설야의 경우는 어떠한가. 그의 작품들은 분명히 마르크스의 입장과 유사한 계몽 사상의 후손[13]임을 느끼게 하는 것이 사실이나, 한편으로는 당시 한국 프로 문학의 보편적 한계이기도 한 이념적 경직성과 비현실성을 노출하고 있다는 것도 부인할 수 없다. 실제로 한설야의 대표작인 『황혼』(1936)을 보면, 계급 모순·민족 모순의 극복과 인간 해방에 대한 작자의 열의가 강하게 느껴진다. 억압적이고 수탈적이며, 계급적이고 예속적인 친일 자본가에 맞서 정당한 삶의 권

---

12) 이선영, 「『흙』의 서사와 그 의미: 체제 속의 이상촌과 예속 자본주의」, 『동방학지』 제83집(연세대 출판부, 1994), pp. 47~71 참조.
13) 마르크스는 근대 국가의 생성기에 일어난 계몽 사상, 즉 낡은 봉건적 권위와 종교적 도그마, 사회적 편견, 비합리적이고 종속적인 인간 의식 등에서 벗어나, 각자의 이성에 따라 온갖 사상(事象)을 자율적·합리적으로 생각해야 한다는 사상을 이어받아 그것을 발전시킨 사람이라 하겠다. 또 한편으로 그는 자본주의 생산 양식하에서의 인간 소외를 극복하고, 그 밖의 여러 사회 문제, 예컨대 성차별·환경·평화 등의 과제들을 해결하려 한 점에서 탈근대적 사상가로도 볼 수 있을 것이다.

리 확보를 위해 싸우는 노동자의 투쟁은 점차 가열·고조되며, 이 작품의 중심 서사를 이루고 있다. 그런데 이처럼 투쟁의 주체를 노동자로 정한 것은 당시 조선의 노동자가 식민지 자본주의 사회의 가장 큰 피해자이며, 따라서 그들이야말로 그 피해를 주체적으로 극복해야 할 당사자이기 때문이다. 이리하여 노동자들은 그들의 투쟁 대상이 식민지 예속 자본주의 내지 거기에 영합하는 조선의 매판 자본가임을 분명히 인식하고, 계급 해방·민족 해방을 위해 줄기찬 싸움을 벌여나가는 것이다. 그리고 이러한 일련의 상황 설정은 본질적으로 마르크스의 경우——투쟁 주체의 설정 및 사건 전개의 방법 등——와 다를 바 없다.

그러나 『황혼』이 문학 작품으로서 문제가 없는 것은 아니다. 이를테면 작품 속의 투쟁이 충분히 현실에 근거하지 못하고 관념화로 치닫고 있는 점은 결코 그냥 지나칠 수 없는 한계이다. 특히 낙관적 전망이 결코 허용될 수 없는 끝부분에서 어려운 처지에 있는 긍정적인 인물들이 오히려 일방적으로 승리의 행진을 벌이는 것과 같은 장면은 이 작품의 비사실적인 측면을 여지없이 보여준 가장 대표적인 예라 하겠다. 예속 자본가에 대한 조선 노동자의 투쟁을 통하여 계급 문제를 민족 문제와 함께 극복하려는 점에서 이 작품의 이념상 진보성은 물론 확인되지만, 그와 같은 투쟁의 관념성은 그 이념 자체의 경직된 도식성을 드러나게 하고 있다.[14] 또 이 작품은 당대의 조선 사회를 계급 갈등적인 시각으로만 재단하여 도식화함으로써 사회 현실을 총체적으로 반영하는 데 차질을 빚고 있다. 예컨대 1930년대 우리 사회의 낡은 제도 및 관습과 새로운 사고 및 생활이 혼재해 있는 모습을 제대로 그려내지 못하여 작품의 실감이 줄어든 점도 지적하지 않을 수 없다. 마르크스주의 이

---

14) 이선영, 「『황혼』의 소망과 리얼리즘」, 『창작과비평』, 1993년 봄호, pp. 160~175 참조.

론으로 당시 우리 사회의 모순 극복에 일정한 기여를 하고 있는 점이 없지 않으나, 그것이 그 이론의 단순한 이해와 경직된 도식화로 인해서 빚어진 한계를 넘어서지 못하고 있는 것이다.

끝으로 1930년대 모더니즘의 대표 작가인 이상의 소설들을 보면 식민지하의 모순된 자본주의 생산 양식에 의한 여러 현상과 심적 충격이 특이한 주체의 변화와 작품의 형식으로 표현됨에 따라 일종의 모더니즘적인 성격을 띠고 있다. 다시 말해서 그러한 기형적인 사회·경제적 힘으로 인해서 주인공의 내면이 고독·권태·좌절·절망 등의 상태에 놓이게 되고, 그러한 주체의 내면은 다시 반어와 풍자, 역설과 위트의 기법에 의해서 작품화되고 있다. 따라서 「날개」(1936)나 「지주회시」(1936)와 같은 소설은 우리의 민족문학 내지 루카치적인 리얼리즘의 시각에서 보면 객관 현실의 총체적 재현이라는 리얼리즘의 원칙에 어긋날 뿐만 아니라, 지나치게 부정적인 내면 세계를 모더니즘의 수법으로 그린 것이라 하여 비판받기에 알맞다. 이를테면 「날개」의 경우 돈과 성으로 표상되는 타락한 사회에서 마침내 부부 관계까지도 불신과 단절로 치닫게 되는 상황, 바로 그 상황을 뛰어넘으려는 주인공의 욕망은 결국 내적 차원에서의 비상의 몸짓으로 끝나고 만다. 또 역시 돈과 성 그리고 폭력으로 상징되는 사회에서 「날개」보다 더욱 복잡한 빼앗고 빼앗기는 인간 관계의 악순환이 되풀이되는 「지주회시」에서는 그 악순환의 상황을 부각시키기 위해서 자진하여 '걷어차이고 굴러떨어지는' 비극적인 자해 행위가 주인공의 마음속에서 강조되고 있다. 여기서는 분명히 현실적인 행동이나 실천보다 주체의 욕망이나 주인공의 내면 세계가 훨씬 섬세하게 그려져 있는 것이 사실이다. 그러나 그럼에도 불구하고 이상의 이러한 작품들이 근대적 관점에서 볼 때 부정적으로만 평가되어서는 안 된다는 것이 필자의 생각이다. 모더니즘의 수법이라는 것도 예컨대 「지주회시」의 결말에서 보는 바와 같이 반어적이고 낯설기까지 한 그 기법이 상황을 돋보이게 하는 것과 같은 장점이 없지 않으며, 또 전반적으로 말해서 그런 근대적 기법 자체가 당대의 억압적인 식민지 상황 아래서는 효과적인 창작상의 전략이 될 수도 있다고 생각되기 때문이다. 필자는 지금이야말로 우리들 자신의 시각상의 문제를 비롯하여 그 밖에 현존하는 주요 접근법에 대해서도 철저한 반성과 재검토를 통하여 이 시대와 미래에 상응·부합하는 문학 연구의 새로운 지평을 열어나갈 때가 아닌가 생각한다.

5. 민족문학적 단계 이후를 위하여

위에서 우리는 몇몇 작품들에 대한 설명을 통해서 근대 문학의 특성을 밝히는 데는 대상 작품을 근대성의 개념에 비추어보는 것이 효과적임을 알 수 있었다. 그리고 근대성의 개념은 근본적으로 자본주의 생산 양식에 대응하는 변화·발전을 뜻하는 것이기 때문에 그것은 이를테면 정치사적 단계나 계급사적 단계보다 더욱 큰 역사적 단계와 연결되어 있는 셈이다. 따라서 어떤 작품을 근대성의 개념으로 조명해본다는 것은 결국 작품을 역사화해본다는 뜻에 지나지 않는 것이다. 이처럼 문학 작품을 효과적으로 연구하기 위해서는 작품을 역사화한다는 것, 즉 그것이 놓인 역사의 맥락에 두고 읽는 것이 필요함을 인식해야 한다.

2년 전에 필자는 우리 문학의 연구 방법, 특히 종래의 민족문학적 내지 리얼리즘적 방법에 이제 새로운 변화가 요청되고 있음을 말한 바 있다. 그러나 그 변화는 기본적으로 리얼리즘적이고 변증법적인 시각을 견지해야 하며, 그럼으로써 이 시대에 뜻있는 방법론의 진전이 가능하다고 하였다. 그것은 그런 시각이야말로 이를테면 민족 내지 인류의 문제를 올바른 연구의 차원에서 끌어안을 수 있으며 그런 시각 자체 속에 이와 모순 대립되는 여타의 방법까지도 변형·수용하여 더욱 유익한 방법론으로 발전시켜나갈 수 있다고 보았기 때문이었다.[15] 필자의 이러한 생각은 지금도 근본적으로 변함이 없을 뿐더러 더욱 보완되고 적극 실천되어야 할 것으로 느끼고 있다.

그러면 이 시기에 진보적인 변증법적 시각으로 문학을 연구한다고 할 때 고려할 수 있는 새로운 방법에는 어떤 것이 있을까. 그런 접근법으로 우리는 이미 말한 바와 같이 루카치식 원근법에 기초하면서도 브레히트식 모더니즘 기법 활용의 문제를 고려해볼 수도 있을 것이다. 또 여성은 가부장제로 인해서, 프롤레타리아는 자본주의의 모순 구조로 말미암아 경제적·정치적·이데올로기적인 여러 수준에서 각각 착취당하고 있다고 할 때, 페미니즘 비평과 마르크스주의 비평은 그런 착취를 물리치기 위해서 양자 모두 서로 분리될 수 없는 사회적 투쟁의 모델을 추구할 수도 있을 것이다. 왜냐하면 그럼으로 해서 우리는 인간이 자기 실현에 저해되는 사회적 요인들을 제거할 수 있는 일종의 변증법적 문학 연구법도 개척할 수 있을 터이니 말이다. 그리고 그 방법을 좀더 포괄적으로 적용하려고 할 경우 우리는 이를테면 프레드릭 제임슨의 세 가지 지평에 의한 문학 해석 방법 같은 것을 떠올릴 수도 있을 것이다. 정치사·사회사 및 그보다 더욱 큰 역사 단위인 생산 양식의 세 지평에 두고 해석하는 이 방법은 그 유효성으로서 그것이 확고한 진보적 시각에 기초하여 여타의 방법을 변형시켜 활용한다는 점이 지적될 수 있다. 다른 어떤 연구법으로도 시도하기 어려운 이 변증법적 해석법은 작품을 그 독자성과 다양성을 훼손함이 없이 내재적인 형식주의적 방법으로 분석하여 그것을 앞에 든 세 가지 역사의 지평에 놓고 풍요하게 해석해낼 수 있다는 데 그 가능성이

---

15) 이선영, 「리얼리즘과 한국 장편소설: 새로운 연구 방법의 시도」, 『민족문학사연구』 제2호, 1992년, pp. 66~81 참조.

있다. 따라서 이러한 방법은 그 동안 이데올로기 분석에 치우쳐온 민족문학적 내지 리얼리즘적인 방법이 발전해나갈 수 있는 유력한 길의 하나가 될 수 있다고 생각한다. 물론 이데올로기 비평이란 어떤 것이건간에 일종의 유토피아를 지향하는 기능을 가지고 있다는 점에서 정치적 실천 속에서의 역할을 완수할 수 있다는 강점이 없는 것은 아니다. 그러나 이데올로기 분석 중심의 방법은 한편으로 문학 연구가 감당해야 할 미학적 영역까지를 제대로 포괄하지 못하는 한계가 있다는 것을 부정할 수 없는 것이다.

하지만 그렇다고 우리는 일면적이고 협소한 예술적 근대성을 배타적으로 중시하는 구조주의나 탈구조주의, 혹은 모더니즘이나 포스트모더니즘의 연구법을 단순히 긍정적 차원에서 수용하자는 것이 아니다. 그보다는 서두에서 이미 말한 것처럼 우리 문학의 근대성 자체를 점검하고 지양하는 한편 우리 문학이 있어야 할 위상과 연구의 새로운 방향을 모색하자는 것이다. 아직 우리가 견지해야 할 것은 민족문학이요 리얼리즘이지만, 다만 그 다음 단계에 대한 연구와 준비 역시 결코 소홀히할 수 없다는 것이 오늘날 우리의 사회·문화적 상황 인식이다. 다음 단계에 대한 이러한 전망과 준비 작업은 아직 불확정적이고 과도적인 것이지만, 그것은 우리 문학 연구의 새로운 지평을 여는 데는 물론이고 우리의 현실 인식과 사고 활동에 역동성을 불어넣는 데도 유익할 것으로 생각한다.

한국 문학의 근대성을 다시 생각한다*

최 원 식

1. 근대와 근대 이후

일찍이 '근대 이후'를 자처했던 현존 사회주의의 붕괴로 근대성 *modernity*이 다시 문제적 범주로 떠올랐다.[1] 러시아 혁명(1917) 이후 출현한 사회주의 체제의 독자성을 인정하거나, 또는 그 독자성을 부정하고 그것을 세계 자본주의 체제의 하위 범주로 파악하거나간에, 일국 사회주의 모델에 입각한 근대 이후 지향은 진정한 의미의 근대의 철폐가 아니라 근대의 연장 또는 또 다른 방식의 근대 따라잡기에 지나지 않았다는 사실이 이제는 명백해진 것

---

* 이 글은 1994년 5월 21일 민족문학사연구소 창립 4주년 기념 심포지엄 '민족문학과 근대성'에서 총론으로 발표된 필자의 발제문을 새로이 보완·수정한 것이다. 발제의 제4절 '근대 문학의 기점'은 따로이 논문을 준비중이어서 최근의 논의들을 중심으로 제2절에 흡수하고 대신 결론을 추가하였다. 이 발제에 대한 지정 토론자 김철(金哲) 교수와 강평자 백낙청(白樂晴)·임형택(林熒澤) 교수를 비롯한 참석자 여러분의 유익한 충고에 감사한다.

1) 백낙청 교수가「문학과 예술에서의 근대성 문제」(『창작과비평』, 1993년 겨울호)에서 명쾌히 정리하고 있듯이 필자도 modern을 '근대적,' modernity를 '근대'(즉 근대적 시대) 또는 '근대성'(즉 근대성의 특성)으로 번역한다.

이다.

자본주의를 충분히 겪지 않고도 근대 이후로 이행할 수 있으리라고 믿었던 레닌주의가 스탈린의 일국 사회주의로 전화되면서 프롤레타리아 독재는 프롤레타리아트에 대한 독재로, 국제주의는 슬라브 민족주의로 퇴행한 것도, 물론 신생 소비에트 권력에 대한 자본주의 체제의 봉쇄가 그 왜곡에 큰 몫을 담당한 것이지만, 근본적으로 당대 러시아에 사회주의로 진입할 물적 토대가 결핍되어 있었다는 점에 말미암을 터이다.

우리는 레닌주의와 스탈린주의의 비연속성을 간과할 수 없지만, 그렇다고 둘 사이에 만리장성을 쌓을 수도 없는 노릇이다. 예컨대 제프리 호스킹 Geoffrey Hosking이 "후에 스탈린의 전유물로 개발되는 일국 사회주의의 첫번째 조짐"[2]이라고 지적했던, 소련이 독일의 가혹한 종전 조건을 받아들인 1918년 3월 브레스트-리토프스크 Brest-Litovsk 강화 조약을 기억하자. 이 조약을 둘러싼 볼셰비키 당내의 논쟁은 세계 체제로부터의 일탈의 어려움을 상징하는 것인데, 조약 체결이 당시로서는 레닌의 불가피한 현실적 선택이었다는 점을 감안하더라도, 이는 1939년 히틀러와 스탈린 사이에서 이루어진 독소 불가침 조약의 먼 빌미가 되었던 것이다. 이태준(李泰俊)의 단편 「해방 전후」(1946)에는 "조국의 적일 뿐 아니라 인류의 적이요, 문화의 적인 나치스의 타도를 오직 사회주의에 기대하던 독일의 한 시인"이 1939년 독소 불가침 조약의 체결에 절망, 자살에 이른 아픈 삽화가 실려 있다.[3] 이것은 어찌 보면, 장려한 서사시적 화폭 속에서 피할 수 없는 작은 이야기로 치부될 수도 있지만, 요즘 들어 더욱, 스탈린주의는 물론이고 그 모태가 된 레닌주의의 운명까지 암시하는 통렬한 상징으로 필자

---

2) 제프리 호스킹, 『소련사』, 김영성 옮김(홍성사, 1988), p. 68.
3) 이태준, 『해방 전후』(조선문학사, 1947), p. 12.

에게 다가온다.
 러시아 혁명을 생각할 때 우리는 또 다른 한 시인의 자살을 잊을 수 없다. '최후의 농촌 시인'을 자처했던 에세닌 Esenin(1895~1925)의 자살은 과연 새로운 현실에 적응하지 못한 낙후한 의식의 소유자가 벌인 행티에 지나지 않는 것인가? 아마도 우리나라에 에세닌을 처음으로 소개한 오장환(吳章煥)이 속 깊은 공감에도 불구하고 "그도 소시민이었다"고 탄식하는 태도는 대표적인 경우일 터이다.[4] 와다 하루키(和田春樹) 교수는 그의 자살을 예감케 하는 시 「나는 최후의 농촌 시인」이 씌어진 때가, 우크라이나 농민 혁명의 지도자 마흐노 Makhno가 동맹군이었던 적군(赤軍)과 전면적인 전투 상태에 돌입하여 패배의 길을 걸어간 비극이 개막된 바로 1920년 봄이라는 점에 주목하여, 두 인물을 통해 러시아 혁명과 농민의 운명을 정밀히 추적한바,[5] 이는 매우 암시적이다. 요컨대 "내 노래의 목을 조르"고, "하늘빛 맑게 비추이는 밀보리를 실어"갈, 미구에 나타날 "무쇠의 손님"을 불길하게 노래하고 있는 이 시는 혁명 이후, 견결했던 노농 동맹의 균열을 상징적으로 드러낸 하나의 예언이었던 것이다. 도시 노동자 우위에 입각해 농업 부문의 해체에서 사회주의 공업화를 위한 물적 토대를 마련할 수밖에 없었던 혁명 이후의 열악한 현실은 사회주의와 근대성의 성숙이라는 해묵은 문제를 근본적으로 되묻게 한다.
 이와 함께 기대했던 독일 혁명의 좌절이 혁명의 서방 진출을 차단함으로써 일종의 동방 정책, 다시 말하면 제3세계의 민족 해방 운동을 후원하는 우회 전략으로 선회케 한 점이다. 그러니 러시아보다 더욱 낮은 수준의 자본주의 또는 자본주의 이전 단계에 놓여

---

4) 오장환, 「에세닌에 관하여」(1946), 최두석 편 『오장환 전집』 2(창작과비평사, 1989), p. 52.
5) 和田春樹, 「エセーニンとマフノ」, 『農民革命の世界』(東京大出版會, 1978), pp. 126~28.

있던 동구·아시아·라틴 아메리카·아프리카 등에서 레닌주의 모델의 이식 또는 그 변형에 의해 혁명에 성공한 나라들이 탈냉전시대의 입구에서 이미 붕괴했거나, 설사 생존하고 있더라도 심각한 난관에 봉착하고 있는 사정은 여기서 다시 되풀이할 필요도 없다. 사실 혁명 당시 러시아가 낙후했다고 하지만(물론 플레하노프 Plekhanov처럼 당시 러시아에는 자본주의가 아직 시작도 되지 않았다는 극단적인 견해가 없는 것은 아니다), 이것은 어디까지나 서구와 견주어서 상대적으로 그렇다는 것이지, 표트르 대제 이후 급격한 서구화 정책으로 러시아 자본주의의 수준도 결코 얕은 것은 아니었다. 이 점에서 세계에서 두번째로 사회주의 혁명에 성공한 나라가 몽골이라는 것은 유의할 대목이다. 1921년 소비에트 군대의 후원으로 중국의 지배에서 벗어난 몽골의 경우는 2차 대전 직후의 동구권처럼 일종의 '점령 공산주의'에 준하는 것이지 내발적인 사회주의 혁명이라고 보기는 어려울 듯싶다. 요컨대 근대성에 대한 안이한 성찰에 기초한 레닌주의 모델(물론 레닌의 사상과 레닌주의 모델을 그대로 등식화할 수는 없다)은 낭만적 근대 부정을 에네르기로 하여 실제로는 근대 따라잡기에 탈진한 형국인 것이다.

따라서 (일부) 진보적인 문학도들의 의식을 직·간접적으로 규제해왔던 근대―부르주아 문학/현대―프롤레타리아트 문학이란 명쾌한 도식은 그 의의를 심각히 훼손당했다고 보아도 좋다. 이른바 진보 진영은 그 동안 지나치게 단순함만을 추구해왔다. 당분간 미궁을 더듬는 테세우스처럼, 저 머릿살 아픈 복잡 속으로 우리의 몸과 마음을 밀어넣기를 두려워 말자.

이와 같은 단순 도식의 붕괴 속에서 포스트모더니즘 논의가 무성해진 것은 어쩌면 당연한 일인지도 모른다. 인류 해방의 합창이 터지는 '그날'을 핵으로 하는 '거대 서사'를 기독교적 종말론의 세속적 형태라고 비아냥거리면서(료타르Lyotard의 이 비아냥은 공산주의를 '네 발로 기는 기독교'라고 야유했던 도스토예프스키의 신랄한 비유를 연상케 하는데, 공교롭게도 현존 사회주의에는 종교를 비판하면서 종교를 모방하는 대체 종교적 성격이 없지 않았다), 계몽의 기획을 부정하는 포스트모더니즘은 그 화려한 방자함에도 불구하고 나라와 민족의 경계를 빠르게 지워나가는 전지구적(全地球的) 자본의 운동과 결합된 후기 자본주의의 문화 논리라는 점에서 그 명칭의 포스트모던(탈근대)은 하나의 과잉 수사인 것이다. 현존 사회주의의 붕괴로, 마르크스가 얘기한 세계 자본주의 단일 시장의 완성을 눈앞에 둔 오늘날, 우리가 지금 사는 이 시대는 근대 이후이기는커녕 근대의 절정일지도 모른다.

그런데 우리는 포스트모더니즘이 더욱 광포해진 자본의 논리라는 점을 엄중히 인식하면서도, 그것이 변모된 자본주의의 새로운 실감을 담지하고 있다는 점을 부정할 수는 없다. 확실히 포스트모더니즘은, 자본주의가 봉건적인 것들을 해체하는 초창기의 근원적 유동감에 대응하는 근대적 감수성을 어떤 점에서는 고전적으로 표현한 19세기 서구 근대 문학과 구별됨은 물론, "반(半)귀족주의적 지배 질서, 반산업화된 자본주의 경제, 그리고 반쯤 자리잡은 혹은 반쯤 봉기 상태에 들어간 노동 운동이 교차하는 지점"에서 발생한 20세기초의 모더니즘[6]과도 일정하게 구별되는 양상을 내포하고 있기 때문이다. 그것은 봉건적인 것 또는 농업 중심의 질서가 거의 완벽히 사라지는 동시에 혁명의 전망도 함께 상실한 2차 대전 이후 서구 자본주의의 새로운 단계에 대응하는 것이다. 이 점에서 포스트모더니즘이 제기하는 의문 또한 간단히 일축할 수는 없다.

우리는 그 동안 입으로는 속류 유물론을 비판하면서도 실제로는 그 함정에 곧잘 빠지곤 했다. 주관 밖에 존재하는 객관 세계를 덩

---

6) 페리 앤더슨,「근대성과 혁명」, 김영희·유재덕 역,『창작과비평』, 1993년 여름호, p. 349.

그렇게 설정하곤 한치의 의심도 없이 신봉하는 소박 실재론에 지펴 변증법의 이름 아래 형이상학을 논한 경우가 없지 않았던 것이다. 그런데 이 소박 실재론이야말로 근대성의 한 축이 아닌가? 그 자체로 합법적 질서를 갖춘 객관 세계와 그 질서에 접근할 능력을 가진 이성적 주체의 상정을 기본으로 하는 근대 정신은 물리학적 객관주의 또는 (속류) 유물론과 초월론적 주관주의 또는 관념론으로 갈라서서 전개되었으니, 양자는 표면상의 격렬한 대립에도 불구하고 어쩌면 근대성의 쌍생아라고 해도 무방할 듯싶다. 물질과 관념, 객관과 주관, 육체와 정신, 감성과 이성 등등 모든 이항 대립을 해체하고자 하는 포스트모더니즘의 도전은 대안의 근본적인 부재에도 불구하고 우리가 의심 없이 수용한 서구적 근대성에 대한 창조적인 물음을 요구하고 있다는 점에서 마냥 부정적인 것만은 아니다.

그런데 이에 대해서는 이미 19세기 후반 이래 서구 자체에서 비판이 제기되었으니, 헤겔류의 추상적 이성 주관에 근본적 의문을 다른 방식으로 제출한 마르크스와 키에르케고르는 그 대표적인 존재들이다. 혹자는 양자를 이처럼 병치한 것에 의아심을 품을지도 모르겠다. 그런데 키에르케고르가, 만년의 셸링 Schelling (1775~1854)의 베를린 대학 강의에 엥겔스 · 바쿠닌과 함께 참여했다는 사실에 유의할 필요가 있다. 셸링은, 이성에 의해 사물의 본질을 포착하려고 했던 헤겔류의 독일 관념론을 비판하고 이성적 개념 규정을 넘어선 사물의 실존 Existenz을 물음으로써 근대성에 대한 도전을 개시했으니(그럼에도 그는 존재의 신성[神性]을 증명하려는 신학적 사변을 넘어서지 못했다), 신과 인간의 관계를 연속적으로 파악하는 형이상학을 거부하고 인간을 인간으로서 그 적나라한 사실성에서 포착하는 키에르케고르의 새로운 사상적 자세[7]는

---

7) 木田元, 『現代の哲學』(東京: 講談社, 1992), pp. 40~42.

그 후 신의 죽음 곧 이성의 붕괴를 선언한 니체에 이르러 더욱 명확한 표현을 얻었던 터이다. 마르크스주의와 실존주의가 방법은 달랐지만 추상적인 이성 주관에 대해서 구체적인 인간 존재를 회복하려는 시도, 다시 말하면 근대성에 대한 근본적 물음이라는 성격을 공유한다는 관점에서 마르크스의 「포이에르바하에 관한 테제」(1845)의 유명한 서두를 함께 읽어보자.

> 포이에르바하를 포함하여 지금까지의 모든 유물론의 주된 결함은 대상 Gegenstand·현실·감성이 다만 객체 또는 관조의 형식으로만 파악되었을 뿐, 감성적·인간적 활동, 실천으로서, 주체적으로 파악되지 않았다는 점이다.[8]

팜플렛 마르크스주의를 넘어서는 것과 함께 실존주의 이후의 흐름에 대해서도 바른 이해가 절실히 요구되는 것이다. 실존주의가 멋모르고 풍미하던 시대가 있었다. 그러더니 이제는 적막강산이다. 유행 따라 사상의 옷을 갈아입는 지식인이 만연한 척박한 우리의 지적 풍토 속에서 옳은 이해도, 옳은 비판도 없이 찬미와 침묵만이 기묘하게 공생한다. 이 점에서 김동석(金東錫)의 「고민하는 지성: 사르트르의 실존주의」(1948)는 돋보이는 글이다. 아마도 한국에서 실존주의에 대한 최초의 진지한 비판으로 기록될 이 글은 그럼에도 실존주의를 "세계의 사회적 위기가 낡은 자유주의로서는 어찌할 수 없게 되었을 때 생겨난 고민하는 자유주의의 한 표현에 불과"[9]하다고 단정함으로써 김동석의 천재성도, 물론 해방 직후의 엄중한 상황을 감안하더라도, 이항 대립적 사고의 틀을 넘어서지 못했음을 보여주는 것이다. 그런데 더욱 문제는 김동석의 비판적

---

8) *Collected Works*, vol. 5 (New York: International Publishers, 1976), p. 3.
9) 김동석, 『부르주아의 인간상』(탐구당서점, 1949), pp. 235~36.

전통이 그 후 남한 사회에서 오랫동안 실종되었다는 점이다. 이것은 단순히 사고의 틀을 넓혀서 해결될 문제라기보다는 "근대 철폐 작업에 효과적으로 참여하는 것만이 근대를 가장 충실하게 사는 것"[10]이라는 좀더 근원적인 자각의 회복을 통해서만 진정으로 극복될 터이다.

우리의 경우 근대와 근대 이후는 두 마리의 토끼, 아니 잡기 힘든 한 마리 토끼의 양면일 것이다. 맹목적 근대 추종과 낭만적 근대 부정 사이에서 끊임없이 흔들려온 우리 사회에서 예정 설정된 역사의 최종 목표로서의 근대 이후가 아니라 '근대적 근대 이후'의 상(像)을 어떻게 모색하는가? 이것이 지금 우리에게 던져진 일대 공안(公案)이다. 이 문제를 올바로 해결할 때 한국 문학의 근대성을 다시 묻는 우리의 작업은 문학 연구의 고고학을 넘어서 대안을 추구하는 민족문학 운동과 창조적인 황금의 고리로 맺어질 것이다.

2. 근대 문학의 기점을 끌어올리려는 부질없는 시도들

70년대 이후 남한의 국문학계에서는 우리 문학을 외국 문학과의 관련 아래에서만 접근하는 타율성론으로부터 내재적 발전론으로의 대전환이 일어났다. 국문학 연구는 일종의 르네상스를 맞이하였고, 조동일(趙東一) 교수를 비롯한 신진 학자들의 정력적인 연구를 통해 국문학의 독자적 특질이 속속 드러나기에 이르렀다. 그런데 국문학을 오직 국문학 내부에서 해명하려는 내재적 발전론이 혹시 서구주의에 대한 전면적 반동으로 나타난 흑인 지식인들의 네그리튀드négritude 운동적 성격은 없었는지 지금 물어야 한다. 사실

---

10) 백낙청, 앞의 글, p. 22.

'하얀 것은 추악하고 검은 것은 아름답다'는 네그리튀드의 지배적 담론은 '하얀 것은 아름답고 검은 것은 부끄럽다'는 제국주의적 담론과 거리가 그다지 먼 것은 아닐 터인데, 양자 모두 비변증법적 사고의 소산이기 때문이다.

외국 문학과의 고리를 완전 차단하고 국문학을 오직 국문학 내부에서 접근하는 내재적 발전론은 그 크나큰 공헌에도 불구하고, 네그리튀드 또는 일국 사회주의처럼 문제적이다. 가령 조선 시대의 탈춤에 관해서 조동일 교수는, 외래적 요소 및 상층 연희의 침강적 요소에서 접근하는 기존의 학설을 비판하고 민중의 풍농굿에서 그 기원을 찾음으로써 탈춤 연구의 한 획을 그었지만,[11] 이것으로 모든 문제가 해결되지는 않는 것 같다. 이 점에서 탈춤 연구자들이 흔히 간과하는 최정여(崔正如) 교수의 견해는 흥미롭다. 그는 불교와 함께 전래된 불교 포교극 기악(伎樂)이 삼국 시대를 거쳐 고려 시대까지 성행하다가 조선 왕조의 사사(寺社) 혁파 정책으로 기악을 연희하던 하품(下品) 승려들이 절에서 쫓겨나 민간 예인들과 만나면서, 다시 말하면 기악의 속화에서 탈춤의 기원을 찾았던 것이다.[12]

우선 이 학설의 유효성은 우리 탈춤에 무수히 등장하는 승려들──고승에서 먹중·옴중에 이르는 하품승들──을 비롯한 불교적 요소들을 제대로 해명할 수 있다는 점이다. 최근의 연구 보고에 의하면 양반 과장은 아주 후대에 첨가된 것이라니, 기악과 탈춤의 관계가 예사롭지 않다. 또한 풍농굿과 탈춤 사이에 기악의 존재를 삽입할 때 우리나라 연희사의 역사적 맥락이 바루어진다. 셰익스피어의 근대 비극도 평지돌출이 아니라 중세의 신비극 *mystery plays*과, 여기서 한걸음 더 나아간 중세 후기의 도덕극

---

11) 조동일, 『탈춤의 역사와 원리』(홍성사, 1979), pp. 45~108.
12) 최정여, 「산대도감극 성립의 제문제」, 『한국학 논집』 제11집(계명대 한국학연구소, 1973).

*morality plays*를 모태로 하고 있으며, 일본의 경우도 백제에서 7세기에 전래된 기악(일본에서는 '기가쿠'로 부름)이 사원을 중심으로 번성하다가 아시카가(足利) 막부 시대(1338~1573)에 섬세한 귀족 비극 노오(能)로 발전했음을 감안할 때, 양(洋)의 동서를 막론하고 중세의 종교극이 그 이후 연극사의 전개에서 어떤 역할을 맡았는지 짐작할 수 있다.

기악에 대한 새로운 관심을 촉구하면서, 우리 국학계에서 고려 시대에 대한 연구가 조선에 비해 영성한 것이 안타깝다. 고려야말로 중세의 전형성에 더 가깝다. 물론 조선 왕조도 근대 국가가 결코 아니지만, 고려에 비하면 같은 중세 체제 안에서도 변별적 자질이 두드러지기 때문이다. 단적으로 고려의 세련된 도시 세습 귀족과, 고려 시대의 시골 하급 귀족에서 지배 계급으로 상승한 조선의 양반은 비유컨대 카톨릭과 청교도적 개신교에 견줄 수도 있을 터인데, 이 점에서 고려의 불교가 조선의 유교로 바뀐 것을 종교 개혁에 준한다고 하면 지나친 비약인가? 부르주아 없는 부르주아적 종교 개혁──유교는 확실히 고려의 불교에 비하면 '값싼 종교*église à bon marché* 다. 중세 연구는 근대 연구의 필수적인 전제이다. 고려에 대한 연구가 제대로 될 때 중세에서 근대로 넘어가는 과도성을 보다 많이 보이는 조선에 대한 연구가 올발라질 터이고 그때 20세기 한국 근대사도 폭넓은 시야 속에 조망될 것이기 때문이다.

우리는 내재적 발전론이 거둔 큰 성과를 소중히 계승하면서 국문학 연구를 한 단계 고양할 새로운 시각을 조정해야 할 시점에 도달했다. 우리 문학이 외국 문학의 아류가 아니라 독자적 자질을 발양한 문화적 자산이라는 기본 인식을 확고히 다짐하되, 그 독자성을 미화하는 것이 아니라 다시금 국제적 시각 아래 점검하는 냉철함을 견지할 일이다. 『홍길동전』이 『수호지』의 아류가 아니라 독자적 서사 원리 위에 구축된 뛰어난 사회소설이라는 점을 확인하는 데서 그치는 것이 아니라, 왜 우리는 그 시대에 『수호지』 같은 위대한 소설을 생산하지 못했는가를 물어야 한다. 탈춤이 서구의 무대극과는 다른 민중적 마당 원리 위에서 성장한, 그래서 무대극을 넘어설 탈근대의 소중한 씨앗을 머금은 극양식이라는 점을 예찬하는 일을 넘어서, 그럼에도 탈춤은 왜 셰익스피어를 배출하지 못했는가를 엄밀히 점검해야 할 시점이다.

내재적 발전론이 근대 문학 연구에 드리운 큰 파문은 정병욱(鄭炳昱) 교수가 처음 제기하고 김윤식·김현 교수에 의해 대중화된 18세기 기점설이다. 임화를 이식론자로 비판하면서 이 학설이 제출된 이래, 그 변형과 절충이 약간은 애국적 열정 속에 다기하게 변주되었다. 필자는 우선, 근대 문학의 기점을 자꾸 끌어올리려는 이 부질없는 시도들을 그만두기를 제안한다.

확실히 18세기 문학은 우리나라 근대 문학의 소중한 맹아를 풍부하게 내장하고 있다. 가령 사설시조는 성(性)에 대한 대담한 긍정과 함께 이미 유동하는 근대적 감수성을 과감한 율격적 파격을 통해 표현하고 있지만, 그럼에도 끝내 정형률의 흔적——시조의 3장 형식과 종장 첫 음보를 석 자로 고수하는 이 최후의 시치미로부터 해방되지 못했던 것이다. 이 때문에 그것은 시조의 파격이지 낡은 형식을 뚫고 탄생한 근대 자유시에는 미달이라고 얘기할 수밖에 없다.

18세기 기점설 이전에는 육당의 신체시 「해에게서 소년에게」(1906)를 무슨 근대시의 효시인 것처럼 높였으나, 이 작품은 도대체가 유치하다. 우리는 물론 이 작품에서 낡은 조선의 탯줄을 끊고 새로이 탄생하는 소년 조선에 대한 작가의 간절한 염원과 함께 약간의 새로운 운율적 실험을 읽을 수 있지만, 이 작품은 제목부터 어색하다. 「바다가 소년에게」를 「해에게서 소년에게」로 비튼 이 어색한 일본 말투도 그러하거니와 아직도 어정쩡한 시대의 표정을 감추지 못하고 있는 작품인 것이다. 그렇다고 필자가 육당을 온통 부정하는 것은 아니다. 그의 업적은 우리나라 시민 계급의 계몽사상사 속에서 그 한계와 함께 정확히 평가되어야 할 터인데, 결국 근대시는 서구 자유시의 세례를 받은 황석우(黃錫禹)의 「봄」, 김억의 「봄은 간다」, 주요한의 「불놀이」를 거쳐 일찍이 임화가 폭포수 같은 리듬의 분출이라고 경탄했던 백조파의 낭만주의, 특히 이상화를 기다리지 않으면 아니 되었다.

소설의 경우도 마찬가지이다. 우리는 18세기 소설, 특히 판소리계 소설이 보여주는 풍요로운 근대성의 맹아를 높이 평가하지만, 그럼에도 우리 18세기 소설은 보카치오 Boccaccio(313~1375)의 『데카메론』도, 세르반테스 Cervantes(1547~1616)의 『동 키호테』도 생산하지 못했다. 이탈리아 르네상스가 아랍 문명에 빚지고 있듯이 『데카메론』도 아랍이 산출한 세계 최대의 액자소설 『천일야화』의 형식을 차용하여 반중세적인 구비 전승들을 당대 최고의 진보적 세계관인 인문주의의 상상력으로 꿰어 만든 것이다. 우리나라 중세에도 반중세적인 이야기들이 널리 유포되어 일찍부터 채록되거나 개중에는 한문 단편으로 한걸음 나아갔으나, 끝내 『데카메론』에 이르지 못한 채 제국주의의 침략 앞에 노출됨으로써 미완의 과업으로 이월되었다.

『동 키호테』는 근대 소설로 이르는 또 다른 길을 표시하는 작품이다. 작가는 몰락 양반 동 키호테를 내세워 중세의 지배적 장르였던 기사도소설, 즉 로맨스를 패러디했으니 서구 근대 소설은 로맨스의 형식을 빌려 로맨스를 부정함으로써 또 하나의 길을 열었던 것이다. 그런데 어찌 된 셈인지 우리 소설사에는 로맨스 해체 작업이 거의 눈에 띄지 않는다. 그러기는커녕 우리 근대 소설에는 서울 양반의 세계를 제대로 그린 장편조차 드문 듯하다. 이해조의 신소설들, 홍명희의 『임꺽정』, 심훈의 『직녀성』 등은 이 점만으로도 주목받아 마땅한바, 양반 계급을 제대로 그리지 못한다는 우리 근대 소설사의 한 생략은 중세 해체 작업이 충실하지 못하다는 반증인 것이다.
　필자는 최근에 스탕달과 플로베르를 다시 읽었다. 우리는 흔히 플로베르를 자연주의자로 약간은 경멸적으로 비판하지만, 냉정히 말해서 우리 소설이 전반적으로 스탕달은커녕 플로베르의 수준에도 미치지 못하는 것이 아닌가, 의문을 떨칠 수 없다. 가령 춘원은 스탕달적 요소와 플로베르적 요소를 두루 갖춘 작가이다. 가정 교사로 뽑혀 김장로의 집을 찾아가는 경성학교 영어 교사 이형식이 등장하는 『무정』(1917)의 유명한 서두는 레날 시장 집에 가정 교사로 들어가는 『적과 흑』의 쥘리앵 소렐을 연상시키고, 아버지의 강제에 의해 결혼한 변호사 허숭에 질려 화려한 김갑진과 불륜에 빠지는 『흙』(1932)의 윤정선은, 산문적 부르주아 생활로부터 달콤한 일탈을 꿈꾸다가 파멸하는 보바리 부인을 환기시킨다. 그런데 춘원은 이형식의 신분 상승을 긍정하고 윤정선을 참회하게 함으로써 이 귀중한 주제를 낭비해버리고 말았던 것이다. 사실 쥘리앵 소렐의 문제 못지않게 보바리슴은 근대 소설이 거쳐야 할 필수적인 관문의 하나이다. 이 점에서 『흙』에 앞서 이 문제를 다룬 이해조의 『박정화(薄情花)』(1910)는 주목된다. 비록 본부인이 아니라 첩의 이야기라는 한계는 있지만, 부모를 봉양하기 위해 사랑 없는 첩살이를 하는 강릉집이 자기 운명을 거부하고 늙은 영감을 떠나, 사랑을 호소하는 화려한 귀족 청년 이시종과 대담한 출분 행각을 벌이는 이 작품은 신소설이 도달한 모더니티의 한 절정을 보여준다고 해도 지나친 말은 아니다.[13] 그런데 기이하게도 우리 근대 소설사에서는 이 두 작품을 제외하고 보바리슴을 본격 문학에서 다룬 경우가 매우 드문 것 같다. 여기에는 성에 대한 우리 작가들의 어색한 결벽도 한몫을 하고 있는 터인데, 어떤 점에서 이는 오히려 성에 대한 심리적 장애로부터 자유로운 『춘향전』「변강쇠 타령」등

---

13) 최원식, 『한국 근대 소설사론』(창작사, 1986), pp. 112~14.

18세기 문학으로부터 후퇴했다고 할 수도 있다. 이 때문에 우리 근대 소설에서는 보바리슴이 한갓 『자유부인』 또는 그 아류들의 통속적 영역에 방출되어 있는 형편인 것이다.

요컨대 한국 근대 문학 유산의 가난함에 대한 냉철한 인식이 오히려 우리 민족문학의 위대한 성취를 앞당길 수 있다는 인식론적 단절이 지금 절실히 요구된다.

그렇다고 근대 문학 이전 시기에 근대성의 맹아가 어떻게 발생해서 발전했는지, 그리고 그것이 어떻게 왜곡되어서 근본적으로 근대성의 전면적 개화로 이르지 못했는지를 섬세하게 변별하지 말자는 것은 아니다. 우리는 근대 민족문학의 단초로서 고려 후기 신흥 사대부의 문학과 조선 후기 실학파 문학에 나타난 풍부한 현실주의적 계기들을 밝혀낸 선학의 성과를 올바르게 계승해야 한다. 그러나 이것이 또 하나의 편향으로 기울어서는 아니 된다. 다시 말하면 사회성이 분명하게 표현된 작품들만을 대상으로 소박한 모사론에 입각한 연구로 시종해서는 곤란하다는 이야기다. 르네 지라르는 사회성이 결여되었다는, 프루스트 M. Proust에 대한 좌파 비평가들의 비판에 대해 다음과 같이 항변한다.

> 프루스트는 너무나 좁은 환경에만 자신을 한정한다는 비난을 받지만 누구도 프루스트보다 그 비좁은 세계를 더 잘 알아보고 고발하지 못한다. 프루스트는 우리에게 지식인적이고 인간적인 각도에서뿐만 아니라 사회적 관점에서도 '상류 사회'의 무의미성을 보여준다. 〔……〕 프루스트는 그에 대한 진보적 비평가들보다 훨씬 멀리 포부르 셍제르맹의 탈신비화를 밀고 나아간다. 후자는, 실제로, 마술적 대상의 객관적 존재를 신봉한다. 프루스트는 대상은 존재하지 않는다고 끊임없이 반복해 이야기한다. 〔……〕 작가는 포부르의 객관적 무실체성과 속물의 눈에 비친 그 거대한 실체성 사이의 대비를 끊임없이 강조한다.[14]

지라르의 프루스트 해석의 옳고 그름을 차치하고 진보적인 문학도들은 그의 항변을 타산지석으로 능히 감당해야 한다.

사회성과 문학성이 둘이 아니라 하나라는 높은 자각이 진보적인 국문학도에게 더욱 절실히 요구되는데, 가령 우리가 비켜가기 일쑤인 송강(松江)과 서포(西浦)에 대한 진정으로 '사회적' 연구가 이제는 개척될 시점이다. 특히 서포의 『구운몽』을 양반 문학의 대표작으로 무조건 찬양하거나 그 때문에 일방적으로 비판하는 태도는 문제이다. 필자는 물론 이 작품을 근대 소설이라고 우기는 것은 아니다. 우리나라 로맨스의 걸작을 꼽으라면 이 작품을 필자는 지목하겠는데, 로맨스만큼 계급적인 문학은 다시 없지만, 여기에는 이미 계급의 위기가 표현되어 있다. 지상적인 것에의 매혹을 표상하는 속이야기와 그럼에도 무실체성을, 그 헛되고 헛됨을 드러내는 겉이야기 사이의 긴장은 겉으로는 철저한 유가(儒家)요 당인(黨人)의 길을 걸었던 작가의 생애와 매우 흥미로운 대비를 보여준다. 현실을 전면적으로 수락하면서도 진리의 관점에서 근본적으로 거절하는 작가의 비극적 세계관 속에는 이미 『파우스트』에서,

여보게 친구, 모든 이론은 회색이고,
푸른 것은 삶의 황금 나물세.

Grau, teurer Freund, ist alle Theorie,
Und grüdes Lebens goldner Baum.

라고 나직이 속삭였던 메피스토펠레스의 주제가 울려온다. 이와 함께 단테의 『속어론』에 비견되는 서포의 모국어 선언을 염두에

---

14) René Girard, *Deceit, Desire, And the Novel*, trans. Y. Freccero (Baltimore: The Johns Hopkins Univ. Press, 1976), p. 219.

지금 우리나라 시문은 그 말을 버리고 타국의 말을 배운 것이다. 설령 십분 비슷하다 해도 단지 앵무가 하는 사람의 말일 뿐이다. 그런데 여항 사이에서 나무꾼과 물 긷는 아낙이 이아이아 서로 화답하는 것은 비록 비속하지만 진위를 논한다면 진실로 학사·대부의 이른바 시·부와 함께 논할 수 없는 것이다.

今我國詩文 捨其言而學他國之言 設令十分相似 只是鸚鵡之人言 而閭巷 間樵童汲婦啞而相和者 雖曰鄙俚 若論眞贗則固不可與學士大夫 所謂詩賦者 同日而論 (『西浦漫筆』)

둔다면 서포 문학에 대한 재해석이 시급하다. 우리는 한문학이 도달한 높은 사회성과 문학성을 평가하는 데 인색해서는 안 되지만, 그렇다고 공통 문어(共洞文語) 문학의 해체가 근대성의 중대 지표라는 사실도 망각할 수 없다.

우리 문학의 근대성의 지표를 올바로 설정하기 위해서는 제국주의적 담론인 비교 문학적 시각과 반제국주의적 담론인 내재적 발전론을 넘어서 국제적 시각의 도입을 모색해야 할 것으로 판단된다. 근대 이후도 그렇지만 특히 근대 이전의 한국 문학을 제대로 해명하려면 한·중·일을 아울러 파악하는 동아시아적 시각의 유효성에 대해 숙고할 필요가 있다. 가령 조선 후기의 사대부 문학, 특히 실학파의 현실주의적 지향은 우리 내부의 체제적 위기와 근본적으로 관련되지만, 이뿐 아니라 명·청 교체라는 중화 체제의 위기와도 긴밀히 결합되어 있는 것 같다. 근대성은 중세적 보편주의의 해체와 짝을 이루고 있다는 점에서 실학파에서 분명히 표현되는 반화 이론(反華夷論)은 물론이고, 병자호란 이후의 소중화 의식(小中華意識)에 대해서도 좀더 전향적인 재조명이 요구된다. 일찍이 이우성 교수는 진화(陳澕)의 시「봉사입금(奉使入金)」으로 대

서의 중화(南宋)는 이미 시들고
북의 만지(蠻地: 金·蒙古)는 아직도 캄캄하다.
밤새워 문명의 아침을 기다리노니
하늘 동쪽(고려)에 불그레 오르는 새로운 해여

西華已蕭索 北塞尙昏濛
坐待文明旦 天東日欲紅

표되는 송·원 교체기 고려 지식인들의 문명 의식의 형성에 주목하였는데,[15] 조선 후기의 소중화 의식과도 일맥상통하는 면이 없지 않다. 필자는 이에 대해 다음과 같은 의견을 표명한 바 있다.

> 명에서 청으로 바뀌면서, 근대 민족주의는 아니지만 매우 독특한, 변형된 형태의 민족주의의 맹아 같은 것이 동아시아 여러 나라들에서 보이지 않았는가 합니다. 청이 명을 치고 중국으로 들어가면서 그들은 이전의 원과는 달리 중화에 대한 종족적 해석을 포기하고 중화적인 문화 전통을 계승한 사람은 누구든지 중화가 될 수 있다는 것을 선언하고 있어요. 말하자면 명의 멸망은 로마 제국의 멸망과 비견됩니다. 그래서 한국의 경우도 이미 중화 문명은 멸망했기 때문에 조선이 중화 문명의 계승자라는 소중화 의식으로 발전되고, 일본도 '우리가 중국'이라고 했고, 베트남 역시 '우리가 중화'라는 의식 아래 일종의 자기 나름의 제국적 질서 같은 것을 동남 아시아에서 구축하거든요.[16]

우리는 물론 소중화 의식이 근대성으로 나아가기보다는 임·병

---

15) 이우성, 『한국의 역사상』(창작과비평사, 1982), p. 177.
16) 좌담, 「1894년을 다시 본다」, 『창작과비평』, 1994년 봄호, p. 16.

양란 이후 이완된 봉건 체제를 재정비하는 체제 수호의 논리로 떨어졌다는 점을 간과할 수 없지만, 18세기의 진보적인 북학이 19세기에 들어서는 외척벌열에 의해 채택되면서 '북학'이 '친청'으로 바뀌어 "정권 유지의 국제적 보장"으로 전락했다는 점[17]도 아울러 고려할 일이다. 이 때문에 소중화론을 오로지 반동으로 규정하는 우리의 관행도 재고되어 마땅한 것이다. 이것은 마치 해방 이후 남북 분단이 반드시 파괴적인 역할에만 시종하지는 않았다는 오늘의 상황에도 견주어볼 일이다.

국제적 시각의 일환으로 영향에만 집착하는 비교 문학을 넘어서, 방 티겜 Van Tieghem이 제기한 '영향 없는 유사성'의 문제, 즉 일반 문학적 과제의 설정을 고려해보자. 가령 『춘향전』과 유사한 작품이 서양 근대 문학 초창기에 꽤 나타나는데, 셰익스피어 (1564~1616)의 『루크리스의 겁탈』,[18] 레싱(1729~1781)의 『에밀리아 갈로티』, 그리고 보마르셰(1732~1799)의 『세빌리아의 이발사』와 『피가로의 결혼』 등이 그것들이다. 이 가운데 특히 흥미로운 것이 『춘향전』의 방자에 비견되는 피가로 Figaro가 등장하는 보마르셰의 작품들이다. 전자에서 알마비바 백작과 로진의 결혼을 위한 중매인이었던 이발사 피가로는 후자에서 자신의 약혼녀 쉬잔을 빼앗으려는 백작의 음모에 맞서 자신의 사랑을 쟁취함으로써 혁명 전야의 프랑스 시민 계급의 전형으로 떠오르는 것이다. 그런데 천민 춘향이의 신분 해방의 염원이라는 심각한 주제를 다룬 『춘향전』은 결국 춘향이의 꿈 같은 신분 상승으로, 다시 말하면 노블적 주제를 로맨스적으로 해결함으로써 방자의 더 이상의 발전은 차단되고 만 것이다. 『춘향전』을 『루크리스의 겁탈』과 비교해봐도, 후자에는

---

17) 이태진(李泰鎭), 「조선 후기 대명 의리론(對明義理論)의 변천」, 한림대아시아문화연구소 심포지엄 발제(1993).
18) 이 작품을 『춘향전』과 처음 비교한 것은 이양하, 「서양의 춘향전 루크리스의 겁탈」(李猷河敎授追念文集, 1964)이란 짧은 수상이다.

콜라타인 Collatine의 정숙한 아내 루크리스 Lucrece를 겁탈하는 로마의 왕자 타아퀸 Tarquin의 섬세한 내면 묘사가 일품인데, 전자에서 변사또는 오로지 외면만으로 그려지고 있을 뿐이다. 결국 우리 문학의 근대적 전환은 20세기를 기다려야 했던 것이다.

이 때문에 필자는 민족문학작가회의의 1990년도 상반기 심포지엄에서 그 동안 신소설 시대를 다룬 일련의 연구를 중간 결산하면서 기존의 기점론들, 특히 갑오경장설과 18세기설을 비판하고 애국 계몽기(1905~1910)설을 제안했던 것이다. 나라가 반식민지로 떨어진 이 시기에 오히려 도시를 중심으로 한 애국 계몽 운동과 농촌을 근거지로 한 의병 전쟁이 일제에 반대하면서 치열하게 전개되는 한편, 봉건적 백성을 근대적인 국민 nation으로 전환시키려는 계몽주의 문학이 모든 쟝르에서 구체적인 작품군으로 등장하기 때문이다. 더구나 이 시기에 이르러 근대 이전에는 지배 언어의 주변부에 위치했던 국어 문학이 공통 문어 문학의 해체 속에서 하나의 주류성을 획득하게 된다는 점도 유의할 대목이다. 이 시기야말로 한국 신문학 운동 제1기라고 할 수 있을 터인데, 나라의 멸망 (1910)으로 일단 좌절한 제1기 신문학 운동은 3·1 운동 세대가 등장하는 1910년대 중반 이후 다시 계승되어 3·1 운동 이후 새로운 수준에서 본격적으로 개화되었던 것이다.

최근 백낙청 교수는 애국 계몽기설에 의문을 던지면서 1894년설을 조심스럽게 제기하였다. 이것은 물론 갑오경장설로 복귀하자는 것은 아니다. 그는 1894년이 갑오경장뿐 아니라 갑오 농민 전쟁과 청일 전쟁의 해이기도 하다는 점과, 자본주의가 충분히 성숙하지 못한 후발 사회에서는 근대 전환의 타율성 때문에 획기적인 근대 문학의 출현으로 기점을 삼기가 어렵다는 점에서 1894년설을 제기한 것이다.[19] 그런데 이 설의 난점은 한국 민족주의 형성의 두 주

---

19) 백낙청, 앞의 글, pp. 25~26.

체인 개화파와 농민군이 비극적인 대결 속에 결국 함께 몰락함으로써 국민적 통합의 계기가 이 시기에 무산되었다는 점이다. 두 주체가 상처를 딛고 대중적 운동 속에서 새로운 통합의 단초를 만들어가게 되는 것은 애국 계몽기에 와서야 가능했으니, 이 시기에 근대적인 작품군들이 집중적으로 나타나는 것이 결코 우연이라고 할 수는 없다.

또한 임형택 교수는 필자의 발제에 대한 강평에서 역시 1894년 설을 지지하면서 전통적인 중화 체제의 붕괴를 가져왔다는 점에서 청일 전쟁에 주목하였다. 이는 매우 중요한 지적이다. 비록 타율적이지만 이 전쟁을 통해 한국사는 유구한 중화 체제의 바깥으로 일탈했기 때문이다. 이것은 가히 코페르니쿠스적 전환이라고 일컬을 만하지만, 중화 체제로부터의 일탈이 대일본 체제로의 편입으로 귀결되었다는 점에서 중대한 난관이 제공된다. 만약 이를 승인한다면 반청친일(反淸親日)을 내세운 이인직을 비롯한 친일 문학이야말로 한국의 진정한 근대 문학으로 둔갑할 수도 있기 때문이다. 문제는 반청친일이냐 친청반일이냐가 아니라 한반도를 서로 견인하는 두 체제의 강력한 자장 속에서 한국사의 진로를 하나의 주체적 실존으로 감지하는 자기 인식의 간절함이다. 애국 계몽기 문학에는 이미 이 간절함의 단초가 숨쉬고 있는 것이다.

3. 프로 문학의 위상

국문학뿐만 아니라 국학계 전반에서 그 동안 진보적인 연구자들을 사로잡았던 중요한 도식의 하나는 3·1 운동을 고비로 토착 부르주아지가 그 역사적 선도성을 상실함으로써 그 이후 민족 운동은 오로지 프롤레타리아트의 어깨 위에 부하되었다는 것이다. 여기에는 일정한 역사적 진실이 내포되어 있다. 우파의 중요 부분이 자치론으로 대표되는 개량주의의 길로 접어들고 러시아 혁명 이후 조성된 세계사적 변화의 물결 속에서 마르크스주의의 세례를 받은 좌파가 우파를 대신해서 민족 운동의 주류로 대두하였기 때문이다.

이를 빌미로 진보 진영에서는 3·1 운동에서 놀았던 토착 부르주아지의 역할마저 부정하거나 과소 평가하는 소급론까지 횡행하였는데 33인을 운동 지도부로 인정하는 데 인색한 논의들이 그 대표적인 것이다. 필자는 물론 33인이 운동 전체를 빈틈없이 장악한 지도부가 아니라, 운동 이후 그 일부가 변절하는 등, 여러 면에서 불철저한 취약성을 보였다는 데 동의하지만, 그렇다고 33인이 없었다면 운동이 그처럼 전개될 수 있었을까? 아니 일보를 양보해서 33인의 역할을 그처럼 지속적인 민중의 자발적 투쟁을 촉발시킨 도화선에 국한한다 하더라도 그것만 해도 높이 평가해야 마땅할 것이다.

또한 천도교·개신교·불교 등에서 배출된 33인이 거의 평민 출신이라는 점은 유의할 대목이다. 유림(儒林)이 그 때문에 지도부에 참여하기를 거절했다는 야사가 흘러다니는 것도 그 진위를 떠나서 3·1 운동의 성격을 짚을 때 반드시 고려되어야 할 사항인데, 우리 민족 운동은 갑신정변에서 보듯이 러시아처럼 참회 귀족에서 비롯되었다. 그 이후 신분의 다양한 확산이 지속적으로 이루어지지만 3·1 운동 이전에는 그럼에도 우리 민족 운동의 담당자는 주로 양반층에서 배출되었던 것이다. 이 점에서 3·1 운동 지도부의 평민적 교체에서 말미암은 더욱 뚜렷한 부르주아적 성격은 우리 민족 운동사에서 획기적이다. 어쩌면 3·1 운동은 우리나라 부르주아 민족 운동의 종말이기는커녕 새로운 출발로 보아야 할지도 모른다. 그럼에도, 33인의 취약성이 상징하고 있듯이 당시 우리나라 시민 계급은 미성숙 단계였다. 그런데 부르주아가 우리 민족 운동에서 확고한 주도권을 잡은 그 순간 부르주아 민족주의 또는 부르주아 민주주의를 이미 낡은 형식으로 치부하는 사회주의의 도전이 거세졌다. 또한 당시 조선의 프롤레타리아 계급은 부르주아 계급보다 더욱 유치한 단계에 놓여 있었다. 이와 같은 객관적 조건이 3·1 운동 이후 우리나라 부르주아 민족 운동의 심각한 수정을 강제했던 것이다.

운동 이후, 개량주의로 선회한 민족주의 우파와 개량을 거부한 민족주의 좌파, 그리고 좌파 사회주의로 급속히 분화되면서 복잡한 이합집산과 상호 대립 또는 내부 파쟁을 거듭한 저간의 사정은 우리가 익히 아는 바인데, 흥미로운 것은 그럼에도 3파 가운데 어느 하나도 결정적인 주도권을 장악하지 못했다는 점이다. 이것이 바로 좌우 합작이 끊임없이 제기될 수밖에 없는 상황적 조건인데, 합작보다도 더욱 낮은 수준의 협동의 결성에 성공했을 때에도 폭발적인 에네르기를 보인다는 점이 더욱 주목된다. 예컨대 민족주의 좌파와 사회주의자의 협동 전선체인 신간회(1927~1931)가 거두었던 놀라운 성공과, 신간회를 해소한 사회주의자들이 비합법 투쟁 일변도로 나아감으로써 결국에는 국내 운동의 궤멸을 자초한 30년대 적색 운동의 비극적 실패를 대비해보면, 민족주의 좌파의 의의가 결코 과소 평가될 수 없다는 점을 새삼 깨닫게 된다.

그런데 개량주의자들도 간단히 일축할 수만은 없다. 솔직히 말해서 필자는 우리 개량주의에서 간디와 같은 위대한 개량주의자가 배출되지 못한 것을 통탄한다. 그런데 분명히해야 할 점은 개량주의자와 친일파를 그대로 등식화할 수 없다는 점이다. 물론 개량주의자의 대부분이 강제든 자발적이든 친일파로 전락해간 사실에 대해서는 엄중한 비판을 가해야 하지만, 친일 또는 전향의 문제는 비단 개량주의자에 한정되는 것이 아니라는 점도 고려되어야 한다.

이 점에서 최근 친일 문학을 포함한 친일파 논의는 문제점이 없지 않다. 필자도 물론 그 동안 은폐된 친일 행적은 사실의 차원에서 치밀하게 밝혀져야 한다고 믿는다. 특히 해방 후 친일파의 청산은커녕 그들이 남한 사회의 실질적 지배층으로 전화되면서 자신들의 친일 행적을 애국으로 날조한 경우들에 대해서는 철저한 규명이 요구되는 것이다. 예컨대, 최영년(崔永年: 1895~1935)의 아들이요 최찬식(崔瓚植: 1881~1951)의 동생인 최원식(崔瑗植)이 자기 부형(父兄)을 마치 애국자인 양 미화한 『아동최씨고(我東崔氏考)』(1968)를 간행한 일은 참으로 귀신도 통곡할 일이다. 아마도 이 집 안만큼 철두철미 친일로 '의식화'된 가계는 드물 터인데, 그럼에도 그는 최영년을 황성신문의 주필이요 대한매일신보의 익명의 객원 논설위원으로 위조하는 일을 자행하고 있다(p. 218). 최영년은 1906년 일진회의 기관지 국민신보의 주필이었고 1907년 이후에는 일진회의 총무원으로 활약한, 이인직에 버금가는 친일 논객이었고, 최찬식의 신소설은 이인직을 앞지르는 친일 성향을 노골적으로 드러내었던 것이다.[20] 이러한 왜곡 행위가 어찌 여기에 그칠까?

그러나 규명된 사실을 놓고 판단할 때는 좀더 섬세한 잣대가 필요할 것이다. 말년의 친일 행적을 확대 해석하여 그의 전인생과 문학을 매도하는 또 다른 마녀 사냥식은 곤란하다. 우리는 흔히 프랑스의 엄격한 전후 부역자 처리를 한국과 비교하곤 하지만 이를 기계적으로 맞비교하는 것은 무리가 없지 않다. 프랑스의 나치 점령 기간이 고작 4년(1940~44)에 지나지 않는 데 반해 일제의 조선 강점은 을사 이후만 치더라도 근 반세기에 걸치니, 한 인간에게 거의 전생애에 걸쳐 순결한 헌신을 요구하는 것 자체가, 어떠한 천재도 자기 시대의 조건으로부터 완벽히 자유로울 수 없다는 원칙을 염두에 둘 때, 어쩌면 관념론일지도 모른다.

더구나 운동의 중심을 해외가 아니라 국내에 둔다면 이 문제는 더욱 심각히 재검토되어야 마땅하다. 이태준이 "철 알기 시작하면서부터 굴욕만으로 살아온 인생 사십, 사랑의 열락도 청춘의 영광

---

20) 최원식, 앞의 책, pp. 306~15.

도 예술의 명예도 우리에겐 없었다"(『해방 전후』, p. 12)고 탄식했듯이, 우리는 일제 시대의 지식인들의 행적을 쾌도난마하기 전에 "불행한 족속으로서 억천 암흑 속에 일루의 광명을 향해 남몰래 더듬는 그 간곡한 심정의 촉수"(『해방 전후』, p. 16)를 간취하는 자상한 분별을 잃어서는 안 된다.

여기서 한걸음 더 나아가, 명백한 친일파라 하더라도 오직 단죄하는 수준으로 나아가서는 진정한 의미의 극복도 이루어지지 않는다는 점을 지적해야겠다. 다시 말하면 친일파의 내적 논리를 제대로 파악하는 일의 중요성이다. 식민지 시대는 물론이고 그 이전과 그 이후, 심지어 오늘날까지도 친일파의 전통이 연면한다면 그것은 단지 그 개인의 품성 탓으로만 돌릴 수 없는, 그러한 성향을 만들어내는 우리 사회 내부의 결함이 분명히 존재할 것이기 때문이다. 그래서 친일 문학 가운데 일부는 문학사에서 생략할 수 없는 위치를 스스로 확보하기도 한다. 예컨대 국치(國恥) 전후의 친일 문학을 대표하는 이인직과 최찬식의 신소설들은 그 시대의 중심이었던 이해조를 비롯한 애국 계몽 문학이 충족시키지 못한 어떤 실감, 아마도 서계(庶系)로 짐작되는 이인직과 서리(胥吏) 집안 출신의 최찬식이 보이는 한층 철저한 반봉건적 자세 또는 더욱 노골적인 신분 상승의 욕망은, 나폴레옹 군대의 독일 진출을 오로지 외적의 침략으로만 볼 수 없었던 독일 시민 계급의 동요와 고민에 견줄 구석이 아주 없지도 않다는 점에서, 이식 자본주의일망정 새로운 수준의 근대성을 일정하게 담지하고 있었던 것이다. 보다 부르주아적이었던 이인직과 최찬식이 친일의 방패 아래 근대성을 구가한 점이 바로 우리나라 시민 계급의 취약성을 상징하고 있는지도 모른다. 요컨대 우리나라 애국 계몽 사상은 신흥하는 평민이라기보다 개명한 양반층의 사상으로 출발하였기 때문에 가질 수밖에 없는 근본적 한계로 말미암아, 친일 개화론의 일정한 틈입을 허용하였던 것이다. 그렇다고 해서 최근 일부 연구자들처럼 이인직을 다시 중심에 세우려는 논의에 필자는 반대한다. 뭐라고 해도 이 시대의 중심은 이해조를 비롯한 애국 계몽 문학이기 때문이다.

친일 문학의 문제는 일제말에 다시 한번 대두한다. 일종의 집단 히스테리 또는 병적인 증후군으로 불러도 좋을 만큼 느닷없는 낭만주의로 치달았던 일제말의 친일 문학 시기를 기존의 문학사처럼 '암흑기의 문학'으로 명명하고 이육사와 윤동주의 옥사를 찬미하면서 구렁이 담 넘어가듯 건너뛰는 태도는 시급히 극복되어야 한다. 이 시기의 친일 문학에는 물론 강제로 동원된 경우도 많았지만, 자발적 열광도 적지 않았다는 것이 필자의 판단이다.[21] 그 열광의 근원은 무엇일까? 태평양 전쟁은 서구 제국주의에 대신해서 아시아를 지배하려는 일본 제국주의의 침략 전쟁인 동시에 대(對)서구 제국주의 전쟁이라는 양면성을 가지고 있었다. 물론 침략 전쟁이 본질임에도 불구하고 대제국주의 전쟁이라는 부차적 성격이 당대 지식인들을, 오랫동안 주눅들었던 서구주의에 대한 전면적 반동과 그 일탈의 달콤한 환상으로 매혹했으리라는 짐작은 전혀 터무니없지 않을 것이다. 따라서 이 시기 친일 문학의 논리를 바르게 추스르는 작업은 그와 같은 왜곡된 열광의 근본적 극복에 이바지할 터인데, 어찌 보면 해방 이후 남한의 반공 문학과 북한의 주체 문예에는 이 시기의 숨은 의식이 새로운 형태로 부활하여 저류에 깔려 있는지도 모른다.

요컨대 3·1 운동 이후 부르주아지는 퇴각하고 프롤레타리아트만이 역사적 선도성을 담지하게 되었다는 단순 도식에 의거하는 한, 우리는 그 이후 한국 근대사의 전개 과정을 옳게 설명할 수 없다. 특히 해방 이후 남한 사회와 그 문학은 이때 괄호 안에 공백으로 남을 것인데, 그렇다면 우리들의 삶은 그저 한바탕의 어지러운 봄꿈에 지나지 않는가? 이 도식에 동의하면 진보적이고 그에 반대

---

21) 최원식, 「민족문학과 반미 문학」, 『창작과비평』, 1988년 겨울호, pp. 83~85.

하면 반동적이라는 저간의 좌우파에 대한 규정이 역시 소박 실재론에 지펴 있었다는 느낌이 없지 않다.

이러한 시야에서 한국 프로 문학을 조망할 때 그것은 근대의 철폐로 나아간 근대 이후의 징표가 결코 아니라, 20년대 신문학 운동의 다소 부자연스런 발전, 근대성을 쟁취해나가는 도정의 연장선 위에 위치해 있다는 점이 분명히 떠오른다. 필자가 "다소 부자연스런 발전"이란 표현을 쓴 것은 한국 프로 문학이 근대 문학의 성취도 채 이루지 못한 채 소비에트와 일본 계급 문학의 성마른 이식에 의한 타율적 측면을 지칭한 것인데, 이러한 이식성이 카프 성립 이후에도 우리 프로 문학의 더욱 부자연스런 진행을 촉진하였다. 예컨대 카프 초기에 팔봉(八峰)에 대한 회월(懷月) 노선의 승리는 저명한 예의 하나이다. 좀더 현실주의적인 팔봉이 전형적인 좌익 소아병자 회월에 대신해서 카프에 대한 지도력을 장악했더라면 카프의 실험은 20년대 신문학 운동의 자연스런 자기 변혁 과정으로서 그 이후 우리 문학의 발전을 북돋우는 더욱 생산적인 바탕으로 전환될 수도 있었을 것이다.

임화가 카프 해산 이후 조선 문학의 당면 과제를 계급 문학의 건설이 아니라 근대 문학의 완성으로 재조정한 것도 바로 이런 맥락과 기맥을 통한다고 보겠다. 그런데 그의 반성이 발본적이지는 않았다는 점에도 주목해야 한다. 해방 직후 민족문학론자로 전신한 조선문학가동맹 시절에, 그는 카프 시절의 계급 문학론에 대한 자기 비판에도 불구하고 끝내 카프의 주류성을 진정으로 해소하지는 않았기 때문이다. 표면상으로 그는 인민 문학을 내세움으로써 조선프로문학동맹측으로부터 계급 문학 해소론자로 날카롭게 비판당했다. 그러나 '인민 문학으로서의 민족문학'이라는 그의 슬로건은 조선프로문학동맹처럼 표나게 주장한 것은 아님에도 기본적으로 좌익 헤게모니론 위에 구축되어 있었으니, 여기에는 3·1 운동 이후 "시민 계급의 진보성의 상실"과 그 반영인 "조선 시민 계급의 문학적 단명"[22]이라는 저 유명한 도식이 그 근원에 자리하고 있었던 것이다.
 무식하게 내세우든지 교묘하게 위장하든지간에 좌익 헤게모니를 신주 단지처럼 모시는 통일 전선 전술은 낡아빠진 술책으로 떨어졌다는 점을 염두에 둘 때, 부르주아 문학을 일괄 괄호 치고 프로 문학만을 편애하거나, 또는 프로 문학을 중심에 두고 부르주아 문학을 선택적으로 주변부에 배치하는 편향을 넘어서서 우리 근대 문학 전체상 속에서 프로 문학의 주류성을 이제 진정으로 해소하자.
 사실 그 동안 일부 진보적인 문학도들은 부르주아 문학과 프로 문학의 차별성을 가리는 데 지나치게 몰두해왔다. 예컨대 이광수의 『흙』(1932)은 부르주아적 농촌 계몽 문학이고, 심훈의 『상록수』(1935)는 『흙』보다 한걸음 나아간 그럼에도 기본적으로는 농촌 계몽 문학이요, 이기영의 『고향』(1933~1934)은 진정한 농민 문학이라고 변별해왔지만, 이것은 그 문학적 실상에 즉해서 이루어진 것이라기보다는 작가의 신원에서 연역한 상투성도 없지 않았던 것이다. 냉정히 다시 살피건대 세 작품은 그 차이에도 불구하고 모두 계몽 이성의 귀향이라는 『흙』의 모델에 기초하고 있다. 한국 근대 문학사에서 부르주아 문학과 프로 문학의 거리가 그다지 동뜬 것이 결코 아니다.
 이런 관점에서 우리는 30년대의 모더니즘에 대한 시각을 재조정할 필요가 있다. 예컨대 구인회(九人會)를 프로 문학에 대한 문학사적 반동으로 규정하여 부정하거나 (그 때문에 순수 문학의 화신으로) 찬미하는 기존의 평가도 의문이다. 사실 구인회의 예술파적 성격은 사회성으로부터 거의 완벽하게 결별한 서구의 예술 지상주

---

[22] 임화, 「조선 민족문학 건설의 기본 과제에 관한 일반 보고」, 『건설기의 조선 문학』(조선문학가동맹, 1946), pp. 35~36.

의와는 일정한 거리가 있으니 이 모임의 주도자 이태준의 소설 또한 단순한 순수주의는 아니었다. 「달밤」(1933)과 「농군」(1939)의 침통한 사회성은 그 단적인 증거가 아닐까? 물론 전자는 일종의 자연주의적 취향이 눈에 거슬리고, 만주로 이민간 조선 농민과 토착 중국 농민 사이의 갈등을 그린 후자는 일제의 중국 침략을 전후한 시대적 배경에 비추어볼 때 약간의 의구를 떨칠 수 없지만, 그럼에도 식민지의 캄캄한 어둠 속에서 무언가 간곡한 심정의 촉수를 내뻗는 작가의 마음을, 한계는 한계대로 인정하면서, 온전히 접수할 일이다. "계급보다 민족의 비애에 더 솔직했던 그는 계급에 편향했던 좌익엔 차라리 반감"(『해방 전후』, p. 23)이었다고 솔직히 고백하고 있듯이, 그는 프로 문학자는 아니다. 그러나 그것이 곧 순수주의자를 의미하는가? 그렇지는 않다. 이 점에서 그의 소설 곳곳에 신간회의 해체를 아쉬워하는 대목들에 유의할 필요가 있다.

그 다음날 아침에는 신간회를 찾아갔다. 그러나 그곳에는 명함 달라는 수부도 없이 문이 잠겨 있었다. (「고향」, 1931)

그렇게 크게 취급한 재만 동포 문제니, 신간회 해소 문제니 하는 것은 성명이 없어도 침실 박람회는 간 데마다 화제가 오르내립디다. (「아무 일도 없소」, 1931)

여기서 우리는 이태준의 사상적 거처가 민족주의 좌파에 근사하다는 점을 유추할 수 있는데, 이때에 비로소 그를 비롯한 정지용·김기림·박태원 등 구인회의 핵심들이 해방 후 조선문학가동맹에 합류해간 사정을 제대로 해명할 단서에 도달하게 된다.

조선문학가동맹은 결코 식민지 시대의 카프의 복사판이 아니라, 우리 문학사상 처음으로 이루어진 문인들의 좌우 합작 조직으로 출범하였다. 이 과정에서 비록 개별적 차원이지만 구인회의 회원들이 맡았던 역할은 작은 것이 아닌바, 그들이 모더니즘의 깊숙한 세례를 받은 30년대의 새로운 세대의 기수들이었다는 점에 주목해야 한다. 모더니즘을 단순히 부르주아적 퇴폐로 치부하는 루카치의 비판은 너무나 구태의연한 것인데, 30년대 모더니즘의 등장은 일종의 문학사적 필연이었다. 이 시기에 이르러 조선의 공업화가 새로운 수준에서 추진됨으로써 국내의 농업적 질서를 급속히 해체하는 도시화의 물결 속에서 자본의 실감이 식민지 사회를 엄습하였고, 그 속에서 좌우파를 막론하고 20년대 문학이 근본적으로 공유했던 낭만주의는 일거에 진부한 것으로 떨어져갔다. 따라서 낭만적 근대 부정을 다시 부정하면서 새로이 도래한 도시적 감수성을 찬미하는 모더니즘 운동은 20년대 문학을 일정하게 쇄신하는 책무를 떠맡았던 것이다. 이 때문에 모더니즘에 동의하든 아니하든, 모더니즘과의 고투를 자신의 중요한 문학적 과제로 삼지 아니하는 문학은 이미 동시대의 호흡에서 멀어져갔으니, 이용악(李庸岳)의 시가 우뚝한 것도 낡은 낭만주의에 안주하지 않고 모더니즘과 독자적으로 대결할 줄 아는 동시대성에서 말미암은 터이다.

그런데 30년대 조선의 공업화가 이식이었듯이 모더니즘 운동 또한 온전히 내발적인 것은 아니었기 때문에 모더니스트들은 부박한 모더니티 찬미로부터 서서히 선회하여 모더니즘을 자기 비판하기에 이른다. 김기림이 전체시라는 새로운 모색에 들어서고 정지용의 고답적인 반근대의 자세 속에서 전통으로 회귀하는 극적인 반전은 대표적인 경우들이다. 정지용이 모더니스트에서 전통파로 변신해갔다는 통설에도 문제는 없지 않다. 원래 모더니즘은 근원적으로 유동하는 근대적 감수성의 탐닉과 함께 자본주의를 경멸하는 일종의 고전적인 반근대 지향을 동시에 가지고 있기 때문에, 이 점에서 보면 정지용이야말로 30년대 모더니즘의 한 전형이라고 생각할 수도 있기 때문이다.
 모더니스트의 자기 비판과 카프의 자아 비판이 해후하는 지점에서 조선문학가동맹의 모태가 싹텄던 것이다. 사실 20년대에 국민문학·계급 문학·절충파의 그 요란한 논쟁에도 불구하고 신간회의 문학적 상관 조직이 결성되지 못한 이 미완의 과제가 해방 후 이루어졌다는 것은 획기적이다. 그러나 조선문학가동맹은 안팎의 상황 악화와 당의 외곽 조직이라는 협소한 입지로 말미암아 그 합작이 더욱 높은 수준으로 발전하지 못한 채, 6·25의 전화(戰禍) 속에서 풍비박산해버렸으니, 이 또한 미완의 과제로서 우리 앞에 던져진 셈이다.
 또한 구인회 회원 가운데 모더니즘과의 관련이 희박한 김유정이라는 이채로운 존재에도 주목할 필요가 있다. 한때 그를 무슨 아르카디오의 문학으로 규정하는 부정적 논의가 분분한 적이 있었다. 그런데 그는 순수파이기는커녕 순수 문학에 반대하였다. 죽기 직전에 그가 남긴 「병상의 생각」(1937)이란 흥미로운, 그러나 흔히 간과되는 중요한 산문에 주목하자.[23] 이것은 그 자신의 문학적 매니페스토인데, 그는 여기서 사회적 메시지 전달을 포기한 예술파를 날카롭게 비판하면서 새로운 예술의 탄생을 다음과 같이 예감하고 있다.

 오늘날 우리가 처할 길은 우리 머릿속에 틀지어 있는 그 선입관부터 우선 두드려내야 할 것입니다. 그리고 나서 새로이 눈을 떠 새로운 방법으로 사물을 대하여야 할 것입니다. 그러나 새로운 방법이란 무엇인지 나 역시 분명히 모릅니다. 다만 사랑에서 출발한 그 무엇이라는 막연한 개념이 있을 뿐입니다. 〔……〕 그리고 다만 한 가지 믿어지는 것은 사랑

---

23) 이미 이 산문에 주목한 이선영 교수는 김유정이 마르크스주의라기보다 일종의 사회주의적 입장을 취하고 있다고 지적한 바 있다. 「김유정 연구」, 『예술원 논문집』 24집 (1985), p. 27.

이란 어느 시대, 어느 사회에 있어서나 좀더 많은 대중을 우의적으로 한 끝에 꿸 수 있으면 있을수록 거기에 좀더 위대한 생명을 갖게 되는 것입니다. 오늘 우리의 최고 이상은 그 위대한 사랑에 있는 것을 압니다. 〔……〕 개인주의는 〔……〕 머지않아 암장될 날이 올 겝니다. 그보다는 크로포트킨의 『상호 부조론』이나 마르크스의 『자본론』이 훨씬 새로운 운명을 띠고 있는 것입니다. 〔……〕 나는 다만 그 위대한 사랑이 내포되지 못하는 한 오늘의 예술이 바른 길을 들 수 없고 〔……〕 이것을 찾고 못 찾고에 우리 전인류의 여망(餘望)이 달려 있음을 잘 보았습니다.[24]

그가 말하는 위대한 사랑이란 무엇일까? 그것은 아마도 사회주의를 가리킬 것이다. 그는 어느 설문에 대해 "장차 슬라브족에 우리 인류를 위하여 크게 공헌될 바 훌륭한 문화가 건설되리라 생각"한다고 답한 바 있는데(『김유정 전집』, p.383), 이 문맥에서 윗글을 다시 음미하면 그가 소비에트의 사회주의 실험에서 인류의 희망을 보고 있었음이 확연해진다. 물론 소련식 일국 사회주의 모델이 진정한 사회주의로부터 이탈한 점을 보지 못한 한계는 있지만, 그가 이미 자본주의 이후의 대안을 진지하게 사유하고 있었다는 것을 각별히 유의할 대목이 아닐 수 없다.

여기서 필자는 김유정이라는 좀 극적인 예를 들었지만, 프로 문학의 주류성 명제를 해소할 때 우리의 가난한 근대 문학사는 의외로 풍부한 풍경을 열어보일 수 있다. 그리고 그때 비로소 해방 후 남북한 문학의 전개를 온전하게 조망할 수 있는 근본적 입지를 확보하게 될 터이다.

---

24) 『김유정 전집』(현대문학사, 1968), pp. 382~83.

4. 맺음말

　20세기 한국 문학사는 근대성의 쟁취와 근대의 철폐라는 이중의 과제를 해결하려는 고투의 역사였다. 발전 도중에 있었지만 오로지 자기 역량으로 근대성을 쟁취하는 결정적인 우위에 오르지 못한 시민 계급의 근본적 미성숙 단계에서 조선 왕조가 서구 자본주의와의 파경적 충돌 속에 세계 자본주의 시장에 강제로 편입되고, 더구나 후발 자본주의국 일제에 의해 그 편입이 대행됨으로써 20세기초 한국 문학의 근대성은 순조로운 발전이 저지되었다. 이런 조건에서 러시아 혁명 이후 레닌주의 모델이, 조선의 낙후성을 일거에 또는 최단시일 안에 뛰어넘을 수 있으리라는 하나의 매혹적인 환상으로 진보적 지식인들을 사로잡음으로써 상황은 더욱 복잡해졌다. 그런데 자본주의의 전반적 위기론의 가시화로 보였던 세계 대공황이 세계 혁명이 아니라 파시즘의 대두로 귀결되는 참담한 반전 속에서 뒤늦게 근대성의 문제에 새삼 주목하게 되었지만, 코민테른의 반파시즘 인민 전선 전술의 틀로부터 근본적으로 자유롭지 못했기 때문에 근대성의 쟁취와 근대의 철폐라는 이중의 과제가 실은 하나의 과제라는 높은 인식은 끝내 열리지 못했던 것이다.

　해방이 이 문제의 진정한 해결을 모색하는 비옥한 토양으로 되지 못한 것은 물론이다. 세계적인 냉전 체제가 한반도의 허리를 조이며 작동하면서 하나의 과제의 양면을 마치 독립된 두 개의 과제인 양 남북 양측이 각기 하나씩 갈라 맡는 형국으로 진행됨으로써 한국 근대 문학사는 얼마나 치명적인 손상을 입었던가? 남북이 대립 속에 공생하는 분단 체제는 남북 문학을 각기 비생산적인 상호 비판에 동원함으로써 결과적으로 질 낮은 작품의 창작 경쟁으로 몰아갔던 것이다.

이 점에서 70년대 이후 남한의 민족문학 운동은 20세기 한국 문학사의 해묵은 과제를 창조적으로 해결하려는 소중한 씨앗이 아닐 수 없다. 맹목적 근대 추종과 낭만적 근대 부정을 넘어서, 자본주의와 일국 사회주의를 넘어서, 근대성의 쟁취와 근대의 철폐를 자기 안에 통일할 것을 모색하는 민족문학 운동은 하나의 대안적 운동으로 출범하였던 것이다.

나라와 민족의 경계를 빠르게 지워나가는 전지구적 자본의 운동이 더욱 강화되는 요즘, 이 대안적 성격에 대한 자각은 일층 고양되어야 한다. 어찌 보면 오늘날 민족문학 운동이 직면한 상황은 20세기초의 한국 문학이 맞이했던 국면과 유사한 점이 없지 않은데, 또다시 20세기 한국 문학이 겪었던 시행착오를 되풀이할 수는 없는 노릇이다. 지금 우리에게 필요한 것은 대안적 성격에 대한 자각을 견결히 견지함으로써 새로운 상황에 대처하는 자기 갱신을 창조적으로 이룩하는 일이다. 20세기 한국 문학사를 거울삼아, 민족문학 운동의 일부가 80년대에 빠져들었던, 다시 프로 문학 주류성 명제에 접근하려 한 편향을 이제는 진정으로 해소하자. 이 말은 "얻은 것은 이데올로기요 잃은 것은 예술"이라고 탄식했던 회월 박영희를 흉내내자는 것이 아니다. 솔직히 말해서 박영희에게 언제 상실할 만한 예술성이 있었던가? 진정으로 문학과 예술에 헌신했던 사람에게서 이런 객담은 나오지 않는 법이다. 프로 문학 주류성 명제를 해소하려고 고투하면서 어렵게 대의를 확보한 민족문학 운동이, 일국적 시각 또는 분파적 시각을 넘어 수평적 비교의식 아래, 우리 민족문학의 과거와 현재를 냉철하게 점검할 때, 민족문학 운동의 진정한 주도성이 새로운 수준에서 확보될 창조적 길이 열릴 수도 있을 것이다.

한국 근대 문학 형성의 사회사적 조건

이 현 식

1. 한국 근대 문학사에 대한 제도사적 접근의 필요성

우리가 통칭 말하는 근대 문학이란 과연 무엇인가? 그것은 중세 문학과 어떻게 구별되며 또 어떤 과정을 거쳐 발생되었는가? 이 같은 질문은 어떻게 보면 전후 맥락을 도무지 모른 채 난데없이 던지는 도발적인 질문일 수도 있다. 하지만 동시에 이것은 근대 문학에 대한 원론적이면서도 근본적인 물음이기도 하다. 그리고 이 글은 그런 원론적이면서도 근본적인, 그러나 도발적인 질문으로부터 비롯되었다.

도대체 근대적인 의미의 문학이 어떻게, 그리고 언제부터 일반인들의 관념 속에 자리잡기 시작하였는가? 조선 시대 일반 민중이 생각했던 소설과 지금 우리가 흔히 사용하는 소설의 의미는 분명히 다를 터인데, 이것은 어떤 과정을 거치면서 달라지게 되었는가? 100년 전만 하더라도 소설은 일종의 여기(餘技)였고 소설을 쓰는 사람은 자기 이름 석 자를 밝히기조차 꺼렸던 것이 보통이었는데, 지금은 문학가가 하나의 사회적 직업으로 인정되고 이들의 사회적 지위가 상승된 것은 과연 또 어떤 이유에서인가? 이런 단편적인 질문들만 보더라도 문학의 사회적·역사적 변화의 문제, 그리고 궁극적으로 근대 문학의 발생 문제는 단순해 보이지 않는 많은 과제를 우리에게 제시하고 있다. 그리고 실제로 이런 문제들이야말로 문학이 역사와 더불어 변화하는 실질적인 양태를 점검하는 데 있어서 빼놓을 수 없는 과제이기도 하다.

이렇게 문제가 심상치 않은 곳에서 한국의 근대 문학사를 조금 다른 시각에서 바라볼 필요가 대두된다. 그것은 작품을 그 내적 측면으로부터 해방시켜 폭넓은 사회·역사적 자장 안에 놓는 일이다. 다시 말해 지금까지 문학사 연구가 대부분 작품 중심의 분석과 해석의 역사였다면, 이제는 제반 사회적 관계망 속에서 문학 작품의 발생·소통·소비의 역사도 해명해야 할 단계에 이르렀다는 것이다. 물론 이런 문제 의식의 배경에는 문학 행위도 일종의, 개인과 사회 집단의 사회 행위라는 생각이 깔려 있다. 요컨대 문학도 다른 사회 제도들 가운데 하나라는 것이다.[1]

이런 점을 고려할 때에야 비로소 서두에서 제기된 물음처럼 문학사의 변화 발전에 대한 구체적이고도 실질적인 현상들을 해명할 길이 발견된다. 이는 작품, 혹은 작가에만 국한된 연구로서는 밝혀지기 힘든, 다양한 사회적 관계들과의 연관 속에서 밝혀질 문제들인 것이다. 예컨대 근대 비평이 발생되는 과정이라든가, 문단이 형성되는 사회적 이유, 상업적 대중소설과 정통소설의 분화 현상, 문학사의 정전 canon의 확정과 변화, 문학 저널리즘의 문제 등은 기실 문학사의 실질적인 변화 요인이 됨에도 불구하고 지금까지 작품 중심의 연구에서는 간과되어왔던 것이다. 이렇게 문학에 대한 제도사적인 접근은 문학을 그 근저에서 유지·변화·발전시키

---

[1] 그렇다고 문학이 다른 사회 제도와 같다는 의미는 아니다. 문학은 그 나름대로의 자율성을 가지면서 동시에 독자적인 구조를 가질 때 사회 제도로 성립될 수 있다. 자율성과 독자적 구조가 문학의 제도를 가름하는 기준이 된다. 김화영, 「문학이라는 제도」, 『세계의 문학』 39호(민음사, 1986).

는 구체적인 사회적 역학 관계를 확인케 만듦으로써 문학사 발전의 실질적 동력을 규명할 수 있게 되는 것이다.

그러나 여기에서 경계하지 않을 수 없는 것은 제도사적 접근이 단순한 사회학적 고찰에 안주하는 경우일 것이다. 마치 제도적인 것이 문학사의 모든 문제를 해명할 수 있다는 허상 역시 경계할 일이다. 그때 이런 연구 방법은 텍스트 중심의 문학사 서술을 보완하는 이상의 의미를 지닐 수도 있다. 단순히 제도사에 대한 고립된 접근이나 출판·유통의 측면에서만의 고찰은 문학을 계량(計量)사회학의 대상으로 전락시킬 가능성도 있기 때문이다.

이 글에서는 앞에 제시한 문제 의식을 기반으로 근대 문학이 형성되는 사회사적, 문학 제도사적 조건을 일반적으로 개괄해보려 한다. 앞으로도 구체적인 설명이 뒤따르겠지만 근대 문학이 형성되는 시기를 19세기말 20세기초로 잡아, 이 무렵을 논의의 주된 대상으로 삼겠다. 주지하다시피 이때는 중세적 질서가 몰락하고 새로운 사회 질서와 체제가 등장해가던 시기이므로 사회를 그 근간으로부터 유지해오던 물질적 토대로부터 사회 제도, 사상, 그리고 일반인들의 일상적 관념에 이르기까지 삶에 관계된 모든 체제가 총체적 변화를 겪는 때이다. 따라서 이 시기에 대한 사회사적·제도사적 접근은 더욱 절실한 바가 있다. 더구나 이런 과정에서 한국 근대 문학의 사회적 조건이 해명된다면 그것은 한국 문학의 근대적 성격을 설명하는 데에도 중요한 근거를 얻을 수 있다는 생각이다.

물론 이 무렵을 대상으로 해서 문학사의 변화를 탐구했던 논문이 없었던 것은 아니다. 멀리는 임화가 『신문학사』에서 근대 문학이 출현하게 된 사회사적 조건을 정리한 예가 있으며, 그외에도 애국 계몽기 문학을 다루어왔던 많은 논문들에서도 단편적인 검토가 있었다.[2] 그러나 과문한 탓인지는 몰라도 문학을 사회 행위의

---

2) 조동일 교수의 『한국 문학 통사』가 특히 이런 점을 배려하면서 서술된 것으로 보

68

하나로 보고 제도사적으로 접근한 본격적 논문은 찾아보기 힘들다.[3] 그런데 최근에 보고된 몇몇 글들은 필자의 관심과 관련해 시사해주는 바가 많다. 이선영 교수,[4] 홍정선 교수[5]와 김종철 교수[6]의 연구가 바로 그것들인데, 이분들의 연구는 궁극적으로 문학사를 작품 자체에만 국한해서 접근하지 않고 텍스트의 안팎을 자유로이 넘나들며 일관된 역사주의적 방법으로 탐구하고 있어서 필자에게 좋은 안내자 구실을 하였다.

본고는 선행 연구들로부터 도움을 받아서 조선 후기의 문학적 환경을 전사(前史)로서 검토한 연후에, 19세기말 20세기초에 근대 문학이 형성되는 제반 사회사적 조건과 문학적 환경을 살펴보려고 한다. 그러나 여기에서 한 가지 단서를 달아두어야 할 것은, 이 글이 전체적으로 개괄적이고, 시론적(試論的)인 성격을 넘지 못하고 있다는 점이다. 결국 근대적인 문학 제도가 형성되어가는 개략적인 사회 배경과 윤곽만을 정리하자는 데 글의 목적이 있으며, 구체적인 문제는 앞으로 계속 보완, 심화시켜나갈 예정이다.

인다. 4권, pp. 328~72를 참조할 것(지식산업사, 1986).
3) 이런 시각과 관련해서는 이재선 교수의 『한국 개화기 소설 연구』(일조각, 1972)가 참고될 만하며, 김영철 교수의 『한국 개화기 시가의 쟝르 연구』(학문사, 1990)도 참고할 바가 많다. 한편 고전 문학 분야에서는 모두 검토할 여유는 없었으나 특히 임형택 교수의 「18, 19세기 '이야기꾼'과 소설의 발달」, 『한국학 논집』 2집 (계명대 한국학연구소, 1975)과 유탁일 교수의 『한국 문헌학 연구』(아세아문화사, 1989)에서 많은 시사를 얻을 수 있었다. 이외에도 고전 문학 연구자들의 이 분야에 대한 논문은 고전문학연구회 편, 『고소설의 저작과 전파』(아세아문화사, 1994)를 참조할 것.
4) 『한국 문학의 사회학』(태학사, 1993).
5) 「근대시 형성에 있어서의 독자층의 역할 연구」(서울대 박사학위 논문, 1991).
6) 「19세기~20세기초 판소리 변모 양상 연구」(서울대 박사학위 논문, 1993).

2. 상품 화폐 경제의 등장과 문학 존재 방식의 변화

임진·병자 양란을 거치면서 흔들리기 시작한 조선 봉건 왕조는 18세기로 넘어오면서 서서히 그 내부로부터 해체의 조짐을 보이기 시작한다. 농업 부분의 생산력 발전과 아울러 수공업과 광업 등의 발전은 상품 화폐 경제의 발달을 불러오고 이전과는 다른 규모의 상업 자본의 성장을 가능케 한다. 상품 화폐 경제의 발달은 필연적으로 유통 구조도 뒤바꿔놓아 서울·평양·대구·개성 등 대도시 지역에서 상설 시장이 발달하고, 향촌 지역에서는 장시가 더욱 발달하는 결과를 낳는다. 또한 각 산업에서의 생산력의 발전으로 말미암아 봉건 사회의 신분제가 동요되어, 노비와 평민들에게는 신분 상승의 다양한 길이 열리고 기술관·향리·서얼 등 중인들은 자신들의 지위를 상승시키는 반면, 이제껏 지배적 지위를 누려왔던 양반들은 몰락하는 경우도 발생한다.[7] 이 같은 사회의 변화는 궁극적으로 사람들의 일상적인 삶에도 영향을 끼치게 마련이다. 그에 따라 문화도 달라져, 상품 화폐 경제의 발달에 편승해 새로운 소비 문화가 싹트게 된다. 여기에는 경제의 발전에 따른 신흥 중간 계층의 대두가 큰 역할을 하는데, 즉 이들은 삶의 여가를 즐길 유흥을 요구하게 되고, 그에 따라 대도시 지역에는 새로운 유흥이 발달할 가능성이 커지게 되는 것이다. 그리하여 18세기 무렵에는 서울만 하더라도 주사(酒肆)와 기방(妓房)이 번창하고, 술과 매음을 영업 종목으로 하는 색주가(色酒家)가 성업중이었으며, 유흥도 상업화 경향으로 흘러 유랑 예능인, 각종 연희 집단 등이 돈이나 쌀을 받고 공연을 하기도 했다.[8]

---

7) 한국역사연구회, 『한국 역사』(역사비평사, 1992), pp. 144~56.
8) 강명관, 「조선 후기 서울의 중간 계층과 유흥의 발달」, 『민족문학사 연구』 2집, (창작과비평사, 1992), pp. 183~84.

사회의 변화와 유흥의 발달은, 문화도 이제 명확히 생산자와 소비자라는 교환가치에 의해 지배받는 상품으로 자리잡아간다는 것을 의미한다. 이는 매우 중요한 사회적·문화사적 의미를 갖는 변화이다. 문화(특히 유 ̄과 관련하여) 역시도 상품 화폐 관계에 편입되어 들어가면서 사회 전체와 유기적 관련성을 맺는 한편으로, 문화 자체의 재생산 구조가 형성되기 시작한다는 것을 의미하기 때문이다. 이런 사회의 변화와 더불어 이제 소설도 지금까지와는 다른 방식으로 자기 존재를 드러내기 시작한다.

17세기 무렵만 하더라도 소설은 광범위한 독자층을 확보하지 못하고 일부 사대부 가문의 부녀자들이나 왕궁의 여성들이 주된 독자층으로 자리잡아가고 있을 따름이었다.[9] 그도 그럴 것이 이때는 아직도 상품 화폐 경제의 미발달로 대량 출판은 물론 그 유통도 쉽지 않아서, 소설에 대해 호사가적인 취미를 갖기 이전에는 서적을 접하기가 매우 힘들었던 실정이었다. 게다가 접한다 하더라도 대부분은 필사본이었고, 몇몇 개인들이 돌려보는 차원이었기 때문에 사회 저변에서 소설이 광범위하게 유통되어 하나의 사회적 현상으로까지 나타나지는 못했던 것이다. 다시 말해 소설은 그것을 접하는 각 개인들에게만 의미있는 존재였지, 사회 전체적인 차원에서는 아직 실질적인 자기 영역을 갖는 정도로 발달하지는 못했던 것이다.

그러던 것이 18세기에 들어서는 경제·사회·문화의 변화로 말미암아 소설도 지금까지의 존재 방식에서 탈피해 사회적·문화적 자장 안으로 포섭되기 시작한다. 강담사(講談師)·강독사(講讀師)·강창사(講唱師)와 같은 전문적·직업적 이야기꾼의 등장이 바로 그것이다.[10] 이들은 사장(射場: 활터)·약국·객점(客店)과 같은 시정(市井)의 주변에서 이곳을 자주 드나들던 중인 서리층, 상공인

---

9) 大谷森繁,『조선 후기 소설 독자 연구』(고대 민족문화연구소, 1985), p. 70.
10) 임형택, 앞의 논문. 강담사·강창사·강독사라는 용어는 모두 임형택 교수의 것을 빌린 것이며, 이에 대한 아래의 논의도 마찬가지이다.

층과 더불어 나타났다. 직업적 이야기꾼들은 시정의 주변에서 사람들을 모아놓고, 또는 재산가의 집안을 드나들며 재미난 이야기를 하거나(강담사), 이야기를 창으로 구연하거나(강창사), 소설을 낭송하면서(강독사) 생계를 이어갔다. 이들의 존재는 위에서 언급한 새로운 유흥의 등장과 무관하지 않으며, 소설이 사회적으로는 읽는 소설보다 듣는 소설로부터 출발하고 있음을 암시한다고도 하겠다. 여기에는 국문 해독 인구가 매우 적었던 원인도 작용했을 터이다.

한편 상품 화폐 경제의 출현은 한글 해독 능력이 있는 사람들을 대상으로 소설책을 직접 상품화하는 조짐도 나타나게 되었다. 그것이 바로 세책점(貰冊店)의 출현이다. 세책점이란 말 그대로 책을 일정한 대가를 받고 대여해주는 곳으로, 대개 필사본으로 된 장편소설을 취급하였다. 1890년부터 1892년까지 프랑스 공사관에 근무했던[11] 모리스 쿠랑 Maurice Courant의 다음과 같은 글에서 당시 세책점의 풍경을 엿볼 수 있다.

세책가도 상당히 있어, 그곳에는 특히 대중의 서적, 즉 인본(印本) 또는 사본(寫本)의, 대개는 한글로 쓰인, 이야기책 노래책이 구비되어 있는바, 이 집 책은 서점의 매품(賣品)보다도 정성스럽게 되어 있어 종이도 상질로서 인쇄되어 있는 일이 많다. 책세는 여간 헐치 않아 하루 한 권에 1푼의 십분지 일이 정도이지만 현금 또는 물품을, 예를 들면 돈으로 삼사 냥, 물품으로 화로 혹은 냄비 등을 보증금품으로 요구하는 일도 적지 않다. **전에는 꽤 많았던 이러한 영업도 그 수효가 퍽 줄어들었다**고 조선 사람들이 나에게 말하고 있었거니와, 더욱이 시골에는——송도·대구·평양과 같은 큰 도읍에도——그러한 세책가가 있다는 이야기를 들어본 일이 없다. 이 직업은 이익은 박하나 점잖은 생업으로 인정되어

---

11) 정진석, 『한국 언론사』(나남, 1990), p. 27.

있는 까닭에 영락한 양반들의 자진 종사하는 바가 되어 있다.[12] 〔강조: 인용자〕

1890년대의 시점에서 세책가가 과거에는 꽤 번창했음을 짐작할 수 있다. 게다가 서울 이외의 지역에서는 발견되지 않는다는 술회에서 당시 소설의 전파 범위도 짐작케 한다. 여러 권으로 묶여 있는 필사본 장편소설이 주로 대여되었던 세책가였던 만큼 박한 이익을 가지고 장사를 이어가려면 어느 규모 이상의 시장성을 요구하였을 것이다. 그러나 세책가의 존재 역시 직업적 이야기꾼의 등장과 마찬가지로 소설이 더 이상 개인의 은밀한 취미가 아닌, 사회의 공적 영역의 한 위치를 차지하는 계기가 되었음을 말해주는 근거라 하겠다.

소설의 상품화 경향은 방각본 소설이 등장하면서 본격적으로 진행된다. 방각본이란 영리를 목적으로 서점에서 출판하는 사각본(私刻本)을 말하는데,[13] 그 출현은 논자마다 다르지만 대략 17세기 무렵이었던 것으로 추정된다.[14] 처음에는 전주 지방을 중심으로 서당 교재나 소학서·사서삼경 등과 같은 과거 시험용 서책을 주로 출간하다가 이후에는 서울에도 퍼져, 한글 방각본 소설은 대략 19세기 중엽에 성행되었던 것으로 보인다.[15] 한글 방각본 소설들은 대개 인기 있던 필사본 소설을 저본으로 하여 제작되었다.

이 같은 방각본의 등장 역시 조선 후기 봉건제 해체기의 실상을 잘 보여주는 것으로 생각된다. 방각본이 맨 처음 출현한 전주 지방의 문헌을 고증하고 사회적 배경을 연구한 유탁일 교수에 의하

---

12) 모리스 쿠랑, 김수경 역, 『조선 문화사 서설』(범장각, 1946), pp. 6~7.
13) 제홍규(諸洪圭) 편저, 『한국 서지학 사전』(경인문화사, 1974), p. 70.
14) 김동욱, 「방각본에 대하여」, 『동방학지』 11집(연세대학교 동방학연구소, 1970)의 견해에 따랐다.
15) 大谷森繁, 앞의 책, pp. 103~07; 김동욱, 앞의 논문 참조.

면, 전주는 지리적 특성상 판재(板材)와 종이(韓紙)를 구하기 쉬웠을 뿐만 아니라, 무엇보다도 수공업이 발달하고 상업이 번성했던 곳임이 실증되고 있다. 이렇게 발달된 민영 수공업은 각판(刻板)에 응할 인력을 쉽게 제공할 수 있었으며, 상업의 번창은 도서 유통의 중요한 터전이었다. 거기에 전주를 중심으로 한 호남 평야는 다른 지역보다 임금으로 생계를 유지하는 임노동층이 많이 형성되어 있었고, 영세 소작농 역시 타지역보다 다수를 점하고 있었다. 이들 농민들은 겨울철 농한기에 자연스레 소일거리를 요구하게 되었고, 그 요구에 부응했던 것이 완판본 방각 소설이었던 셈이다.[16]

방각본은 이렇게 전주에서 비롯되었지만 호남 일대와 서울·안성 등지에서도 인출(印出)되어 소설의 대량 제작이 가능하게 되었고, 이런 책들은 정기적으로 서게 되는 각 지역의 장시를 통해 담배·성냥·붓 등과 함께 팔려나갔던 것이다.[17] 소설이 이렇게 대량 출간되어 상업적 유통 대상이 되었던 것은 앞에서 보아왔듯이 사회의 변화와 더불어 잠재적인 독자가 광범위하게 존재했었기에 가능했던 일이었을 것이다. 물론 역으로 한글 방각본 소설의 출현으로 말미암아 소설의 독자가 더욱 늘어났으리라는 것도 쉽게 짐작할 수 있다. 방각본 소설의 독자는 일률적으로 단정지을 수는 없으나 대개 중인 이하의 신흥 계급·계층이었다. 이들이 방각본 한글 소설의 소비자로 등장하면서 소설은 이들의 문화로 정착하게 되는 것이다.

이제 소설은 방각본의 등장과 함께 작가,[18] 출판업자, 독자 등이 미약하게나마 형성됨으로써 독자적인 구조를 가지고 사회 전체의 문화 구조중 한 요소를 차지하기에 이른다. 다시 말해 문학도 사

---

16) 유탁일, 앞의 책, pp. 127~54.
17) 모리스 쿠랑, 앞의 책, p. 1.
18) 작가가 명확히 사회적인 직업으로 형성되었다는 의미가 아니라 어떤 형태로든 소설의 소프트웨어를 제작하는 사람을 가리킨다.

회의 문화 현상으로 자기 재생산 구조를 갖게 되었다는 말이다. 이것은 문학이 사회 전체의 시장 원리에 지배받게 되었음을 의미하는 것이고, 또 한편으로는 시장 원리 가운데에서도 다른 상품과는 다르게 문학이 생산·유통·소비되는, 문학만의 재생산 원리가 형성되기 시작했음을 의미하는 것이기도 하다. 그리하여 일반 대중들도 막연하게나마 소설에 대한 관념을 갖기 시작하면서, 소설은 사회내의 실질적인 의미론적 장을 형성하게 되었다.[19]

그러나 이런 현상이 곧 근대적 문학 제도의 성립을 의미하는 것은 아니다. 작가는 사회 속에서 직업적 소설가로서 뚜렷한 자기 존재를 드러내지 못했으며, 출판업자 또한 영세한 규모였고, 판권이 존재하는 것도 아니어서 같은 작품을 여기저기에서 출간해도 문제되지 않았다. 따라서 어떤 작품이라 하더라도 확정된 판본이 있다기보다는 수많은 이본만이 존재할 뿐이었다.[20] 이런 현상은 작가의 존재가 아직도 분명하게 사람들에게 각인되지 못한 사정의 반영이었다. 서책의 유통도 책 거간꾼이나 행상인·세책방 등을 통해 영세적 규모로 이루어질 따름이었다. 서점을 설치하자는 의론도 있었으나 제대로 시행되지 못했고, 민영 서사(民營書肆)도 번창하지 못하는 형국이었다.[21] 근대적인 의미의 문학에 대한, 공식

---

19) 이 말은 소설의 사회적 유통으로 말미암아 소설이란 대개 어떤 것이다라는 사회적 합의가 사람들 사이에서 형성되어간다는 의미이다. 그러나 필자는 당시 평민들이 소설을 실제로 어떤 관념을 갖고 받아들였는지는 파악하기 힘들었다. 다만 당시는 실학의 등장에도 불구하고 여전히 주자학적 세계관이 지배적인 형편이었기에, 대부분의 지식인들에게 소설은 타기해야 할 대상이었던 듯하다. 그러나 이런 논의의 등장이 역설적으로 소설의 사회적 영향력을 반증해준다고도 하겠다. 아울러 이 시기에 들어오면 소설에 대한 논의도 비교적 왕성하여 초보적인 소설론이 등장하기도 한다. 장효현, 「조선 후기의 소설론」, 『어문논집』 23집(고려대학교 국문과, 1982).

20) 조동일, 앞의 책 참조.

21) 안춘근, 『한국 출판 문화사 대요』(청림출판, 1991); 백운관·부길만, 『한국 출판 문화 변천사: 도서 유통의 성립과 발전』(타래, 1992).

적인 제도적 교육 기관도 마련되지 못했던 상태였으므로 소설에 대한 감식안을 제대로 갖춘 독자들의 존재 또한 지금 우리가 생각하는 정도는 아니었다. 그리하여 서점이 어느 정도 생겨났던 1890년대에 이르기까지도 소설은 천대를 받았던 것이다. 당시 서점 풍경을 묘사한 쿠랑의 글에서도 "한글로 되고 값이 싼 잡서라면 이를 밖에 내어놓는 것을 큰 수치로 알고 혹시 그러한 서적이 있을 경우, 이를 구석에 깊이깊이 감춰둔다"는 언급이 보일 정도였다.[22]

결론적으로 소설은 꾸준히 성장을 거듭하여 자기 존재를 사회 속에 각인시키고 마침내 상품 화폐 경제에 편입됨으로써 자기의 재생산 구조를 갖게 되었지만, 여전히 중세의 완강한 봉건적 질서는 소설의 존재를 인정치 않으려는 분위기였으며 그렇다고 이제 막 싹트기 시작한 새로운 사회 체제가 구질서를 무너뜨릴 만큼의 힘을 갖지도 못한 상태였다.

3. 근대적 공공 영역의 등장과
정론적(政論的) 담론의 형성

조선은 18, 19세기 동안 꾸준한 산업 생산력의 발전에도 불구하고 문호 개방 이전에 자율적으로 산업 혁명을 이뤄 근대 자본주의로 이행할 단계에 이르지는 못하였다. 앞절에서도 살펴보았듯이 중세적 질서는 사회 전면에서 근대의 성장을 억압하고 있었으며, 새롭게 성장하는 사회 세력과 경제 형태도 낡은 질서를 뒤엎을 만큼의 힘을 지니지는 못했던 것이다. 18, 19세기 갑오 농민 전쟁 이전까지 빈발했던 농민들의 항쟁과 좌절의 과정이 이를 반증한다.

---

[22] 모리스 쿠랑, 앞의 책, p. 5. 물론 이런 언급들을 그대로 받아들여 한글 방각본 소설의 의미를 필요 이상으로 폄하할 문제는 아니며, 그에 대한 소설사적 의미는 또 그것대로의 검토가 필요할 것이다.

게다가 토착 자본이 경제적·정치적 영향력을 나타낼 만한 조건을 갖추지 못한 단계에서 외세의 강요에 의해 문호가 개방됨으로써, 보호 무역주의와 선진 기술 도입에 의한 국내 산업의 자본주의화는 불가능했고, 외국 상품의 무제한적 침입과 국내 원자재의 유출 또한 방치될 수밖에 없었다. 결국 국내의 산업 구조는 외국의 자본과 상품의 침투 앞에서 무력하게 무너져갔다. 일부 상업 분야에서만 활발한 상품 유통에 힘입어 어느 정도의 부를 축적할 수 있었으나, 그것도 대외 의존적 정부 아래에서 외국 자본에 맞서 성장하지 못하고 거기에 예속되거나 몰락하는 길을 걸을 수밖에 없는 처지였다.[23]

상황이 이러했기에 정치적인 근대화도 정상적으로 수행되기가 힘들었다. 일부 급진 개화파를 중심으로 한 정치적인 개혁의 움직임도 정변으로 끝나거나(갑신정변: 1884), 지속적인 추진력을 갖고 시행되기 어려웠다(갑오경장: 1894). 물론 정부내의 수구 세력과 외세의 개입이 개혁 실패의 주된 요인으로 작용하기도 하였다. 국내의 정치적 상황과 더불어, 외세 열강들의 이전투구도 심각하여 한반도를 자국의 이권 다툼의 장으로 만들어 전쟁을 일으키거나(청일 전쟁: 1894, 러일 전쟁: 1904), 심지어 궁궐에 침입하여 왕후마저도 살해하는 국권 유린(을미사변: 1895)을 자행하기도 한다.

이 같은 민족의 위기 상황에서 민중들은 자연스럽게 반침략·반봉건을 요구하게 되는데, 1894년에 일어난 갑오 농민 전쟁도 이런 사정과 무관하지 않다. 반침략·반봉건의 요구는 특히 1900년을 전후로 보다 자각적이고, 목적 의식적으로 대두되기에 이른다. 황후 시해와 단발령에 항거하여 광범하게 일어났던 1896년 의병 운동은 비록 구체제를 지향하는 봉건적 성격을 지닌 것이기는 하지만 외세에 대항하여 반침략의 의도를 분명히한 것이었고, 더욱이

---

23) 강만길, 『한국 근대사』(창작과비평사, 1984), pp. 243~44.

같은 해 결성된 독립협회는 반봉건·반외세를 지향하는 시민 운동의 싹을 보여주는 것이라 하겠다.

즉 독립협회를 시작으로 전개되기 시작한 근대적 개혁 운동은 그 이전과는 질적으로 다른 사회 체제를 지향하고 있었고, 그 운동 방식 또한 과거 민중 봉기나 지배 계급내의 권력 암투에서 벗어나 시민 운동의 가능성을 보여준 것이었다. 독립신문을 발간하여 여론을 형성, 주도한 것이나, 만민공동회를 개최하여 민중들의 민주적 의사 결정을 도모하고 자주적 국권 수호를 위해 구체적 행동을 보인 것이나, 입헌 공화제를 지향하여 근대 부르주아적 의회 설립 운동을 벌인 것이 그것이다. 물론 결성 초기의 독립협회는 일부 개화파 관료들의 서클 성격을 벗어나지 못하고 있었지만, 각종 토론회를 개최하면서 민중들의 진출이 눈에 띄게 늘어나 일종의 대중 단체의 성격을 갖게 되었던 것이다. 결국 독립협회는 종래의 정치적 개혁이 혁신적인 소수파에 의한 위로부터의 개혁이었다는 한계에서 벗어나, 근대적 개혁 사상을 대중 속으로 파급시킴으로써 아래로부터의 대중적 정치 운동을 전개하여, 개화=왜이화(倭夷化)라는 기존의 관념을 민중들로부터 지양시켜 근대적 정치 개혁의 중요성과 의미를 확산시켰던 것이다.[24] 그리하여 독립협회를 시작으로 다양한 개혁·계몽 운동이 민중들 사이에서 일어나, 언론 출판 운동, 교육 운동, 식산 흥업 운동 등이 본격적으로 전개된다.

이 같은 각종 사회 운동의 전개는 이제 조선 사회가 중대한 전환기에 처하게 되었음을 의미하는 것이다. 즉 그것은 중세적 질서 하에서처럼 국가나 봉건적 군주가 더 이상 사회를 통합할 힘을 상실하고, 새롭게 성장하는 계급이 자신들의 독자적 의사 소통 체계를 형성하기 시작한 증좌이기 때문이다.

---

24) 강재언, 『신편 한국 근대사 연구』(한울, 1982), pp. 197~251.

공공 영역 *public sphere*이라고도 불리는 새로운 의사 소통 체계의 출현은 원래 상품 화폐 경제의 발달에 따른 새로운 경제 체제의 출현과 밀접하게 관련되어 있다. 상품 화폐 경제는 필연적으로 사람들 사이의 원활한 소통 관계를 가능케 하면서 이들의 의사 소통 체계 역시 과거와 다르게 구조화시키는 것이다. 따라서 공공 영역은 사사로운 사적 영역 *private sphere*과도 다르지만 국가의 지배 질서 아래로 완전히 포섭되지도 않는, 근대 사회의 독특한 사회 영역으로 자리잡아가면서 사회적 개인들 사이의 행위와 의사 소통 관계를 통해 구조화되어, 개인들을 정치적 공중으로 변화시키게 된다.[25] 근대적 공공 영역의 출현은 그래서 시민 계급의 형성과 무관하지 않으며, 민주주의의 원리와도 밀접한 관련을 맺는다.

20세기를 전후한 한국의 사회 운동 역시 그 근저에서는 이런 사회 변화의 기운을 반영하고 있다. 특히 우리의 경우에는 근대적 민주주의의 정착이 근대적 민족 의식을 자각하는 과정과 뗄 수 없는 관계에 있다는 점에서 공공 영역의 출현은 근대적 민족주의와 필연적인 연관을 맺는다. 더구나 자본주의의 미약한 발달로 말미암아 한국에서의 공공 영역은 자각된 민족주의와 밀접한 연관을 맺을 수밖에 없었고, 그것도 계몽적 성격을 강하게 띠는 것이 되었다. 결국 당시 한국 사회는 외부로는 민족적 위기와 내부로는 노쇠한 봉건적 질서의 몰락을 눈앞에 보면서 이를 총체적으로 극복하기 위한 새로운 형태의 대중적 계몽 운동이 일어나기 시작한 것이다.

그러나 우리가 근대적 공공 영역의 출현이라는 시각에서 당대 사회 운동을 조망한다면, 그것을 가능케 할 수 있었던 사회적 조

---

25) 공공 영역은 원래 하버마스가 이론화시킨 개념이다. 때로 공중이라는 말로 번역되기도 한다. 이에 대해서는 김호기, 「공중과 의회 민주주의의 구조적 변동」, 『연세 사회학』 10, 11호(연세대 사회학과, 1990)와 김용직, 「한국 민족주의의 기원: 정치 운동과 공공 영역」, 『사회비평』 11호(나남, 1994)를 참조할 것.

건 역시도 간과해서는 안 될 것이다. 공공 영역 자체가 사회의 다양한 제도적 요인들을 제외시켜서는 이해되지 않는, 사회 전체계와 관계된 개념이기 때문이다. 그랬을 때, 가장 먼저 주목되는 것이 사회적 개인들의 자유로운 의사 소통을 제도적으로 가능케 할 저널리즘의 출현을 꼽을 수 있다. 주지하는 바와 같이 독립협회는 독립신문이라는 저널리즘에 크게 힘입은 바 있지만, 만민공동회가 개최되던 1898년에는 당대 사회적 분위기를 반영하듯, 배재학당 협성회의 매일신문, 순국문 일간지 제국신문, 장지연·남궁억 등의 황성신문 등이 잇따라 창간·발간되었다는 사실은 의미있는 일이다. 더욱이 애국 계몽기에 들어서면서 신문의 창간은 폭발적으로 증가되어 기존에 있던 신문 외에 무려 17종에 이르는 신문들이 창간되었으며, 게다가 당시 조직된 많은 애국 계몽 운동 단체들에서는 저마다 잡지를 창간해 자기 단체의 주장을 홍보하거나 민중 계몽의 수단으로 삼기도 하였다.[26]

이런 점에서 20세기 전후로 사회의 공식적 표기 체계가 한자에서 한글로 전환되어갔다는 것도 매우 의미심장한 대목이다. 공공 영역 자체가 개인들의 자유로운 의사 소통과 합리적인 의사 소통 능력을 전제로 한다는 점에서 이 시기 한글의 대두는 필연적 결과일 터이다. 그리하여 19세기말에는 정부조차도 "국문으로 본을 삼되 한문을 부역(附譯)하거나 국한문을 혼용할 수 있다"[27]는 칙령을 내리기에 이르며, 과거 제도를 폐지하여 한문 학습의 목적을 없애버리는 한편, 새로운 시험 제도 속에 국문(國文)이란 과목을 부과할 정도가 된다.[28] 한글은 제도적인 측면에서 공식적으로 사회의

---

26) 정진석, 앞의 책, pp. 195~214. 그러나 당시 신문 종수의 증가를 긍정적으로만 볼 일은 아니다. 일본인들이 효율적인 조선 지배를 위해 만들었던 신문들도 이 시기에는 상당수에 달하였기 때문이다.
27) 『한말 근대 법령 자료집』 1권(대한민국 국회도서관, 1970), p. 120; 홍정선, 앞의 논문에서 재인용.
28) 홍정선, 앞의 논문, p. 19. 이 논문에는 한글 문체가 어떤 과정을 거치면서 정착

공인된 표기 체계로 등장하게 되었으며, 실질적인 의사 소통의 수단으로 인정받기에 이른 것이다. 이제 공공 영역의 투명한 공간에서 발언할 수 있는 권리는 보편적 이성에 토대를 둔 담론을 만들어내는 능력에 있는 것이었지 사회적 신분이나 전통적 권위 같은 것은 아니었다. 더구나 공공 영역내의 담론이란 것은 보다 많은 사람들과의 토론과 합의를 목적으로 한 것이었기에, 한글은 사회적 효용성 면에서 그 어느 때보다 사람들에게 절실하게 다가왔던 것이다.

이와 관련해서 그 같은 담론을 구사하고 이해할 능력이 있는 사람들이 다름아닌 근대적 교육을 받은 시민과 지식층들이었다는 점도 간과되서는 안 된다. 1885년 배재학당을 처음으로 하여 들어서기 시작한 근대적 교육 제도는 1905년 애국 계몽기에 접어들면서 폭발적인 증가 추세를 나타낸다.[29] 특히 애국 계몽 운동의 성격 자체가 문화 운동의 면모를 강하게 띠고 있었기에, 운동가들은 교육을 통해 민권·국권 의식을 민중들에게 고취하려 했었고, 서북학회·기호흥학회·흥사단·교남학회 등과 같은 교육 운동 단체들이 속속 조직되면서, 학교 설립은 전국적 현상으로 번졌다. 그에 따라 초보적이나마 근대적 교양과 사유 방식을 배운 사람들이 사회에 다량 배출되었고, 이들이 이후 애국 계몽 운동의 중추가 되었다.

이렇게 보아온다면 한글 사용의 확산, 각급 학교의 증가, 저널리즘의 발전과 같은 문화상의 변화가 근대적 공공 영역의 발생과 유기적 관련이 있음을 알 수 있다. 즉, 한글을 통해 효율적인 근대적 교육이 가능할 수 있었고, 그 결과로 많은 식자층들이 생겨나면서, 이들은 활발하게 자신들의 의사를 신문과 잡지에 토로하기

되는가가 자세히 정리되어 있다.
29) 1910년 사립 학교령을 내려 각급 학교들을 정리할 때 인가받은 사립 학교만도 2,250개교에 이르렀다. 이만규, 『조선 교육사 Ⅱ』(거름, 1991/1949년판 복간본), p. 104.

도 하고, 각종 출판 매체에 실린 글들을 읽으면서 근대적 개혁을 촉구하는 여론을 형성해갔던 것이다. 이것은 결과적으로 광범위한 문화의 민주화가 가능하도록 만들었으며, 또 국가 권력과는 별개로 시민들의 자율적인 여론 형성 구조가 사회 속에서 생겨나도록 하는 구실을 하였다. 여기에 이런 변화를 가능케 해주었던 물질적 조건이 뒷받침되고 있었다는 것 역시 쉽게 추론해볼 수 있다. 필사나 목판본으로서는 많은 양의 신문·잡지·단행본 서적을 신속하게 생산해낼 수 없을 뿐더러, 전통 장시와 같은 유통 방식으로 이들을 공급할 수도 없었기 때문이다.

1883년 정부가 연활자와 현대식 활판 인쇄술을 들여온 이래, 1885년 배재학당 인쇄소, 1888년 성서활판소(聖書活版所) 등 민간 인쇄소가 설치되어 근대 인쇄 기기들이 들어오기 시작하였고,[30] 1905년 이후에는 휘문관·우문관·대동광지사·동문관·창신관·탑인사·보문사·보성사·신문관 등 많은 인쇄소가 생겨나기에 이른다.[31] 근대 인쇄술의 도입으로 이제 서적을 대량 제작할 수 있었을 뿐만 아니라, 빠른 시기에 인쇄가 가능해짐으로써 정보 전달이 한층 더 신속하게 되어, 근대적 언론이 출현할 물질적 조건이 마련될 수 있었다. 이와 아울러 출판물의 대량 제작이 가능해짐으로써 그에 따른 출판물 가격이 저렴해지는 결과를 불러온다. 일례로 1801년경에는 쌀 1석(10두) 값으로 서적 2권 정도를 구입할 수 있었던 것이 고작이었다면, 1910년에는 서울 지역에서 중품 쌀 1가마니(180l)로 약 22권의 책을 구입할 수 있게 되었다.[32] 서적 값의 인하는 자연스럽게 많은 사람들이 직접 책을 사서 볼 수 있는 환경

---

30) 안춘근, 앞의 책, p. 309.
31) 이런 인쇄소들은 대개 출판사를 겸업하기도 하였다. 조기준, 「개화기의 서적상들」, 『중앙』 30호, 1970. 9, pp. 376~77.
32) 참고로 당시 서적 평균 가격은 58전이었다. 유상호, 「애국 계몽기의 출판 문화 운동」(고려대학교 교육대학원, 1986), pp. 24~25.

을 조성하였고, 기존의 방각본이나 필사본이 경쟁력을 잃고 사라져가는 현상을 초래하기도 하였다.

이 같은 인쇄술의 변화는 앞에서 살펴본 교육 운동의 전개와 맞물리면서 자연히 서적 수요층을 증대시키는 결과를 낳았고, 따라서 생산된 출판물들을 일반에게 공급·유통시키는 역할을 담당할 출판사와 서점의 출현을 보게 되었다. 특히 1905년을 넘어서면 출판사와 서점은 양적인 면에서도 커다란 신장세를 보일 뿐만 아니라 영업의 면에서도 호경기를 맞는다. 그리하여 신문 광고면에도 책은 주된 광고 품목으로 오르게 되며, 광고 횟수도 1905년에 12회이던 것이, 이듬해에는 57회, 1907년에는 153회, 1908년에는 233회로 폭발적으로 증가하게 되는 것이다. 1905년부터 1910년에 이르는 기간에 신문에 광고를 냈던 서점 및 출판사 수도 총 65개소에 이를 정도이다.[33] 이제 출판업은 인쇄업에서 독립하여 독자적 기획을 갖고 책을 출간했고, 과거 방각본 업자처럼 영세한 가내 수공업 단계가 더 이상 아니었던 것이다. 서점 역시 장터 거리의 잡화점 수준이 아닌 전업적(專業的) 형태로 발전할 수 있었다. 이렇게 서점과 출판사가 번창하게 된 것은 당대 애국 계몽 운동의 전개와 맥을 같이한다. 대부분 초창기의 출판사·서점이 교과서 및 애국 계몽 서적류를 판매하면서 자본을 축적할 수 있었다는 사실이 이를 반증한다.[34]

---

33) 유상호, 앞의 논문, 부록 참조. 이 숫자는 모두 대한매일신보와 황성신문에 실렸던 서적 광고를 토대로 한 것이다.
34) 『조광』, 1938년 12월호에는 「출판업으로 대성한 제가(諸家)의 포부」라는 이름으로 박문서관·영창서관·덕흥서림의 주인과 인터뷰한 기사가 실려 있다. 이들은 대부분 "지금은 이야기할 자유가 없는 서적"이나 척독류(尺牘類)〔모범 편지 양식: 필자〕, 교과서 지정 판매 등을 통해 자본을 축적하였음을 술회하고 있다. 특히 척독류가 많이 나갔던 것은 당시 우편 제도가 도입되면서 편지 쓰는 일이 일반적으로 널리 퍼지게 된 사정과도 무관하지 않다. 박문서관의 주인 노익형은 출판사 설립 동기를 묻는 질문에 대해서 "그때 우리 조선에도 신문화가 수입되

여기에 근대적 우편 제도(1884년 우정총국이 최초로 우정 업무를 시작, 1900년 만국우편연합에 가입)가 도입되고, 철도가 개설됨으로써(1899년 경인선, 1905년 경부선) 전국이 하나의 유통 체제로 통합된 것 역시 서점과 출판사 발전에 기여했다.[35] 빨라진 운송 수단과 우편 제도를 통해 지방에서도 서적을 쉽게 구해볼 수 있었고, 이는 출판물의 소비자가 늘어나는 효과를 가져왔던 것이다. 그러나 우편 제도와 철도의 등장은 이것 말고도 전국이 빠른 시간내에 하나의 여론을 형성할 수 있는 환경을 조성해주는 역할도 했다. 다시 말해 철도의 개통과 우편 제도는 전국을 하나의 시장으로 묶는 역할을 했을 뿐만 아니라, 전국적 의사 소통 체계를 만들어냄으로써 우리 사회내에서 통합된 여론이 발생할 토대를 제공하는 구실을 담당했던 것이다. 이외에도 서울 시내 전차 궤도 부설 공사 착공(1898), 경인간 시외 전화의 가설(1900), 신식 화폐 조례의 공포(1901) 등 사회 근간으로부터 일어나는 변화로 말미암아 사람들 사이의 일상적 생활도 점차 바뀌어가고 있었다. 사람과 사람을 이어주는 끈들은 더욱 긴밀해져갔고, 합리적 계약이 인간 관계의 핵심이 되어가기 시작했던 것이다.

결국 지금까지 우리가 논한 바에 따르면 근대적 공공 영역의 출현은 자각된 민족주의와 계몽 운동, 사회 체제의 전반적 변화와 밀접한 연관을 지닌다고 하겠다. 물론 우리에게는 민족주의의 문제가 민주주의의 과제와 서로 분리되지 않는다. 외세의 개입은 민족의 자주적 발전을 억압했을 뿐만 아니라 필연적으로 민중들의

기 시작하는데 역시 책전(冊廛) 같은 것도 필요할 것 같기에"라고 대답하고 있어서 주목된다. pp. 311~23.

35) 그러나 이런 근대적 사회 기간 시설은 국내 자본에 의한 것이 아닌, 제국주의 자본에 의해 이루어진 것이고, 더구나 철도의 경우는 일제의 효율적 조선 지배 및 대륙 침략의 방편으로 이용되기 위한 것이었다는 점도 간과되어서는 안 될 것이다.

민주적 제권리를 제약했기 때문이다. 그리하여 20세기를 전후로 하여 확산된 사회 운동은 그것이 어떤 형태로 전개되더라도 종국에는 근대적 민주주의와 민족적 자주 의식과 연결될 수밖에 없었고, 그 같은 사회적 분위기를 형성시키는 사회의 주도적 담론, 다시 말해 공공 영역내의 지배적 담론은 반제-반봉건과 민족 자주-민주주의의 신장과 관련된 정론적 담론이 될 수밖에 없었다. 이 글에서 그에 대한 세세한 분석을 할 여유는 없으나 각종 신문의 논설은 대부분 민주주의적 가치를 고창하고, 민족적 위기를 민중들에게 전파하고 있었으며,[36] 교육 운동도 이 같은 문제 의식에서 촉발된 것이었다.[37] 출판 사업 역시도 마찬가지여서 국권의 회복과 민족 의식을 고취하는 정치·경제 서적이나 역사 서적이 다른 분야에 비해 압도적인 양을 차지하고 있었다.[38] 요컨대 민족주의와 민주주의를 근간으로 하는 정론적 담론이 계몽주의적 운동 형태로

---

36) 당시 독립신문에 발표된 논설이나 일반 서민들의 투고로 지면이 채워진 독립가·애국가류를 보더라도 이 점은 충분히 알 수 있으며, 논설들 역시 대부분 충군 애국 사상을 고취하거나 민주주의적 가치를 옹호하고 있다. 물론 충군·애국을 그 내용으로 한 경우라 하더라도 그것은 과거 봉건적 군주 개념과는 다른, 근대적 국가 관념에 영향을 받은 것이었다. 참고로 독립신문에 실린 논설 중 154편을 표본 조사해본 결과 충군·애국이 51회, 학문·합리가 29회, 민주·평등이 22회, 생활 태도 22회, 진보 17회, 준법·공정 14회 등으로 나타나고 있다. 유재천, 『한국 언론과 이데올로기』, 문학과지성사, 1990, p. 233.
37) 이만규의 앞의 책, p. 103에는 다음과 같이 당시 분위기를 전하는 대목이 나온다. "열렬한 애국자들은 각처로 다니며 비분강개한 연설을 하다가 눈물을 흘리고 주먹을 치며 교육을 부르짖었다. 이리하여 반도에 가득한 기운은 교육열이었다. 당시에 이동휘 같은 애국자가 함경도 같은 지방을 한번 돌면 학교가 백여 개교씩 일어났다. 그러한 지사의 애원·격려·호소에는 인색한 부자들도 어찌할 수 없이 돈을 내놓게 되었다."
38) 1905년부터 1910년에 이르는 기간 동안 대한매일신보와 황성신문에 광고되었던 국내 발간 서적을 조사해보면 총 171종에 이르는데, 여기에서 사회과학과 역사물이 86종에 달해 전체 서적 종수의 절반을 넘어서는 현상을 보인다. 유상호, 앞의 논문, p. 19.

전파되었던 것이다.

4. 정론적 문학의 대두와 과도기적 문학 환경

20세기를 전후한 사회의 변화와, 그에 따른 근대적 공공 영역의 등장, 정론적 담론의 형성과 계몽주의적 운동 방식은 문학의 존재 방식에도 변화를 불러일으키게 된다. 즉 정론적 담론이 공공 영역의 지배적 담론이 되면서 문학도 이런 정론적 담론들 가운데 하나로 부상하기 시작한 것이다. 그 대표적인 것이 독립신문의 애국가·독립가류이며, 대한매일신보의 사회등 가사류(社會燈 歌辭類)이다. 일반인들이 투고를 통해서 정론적인 내용을 담아 자신들의 견해를 자유롭게 개진했다는 사실은, 문학이 공공 영역내의 정론적 담론으로 자리잡아가는 징후로 읽히는 것이다. 소설도 이와 마찬가지여서 1910년경까지 단행본으로 출간된 많은 역사·전기물, 신소설류가 대부분 애국 계몽적인 내용을 다뤄 정론성을 강하게 띠고 있었다.[39] 이 시기의 소설을 생각할 때 종종 사람들은 신소설만 생각해서 마치 신소설이 이 시기 문학사 전체를 대변하는 것으로 여기는 경우가 많고, 그것도 신소설 전체를 뭉뚱그려 역사적 안목 없이 개화기 소설로 통칭하는 경우가 고질화되어 있지만, 정작 따져보면 우리가 신소설이라고 부르는 것은 1910년을 넘어가면서 변질되고 있으며, 애국 계몽기 때에는 오히려 정론적인 역사 전기류와 신소설, 번안·번역물이 다수라는 사실을 발견하게 된

---

39) 물론 당시 간행된 역사·전기물 들을 무조건 애국 계몽적 문학이라고 단정하는 것은 위험한 판단이 될 것이다. 이는 텍스트 자체에 대한 엄밀한 검증을 요하는 일이겠으나 많은 수의 역사·전기물 들이 애국 계몽적 성격을 갖고 있었다는 사실 또한 부인할 수 없다 할 것이다. 강영주, 「애국 계몽기의 전기 문학」, 임형택·최원식 편, 『전환기의 동아시아 문학』, 창작과비평사, 1985, pp. 171~97.

다.[40] 특히 이것은 양적인 면에서도 뚜렷한 형태로 나타나는데, 하동호 교수의 조사를[41] 필자가 정리한 바에 따르면 단행본으로 출간된 전기류는 총 14종 중에서 12종이 1906년부터 1908년 사이에 출간되었으며, 신소설류는 총 267종 중 31종만이 1907년부터 1910년 동안 출간되고 있는 것이다. 그리고 31종의 신소설 가운데에도 『서사건국지』『라란부인전』『애국부인전』『애국정신』『애국정신담』『금수회의록』『자유종』 등과 같은 애국 계몽적인 정신을 고취하는 정론적 내용의 소설들이 다수를 점하고 있다. 그렇지 않은 소설들이라 하더라도 대부분은 풍속 개량을 전면에 내세워 계몽적 성격을 드러낸 경우가 많았다.[42] 여기에 번역·번안된 역사, 전기류까지 더한다면 당시 문학의 판도나 분위기, 성격 등은 정론성이 주조였다고 해도 크게 어긋나지는 않을 것이다.

그런데 문학이 이 시기에 들어와 이렇게 정론적 담론과 결합되고 있음은 유달리 강조될 필요가 있다. 정론적 담론의 하나로 공공 영역의 장내로 들어오면서, 문학은 과거와는 다른 방식으로 존재하기 시작하기 때문이다. 문학은 애국 계몽기의 지배적인 정론적 담론과 결합되면서 공공 영역내의 공식적 담론으로 포섭되는 계기가 되었던 것이다. 이제 소설의 존재도 과거 일반 민중들의 유흥거리이거나, 일부 양반 부녀자들의 개인적인 소일거리에 불과하던 것에서[43] 벗어나 사회적 역할을 부여받은 의미있는 존재로 변

---

40) 이런 시각과 관련해서 최원식 교수의 『한국 근대 소설사론』(창작과비평사, 1986)은 시사해주는 바가 많다. 이 시기를 개화기가 아닌 애국 계몽기로 지칭해야 함을 강조한 것도 바로 이 책에서이다.
41) 하동호, 「개화기 소설의 서지적 정리 및 조사」, 『동양학』 7집(단국대 동양학연구소, 1977) 참조.
42) 예컨대 당시 사회상의 도덕만 파괴한다고 신채호에게 비난받은 바 있던 이인직의 『귀의 성』만 보더라도, 광고문에서는 "鄙風敗俗을 鑒戒할지어다"라고 하여 풍속 개량의 의도를 내비치고 있는 것이다. 황성신문, 1907. 10. 11, 광고란.
43) 이런 진술이 고소설의 문학사적 가치를 폄하하는 것으로 읽혀져서는 안 된다. 필자는 여기에서 다만 소설의 사회적 존재 방식을 말하는 것일 뿐이다.

화하게 된다. 이런 변화는 소설이 18, 19세기 무렵 상품 화폐 경제에 편입되면서 나름대로의 재생산 구조를 갖추게 된 것과는 다른 의미를 갖는다. 소설은 사회적으로 공인된 자기 나름의 공공적 역할을 부여받았을 뿐만 아니라, 그런 역할을 **자각**할 수 있게 되었기 때문이다. 물론 문학적 담론이 이렇게 변화될 수 있었던 데에는 당시 애국 계몽 운동가들이 문학의 사회적 효용성을 깨달았던 사정도 원인으로 작용하였다. 민족 자주와 각성된 민권 의식을 외치는 애국 계몽론자들에게 소설은 유용한 선전 수단이었던 것이다.

夫小說子는 感人이 最易하고 人人이 最深하야 風俗階級과 敎化程度에 關係가 甚鉅한지라〔……〕小說의 善本으로써 匹夫匹婦의 警鐘과 獨立自由의 代表를 作하고 東洋의 日本도 維新之時에 一般學士가 皆於小說에 汲汲用力하야 國性을 培養하고 民智를 開導하였으니 其爲功也 顧不偉哉아.[44]

문학은 이렇게 사회적 담론이 정론성 일색이던 분위기와 더불어 등장함으로써, 스스로도 정론성을 강하게 드러내기 시작했다. 그리고 그것은 애국 계몽론자들의 문학에 대한 효용론적 인식에 의해 강력하게 지지를 받음으로써, 문학가 또한 선각자의 반열에 올라서게 되었다.[45] 이제 소설을 쓰는 행위는 사회적으로 공인되기

---

44) 박은식, 『서사건국지(瑞士建國誌)』, 「서(序)」. 소설에 대한 박은식의 위와 같은 견해는 기실 따지고 보면 조선 시대 사대부들이 문학을 생각했던 방식과 크게 벗어나지 않는다. 다만 보수적 사대부들이 소설의 사회적 효용성을 풍속괴란으로 매도한 점이 달랐을 뿐이지, 사유 방식 자체는 질적으로 다르지 않다. 똑같은 사유 방식으로 박은식은 소설의 사회적 효용성을 강조한 경우일 텐데, 당시 정세와 정론적 담론의 유행 속에서 문학에 대한 효용성을 깨달았던 데에 그 원인이 있는 듯하다. 이에 대한 자세한 논의는 차후의 과제로 남기겠다.
45) 물론 똑같은 효용론적 입장에서 강력한 항의를 받는 경우도 있었다. 그러나 여기에서도 소설가의 사회적 영향력이 과거와는 달리 막강해졌다는 것을 역설적으

시작하였고, 작가 이름을 구태여 숨길 필요가 없었기에 공식적인 언론 매체를 통해 소설을 발표하기도 하였다. 여기에 새로운 인쇄 문화의 출현으로 기존 필사본이나 방각본에서 성행하였던 판본 변화의 가능성도 상당 부분 사라지게 되어서, 글쓴이의 존재도 분명해지게 되었다.[46] 그리하여 이제 일군의 소설 작가들이 나타나는데, 이인직·이해조·안국선·김교제·이상협·육정수 등이 그들이다. 이들은 역사-전기물을 번역·창작하던 신채호·박은식·장지연 등과 더불어 대표적인 신진 지식층이었던 것이다. 소설가도 점차 자기 정체성 identity을 갖기 시작하였으며,[47] 사람들의 머릿속에서 소설가에 대한 관념도 싹트기 시작하였다. 근대적 교육 제도의 확산으로 글을 읽을 줄 아는 사람들이 늘어남에 따라 소설은 어느 정도의 상업성을 가질 수 있었고, 그 상업성으로 하여금 신문연재소설이 출현하는 계기도 되었다. 단행본으로 출간된 소설들은 전업적 출판업자와 분배자(서점)에 의해 전국적으로 팔려나가 근대적 유통 체계에 편입된 상품으로 자리잡게 된다. 이렇게 보면 공공 영역의 대두와 더불어 변화해가던 문화 현실이 근대 문학이 존재할 환경도 마련해준 것이라 할 수 있겠다.

그런데 이처럼 근대 문학이 출현하는 과정은, 특히 서구의 경우와 비교되어 재미있는 사실을 우리에게 시사해준다. 서구 유럽은 근대적 공공 영역의 담론 형성 과정에서 정론성을 띤 문학적 담론이 먼저 형성되고 나중에 보다 직접적으로 정론성을 표방한 정치적 논설이 출현하는 데 반해,[48] 우리의 경우는 정치적 논설이 먼저

로 확인할 수 있다.
46) 홍정선, 앞의 논문, p. 42. 홍교수는 새로운 인쇄 문화의 출현으로 독서 행태가 듣는 독서에서 개인이 읽는 독서로 바뀌고 있음도 아울러 지적한다.
47) 소설의 사회적 역할을 자각한 것이라든지, 소설을 쓰는 행위에 대한 자의식이 생겨남을 가리킨다. 예컨대 이해조 같은 작가는 자기 소설의 서문·발문에 이런 자기 생각을 적어놓기도 하였다.
48) 테리 이글턴, 유희석 옮김, 『비평의 기능』(제3문학사, 1991)과 김호기, 앞의 논

출현하여 정론적 담론을 확산시키는 과정에서 문학적 담론이 질적 변화를 겪게 되는 경우인 것이다. 다시 말해 계몽주의의 일환으로 정론적 담론이 유행됨에 따라 문학도 정론성을 담아내면서 계몽의 한 수단이 되었다는 것이다. 이것은 한국 문학의 특수성과 관련하여 앞으로 재론되어야 할 과제이지만, 직접적인 정치적 논설이 앞서게 되는 현상에 대해서는 다양한 설명이 가능할 것이다. 예컨대 당대의 위기에 처한 정치적 현실 등에서도 그 이유를 찾아볼 수 있을 터이고, 문학사 내적인 흐름과 관련해서도 조망이 가능하다. 문학 내적인 흐름과 관련해서는 특히 전시대에 일반인들이 소설에 대해 가졌던 관념에서 가설적인 실마리를 찾아볼 수 있을 듯하다. 즉 전대(前代)에는 대부분의 보수적 유생들이 소설을 패설(悖說)류 이상으로 생각하지 못했고, 또 그것이 사회의 일반적 정서였다는 점에서, 소설이 공공 영역의 한 담론으로 자리잡기 힘들던 사정을 추측해볼 수 있다. 이런 관념이 사라지지 않는 한, 소설은 사회의 공식적 담론으로 자리잡기는 매우 힘들었을 것이다. 그러던 것이 애국 계몽기에 들어와 소설이 정론성과 결합되면서, 사회적 역할에 대한 명분을 얻게 되고, 그 결과 일반인들의 소설에 대한 정서도 과거와는 달라지지 않았겠느냐는 것이다.[49]

그렇지만 이 시기에 한국 근대 문학은 이제 막 싹튼 것에 불과하여, 임화투로 말해 완미한 의미의 근대 문학에 이르지 못한 것 또한 사실이었다. 이때에도, 이전만큼만은 아니지만, 여전히 필사본과 방각본이 세책가와 장터 거리에서 나돌고 있었고, 이름없는 작가의 다양한 이본들이 영세 수공업자들에 의해 인간(印刊)되고

문 참조.
49) 한편 최원식 교수는 이를 정치 운동이 불가능한 상황에서 전개된 문화 운동과 관련지어 설명한다. 1905년을 경계로 본격적으로 시작된 애국 계몽 운동 역시 이런 관점에서 이해된다. 필자의 일면적 서술을 보완할 중요한 시사라 생각한다. 「제국주의와 토착 자본」, 최원식, 앞의 책, pp. 235~44.

있었다.[50] 소설가라는 이름으로 신진 지식층이나 개명된 양반층에서 몇몇 사람들이 나오기는 했지만, 말 그대로 몇몇에 불과하였을 뿐이다. 아직 이름없는 소설가가 훨씬 많았고, 신문연재소설이라 할지라도 무서명의 경우가 적지 않았다. 따라서 저작권이나 인세 개념도 사회적으로 정착하지 못해, 유명 작가라 하더라도 저작권을 대부분 출판사 주인에게 싼값으로 팔아넘기는 경우가 많았다. 신소설 뒷장 판권란에 저작 겸 발행자라는 이름으로 출판사주의 이름이 올라와 있는 경우가 바로 그것이다. 이해조의 『박정화』같은 경우도 출판사주에게 판권이 넘어간 예이다. 이해조의 이름은 온데간데없이 『산천초목』이라는 제목으로 재출간되면서, 저작 겸 발행자로 남궁준이라는 전혀 다른 이름이 기재되어 있는 것이다.[51] 이런 현상은 아직도 작가의 사회적 지위가 그만큼 열악했음을 가리키는 것이며, 고소설을 읽던 습관이 여전히 남아 있음을 의미하는 사실이기도 하다. 즉, 독자들은 개성 있는 작가의 작품으로 소설을 대한 것이 아니라 재미있는 이야기와 같은 오락거리로 소설을 대했던 것이며, 작가도 전문적 작가 의식을 갖는다거나 직업적 작가로 독립될 만큼, 의식의 면에서나 물질적 토대의 면에서나 발전된 수준은 아니었다.[52]

신문에 소설을 연재하는 경우라 하더라도 이것은 마찬가지이다. 소설가의 대접을 받으며 원고료를 받는 것이 아니라, 신문사에 소속된 기자로서 소설을 썼던 것이다. 이인직이 『만세보』의 주필로 있으면서 『혈의 누』와 『귀의 성』을 연재한 것이나, 이해조가 제국

---

50) 20세기초에도 방각본이나 필사본은 그전처럼 활발하지는 못하더라도 여전히 존재하고 있었다. 조동일, 앞의 책, pp. 328~35 참조.
51) 『산천초목』이 이해조의 『박정화』라는 작품임을 밝힌 것은 최원식, 앞의 책, 「이해조 문학 연구」에서이다.
52) 한기형, 「『황금탑』 연구」, 『민족문학사연구』 3호, 창작과비평사, 1993, pp. 119~20에 신소설의 판권 문제가 다뤄지고 있다.

신문의 기자로 『고목화』를 쓴 것 등이 모두 그런 예이다. 더구나 당시 언론이란 것은 일종의 애국 계몽적 운동의 일환이었지, 상업적 저널리즘의 색채는 그리 강하지 못했다. 물론 당대 사회 사정상, 상업적 저널리즘이 출현할 기반이 취약한 탓도 있었다. 언론사주도 빈번히 교체될 정도로 자본은 튼튼하지 못했고, 광고 역시 보잘것없었다.[53] 발행 부수의 면에서 대한매일신보가 10,000부를 넘는 것이 고작이었고, 다른 신문들은 대개 5,000부 미만이었다.[54] 이런 형편에서 신문 경영은 매우 열악할 수밖에 없었고, 소설 원고료라는 것은 상상할 수 없는 일이었다. 예컨대 제국신문은 재정난에 화재까지 입어 일시 휴간케 되는 사정이 빚어지기도 했는데, 이에 실업계와 각 부인회에서 의연금을 갹출해서야 속간될 수 있을 정도였다.[55]

결국 유명세가 있는 작가라 하더라도 온전한 의미의 직업 의식을 갖기는 어려운 상태였으며, 우리 사회도 아직 전업 작가를 배출할 기반이 마련되어 있는 상태가 아니었다. 물론 이들에게 근대적인 문인으로서의 작가 의식이 있었는가는 그것대로 따져보아야 할 일이겠으나,[56] 당시 사회의 물질적 조건은 전업적 작가를 배출시킬 정도가 못 되었던 것이다. 이것은 당시 한국의 사회·경제적

---

53) 참고로 당시 광고료는 1회에 행수에 관계없이 50전이었다. 제국신문의 경우 월 구독료가 15전 정도였음을 고려해볼 때 이는 매우 싼 가격이었다. 신문 전체에서 광고가 차지하는 비율을 따져보면 월 약 600전 정도였으며, 구독료는 월 2,700전 정도였다. 이렇게 볼 때 신문사 전체 수입에서 광고료가 차지하는 비율은 22% 정도였던 셈이다. 그러므로 황성·제국 양신문은 외형상으로는 광고가 상당히 늘어난 이후에도 경영이 어려워 이를 호소하는 논설을 여러 차례 싣고 있다. 정진석, 앞의 책, pp. 292~96.
54) 정진석, 앞의 책 참조.
55) 최준, 『신보판(新補版) 한국 신문사』(일조각, 1990), p. 126.
56) 일반적으로 이 시기 문인들의 의식은 전문적인 문인으로서의 작가 의식보다는 시대에 대한 사회 의식이 강했었다는 연구 결과가 나와 있다. 문성숙, 「개화기의 문학 담당 계층」, 『국어국문학』 94호(국어국문학회, 1985).

현실이 난숙한 근대 문학을 만들어낼 만큼 물질적 토양을 튼튼히 갖추지 못하고 있었음을 반증하는 사실이라 하겠다.

5. 정론성의 탈각과 근대 문학의 굴절

그러나 이 시기, 정확히 말해 1905년부터 1910년에 이르는 애국 계몽기의 양상은 생각보다 복잡하다. 주지하는 바와 같이 1905년은 을사조약이 체결된 해로, 이때부터 우리나라는 반식민지 상태로 떨어져 완전 합병만 남겨놓은 상태였기 때문이다. 이것은 그만큼 일제의 탄압과 회유가 전사회적으로 공공연하게 이루어지게 되었음을 의미한다. 결국 20세기를 전후하여 애국 계몽기에 이르르는 시기에 한국은 반제·반봉건, 민주주의의 확립과 근대적 민족 국가 수립이라는 근대의 과제를 완수하기 위한 몸부림을 보이면서도, 한편으로는 제국주의적 위협과 봉건성의 온존이라는 반근대로의 퇴행에 발목을 잡혀 있는, 근대와 반근대의 두 가지 계기가 얽혀져 있는 형국이었다. 그러나 유감스럽게도 근대를 향한 민중들의 전진은 제국주의 외세의 개입과 이에 결탁한 수구 보수 세력들의 발호로 힘겨워질 수밖에 없었다. 점차 일제는 반일 국권 의식을 고취하는 애국 계몽 운동을 다양한 방법을 동원해 공공연하게 방해하고, 탄압하게 되었다.

그런 의미에서 이 시기에 제정된 출판법(1909)이나 신문지법(1907), 사립학교령(1908) 등은, 그것이 비록 근대적 의미의 판권(版權) 확립에 기여했고, 교육 제도의 정비에 일정한 역할을 하였다 하더라도, 본질적으로는 우리 사회가 근대로 전환해가는 데 걸림돌이 되었다. 특히 1907년에 조인된 한일신협약(정미 7조약)은 차관을 일본인으로 임명케 하여, 일본의 한국 내정 감독권을 확립시킴으로써 한국내의 반일 민족·민주 운동을 합법적으로 탄압할 수 있도록 하였다. 방금 언급한 각종 법령도 이때 제정된 것이며 보안법의 제정도 이 시기에 이루어진다(1907). 신문지법이나 출판법의 경우는 한국내의 언론, 사상의 자유로운 활동을 근본적으로 규제함으로써 이제 막 싹트기 시작한 민주주의의 기운과 공공 영역의 정론적 담론을 억압하였다.

제11조 황실의 존엄을 모독하거나 또는 국헌을 문란케 하거나 **國際交誼를 저해하는 사항**을 기재할 수 없다.
제21조 내부대신은 신문지가 안녕 질서를 방해하거나 또는 풍속을 교란시켰다고 인정될 때에는 그 발매 반포를 금지하고 이것을 압수하거나 또는 발행을 정지 또는 금지할 수 있다.
제25조 제11조를 위반한 경우에는 발행인·편집인·인쇄인을 3년 이하의 役刑에 처하고 그 범죄에 사용된 기계를 몰수한다.[57]

제11조 허가를 받지 않고 출판하는 저작자·발행자는 다음의 구별에 따라 처단한다.
1. **國交를 저해하고** 政體를 변형시켜 붕괴케 하거나 국헌을 문란시키는 문서 및 도화를 출판했을 때는 3년 이하의 역형. 〔이하 생략: 인용자〕
제13조 내부대신은 본법에 위반하고 출판하는 문서 및 도화의 발매나 반포를 금하고 當該刻版·인쇄본을 압수할 수 있다.
제15조 본법 시행 전에 이미 출판된 저작물을 再版하려고 할 때에는 본법의 규정에 따라야 한다.
제16조 내부대신은 본법 시행 이전에 출판된 저작물이 안녕 질서를 방해하거나 풍속을 해칠 우려가 있다고 인정될 경우에는 그 발매나 반포를 금지시키거나 또는 당해각판·인쇄본을 압수할 수 있다.[58]

---

57) 신문지법 일부 조항, 鈴木敬夫, 『법을 통한 조선 식민지 지배에 관한 연구』(고대 민족문화연구소, 1989), p. 66에서 재인용.
58) 출판법 일부 조항, 앞의 책, pp. 78~79에서 재인용. 참고로 보안법은 집회·시

위에 제시된 인용에서도 볼 수 있듯이 일제는 한국의 국권 유린 뿐만 아니라 민주적 제권리를 탄압하였으며, 자신들의 구미에 따라 법을 자유자재로 적용할 수 있도록, 제한 규정도 애매하고 폭이 넓게 만들어놓았다. 국제 교의를 저해한다거나, 국교를 저해한다는 것은 모두 반일적 사상을 탄압하기 위한 규정이었던 것이다. 또한 법령 제정 이전에 출간된 출판물까지 문제삼는 소급 입법으로 철저한 사상 탄압을 펼쳐, 이미 출간된 각종 출판물 가운데에서 민족 의식을 고취하는 것들을 압수·판금 조치하였다.[59] 이 같은 탄압으로 출판물은 양적인 면에서도 급격히 줄어 1908년 233종에 달하던 것이 1909년에는 43종, 1910년에는 34종으로 격감되게 되었다.[60] 그리하여 1907년을 넘어서면서는 정론적 담론이 점차 사라지는 한편으로, 단순히 계몽만을 내용으로 하는 담론들만이 남거나, 새롭게 생겨나게 된다. 1908년 『소년』지의 창간이 가능했던 것도 이 잡지가 지향했던 계몽적 성격과 무관하지 않을 것이다.

일제는 이와 더불어 애국 계몽적 언론에 대항하는 많은 대항 언론 매체를 적극 지원 육성하고, 국내에 들어와 있던 일본인들도 자신들의 활동을 위해 다양한 신문·잡지를 창간한다. 일본인들은 한국인들보다 발빠르게 신문연재소설을 도입해 민중들에게 친일적 사상이 쉽게 스며들 수 있는 다양한 경로를 모색하기도 하며, 여기에 부응하는 친일 한국인들도 생겨난다.[61] 결국 1910년 일제에

위·결사의 자유를 제한하고 있다.
59) 1909년 한 해에 압수된 신문은 119회에 19,629장이며, 1910년 발매 금지 처분된 도서는 98종 125책에 달한다. 이종국 엮음, 『한국 출판사 연표 1』(한국출판연구소, 1991) 참조.
60) 유상호, 앞의 논문, 부록 참조.
61) 일인들에 의해 인천에서 발간되던 대한일보에는 이미 1904년부터 소설이 연재되고 있었다. 대표적인 것이 「일념홍(一捻紅)」으로 친일적인 내용을 주조로 하고 있다. 이재선, 앞의 책, p.40.

강점이 될 무렵에는 일본인 경영의 신문 잡지는 총 30종에 이르지만, 한국인 경영의 신문 잡지는 총 9종만 남게 되는 것이다.[62]

이 같은 일제의 탄압으로 말미암아 한국의 근대 문학은 정론성을 급격하게 상실하게 되면서, 상업성에만 의지하는 통속적 대중 문학과 단순히 사회적 계몽과 생활의 개혁을 외치는 개량적 계몽 문학만이 남는 기현상을 빚게 된다.[63] 애국 계몽적 역사 전기물도 1908년 이후에는 거의 자취를 감추게 되고, 신소설은 이후로 갈수록 시정 세태에로만 눈을 돌려 애초에 갖고 있던 역사적 긴장력을 잃는다. 그나마 이것도 일제 강점 이후에는 통속화의 길로 치달아, 고소설로 퇴행하는 현상까지 보이게 되는 것이다.[64] 아울러 여전히 일정한 대중적 영향력을 갖고 있던 전대의 봉건적 고소설도 일제 강점을 경계로 더욱 통속화된다. 더구나 고소설은 새로운 제작 방식, 유통 체계와 결합되어 대중들 속으로 광범위하게 유포되는데, 이런 현상이 특히 1910년대 이후에 나타나고 있음은 유의할 대목이다. 이는 이미 발달해가던 출판물의 자본주의적 생산·유통 체계가 점차 상업주의에서 자기의 살길을 찾게 된다는 사실과 무관하지 않기 때문이다.[65] 이 시기에 들어와 한국 문학은 정론성을

---

62) 이종국 엮음, 앞의 책 참조.
63) 최원식, 「장한몽과 위안으로서의 문학」, 『민족문학의 논리』(창작과비평사, 1982)에서 특히 1910년대 이후의 통속 문학에 대한 논의가 이루어지고 있다.
64) 이에 대해서는 최원식, 「이해조 문학 연구」를 참조할 것.
65) 1910년대 이후의 고소설에 대해서는 권순긍, 「1910년대 활자본 고소설 연구」(성균관대 박사학위 논문, 1990)를 참조할 것. 고소설의 대중적 영향력은 생각보다 막강해서 박문서관 경영주 노익형은 1938년 당시의 시점에서도 순수소설보다는 고소설·신소설류가 여전히 판매고의 많은 부분을 차지한다고 밝히고 있다. 『조광』, 앞의 대담 참조. 한편 노익형은 기자의 물음에 대해 다음과 같은 흥미있는 술회를 하고 있다. 처음에는 "지금은 이야기할 자유들이 없는 서적"을 출간하다가
　　노: 네 그 후 말씀이오? 그 후엔 춘향전·심청전·옥루몽·유충렬전 그저 이런 것들이었습니다.

박탈당하면서 근대 문학으로의 진전이 주춤하게 되고, 그 결과는 고소설이 통속적 상업성과 결탁하면서 대중적으로 확산되는 것이었다.[66] 역사적 출구를 잃은 한국 문학은 상업적 통속성과 결합되면서, 봉건성에로 퇴행하게 되고, 상업주의는 그 봉건성마저 자신의 포로로 삼았던 것이다.*

  기자: 그래 그런 것들이 잘 팔렸습니까?
  노: 잘 팔리구말구요. 지금도 잘 팔리지요. 예나 이제나 같습니다. 춘향전·심청전·유충렬전 이 셋은 농촌의 교과서이지요.
  기자: 그러면 그런 것의 출판으로 돈을 착실히 모으셨겠군요?
  노: 네 손해는 없었지요. 그러나 거 어디 몇 푼 남습니까?
[66] 이런 논지는 자칫 정론성을 근대 문학의 지표로 오해하게 할 가능성도 없지 않으나, 필자는 정론성만이 두드러진 경우도 온전한 의미의 근대 문학으로 볼 수 없다는 입장이다. 필자가 이 글에서 정론성을 강조한 이유는 그것이 한국 근대 문학의 사회적 조건과 밀접히 연관되기 때문이었다. 애국 계몽기 문학의 정론성에 대해서는 별도의 텍스트 분석이 따라야 할 것이다.
* 필자의 논문에 대해 자상한 조언을 아끼지 않으신 최원식 선생님께 감사드린다.

제Ⅱ부 소설론

판소리의 근대 문학 지향과 『은세계』

김 종 철

1. 머리말

　중세에서 근대로의 이행기인 조선 후기의 문학 예술 중에서 가장 두드러진 것이 판소리라고 할 수 있다. 판소리는 평민층을 기반으로 시작하여, 중서층과 양반층까지 그 향유층으로 확보하는 대단한 발전을 이루었다. 이러한 발전이 가능했던 것은 판소리가 중세적 질서와 가치·정서 등을 해체하고 새로운 세계를 지향하는 시대적 추이를 반영하기도 하고, 또 스스로 그 한 부분을 이루었기 때문이었다.
　20세기초는 이러한 판소리의 발전이 커다란 전환점을 맞이한 때이다. 지금까지 확대해온 향유 기반을 가지고 창극 운동으로 나아갔는가 하면, 그것의 좌절로 인해 이 이후 창극만이 아니라 판소리 자체의 급격한 쇠퇴와 기반 상실까지 초래되었다. 그런 점에서 20세기초는 판소리 발전의 정점이었다고 할 수 있다. 이 정점에 등장한 작품이 『은세계』이다. 『은세계』와 판소리 및 창극과의 관계에 대해서는 논란이 있지만, 『은세계』는 여러 면에서 판소리의 근대 문학 지향을 계승 발전시키고 있다. 이 발표에서는 『은세계』의 검토를 통해 판소리 문학의 근대적 전환의 성과와 한계를 검토해 보기로 한다.

『은세계』는 주로 근대 문학 연구 분야의 대상이 되어왔다. 특히 근대극의 성립과 관련하여 주목을 받아왔고,[1] 소설 분야에서는 이른바 신소설의 하나로 취급되어왔다. 그런데 이 작품의 발생을 판소리와 연관시켜 검토한 연구[2]가 나옴으로써 이 작품의 연구에 새로운 시각을 마련할 수 있었다. 즉 이 작품은 이인직의 독창이 아니라 판소리「최병두 타령」을 전반부에 수용하여 재창작한 것이 드러났다. 필자 역시 이 작품의 성립 과정을 검토하여 판소리「최병두 타령」의 현장을 조사하고「최병두 타령」의 구조적 원천을 당대 현실과 판소리사 양면에서 검토한 다음, 소설『은세계』가 판소리와 영웅소설의 내재적 결합임을 밝힌 바 있다.[3]

지금까지의 연구는 초점이 작품 자체와 당대 창극 운동과의 관련에 두어졌다. 여기서 필자는 이 작품을 19세기 판소리사의 전개 과정이 필연적으로 산출한 산물로 보는 관점을 추가하고자 한다. 즉 이 작품이 20세기초에 돌출한 것이 아니고 19세기 판소리사가 꾸준히 근대 문학을 지향해온 결과물로서 등장했다고 보아야 한다는 것이다. 『은세계』는 선행하는 판소리에서 소재나 갈등 구조 등을 이어받았을 뿐만 아니라 그 의식과 전망까지 이어받아 발전시켰다고 본다. 다음 이 작품은 창극 운동과 관련시켜 연구했음에도 불구하고 이 작품이 그 산물인 것만 지적했을 뿐 이 작품이 어느 정도 창극 운동과 밀착되어 있었는지는 검토되지 않았다. 더욱이

---

[1] 이 작품을 근대극(신극)의 시초로 보아야 한다는 입장과 근대극이 아니라 창극의 시초로 보아야 한다는 입장이 대립되었었다. 전자는 이두현,『한국 신극사 연구』(서울대 출판부, 1966), p. 29 참조. 후자는 유민영,「신극의 기점 문제」,『한국 현대 희곡사』(홍성사, 1982) 및 서연호,『한국 근대 희곡사 연구』(고려대 민족문화연구소, 1982), pp. 15~34.

[2] 최원식,「『은세계』연구」,『민족문학의 논리』창작과비평사, 1982.

[3] 김종철,「『은세계』의 성립 과정 연구」,『한국학보』(51집), 1988년 여름.

102

이 작품이 구현하고 있는 미적 특징은 19세기 판소리사가 미적 측면에서 어떤 경향으로 흘렀는가를 검증할 수 있는 주요한 지표가 될 수 있으며, 아울러 판소리의 미적 특징이 20세기초에 들어서서 어떤 질적 변이를 보이고 있는지를 검증할 수 있는 주요한 자료임은 크게 주목하지 않았다.

아울러 판소리사에서의 인물형의 변화라는 점에서도 재론이 필요하다. 판소리 12마당에 등장하는 인물은 사회 각 계층에 골고루 분포되어 있는데, 전승 5가는 그 주인공이 주로 긍정적이고 적극적인 인물들이고 창의 전승이 끊어진 7마당의 주인공들은 부정적인 인물들이다. 이 중 요호부민이 주인공으로 등장한 경우는 「흥보가」의 놀부와 「옹고집 타령」의 옹고집인데, 흥미롭게도 둘 다 부정적인 형상으로 그려지고 있다. 그리고 「옹고집 타령」은 창(唱)의 전승에서 탈락했고, 「흥보가」 중에서도 놀부가 박 타는 부분도 현재는 잘 불리지 않는다. 요호부민이 부정적으로 형상화되었다는 것은 놀부나 옹고집의 개인적 성향은 차치하고라도 그들이 흥부의 처지와 같은 민중의 입장에서 볼 때 그 사회적 위상이 민중들과 대립적이었음을 말한다고 하겠다. 그런데, 『은세계』에 오면 요호부민은 긍정적인 주인공으로 그려질 뿐만 아니라 민중들의 적극적인 지지까지 받고 있다. 이것은 임술민란을 전후로 해서 요호부민이 봉건적 수탈 구조와 맞서 싸움에 있어서 일반 민중들과 이해가 일치했고, 또 민란에 주도적인 역할을 한 역사적 경험의 반영일 가능성이 있다. 이런 연장선상에서 판소리 인물상의 변화 과정에서의 『은세계』 주인공 최병도의 위상이 점검될 필요가 있을 것이다. 이것은 또 시민의 형상이 어떤 역사적 맥락에서 배태되는가 하는 문제이기도 하다.

그런가 하면 19세기 이래 요호부민들의 판소리에 대한 관심의 증대라든가 20세기초 극장 설립에 이들이 상당수 관여하게 된 상황도 이와 관련하여 생각해볼 문제일 것이다.

요컨대, 이 작품은 판소리의 근대 문학으로의 발전에 주요한 전환점이 되고 있다는 시각에서의 재검토가 필요한 것이다.

2. 창극 운동과 『은세계』

Ⅰ. 19세기 판소리의 지향과 창극

평민층을 기반으로 한 판소리가 양반층까지 아우르면서, 이 시기 판소리 연행 공간은 새로운 문화적 현상으로 떠올랐다고 할 수 있다. 송만재의 「관우희」 등에서 보이는바, 양반층의 판소리 세계로의 견인은 새로운 감정 문화가 형성되고 있음을 말해준다. 평범한 인물들의 운명을 현실주의적으로 그리면서 중세적 질서를 해체하는 의식과 정서를 실감 있게 표현한 판소리의 연행 공간은 그 자체로서 새로운 문화 공간이었던 것이다.

이 새로운 문화를 만들어낸 연행 공간이 자본주의적 흥행 체제로 상설화된 것이 극장에서의 공연이다. 말하자면 판소리가 도시의 정기적 극장 공연 예술로 자리잡은 것이다. 역시 중세에서 근대로의 이행기 예술 중 판소리와 나란히 성공해온 소설의 출판이 그러했듯이, 이 극장은 토착 상인 자본에 의해 세워졌다. 그 이전에는 판소리가 개별적인 후원자, 또는 고객에 의존해온 것에 비해 이제는 일차적으로 극장 소유자의 자본력에 기반을 두고 흥행에 나선 것이다. 판소리와 상인 자본의 결합은 근대적 예술 흥행 체제를 수립했을 뿐만 아니라 공연 예술 자체의 변화까지 초래했다. 창극의 등장은 창극이 근대극적인 극적 충돌에 미달되는 측면이 있다 할지라도 현실을 대립적으로 운동하는 제세력의 충돌을 통해 총체적으로 보여주는 것을 지향했다는 점에서 중요하다.

판소리와 상인 자본의 결합, 이를 통한 창극의 등장은 결국 예술 흥행 방식과 예술 양식 자체가 근대적인 것으로 전환하는 양상인 것이다. 따라서 그 내용이 근대 전환의 시대적 갈등을 내포할 개연성은 충분했다고 할 수 있다. 『은세계』의 등장도 이런 맥락에서 이루어졌다고 하겠다.

Ⅱ. 창작 주체의 문제

「은세계」는 창극으로 공연되었고, 이것이 공식적으로 확인된 창극으로서는 첫 사례이다.[4] 그런데 이 작품의 창작 주체에 대해서는 아직 정설이 없다. 이 작품이 공연되기까지 즉 당대 현실에서 소재를 취하여 무대에 올려지기까지의 과정이 전적으로 원각사에 소속되었던 판소리 창자들에 의해 이루어졌는지, 신문 보도처럼 이인직이 전적으로 주도했는지 미상이다. 우선 이 점에 대해 검토해보기로 한다. 이인직이 연극장에 관여하기 시작한 것은 1908년 7월부터로 보인다. 「은세계」 공연 직전인 것이다. 이 해 7월 10일자 신문 기사에 보면 이인직이 김상천·박정동 등과 함께 서울 서문내 관인구락부에 연희장을 개설할 준비를 한다고 했고, 7월 21일자에 경시청의 승인을 받았다는 기사가 나온다.[5] 그리고 7월 26일 연극이 개시된다는 기사가 연이어 나온다. 이 극장의 이름은 여전히 원각사라 했고, 당시 고용된 연예인들은 다음과 같다.

'廣告' 本社에서 七月 二十六日로붓터 演劇을 開始이온바 京城內에 第

---

4) 이 시기의 창극 운동 일반에 대해서는 필자의 19세기~20세기초 판소리 변모 양상(1993)에서 다루었기 때문에 상론하지 않는다.

5) "'演劇準備' 金相天 朴晶東 李人稙 三氏가 西門너 官人俱樂部의 演劇場을 設施홀 次로 現今準備中이라더라" (대한매일신보, 1908. 7. 10) ; 단국대 공연예술연구소 편, 『근대 한국 공연 예술사 자료집(1)』(단국대 출판부, 1984), p. 48.

"'演劇承認' 李人稙 朴晶東 兩氏가 官人俱樂部의 演劇場을 設施혼다는 說은 本報의 已爲報道ᄒ얏거니와 昨日의 희場 設施홀 請願을 警視廳의 承認ᄒ얏더라" (대한매일신보, 1908. 7. 21); 같은 책, p. 51. 이하 신문 기사의 인용은 이 책에서 하며, 신문 발행 일자는 본문 속에 해당 신문의 약자와 함께 표시하기로 한다. 대한매일신문은 '대매'로 황성신문은 '황성'으로 한다.

一 屈指ᄒᆞᄂᆞᆫ 歌妓가 二十四名이오 唱夫ᄂᆞᆫ 名唱으로 著名ᄒᆞᆫ 金昌煥 等 四十名이온디 處所ᄂᆞᆫ 夜珠峴 前協律社이오며 時間은 每日 下午 七時에 開ᄒᆞ야 同 十二時에 閉ᄒᆞ깃ᄉᆞ오니 一般 僉君子ᄂᆞᆫ 如雲來臨하심을 務望. 圓覺社 白. (황성, 1908. 7. 26)[6]

이 구성원은 이인직이 새로 모집한 것이라기보다는 이전의 협률사의 인원을 그대로 넘겨받은 것으로 보인다. 전속 단원이 기생 40명, 창자 40명이면 상당한 규모이다. 이인직이 이들을 동원하여 처음 시작한 작품이「은세계」이다.

'小說演劇 大韓新聞社長 李人稙氏가 我國演劇을 改良ᄒᆞ기 爲ᄒᆞ야 新演劇을 夜珠峴 前協律社에 創設ᄒᆞ고 再昨日붓터 開場하얏ᄂᆞᆫ디 銀世界라 題ᄒᆞᆫ 小說로 唱夫를 敎育ᄒᆞ야 二個月 後에ᄂᆞᆫ 該新演劇을 設行ᄒᆞᆫ다ᄂᆞᆫ디 衆多ᄒᆞᆫ 唱夫 敎育費가 巨大홈으로 其經費를 補助키 爲ᄒᆞ야 七月 二十六日로붓터 二個月間은 每月(日) 下午 七時로 同 十二時ᄭᆞ지 營業的으로 我國에 固有ᄒᆞ던 各種 演[7]藝를 設行ᄒᆞᆫ다더라. (황성, 7. 28)[8]

극장 운영비는 기존의 기생들의 공연 종목과 판소리 공연으로 충당해가면서「은세계」공연을 위해 2개월 정도의 기간으로 연습을 하기 시작한 것이다. 이「은세계」연습은 간간이 신문에 보도되었으니 세인들이 상당히 주목하고 있었음을 알 수 있다.

'銀世界 演劇 夜珠峴 圓覺社에셔 新演劇 銀世界를 每日 倡夫 等이 演習ᄒᆞ야 未久에 設行ᄒᆞᆫ다더라. (대매, 8. 13)[9]

---

6) 같은 책, p. 51.
7) 같은 책, p. 52.
8) 같은 책, p. 52.
9) 같은 책, p. 53.

'銀世界 演劇' 圓覺社에 雇傭ᄒᆞ는 娼夫 等이 銀世界 新小說을 爛熟히 鍊習ᄒᆞᆫ 故로 來月 壹日부터 該演劇을 開始ᄒᆞ기로 豫定ᄒᆞ얏다더라. (대매, 9. 26)[10]

애당초 2개월간 연습한 후 공연한다는 약속을 지키기 위해 10월 1일부터 공연한다는 내용이다. 그러나 이 예정은 지켜지지 못했다. 광고를 낸 신연극「은세계」를 공연하지 못하니 앞에서 본 바 극장 운영 경비를 조달하기 위해 재래의 판소리를 계속 공연하는 수밖에 없었다. 그러자 이인직은 자신의 친일적 행로를 예의 주시하던 언론에 의해 일대 공격을 받는다.[11] 즉 국민을 올바르게 흥기시킬 만한 연극, 예컨대 을지문덕, 나폴레옹 등 역사적 위인들의 이야기를 무대에 올릴 줄 알았더니 구태의연하게 「춘향가」「흥보가」「심청가」「화용도」뿐이라는 것이다. 결국 「은세계」는 11월 15일부터 공연되었던 것으로 보인다.

'銀世界 新演劇 大廣告' 本社에서 演劇을 設始ᄒᆞᆫ지 數月에 江湖僉君子의 厚眷을 蒙ᄒᆞ야 益益擴張이온바 閱月渴望ᄒᆞ시던 銀世界 新演劇이 今總準備이ᄋᆞᆸ기 來 十五日부터 設行ᄒᆞ오니 有志僉彦은 如雲來覽ᄒᆞ심을 務望. 圓覺社 告白. (대매, 11. 13)[12]

'圓覺 風波' 惠泉湯 主人 尹啓煥氏等 七人이 再昨夜에 圓覺社의 銀世界를 觀覽ᄒᆞ다가 鄭監司가 崔丙陶를 押致ᄒᆞ야 施刑奪財ᄒᆞ는 景況에 至ᄒᆞ야 尹啓煥氏가 座中에 言를 通ᄒᆞᆯ 件이 有ᄒᆞ다고 公布ᄒᆞᆫ 後에 倡夫 金昌煥

---

10) 같은 책, p. 55.
11) 대한매일신보, 1908. 11. 8일자에 실린 '演劇界之李人稙'이 대표적인 것이다. 같은 책, pp. 58~59.
12) 같은 책, p. 59.

을 呼ᄒᆞ야 曰 貪饕官吏의 歷史를 一演劇의 材料로 演戱ᄒᆞᄂᆞᆫ 것이 不爲穩
當ᄒᆞᆯ ᄲᅮᆫ더러 其貪饕官吏의 結果가 終當 何處에 歸ᄒᆞ깃ᄂᆞ야 ᄒᆞ고 一塲紛絮
홈으로 該社 巡査가 門外로 逐出ᄒᆞ얏다ᄂᆞᆫ더 該社長 安淳煥氏ᄂᆞᆫ 其事件에
對ᄒᆞ야 他人의 營業을 妨害케 ᄒᆞ얏다고 將次 裁判ᄒᆞ야 賠償金을 徵出ᄒᆞ
ᆫ다더라. (황성, 12. 1)[13]

재래의 판소리가 구태의연하다는 점에서 투석 세례를 받으며 의
식 있는 관중에게 도외시되었는 데 반해 「은세계」는 처음부터 그
소재의 성격으로 인해 관심을 끌었다. 윤계환 등의 관람객의 성격
이 분명하지는 않으나 이 작품이 이들의 반응처럼 관객에게 외면
된 것 같지는 않다.

'局外冷評'(短評) 我國의 舊日演劇이 移風易俗에 大不可홈으로 文明國
에 多年 遊覽ᄒᆞᆫ 演劇大方家 菊初先生의 新小說이 出ᄒᆞ야 圓覺社 演戱塲
의 好材料를 供ᄒᆞ얏스니 實로 開進上에 萬幸이오마ᄂᆞᆫ 請컨디 先生은 過
去 演劇은 고만 停閣ᄒᆞ고 腦髓를 更費ᄒᆞ야 未來演劇을 準備ᄒᆞ시오. 近時
代我政府 一通의 景况을 模寫ᄒᆞ야 假面에 形容ᄒᆞ고 言辭도 呪解ᄒᆞ얏스면
昔日 山頭都監의 望石중 醜魅이 朴僉知가 모도 다 쏘라질 것이니 그 째
觀光者의 滋味가 엇더ᄒᆞ깃소.
　評曰 此未來 演劇 準備가 似甚不難ᄒᆞ니 先生所著 鄭監司打令에 更進一
步가 未知如何오. (황셩, 1909. 10. 7)[14]

재래의 판소리 및 이인직의 행보에 비판적이었던 신문도 「은세
계」에 대해서만은 긍정적이며, 그 신연극으로서의 가능성을 인정
하고 있다. 그것은 창극이라는 형식에 주목한 것이라기보다 다분

---
13) 같은 책, 같은 곳.
14) 같은 책, pp. 79~80.

히 반봉건적인 내용에 호감이 간 것이다. 그런데 이 인용에서 주목되는 것은 소설 『은세계』를 두고는 이인직의 신소설이 원각사 연극장의 재료가 되었다고 했고, 공연된 「은세계」는 '선생소저(先生所著) 정감사타령(鄭監司打令)'이라 한 점이다. 「은세계」를 타령이라고 부른 것은 기록상으로는 이것이 처음이며, 그것도 「최병두 타령」이 아니라 「정감사 타령」이다. 다음 인용과 연관지어 이 문제를 논의해보자.

그때에 원각사에서는 무엇을 했는고 하면 「춘향전」이나 「토끼 타령」이니 하는 판소리도 하였지마는 그 당시에는 특히 유명한 것은 「최병두 타령」이란 것이었다. 지금은 「최병두 타령」하면 그것이 무엇인가 할 분이 많겠지마는 그 당시에는 어찌나 유명했던지 모르는 이가 없었는데, 그러면 그 유래는 무엇이냐 하면 정 모라는 탐관오리가 있어 강원 감사를 갔을 때 그 고을 백성 최병도의 재물을 탐내어 최가는 장폐시키고 그 재물도 들어먹었으므로 그 자손이 하도 억울해서 돈 몇만 냥 갖다가 김옥균 씨에게 주고 최병도의 신원을 해달라고 했으므로 김씨는 그 돈으로 원각사를 일으키고 「최병두 타령」이란 것을 만들게 해서 정 모의 잔악한 것과 최병도의 억울한 것을 일반이 알게 한 것이라 한다. 그래서 원각사에서는 밤낮으로 「최병두 타령」을 한다니까 그 정 모란 이의 집에서 부끄럽고 창피해서 들으니 그 집 후원에다가 단을 모아놓고 밤마다 빌기를 원각사가 얼른 망하게 해달라는 것이었다.[15]

(李) 광대나 鼓手 할 것 없이 第一 호화스러웠을 때가 언제라고 할고.
(韓) 그야 圓覺社(皇室劇場) 時節이겠지요.
(李) 나도 그래. 그때는 비록 상놈 대접은 받았으나 노래부르고 춤출 만했었지.〔……〕

---

15) 조선일보, 1939. 3. 29.

(李) 그때 唱劇調로 「春香傳」을 했지만 그 規模가 지금보다도 훨씬 컸고 또 소리를 들을 줄 아는 사람이 많잖었오? 그러니 舞臺에 오르는 사람도 저절로 興이 났지.
　(韓) 그때 일로 또 생각되는 건 왜 그 原州監事의 暴政을 唱劇으로 한 것 아닙니까?
　(李) 오라 나 亦 圓覺社 이야기만 하면 그것이 곧 생각되거던. 허허허.
　(記者) 혼자들 웃지만 말고 자세한 이야길 좀 허시구려.
　(李) 합죠. 原州 사는 良民 한 사람이 鄭監事한테 어굴하게 맞어죽은 것을 圓覺社에서 上演했는데 鄭監事의 後孫들이 上演 中止運動을 하고 야단이었지요. 그때 被殺된 良民을 金昌煥氏가 냈는데 舞臺에서 죽어 나올라치면 손님들 中에서 葉錢을 목에 걸어주고 人氣가 굉장했었지요.[16)]

　첫번째 인용은 착오가 많다. 김옥균은 작중 내용을 착각한 것일 가능성이 크고, 원각사의 소유 문제와 결부시키자면 김옥균은 이인직으로 읽어야 한다. 더욱이 이인직은 『은세계』의 작자이기도 하니까 그럴 가능성은 크다. 그런데 여기서는 「정감사 타령」이라 하지 않고 「최병두 타령」이라 했다. 그렇다면 결국 「정감사 타령」이나 「최병두 타령」은 「은세계」가 원각사에서 공연되었을 때의 이름이었다고 보아야 한다.
　여기서 하나의 의문은 소설 『은세계』, 창극 「은세계」, 판소리 「최병두 타령」의 존재와 상관 관계에 대한 것이다. 원각사에서 「은세계」 공연에 직접 참여했던 이동백의 회고에 의하면 「은세계」는 「최병두 타령」이었고, 공연 형태는 창극이었다. 그런가 하면 강용환(姜龍煥)이 원각사 시절의 판소리 「최병두 타령」을 창극화했다고

---

16) 「歌舞의 諸問題」, 『春秋』, 1941. 3.

하기도 한다.[17] 그런데 박황의 이 주장은 액면 그대로 믿을 수 없다. 그의 주장대로라면 원각사 시절에 판소리 「최병두 타령」이 생겼고 그 다음에 그것을 창극화하여 공연했다는 것이 되는데 여기에는 두 가지 착오가 있다. 원각사라는 이름 자체가 1908년에 와서 나타난 이름이며, 위에서 살펴본바 신문 보도에 따르면 이 작품은 처음부터 창극으로 공연하기로 한 것이었다. 즉 신문 보도대로라면 판소리 단계가 없는 것이다. 그것은 이동백의 회고에서도 처음부터 「최병두 타령」이 창극으로만 나오는 것에서 알 수 있다. 따라서 신문 보도 자료만으로는 「최병두 타령」→창극 「은세계」→소설 『은세계』의 단계적 이행을 상정하기 힘들다. 신문 보도에 따르면 소설 『은세계』가 창극 「은세계」에 선행한다. 1908년 7월 28일에 이미 소설 『은세계』로 창부들을 교육하여 2개월 뒤에 공연하겠다고 했으므로 이미 이때 소설 『은세계』는 완성되어 있었던 것이다. 또 『은세계』의 출판은 11월 20일로 창극 「은세계」 공연 시작 5일 뒤에 이루어졌지만 인쇄는 10월 10일이어서 공연 연습중에 이루어졌다. 그리고 원각사 이전에 「최병두 타령」이 존재했다고 한다면 3개월 가량의 연습이 필요했을 것 같지도 않다. 이 정도의 연습 기간이 소요되었다는 것은 이 작품이 원래 소설이었거나 아니면 이 때에 비로소 이루어진 창작물이었음을 강력하게 시사한다. 창극 「은세계」의 공연에 이인직의 개입은 신문 보도가 사실인 한 분명하다. 그리고 그 개입은 소설 『은세계』가 이미 처음부터 등장하는 한 대본 차원에서의 개입을 포함한다. 원각사 소속 창자들이 「은세계」를 원숙하게 연습했기 때문에 공연을 곧 하겠다는 기사가 이를 잘 말해준다. 그렇다면 문제는 「최병두 타령」이 이인직 이전에 존재한 것이었느냐, 아니면 원각사에 공연된 「은세계」의 다른 이름이냐는 것이다. 현재의 자료로서는 후자일 가능성이 높다. 그러나

---

17) 박황, 『창극사 연구』(백록출판사, 1976), p. 28.

현재 남아 있는 소설 『은세계』의 전반부는 판소리적 면모를 강하게 띠고 있어 이인직이 창작할 단계에 판소리 「최병두 타령」의 선행을 강하게 시사하고 있어 문제가 간단하지 않다.

그런데, 시각을 달리하여, 판소리 창자와 이인직 양측의 필요성이란 관점에서 이 문제에 접근할 필요가 있다. 판소리가 고정 무대에 오르면서 주로 공연한 레퍼토리는 기존의 작품이었다. 원각사 초기에는 이것들로 인기를 끌었지만 곧 시들해졌다. 「수궁가」의 경우처럼 별난 무대 장치를 동원하기도 했으나 여전히 관객의 관심을 끌지 못했다. 다시 말하면 판소리 자체의 인기는 있었으나 공연 레퍼토리의 한계에 봉착한 것이었다. 이를 정면으로 타개하는 방법은 새로운 작품을 내놓는 길밖에 없었다고 하겠다. 당대의 진취적인 관객과 일반적 정황상 새로운 내용, 또는 정서를 요구하는 일반 관객의 요구에 부응하기 위해서는 당대 현실에서 소재를 취하고 그 현실의 문제를 직접 다루는 작품을 내놓지 않을 수 없었다. 조선 후기에 인기를 끈 판소리 각 마당들이 그 당대의 문제를 직접 다루었기 때문이었음을 상기한다면 이 시기 판소리의 한계가 무엇이었는지 자명해진다. 그런데, 판소리는 지금까지 개인 창작으로 그 레퍼토리가 공급된 것이 아니라 집단 창작에 의존해 왔다. 더욱이 그 레퍼토리도 첨가되는 쪽보다 정제되면서 축소되는 양상으로 흘러왔기 때문에 기존의 소리를 전승하는 데에 주력해온 창자들로서는 현실 대응력이 기민했다고 할 수 없을 것이다. 물론 이 대응력은 현실을 총체적으로 반영하는 작품 단위에서의 문제이고, 부분적인 차원의 것을 말하는 것은 아니다. 따라서 판소리 창자들로서는 무대 위에 올릴 새로운 작품의 공급이 필요했다고 할 수 있다.

이인직으로서는 극장을 통해 자기 발언을 직접 할 수 있는 계기를 찾고자 했다고 할 수 있다. 연극·연설·소설 등이 그 시대 가장 효과적인 선전·선동 매체였음을 상기한다면 작가로서 이인직은 무대 위에서 직접 당대의 문제를 관객에게 강력하게 제기하고 호소할 수 있는 방안을 찾았던 것이다. 그런데, 그 당시 무대 양식에 가장 근접해 있었던 것이 판소리였던 상황, 그리고 판소리가 무대를 획득하여 인기를 끌었던 상황이었던 만큼 이것을 수용하지 않을 수 없었다고 보여진다.

당시 신문 기사에 이인직이 「은세계」라는 작품으로 창부들을 교육하여 신연극을 한다고 한 것은 바로 이러한 이인직의 입장 쪽에서의 보도라고 할 수 있다. 반면 「은세계」를 당시 신문에는 「정감사 타령」이라고 하여 판소리 쪽을 주체로 보는 시각이 있었고, 후에 판소리 창자들은 「최병두 타령」으로 기억하고 있는 것은 역시 판소리 창자들 쪽에 중심이 간 것이다. 그렇다면 「은세계」는 집단 창작과 개인 창작이 결합된 결과라고 해야 한다. 이것은 판소리가 지속적으로 무대를 확보하고 발전할 수 있는 가능한 방법이었다고 할 수 있다. 「은세계」의 성공 이후 그 팀이 안주(安州) 이소사(李召史)의 억울한 사연을 조사했다고 한 것도 소재를 당대 현실에서 취해서 관객의 요구에 부응해야 한다는 점을 확인한 결과이다. 이것을 꾸준히 실행하기 위해서는 전문적인 작가와의 결합이 필요했고, 「은세계」는 그러한 사례라고 할 수 있다.[18]

이행기 문학으로서 판소리와 비슷하게 성공한 소설의 경우 조선 후기에는 양반에서 평민에 이르기까지 작가층이 혼재해 있었으나 근대에 들어오면서 근대적 지식을 갖춘 전업 작가로 단일화되는 양상을 보였다. 이 경향이 올바른 것이었다면 판소리 역시 새로운 작품의 공급원을 확보해야 했고, 그 가능한 방법은 전문 작가의 확보 외에는 없었다고 보여진다. 판소리 창자는 주로 기존 작품의 전승자이면서 부분적 개작자에 불과했기 때문이다.

---

18) 구체적 양상은 약간 다르지만 창극 공연을 겨냥한 呂圭亨의 「춘향전」 개작이 있어서 이 시기에 전문 작가의 참여가 요청되고 있었다고 할 수 있다.

Ⅲ. 창작의 원천

이 작품은 처음부터 당대 현실에서 취재한 것임이 분명히 나타났다. 이 작품이 공연되었을 때, 탐관오리의 수탈 현상을 연극의 소재로 삼을 수 있느냐는 항의가 나온 것이나, 공연 기간중 작중 정감사의 후손들이 원각사가 망하기를 기원했다는 회고, 나아가 당시 배우로 참여했던 당사자가 원주에서 실제 있었던 사건이라고 증언한 것 등을 보면 이 작품은 당대 현실에서 소재를 찾았음을 알 수 있다. 원각사가 이 「은세계」 공연 후 다시 안주 이소사의 억원(抑寃)한 사건을 소재로 신연극을 공연하기 위해 그 당사자를 불러 사연을 듣고 있다는 기사[19]를 보아도 당대 현실에서 취재하여 작품을 만드는 것이 당시의 일관된 방침이었다고 보인다. 왜냐하면 이 안주의 이소사의 사건이란 것도 최병도의 경우와 같이 민영휘에게 재산을 빼앗긴 사건이어서 봉건 관리들의 탐학을 고발함으로써 반봉건 사상을 고취시키려는 의도가 보이기 때문이다. 이 『은세계』가 당시 현실에 실재했던 사실을 토대로 만들어졌음은 거듭 밝혀졌다. 임화는 작중의 김옥균과 최병도와의 관계가 사실이었음을 보여주는 족자까지 제시하고 있고,[20] 작중의 정감사가 실존했던 정태호라는 인물임을 서연호와 필자가 거듭 밝혔다.[21]

문제는 이렇게 현실에서 취재한 소재를 작품화하는 방식을 어디서 가져왔느냐는 점이다. 이 문제도 선행 연구에서 분명히 밝혀졌다. 여기서는 이 글의 논지 전개에 필요한 만큼 언급하기로 한다. 먼저 인물 형상화의 측면에서 최병도는 놀부 또는 흥부의 발전적 형상이다. 부(富)를 일으키는 근검한 모습은 각성한 놀부에 가깝다. 그러나 그의 저항적 성격은 춘향의 형상에 가깝다. 정감사는

---

19) 대한매일신보, 1909. 5. 27; 단국대 공연예술연구소, 앞의 책, pp. 69~70.
20) 임화, 「속 신문학사」; 조선일보, 1939. 10. 31.
21) 서연호, 앞의 책, pp. 25~26 및 김종철, 앞의 글, pp. 120~22.

다음에 검토하겠지만 변학도의 탐관오리의 측면을 발전시켰다. 다음 갈등 구조의 측면에서는 「춘향가」의 갈등 구조, 특히 변학도와 춘향의 갈등 구조를 차용했다. 작품 첫머리가 영문 장차들이 최병도를 잡으러 오는 것에서 시작하니 점고에 불참한 춘향을 잡으러 사령들이 나서는 것과 같다. 잡혀간 다음 형벌을 당하면서 정감사와 대결하는 것은 역시 집장가 부분과 같다. 다음 하옥된 것도 춘향의 경우와 같다. 차이가 있다면 암행어사 출두 부분이 빠져 비극적 결말을 보이고 있는 것이다. 이외에도 농부가 등을 통해 당시 민중들이 최병도를 지원하는 것은 역시 「춘향전」에 나타나는 현상이다. 이처럼 「춘향전」의 중심 갈등이 수용된 점은 상당히 주목되어야 한다. 「춘향전」의 이 부분이 이 작품에 수용된 것은 우연이 아니다. 춘향이 변학도와 직접적 대결을 하는 부분은 다른 소설 작품에 상당한 영향력을 끼치고 있었던 것이다.[22] 다시 말하면 춘향과 변학도의 대결은 봉건적 수탈 문제로 인한 상하층 대결의 전형적 상황으로 인식되고 있었기 때문에 여기서도 그것을 차용한 것이다. 그러므로 「춘향전」의 이 상하 대결 구조는 판소리의 자기 발전에 있어서 새로운 가능성을 내포하고 있었던 것이다.[23] 이 새로운 가능성은 다음 절에서 구체적으로 검토된다. 「춘향전」에서 받은 영향은 갈등 구조에 그치지 않는다. 농부가를 비롯한 많은 삽입 가요가 「춘향전」에 그 원형을 두고 있다.

이상의 간략한 검토에서 이 작품이 판소리사의 전통에서 생성된 것임을 다시 한번 확인할 수 있다.

IV. 『은세계』의 영향

흥미롭게도 이 「은세계」의 농부가는 역으로 1910년대 「춘향전」

---

22) 「옥단춘전」 「미인도」 등이 그러한 영향하에 있다.
23) 이에 대해서는 김종철, 앞의 글, pp. 124~30에서 자세히 검토한 바 있다.

에 영향을 끼쳤다. 1914년 정북평 창본으로 나온 「옥중가인」의 농부가는 부분적으로 「옥중화」의 농부가에 이 「은세계」의 농부가를 접합시켰다. 먼저 「은세계」의 농부가를 본다.

하지 머리에 비가 쑥쑥 써러지며 싀골 농가에셔눈 눈코쓸시업시 븟분 터이라. 밀보리 타작을 못다ᄒ고 모심끼 시작이 되얏눈대 강릉 디관령 밋 경금 동내 압논에셔 농부가가 놉핫더라. 보리곱술미 디되밥을 먹은 후에 겻드리로 보리 탁쥬를 ᄉ발로 퍼먹은 농부들이 북통 갓흔 비를 질질 쓸고 기역자로 꾸부리고 서셔 왼손에 모츔을 들고 오른손으로 모포긔를 씨져 심으며 뒤거름을 슬슬 ᄒ야나가눈디 심들고 괴로온 줄은 죠곰도 모르고 흥이 나셔 소리를 흔다. 그 소리눈 선쇼리군이 당쟝 지여 ᄒ눈 소리인디 원악 입담이 썩 조흔 ᄉ룸이라 셔슴지 아니ᄒ고 소리를 먹이눈디 썩 듯기 조케 잘ᄒ눈 소리러라. 〔······〕

불볏츨 등에 지고 진흙물에 드러셔셔 이 농사를 지여셔 누구ᄒ고 먹자 ᄒ노. 여―허 여―허 어여라 샹사듸―야.
늙은 부모 봉양ᄒ고 졀문 은희 비 차우고 어린 쟈식 길너니셔 우리도 늘게 뉘웁 보셰. 여―허 여―허 어여라 샹사듸―야. 〔······〕

흔참 그러케 흥이 나셔 소리를 ᄒ다가 져녁 겻두리 술 흔참을 쏘 먹 눈디 술동의 압혜 쎙 도라안져셔 양디로 막 퍼먹고 모심끼를 시죽흔다. 그씨눈 선소리군이 자진가락으로 소리를 먹이눈디 얼근한 김에 흥이 흔층 더 나셔 되고말고 흔 소리를 훔부루 쥬어디눈디 나즁에눈 최병두의 노 리쏜이라.

일락서산 희 써러진다. 모츔을 들어라 모포기를 씨져라 얼른얼른 쥐이 쳐셔 져 논 한 쌤이 더 심어보자 여―허 여―허 어여라 샹사듸―야. 〔······〕

이 논 임자 비츈보 인심 조키는 다시 업데. 져 먹을 거슨 업셔도 일꾼 디졉은 썩 잘ᄒᆞ데. 〔……〕
　독ᄒᆞ더라 독ᄒᆞ더라 슌ᄉᆞ도가 독ᄒᆞ더라 아비 쳐쥭인 원수라도 그럿케는 못 홀네. 목을 비면 비엿지 사름을 엇지 썩여 쥭이나. 여―허 여―허 어여라 상사듸―야.[24]

다음은 「옥즁가인」의 농부가이다.

　싀골 농가에셔는 눈코쓸시업시 밧분 터이라. 밀보리 타작 다 못 ᄒᆞ고 모 심으기 시작이 되엿는디 보리곰살미 디되 밥을 먹은 후에 보리 탁쥬를 취ᄒᆞᆫ 농부들이 북통 갓흔 비를 ᄭᅳ을고 기역ᄌᆞ로 ᄭᅮ부리고 셔셔 왼손에 모춤을 들고 오른손으로 모포긔를 쎠여 슴으면셔 뒤거름을 슬슬 ᄒᆞ여가는디 힘들고 괴로운 줄은 죠금도 모르고 흥이 나셔 소리를 흔다.
　그 소리는 남원쌍 늘근 농부가 논에 드러셔셔 당장 지여셔 ᄒᆞ는 소리로 디 취즁에 진졍발이라 졀졀이 민졍 풍속을 드러닉는 말이 만흔지라. 어사도 가든 길을 머무르고 일삼아 귀를 기우리고 드르니 원악 입담 죠흔 농부라 셔슴지 안코 소리를 먹이는데 썩 듯기 됴케 잘ᄒᆞ는 소리러라.

　(흔 농부) 얼널널 상사듸야 어여루 상사듸요. 이야 우리 농부들아 한 일ᄌᆞ로 느러셔셔 입구ᄌᆞ로 심어갈 졔 이닉 말을 드러보소.
　(뭇농부) 여허여허 어여라 상사듸야.
　(흔) 불빗츨 등에 지고 진흑물에 드러셔셔 이 농사를 이리 지어 누구 ᄒᆞ고 먹ᄌᆞ ᄒᆞ노.
　(뭇) 여허여허 어여라 상사듸야.
　(흔) 늘근 부모 봉양ᄒᆞ고 졀문 안ᄒᆡ 비 차우고 어린 자식 길너니셔 사람 노릇ᄒᆞᄌᆞ꾸나.

------

24) 『『은세계』, 신소설, 번안(역)소설(3)』(아세아문화사, 1978), pp. 126~32. 이하 『은세계』 인용은 이 책에서 하며, 본문 속에 면수 표시만 한다.

(뭇) 여허여허 어여라 상사듸야.
〔………〕

뭇농부 흥이 나셔 한참 이러케 소리를 ᄒᆞ다가 져녁 겻두리 슐 한춤 쏘 먹눈듸 슐동위 압헤 도라안ᄌ 양디로 막 퍼먹고 쏘 모 심으기를 다시 시작한다.
그씨 션소리군이 ᄌᆞ진가락으로 소리를 먹이눈듸 셕양판에 얼근히 취한 김에 흥이 한층 더 나셔 되고말고 한 소리를 훔부루 쥬어듸눈듸 파장판에 눈 츈향의 노릭뿐이라.

(한 농부) 일락셔산 히 써러진다 모춤을 드러라 모포기을 씨져라 얼는 쥐여 쳐셔 져 논 한 쌤미 더 심어보ᄌ.
(뭇) 얼널널 상사뒤.
(한) 이 논 님ᄌ 비호장이 인심은 조혼이라. 읍니 셔츈향이 잡혀 갈 째 본관의게 그리 말나 여러 번을 품힛다듸 본관의 욕심에는 반귀의도 아니 차셔.
〔………〕
(한) 독ᄒᆞ더라 독ᄒᆞ더라 신관 사도 독ᄒᆞ더라 연약한 츈향이를 그닥지 몹시 치니 어미 쳐 죽인 원수라도 그럿케는 못 할네라.[25]

이처럼 「옥즁가인」의 농부가는 「은세계」의 농부가와 똑같은 부분이 적지 않다. 구체적인 농부가의 사설은 「옥즁화」 계열에 속하지만 농부가에 대한 서술자의 서술은 「은세계」의 것과 동일하다. 구체적인 노래에 있어서도 일치하거나 약간 바꾼 것이 있다. 이런 농부가는 「옥즁화」에는 없다. 이렇게 본다면 「옥즁가인」은 「은세

---

25) 『增像演藝 獄中佳人』(신구서림, 1914); 舊活字本 古小說全集(인천대 민족문화연구소, 1984) (30권), pp. 356~63.

계」의 영향을 받았다고 할 수 있다. 옥련암이라는 교정자의 정체는 알 수 없으나 이 교정자는 「춘향전」에 그 창작적 원천의 하나를 둔 「은세계」를 다시 「춘향전」에 되돌리고 있는 것이다. 그리하여 이 「옥중가인」의 농부가는 「은세계」의 농부가의 뒷부분처럼 춘향에 대한 일체감과 봉건 체제에 대한 팽배한 저항 의식을 표출하고 있다.

 (흔) 터장 치고 곤장 치고 착가엄슈 ᄒ여두고 나날이 으른다네. 꼿꼿흔 츈향이가 즁도 기절할 리 잇나.
 (뭇) 얼널널 상ᄉ뒤.
 [..........]
 (흔) 죄 업눈 셔츈향이 쳥츈이 속졀업시 옥즁 고혼 되고 말가. 앗갑고 불상ᄒ다 인물인들 오작ᄒ며 지조는 범연흔가. 우리 남원 만고가인 억울한 그 목슘을 너일 모리는 쏙 죽인다네.
 (뭇) 얼널널 상ᄉ뒤.
 (흔) 입 합쥭이 츈향 어미 팔ᄌ도 긔박히라. 꼿갓흔 쌀 ᄒ나를 쥭는 모양 엇지 볼고. 날마다 옥문젼에 울고불고 다니면셔 ᄒᄂ님 날 살리라니 측은히 못 드를네.
 (뭇) 얼널널 상ᄉ뒤.
 (흔) 근리에 관장들은 제 욕심만 차우랴고 쎵쎡 갓흔 유부녀를 한수 겁탈ᄒ러 들고 다 죽어가는 이 빅셩을 함부루 복가치니 요시는 엇젠 널노 남다문이 귀가 먹어 마픠 소리도 아니븨데.
 (뭇) 얼널널 상ᄉ뒤야.[26]

삶의 현장에서 집단이 즉흥적으로 부르는 이 농부가를 볼 때 당시 민중들의 의식이 어디로 향하고 있는지를 극명히 알 수 있다.

---
26) 같은 책, pp. 362~64.

이 점에서 19세기말 이래의 핵심적 갈등이 성장하는 민중과 봉건체제의 모순임을 다시 한번 확인할 수 있다.

「옥중가인」의 이러한 「은세계」로부터의 영향 수용은 창극 운동과 관련이 있다. 「은세계」의 창극 공연이 1908년이고 이후 창극이 지속적으로 공연되었기 때문에 이 「옥중가인」은 이러한 창극의 영향하에 만들어진 것이다. 그리고 이 작품은 창극 공연을 전제로 한 것이다. 전체를 19막으로 나누었고, 매막(每幕)의 제목 밑에는 무대 장치를 지시하고 있고 등장인물도 표시하고 있다. 이 작품은 전체적으로 「옥중화」를 저본으로 하여 만들어진 것이다.[27] 「은세계」가 판소리에 기반을 두어 성립되었고, 그것이 창극으로 공연되면서 일회적으로 끝나지 않고 다른 판소리계 작품에 영향을 끼치고 있다는 것은 이 작품이 이 시기 판소리 문학의 흐름에 밀착되어 있었음을 말해준다.

3. 『은세계』의 시민성과 현실주의

I. 시민 최병도

최병도의 인물 형상은 판소리사의 관점에서 주목할 만하다. 그는 향반이다. 그러나 그는 전통적인 양반 지주는 아니다. 부모로부터 부를 물려받은 것이 아니라 부부가 노력하여 재산을 일으킨 인물이다.

경금은 강릉에서 부촌으로 일홈는 동너이라. 산둠에 사는 사룸들이 제가 부질언ᄒᆞ야 손톱 발톱이 달토록 쌍이나 뜻어 먹고 사는디 푼돈 모아

---

27) 이 작품의 창극과의 관련 및 「옥중화」와의 관계에 대해서는 백현미, 「창극의 변모 과정과 그 성격」(이화여대 석사논문, 1989), pp. 54~67.

량돈 되고 량돈 모아 쾌돈 되고 송아지 길러 큰소 되고 박토 걸거 옥토를 민드러셔 그럿케 모흔 지물로 부자된 사룸이 여럿이라. 그 동닉 최본평집이 잇눈듸 동닉 사룸들의 말이 져 집은 소문 업눈 부자라. 최본평의 닉외가 억척으로 버러셔 싱일이 되야도 고기 흔 졈 아니 사먹고 모흐기만 흐눈 집이라. 불과 몃 히 동안에 형셰가 벗셕 느럿다. 우리도 그 집과 갓치 부지러니 모아보자 흐며 남들이 부러워흐고 본바드려 흐눈 사룸이 만흔 터이라. (pp. 90~91)

최병도의 재산은 상당히 규모가 있다. 농토는 머슴을 데리고 직접 경작하는 일방 마름이 있는 것으로 보아 나머지는 소작을 주어 경영하고 있는 것 같다. 또 즉석에서 영문 장차의 신발값으로 칠백 냥을 주고, 김정수의 망명 자금으로 천 냥을 줄 정도로 현금 동원 능력이 있다. 그럼에도 그는 세금을 직접 계산을 해가며 살림살이를 하고 부인은 밤늦게까지 베틀에서 내려오지 않는다. 적수공권에서 시작하여 부를 이룩하는 이러한 양상은 조선 후기에 많이 나타난 현상이었다. 이러한 현상은 한문 단편에서 문학적 형상화가 많이 이루어졌다. 「귀향(歸鄕)」 「광작(廣作)」 등등의 작품이 그러하다. 이들 작품에서는 궁반(窮班)이 현실에 눈을 돌려 농업에 힘써 부를 축적하고 또 그 부를 사회에 환원하는 모습을 보여준다.[28] 최병도 역시 그러한 부류에 속한다고 할 수 있다. 이 최병도는 부농이면서도 향촌 사회에서 인심을 잃지 않은 것이 특징이다.

(부인) 여보 남의 이미흔 말 마르시오. 븍눈 철눈 후로 죄될 일은 흔 것 업소. 손톱 발톱이 달토록 버러노흔 지물을 익겨 먹고 익겨 쓰면셔 비곱흔 사룸을 보면 내 비룰 덜 채우고 흔술 밥이라도 먹여 보내고 동지 섯

---

28) 이우성·임형택 역편, 『이조 한문 단편집』(일조각, 1973) 수록, 「歸鄕」 「廣作」 참조.

달에 슬을 가리지 못ᄒ고 어러 죽게 된 사룸을 보면 내가 입던 옷 한 가지라도 입혀 보니고 손톱만치도 사룸을 쇠겨본 일도 업고 털끗만치도 남을 히치려는 마음을 먹은 일이 업쇼. (p. 113)

최병도가 경금 동네에서 득인심했다(p. 102)는 표현처럼 가난한 사람에 대한 적선도 게을리하지 않았다. 놀부와는 정반대이다. 동네 사람들이 그를 질시하지 않고 본받고자 한다는 서술에서 그가 새로운 인물임을 알 수 있다.

최병도가 새로운 인물이라는 것은 부를 일으키고, 그 부를 배타적으로 독점하지 않고 베풀 줄 안다는 데 있지 않다. 그는 부의 축적을 개인적 행복의 추구로만 끝내지 않고 경세적(經世的) 목적을 위한 수단으로 삼고 있다.

최병도는 강릉 바닥에서 재소로 유명ᄒ던 사람이라. 갑신년 변란 나던 히에 나히 스물두 살이 되얏는디 그히 봄에 셔울로 올라가셔 기화당에 유명ᄒ 김옥균을 차져보니 본리 김옥균은 엇더ᄒ 사람을 보던지 녯날 륙국시절에 신릉군이 손 대접ᄒ더시 너그러운 풍도가 잇는 사람이라. 최병도가 김씨롤 보고 심복이 되야서 김씨롤 다단히 사모하는 모양이 잇거날 김씨가 쏘한 최병도롤 사랑ᄒ고 긔이ᄒ게 녀겨셔 텬ᄒ 형셰도 몰ᄒ 일이 잇고 우리나라 정치 득실도 몰ᄒ 일이 만히 잇스나 우리븨라룰 기혁ᄒ 경륜은 최병도의게 몰ᄒ지 아니ᄒ얏더라. 갑신년 십월에 변란이 나고 김씨가 일본으로 도망ᄒ 후에 최씨가 싀골로 니려가셔 지물 모흐기룰 시쟉ᄒ얏는디 그 경영인즉 지물을 모와가지고 그 부인과 옥슌이룰 다리고 문명ᄒ 나라에 가셔 공부룰 ᄒ야 지식이 넉넉한 후에 우리나라룰 붓들고 빅셩을 건지려는 경륜이라. 최병도가 동니 사룸들의게 지물에는 다단히 굿은 사람이라는 물을 들럿스나 최병도의 마음인즉 혼두 사룸을 구제ᄒ자는 일이 아니오 팔도 빅셩들이 도탄에 든 거슬 건지려는 경륜이 잇섯더라. (pp. 141~42)

122

최병도는 김옥균이라는 문제적 개인과 연결되는 인물이다. 개화 사상이라는 당대의 진보적 이념을 실천하고자 하는 의식 분자인 셈이다. 김옥균은 당대 부르주아 개혁 운동의 이론적·실천적 지도자였으며,[29] 갑신정변은 그러한 부르주아 개혁을 지향한 운동이었던 것이다. 특히 김옥균은 개화파 중에서 급진 개혁파에 속했던 인물이다.[30] 이것은 최병도의 철저한 반봉건성을 이해하는 데 하나의 기준이 된다. 그가 정감사와 목숨을 걸고 대결하고 추호의 타협도 고려하지 않는 태도는 곧 개혁의 이념에 철저했던 급진 개화파의 노선과 연결되기 때문이다. 또 개화파는 신분제를 부정하는 민권 사상을 가졌는데,[31] 최병도 역시 이 점에 일치한다.

최병도가 큰 병통이 잇스니 그 병통은 죽어도 곳치지 못ᄒ는 병통이라. 만만ᄒ 사ᄅᆞᆷ을 보면 숨도 크게 쉬지 아니ᄒ븨 지체 조흔 사ᄅᆞᆷ이 량반 자세ᄒ는 거슬 보던지 셰력 잇는 사ᄅᆞᆷ이 셰력으로 누르려던지 ᄒ는 거슬 당ᄒᆞᆯ 지경이면 몸을 육포롤 켠다 ᄒ더리도 지고 십흔 마음은 조곰도 업는 위인이라. (p. 142)

만만한 사람이란 평민 이하의 계층을 말한다. 그러니까 최병도는 신분 체제에 대한 철저한 거부감을 갖고 있다.

요컨대 최병도는 양반이면서 스스로 양반의 특권을 부정하고 또 개화 사상이라는 당대의 진보적 사상을 수용하여 그것을 실천하기

---

29) 이에 대해서는 정진석, 「김옥균의 철학 및 사회 정치 사상」, 『김옥균』(사회과학원 역사연구소, 1964; 역사비평사, 1990) 참조.
30) 개화파 중 급진 개혁파와 온건 개혁파의 차이에 대해서는, 강재언, 『한국의 근대 사상』(한길사, 1985), p. 110 참조.
31) 이에 대해서는 강재언, 「개화파에 있어서의 자유 민권 사상의 형성」, 『근대 한국 사상사』(한울, 1983) 참조.

위해 직접 생산에 뛰어들어 부를 일으켰던 것이다. 따라서 최병도는 판소리에 등장한 최초의 시민에 해당한다. 구체적으로 말하면 정치적 시민 citoyen의 성격을 강하게 띠고 있으며, 아울러 그 바탕에는 부르주아로서의 시민의 성격에도 접근하고 있다. 최병도는 물론 도시 시민이 아니다. 또 상업 자본을 축적하여 근대 사회의 주역으로 나선 인물도 아니다. 그러나 조선 후기에서 근대에 이르기까지 시민층의 형성에는 농업 자본의 축적을 기반으로 한 산업 자본에의 진출이 하나의 중요한 경로를 이루고 있었다. 최병도의 농업 자본은 향촌에서의 봉건적 양반 지주의 그것이 아니고, 그것을 바탕으로 현실 개혁 운동을 하고자 한 것처럼 무엇보다 그의 의식이 부르주아 개혁을 지향한 개화파에 연결되어 있기 때문에 그를 정치적 시민의 형상으로 볼 수 있을 것이다.

Ⅱ. 갈등 구조의 현실주의적 성격

「은세계」 전반부의 주갈등은 진보적인 요호부민, 곧 시민과 봉건적 수탈 구조와의 갈등이다. 이 점에서 이 작품은 19세기 이래의 요호부민들과 봉건적 수탈 구조와의 갈등을 이어받고 있는 것이다. 강원 감사가 부민들의 돈을 수탈하기 위해 염문을 하여서는 여러 가지 죄목을 붙여 잡아들이는 수법은 전형적인 사례에 해당된다.

> 여보아라 최병도 분부 듯거라 너는 소위 디민 명식으로 부모의게 불효ᄒ고 형데의게 불목ᄒ니 텬디간에 용납지 못홀 죄라. 풍화소관에 법을 알리깃다. (p. 122)

> 최병도를 큰칼을 씨여서 옥즁에 내려 가두니 그 옥은 사롬 하나식 가두는 별옥이라. 별옥이라 ᄒ면 최씨를 디졉ᄒ야 특별히 편이 잇슬 곳에 가둔 것이 아니라 부자를 잡아오면 가두는 곳이 ᄯ라로 잇는 터이라. 무슨

까닭으로 별옥을 지엇스며 무슨 시닭으로 부자를 잡아오면 사루 가두는
고. 디톄 그 굽사가 빅셩의 돈 쎄셔먹는 일에는 썩 솜씨 잇는 사룸이라.
별옥이 몃 간이나 되는 옥인지 부민을 잡아오면 혼 간에 사람 ᄒ나식 사
루사루 가두고 뒤로 사룸을 보니서 으르고 둘내고 쐬이고 별 농락을 다ᄒ
야 돈을 울거낼 씨로 울거니는 터이라. (pp. 125~26)

「은세계」의 전반부는 1890년대의 조선의 현실을 배경으로 하고
있다. 민란을 피한 김정수가 "민요가 나면 원가 감사가 민요에 죽
는 일도 잇고 군요가 나면 셰도지샹이 군요에 죽는 일"(p. 106)
있다고 했고, 최병도가 갑신정변 이후에 고향에 내려와 재물을 모
으기 시작했다고 했으니 민란, 임오군란(1882), 갑신정변(1884) 등
의 역사적 격변을 경험한 직후이다. 민란에는 요호부민을 포함한
농민들이,[32] 임오군란에는 도시 빈민들이, 갑신정변은 부르주아 개
혁을 지향한 관료 엘리트들이 각각 주도했으니 「은세계」 전반부에
서 최병도·김정수, 농민들이 봉건적 폭압과 수탈에 저항하는 것
은 전형성을 획득하고 있다고 볼 수 있다.

바로 이 점에서 이 작품은 그 이전 시기의 요호부민과 봉건적
수탈 사이의 갈등을 이어받아 형상화한 것이다. 그리고 그것은 판
소리사적으로도 일정한 맥을 형성하게 된다. 특히 지방 수령에 의
한 요호부민의 늑탈(勒奪) 문제[33]라는 점에서는 이 작품은 신재효
의 판소리 사설의 현실 의식과 밀접한 관계가 있다.

"농시를 아니 일코 빅셩더리 질거ᄒ니 본관이 아미 명관이제?" 혼 사룸

---

[32] 이러한 양상에 대해서는 原田環, 「진주민란과 박규수」, 궁조박사 외, 『봉건 사
회 해체기의 사회 경제 구조』(청아, 1982), pp. 363~364; 안병욱, 「19세기 임술
민란에 있어서의 '향회(鄕會)'와 '요호(饒戶)'」, 『한국사론』 14집(서울대 국사학
과, 1986) 참조.
[33] 이에 대해서는 안병욱, 앞의 글, pp. 107~03.

이 디답ᄒ되, "돈은 미우 밟키 보졔." 어스쏘 반기 무러, "엇지ᄒ여 그러 ᄒ오?" "굼디 안는 빅셩덜을 날날마다 쳥ᄒ여셔 디고 돈을 뛰라다가 슈이 허락 아니ᄒ면 엄형엄슈 쎄셔가고 송스는 엇덜넌디 돈을 쥬면 이겨 쥬고 감영의셔 환상 ᄒᆞᆫ 셤 말 가웃식 작젼오면 고을셔는 작젼 녹키 ᄒᆞᆫ 셤의 칠팔 두식 세곡 ᄒᆞᆫ 셤 열 량 ᄒ면 관슈 갑션 열두셕 량 향교 소임 갑 밧 드니 오른 스름 ᄒᆞᆯ 슈 업고 ᄒ긔 식고 쇼임 파니 아젼도 살 슈 업셔 츌피 보고 노형 ᄒ고 간활 향리 슈족삼아 우리 남원 스십 팔방 돈이라고 숨긴 거슨 아히 고름 치인 것도 씨 업시 다 글거시니 일후의 나는 아희 돈 얼 골 모르지요."³⁴⁾

나도 만일 부즈드면 존문ᄒ고 쳥ᄒ여셔 돈 뛰이라 ᄒ련마는 법꼴이 쵸 라ᄒ니 날 집 업다 마다 ᄒ졔³⁵⁾

수도안을 폐여놋고 각기 죄목 ᄯᅡ라가며 차차 사실ᄒ여 가니 본관이 돈 뛰러셔 아니 듸린 부민이며 임츌을 쎄시랴다 아니 들은 아젼이며 츌피 디 졉 잘못ᄒ야 사혐 잇는 샹빅셩덜 다 원통ᄒ 죄인이라³⁶⁾

몬져 뇌인 열 죄인이 외숨문 밧 느러셔셔 츔을 츄며 노리불너 어스쏘 의 명빅 덕화 송덕더를 ᄒ는구나. "죠흘시고, 죠흘시고, 우리 인싱 죠흘 시고. 죽을 목슘 사랏시니 죠흘시고, 죠흘시고, 업는 돈을 뛰라 ᄒ니 오 족키 답답ᄒ며 응식을 쎄시랴니 이 원통이 엇써컨나. 보기도 실은 놈을 후디를 엇지 ᄒ리. 무죄ᄒᆞᆫ 이 인싱들 횡액을 함긔 만나 형문 치고 곤쟝 치니 살과 쎄가 다 샹ᄒ다. 큰칼 씨고 고치ᄒ니 쏭 오좀을 눌 슈 잇나.³⁷⁾

---

34) 강한영,「남창 춘향가」,『신재효 판소리 사설집』(전) (민중서관, 1971), p. 62.
35) 같은 책, p. 84
36) 같은 책, p. 94
37) 같은 책, p. 96

곰이 미오 의기 잇셔 나 안지며 ㅎ난 말리 오날 우리 모우기난 손종계 폐ㅎㅈ더니 손힝기난 업셰라되 포슈 무셔 할 슈 업고 이즌흔 쥐다람이 과 동지ㅈ 다 쎄기여 부모쳐ㅈ 굼길 테요 가셰 부족 멧쏘야지 숭명지통 보와 시니, 시쇽의 비ㅎ면은 손군은 슈령 갓고 여우난 간물 출피 손힝기난 셰 도 안젼 너구리 멧쏫시며 쥐와 다람이난 굼씨 안난 빅셩이라. 오날 젼역 쏘 지니면 여우 눈의 못 괴인 놈 무슨 환을 쏘 당할지 그놈의 우슴 쇼리 쎠 졀여 못 듯것니[38]

흥보 졸부 되단 마리 ㅅ면의 벌어지니 놀보 듯고 싱각ㅎ여 그것 모도 쎄셔다가 부익부를 ㅎ면 죠되 이놈이 잘 안 쥬면 엇터케 죽쳐할고. 만일 아니주걸낭 흥보가 부ㅈ로셔 제 형을 박디흔다 몹슬 아젼 뒤를 디여 영문 염문 져거주고 출피를 돈 빅 멕여 향즁의 발통ㅎ고 도회까지 부쳐시면 이 놈의 사름ㅅ리 단참의 쩔어업계.[39]

위의 인용문은 신재효 판소리 사설 중「남창 춘향가」「토별가」 「박타령」에서 각각 뽑았다. 신재효는 자신이 향촌 사회에서의 부 농이었다. 그리고 그의 현실 인식은 기본적으로 향촌 사회에서의 요호부민의 시각에 입각하고 있었다. 그가 다른 판소리 사설이나 판소리계 소설에 비해 유달리 요호부민의 수탈에 민감한 반응을 보이고 있는 것은 바로 그의 계층적 이해 관계 때문이었다. 위에 인용한 바와 같이「춘향가」「토별가」「박타령」등 여러 판소리 사 설에서 거듭 요호부민이 수탈당하는 현실을 풍자하고 있는 것이 이 를 증명한다. 그리고 위의 인용에서 예시되고 있는 수탈의 수법이 곧 최병도를 얽어매는 그것과 동일하다. 또한 요호부민의 문제가 다른 빈민들의 문제와 같이 취급되고 있는 점도 같은 현상이다.

---

38) 같은 책, p. 284.
39) 같은 책, p. 390.

신재효 이래로 지속적으로「춘향전」이나「춘향가」에서는 부농의 수탈 문제가 관심의 대상이 되어왔다. 현재 불리는 창본에도 부농들이 수탈당하는 것이 나온다.[40] 이러한 사례들은 그러나 기존의 판소리에서는 배경으로, 또는 삽화로만 다루어졌을 뿐인데 『은세계』에서는 정면으로, 집중적으로 다루었다. 이 점은 주목해야 한다. 기존의 판소리에서 부농들의 문제가 삽화로 다루어졌음은 민중들의 현실이 전면에 나섰음을 말한다. 기존의 전승 5가가 민중들의 문제에 부수하여 부농들의 문제가 다루어진 반면, 이 작품에서는 부농의 문제가 중심이 되고 민중들의 이에 대한 공감이 배경이 되고 있다. 이것은 부농들에 대한 수탈의 문제가 19세기 이래의 사회의 주요 모순으로 등장하고 있었음을 말해준다. 특히 이 작품이 문제적인 것은 최병도가 단순한 부농이 아니고 의식화된 부농이라는 점이다.

전승 5가가 기생·빈민·평민 등을 다룬 반면「은세계」에서 평민 상층의 문제를 직접 다룬 것은 다른 각도에서 판소리사와 관련이 있다.「춘향전」의 역사적 추이를 살펴볼 때, 기생인 춘향이 점차 양민으로 그 신분이 변화한 것이 춘향이 봉착한 문제가 기생만의 문제가 아니라 일반 양민의 문제이기도 하다는 것을 의미한 것이었다.[41] 마찬가지로 흥부의 문제는 평민·빈민만의 문제가 아니라 몰락 양반의 그것이기도 했다. 즉 주인공이 반영하는 사회적 의미가 점차 확대된 것이다. 그리고 전승 5가의 주인공들은 주어진 환경을 주체적으로 타개해나가려는 적극적 인물들이었다. 이러한 적극적 주인공의 폭이 확대되면서 시민층으로 발전해나가려는

---

40) "우리 남원은 사판이요, 어찌하여 사판인가. 우리 골 원님은 놀이판이요, 거부장자는 뺏기는 판, 육방관속은 먹을 판 났으니, 우리 백성들은 죽을 판이로다." 김소희,「춘향가」(성음, 1989), p.29.
41) 물론 이것은 당시 사회의 신분 변동을 반영한 것이고, 부분적으로는 판소리 향유에 중요한 역할을 한 양반 좌상객의 영향, 또는 그것을 의식한 결과일 수도 있다.

최병도의 등장이 이루어진 것이다.
 그런데 보다 구체적으로 살펴보면 최병도의 인물 성격은 전승 5가의 주인공들과는 일정한 차이가 있다. 전승 5가의 주인공들이 적극적 주인공들이긴 하지만 그들의 지향은 사회의 여러 가지 모순으로 인해 지킬 수 없는 개인의 행복과 관련된 것이었다. 그리고 그 개인적 행복이 봉건적 모순으로 인해 실현되지 않거나 지켜지지 않는다는 선에서 그 봉건적 모순에 대한 비판이 이루어졌다. 그런데 최병도의 경우는 그 지향하는 바가 개인의 행복 추구보다는 사회 전체의 그것이어서 그 성격이 다르다고 할 수 있다. 앞에서 본바 개화 사상과 접목된 측면도 그러하지만, 봉건 체제에 대한 비판과 저항은 대단히 강하게 드러나고 있다.
 당대의 현실에서 소재를 취한 이 작품은 곧바로 고조된 갈등으로 직진한다. 그리고 최병도의 비극적 죽음에 이르기까지 대립과 긴장은 잠시도 늦추어지지 않는다. 소설이나 극의 일반적인 구성 단계를 갖고 있지 않은 것이다. 이 작품이 최병도의 죽음으로 끝났다면 그 구성은 대단히 집약적인 것이어서 급속도의 진전을 보였으리라고 판단된다. 그만큼 최병도와 정감사 사이의 갈등은 집중적으로 그려진 것이다.[42]
 이 작품의 갈등이 극히 긴박하게 진행되고 있는 것은 당대 현실의 정황과 관련이 있다. 1862년 농민 항쟁에서 보듯 봉건적 수탈에 대한 전국적 차원에서의 저항이 보편화되어 있었다. 그뒤 민란·농민 전쟁 등등이 속출하여 반봉건을 둘러싼 상하층의 대결은 타협점을 찾기 어려운 상황이었다. 즉 승패가 분명한 대결뿐이었던 것이다. 이 작품의 긴박한 갈등 전개는 일차적으로 이러한 시대적 분위기와 관련이 있다. 최병도가 끌려가게 된 상황에서 김정수의

---

42) 이 작품의 구성상의 집약성은 서연호, 앞의 책, pp. 29~31에 자세히 분석되고 있다.

주도에 의한 민란이 발생할 상황까지 급격하게 조성되는 것도 이 때문이다.

"아래말 김진사되 셔방님게셔 동니 빅셩들을 모흐라신다, 쌜리 모혀드러라" ᄒᆞ면셔 사리문 밧그로 나가는디, 그씨는 눈이 길길이 싸힌 씨라. 일업는 농군들이 최본평집에 영문 쟝ᄎᆞ가 나와셔 야단을 친다 ᄒᆞ는 쇼리를 듯고 구경을 ᄒᆞ러 왓다가 쟝ᄎᆞ가 못 드러오게 ᄒᆞ는 셔슬에 겁이 나셔 못 드러오고 리웃 농군의 집에 드러안져셔 ᄉᆡ마귀쎄갓치 짓거리고 잇든 터이라. "본평되 셔방님이 영문에 잡혀 가신다지." "그 냥반이 무슨 죄가 잇셔셔 잡아가누." "죄는 무슨 죄, 돈 잇는 죄이지." "요시 셰상에 량반도 돈만 잇스면 져럿케 잡혀가니 우리 갓튼 샹놈들이야 논마직이나 잇스면 편히 먹고 살 수 잇나." "이런 놈의 셰샹은 얼른 망ᄒᆞ기나 ᄒᆞ엿스면. 우리 갓한 만만흔 빅셩만 죽지 말고 원이나 감사나 ᄒᆞ여 나려오는 셔울 양반ᄭᅵ지 다 갓치 죽는 꼴 좀 보게." "원도 원이오 감사도 감사어니와 져런 쟝ᄎᆞ들부터 누가 다 씨려죽여 업시버렷스면."

(김) "이이 이 동니 빅셩들 드러보아라. 나는 오날 민요쟝두로 나셔셔 원쥬 감영 쟝ᄎᆞ 몃 놈을 씨려죽일 터이니 너의들이 내 말을 드를 터이냐?" 경금 빅셩들이 신이 나셔 디답을 ᄒᆞ는디 마당이 와글와글흔다.

(빅셩) "녜— 쇼인들이 내일 감영에 다 잡혀가셔 죽더리도 셔방님 분부 흔마듸만 잇스면 무슨 일이던지 ᄒᆞ라시는 디로 거행ᄒᆞ깃슴니다."
(pp. 104~07)

최병도의 문제도 공감하지만 자기들 문제의 차원에서 농민들은 봉건 체제의 파멸을 적극적으로 소원하고 있고, 어떤 계기만 주어지면 즉각 봉기할 태세가 되어 있다. 작가는 이러한 분위기 속에 최병도의 문제를 설정했다. 최병도의 문제는 엄밀히 말해 평민 상층에서 시민으로 발전하려는 최병도가 봉건적 질곡으로 좌절되는 것이다. 따라서 그 갈등은 전근대에서 근대로의 전환에 필연적으로 있게 마련인 상승 계층과 구지배층의 불가피한 대결이어서 그 의미는 보다 중요하다. 그런데 이 갈등에서 최병도는 일반 민중들의 적극적 지원을 받고 있어 그의 지향이 역사적으로 올바른 것임을 말해준다.

 념려되데 념려되데 박쳠지집 념려되데 집웅첨아 두둑ᄒ고 베셤이나 싸엿다고 읍뒤 동니 소문낫데 관가렴문에 드러거면 업는 죄에 걸려드러 톡톡털고 거지 되리 여—허 여—허 어여라 샹스듸—야.
 우리 동니 최셔방님 굿기는 ᄒ지마는 그른일은 업더니라 베쳔이나 ᄒ는 죄로 영문에 잡혀가셔 형문 몃고 큰칼 쓰고 옥중에 갓처 잇셔 반년을 못 나오데 여—허 여—허 어여라 샹스듸—야.
 삼디 독자 최셔봉님 조실 부모 ᄒ얏스니 불효부데 죄목듯기 그 아니 원통ᄒᆫ가 순스도 그 량반이 경씨 셩을 가지고 돈 소리에만 귀가 길고 원망 소리에는 귀먹엇데 여—허 여—허 어여라 샹스듸야.
 우리 동무 내 말 듯게 이 농사를 지어서 먹고 입고 남거든 돈 모홀 싱각 말고 술먹고 노름ᄒ고 놀 씨로 노라보세 막우 쎗는 이 셰샹에 부자 되면 경치느니 여—허 여—허 어여라 샹스듸야. (pp. 128~29)

 낭이라데 낭이라데 강원 감영이 낭이라데 두리 기동 검은 디문 걸려들면 낭이라데 이—고 날 술려라.
 도젹질을 ᄒ더리도 스모 바룸에 거드러거리고 망난니짓을 하여도 금관자셔슬에 큰기침ᄒ다 이—고 날 술려라.
 강원도 둠에골에 살찐 빅셩을 다 잡어먹어도 피똥도 아니누고 비병도 업다데 이—고 날 살려라.
 아귀귀신 니려왓네 아귀귀신 니려왓네 원쥬 감영에 동토가 나셔 아귀귀신 니려왓네 이—고 눌 살려라. (p. 139)

최병도에 대한 일반 민중의 이러한 지지는 곧 「춘향전」에서 춘향에 대한 당시 남원 민중들의 지지와 상통하는 것이다. 이것은 1912년에 나온 「옥중화」에서 암행어사인 이도령이 농민들에게 춘향의 소식을 묻는 장면에 민란의 분위기가 반영되고 있는 것처럼 19세기 말엽의 민중 일반이 봉건 지배층에 대해 갖고 있던 보편적 정서였다고 볼 수 있다. 주목할 것은 「춘향가」에 민란의 분위기가 반영되는 시점이 20세기 초엽이라는 점이다. 「옥중화」의 다음 부분을 보자.

> 제가 어수인 듯이 공사 뭇고, 공사 엇지 ㅎ야 바바 잘 먹고 술 잘 먹고 홈의질 잘ㅎ고 갈키질 잘ㅎ고 심지어 소시랑질신지 잘ㅎ니 그 우에 명관업고, 렬녀 츈향을 명일 잔채 후 쌔려죽인다든가. 이 년석 츈향을 죽이기만 죽여라 집등우리 ㅎ나면 호강ㅎ리라. 이 사룸 명숨이. 어. 즈네 사발통문 보앗나. 보앗네. 사십팔면 머슴만 ㅎ야도 여러 쳔명일네. 쉬 막셜ㅎ소.[43]

이해조의 「옥중화」는 박기홍조라고 했는데, 역시 그가 정리했다는 「강상련」 「토의간」 등으로 미루어볼 때, 당시 불리던 사설 그대로일 가능성이 높다. 위 인용 부분이 이해조의 개작이 아님은 다음 사례에서도 확인된다.

> (아니리) 자—쉬세. 농부들이 논두럭에 쉬여 앉어 야—띄골박샌 금년에 논 사고 뚠무집도령은 기운났드라. 자—우리 점심 먹고 십자. [……] 한 농부 허는 말이 아—이 사람들아 우리 고을 원님은 치민치정이 엉망이란 말이여. 백성들은 굶는지 먹는지도 모르고 밤낮으로 놀기만 힘을 쓰니 큰일이며, 춘향을 잡아다가 수청들어라 하니 수청들 리가 있

---

43) 「옥중화」, 『춘향전』(교문사, 1984), p. 530

나. 안 듣는다 해서 삼십도 형장을 때려 험옥중에다 가둬두고 뭐 십오일 날 본관 생신 잔치 끝에 춘향을 올려 죽인다니 그런 사또가 어디 있겠나. 자네들 가만히 보고 있을라나. 우리 농군들이 뭉쳐 동원 대들보를 막밀어버리세. 그 말이 옳습네.[44]

그러나 최병도는 자기가 처한 문제를 민란의 방법으로 해결하고자 하지 않았다. 몰락한 양반 김정수와 경금 농민들의 결합은 19세기 중엽 이래 볼 수 있는 전형적인 민중 봉기라고 할 수 있다. 그리고 실제 민란 발발에서 요호부민들이 일정한 역할을 했는데, 최병도의 문제에 대해 농민들이 공감하고 행동으로 나설 의지를 보이는 데서도 최병도의 그러한 가능성을 예견할 수 있다. 그러나 최병도는 이 방법을 취하지 않고 단독 투쟁의 길로 나섰다. 이것이 이인직의 발상일 가능성도 있으나, 당대 민란과 같은 투쟁성의 약화는 아니다. 오히려 실제 민란에서는 난이 전개되는 과정에 요호부민들이 이탈하는 양상을 보인 것과는 대조적으로 최병도는 목숨을 걸고 끝까지 투쟁했던 것이다.

요컨대, 최병도와 정감사 사이의 대결은 각성한 요호부민과 봉건적 수탈 구조 사이의, 다시 말하면 근대 시민적 지향과 봉건적 모순 사이의 예각적인 대결이며, 그것이 광범위한 민중적 지지 위에서 진행되고 있다는 점에서 판소리가 근대 문학으로 나아가는 주요한 전환점을 마련했다고 본다. 이 점이 「춘향전」의 갈등 구조가 19세기말의 역사적 경험에 조응하여 새로운 갈등 구조를 창출한 참다운 의미이다.

---

[44] 「송만갑 제 박봉술 창본 춘향가」, 『판소리 연구』 4집 (판소리학회, 1993), p. 389

4. 영웅적 비장미

판소리사의 측면에서 「은세계」에 특히 주목해야 할 점은 미적 특징에 있다. 「은세계」는 비장미 일변도라고 할 수 있을 정도로 희극미는 거의 없다. 전승 5가가 희극미와 비극미를 적절히 안배하여 구현하고 있고, 실전 7가가 주로 희극미에 경사되어 있는 것에 비해볼 때 이러한 비장미에의 경사는 음미할 사항이다. 군데군데 드러나는 희극미도 강렬한 풍자일 뿐 익살은 거의 없다. 이것은 최병도와 정감사의 정면 대결, 비극적 파국에 대응하는 현상이다.

그런데 최병도의 처가 처한 비극적 상황은 판소리 일반의 그것과 유사하나 최병도의 경우는 그렇지 않다. 즉 전승 5가의 주인공들이 주로 범인적(凡人的) 비장을 드러내고 있는 데 비해 최병도는 영웅적인 비장에 가까운 성격을 강하게 띠고 있기 때문이다.

> 글 잘ᄒᆞ는 량반이 말을 ᄒᆞ여도 남다르데 최셔방님이 나롤 보고 슌사도를 욕을 ᄒᆞ는디 느라 망ᄒᆞᆯ 놈이라고 이롤 북북 갈고 피롤 퍽퍽 토ᄒᆞ면서 우리느라 빅셩들이 불샹ᄒᆞ다고 말을 ᄒᆞ니 그 미롤 그럿케 맛고 그 고성을 그리ᄒᆞ면셔 니 몸 성각은 조곰도 업고 느라 망ᄒᆞᆯ근심이데. (pp. 132~33)

앞에서 살펴보았듯이 최병도는 자기 개인의 삶을 개척해나가는 데 함몰된 인물이 아니다. 그는 국가와 사회의 운명을 책임지는 데 의식적으로 동참하고 있는 인물이다. 자기 개인이나 가족보다 사회와 국가의 운명을 책임진다는 의미에서 그는 영웅의 성격을 갖는다. 물론 이때의 영웅이란 고대나 중세의 영웅은 아니다. 앞에서 본 바 정치적 시민이다.

그는 봉건적 권력의 상징인 정감사와 정면 대결을 하다가 비장한 최후를 맞는다. 그 최후의 순간까지 그는 영웅적 성격을 잃지 않는다. 대관령 꼭대기에 자신을 묻어주어 이 세상이 어떻게 되는지 보겠다는 유언이 그것이다.

비장미는 부차적 인물들에게까지도 구현되고 있다. 최병도의 압송을 목격하고 민란을 기도한 김정수 역시 그러하다. 민요장두를 자처하고 감영 장차들을 타살하자고 하면서 자신은 죽음을 각오했으니 따를 사람은 따르라는 것 역시 영웅적 모습이다.

당시 창극「은세계」는 그 공연에 대한 현재 남아 있는 기록으로 볼 때 최병도가 죽어 장사지내는 것에서 끝났을 가능성이 높다. 그렇다면 이 작품은 비극적 파국으로 끝을 맺은 셈이다. 판소리 중에 비극적 파국으로 작품이 끝난 예는「변강쇠가」뿐이다. 그러나 이 작품의 비극성은 기괴미에 종속되고 있다.[45] 그리고 전승 5가는 모두 희극적 축제에 가까운 결말을 갖고 있다. 주인공과 환경 세계 사이의 대결이 낭만적인 차원에서 주인공의 승리로 귀착되었던 것이다. 그러나「은세계」의 비극적 결말은 이제 봉건 체제와의 대결에 낭만성의 개입이 결코 허용되지 않음을 뜻한다. 그런 면에서 이 작품은 전투적 시민의 서사시이다.

최병도는 이념의 차원에서는 숭고하고, 그 실천 행동의 면에서는 자기 이념의 실천을 위해 철저한 사람이다. 이것은 역설적이게도 춘향이나 심청이 후대에 올수록 얻게 되는 인물 형상과 일치한다. 춘향의 이상화는 향유층의 주요 부분이었던 양반층의 기호에 접근한 측면도 배제할 수 없지만 엄밀히는 평민적 영웅화, 일반적으로는 대중의 영웅화 현상이었다. 그 이상화를 위해 동원된 장치가 대중소설에서 빌려온 이원적 세계의 설정 등이었다.「은세계」에 와서는 그러한 이원성은 제거되고 다시 판소리 본래의 일원론으로 돌아간 것이다.

---

45) 이에 대해서는 필자의 「변강쇠가의 미적 특질」, 『판소리 연구』 4집(판소리학회, 1993) 참조.

「은세계」의 이러한 미적 특징은 이 작품만의 고립적 현상이 아니다. 전승 5가에서도 「적벽가」의 예처럼 장중미·비장미 등이 확대되어가는 경향을 보였고, 19세기에 들어서서 새롭게 창작된 판소리로 보이는 「숙영낭자전」도 미적 측면에서는 「은세계」와 극히 유사한 성격을 띠고 있다. 소설 「숙영낭자전」을 판소리화한 이 작품은 원작에서 숙영낭자의 죽음 부분을 선택하여 작품의 전반부로 삼고, 후반부는 백현진이 숙영을 살리기 위한 구약 여행(求藥旅行)을 하는 이야기를 만들어 넣었다. 희극미는 전혀 없고 억울한 누명을 쓰고 죽는 숙영의 원통함, 모친의 죽음을 목도한 자식들의 슬픔, 며느리의 죽음을 막지 못한 시어머니의 비통, 그리고 백현진의 통곡 등이 주조를 이루고 있다. 백현진의 구약 여행 과정도 비장한 것에 가깝다.[46] 원래 「숙영낭자전」이 사랑의 성취를 위해 가부장제적 권위와 갈등을 일으키는 것이며, 숙영의 죽음과 재생을 다룬 것이어서 비극적 정조를 다분히 갖고 있었다. 그러니까 이러한 작품을 새로운 판소리 창작의 대상으로 삼고, 비극적 상황을 중심으로 작품을 재구성한 것은 이 시기 판소리의 비장미로의 경사와 맥을 같이한다. 「은세계」 이전의 판소리의 미적 추이가 전승 5가와 창작 판소리 「숙영낭자전」의 비장미 경사로 나타난 것과 아울러 「은세계」 이후의 경우도 이에 부합함을 주목할 필요가 있다. 한 연구에 따르면 1930년대 이후 판소리 선율이 계면조가 우세하게 되는 경향이 나타난다고 한다.[47] 계면조가 환기하는 비극적 정조가 시대적 분위기에 맞았다는 말이 된다. 또 한편으로는 이 시기 새로운 창작 판소리로 「열사가」들이 등장하는데, 이들 작품에 희극미는 거의 없다. 「열사가」의 주인공들은 이순신·안중

---

46) 자세한 것은 김종철, 「판소리「숙영낭자전」연구」, 『난대 이응백 박사 고희 기념 논문집』(한샘, 1992) 참조.
47) 백대웅, 「판소리 선율의 시대적 변천」, 『한국 전통 음악의 선율 구조』(대광문화사, 1982) 참조.

근·유관순 등 외세와 투쟁한 구국적 영웅들을 노래한 것이다. 판소리가 이러한 구국적 영웅을 주인공으로 삼은 것도 판소리사에 처음 있는 일이지만, 그 미적 특성은 역시 비장미가 아닐 수 없다. 이렇게 본다면 「은세계」의 비장미로의 편향이 돌출적인 것이 아니고 판소리사의 추이에 부합하는 것임을 알 수 있다.

판소리는 이제 범인의 서사시에만 고착되지 않고 영웅 서사시의 성격을 갖는 작품을 산출하게 되었다. 이 점은 판소리사를 인식하는 데 중요한 시사를 던진다. 중세 이행기를 경과하면서 12마당에서 5마당으로 판소리의 레퍼토리는 줄었다. 그 과정에서 탈락한 작품들은 모두 희극적 주인공을 내세운 작품들이었다. 변강쇠·장끼·무숙이·골생원·배비장·옹고집·광풍 등 그 자체내에 진보적 계기를 담지했던 인물은 없었다. 반면 전승이 지속된 작품들은 춘향·심청·토끼·흥부·군사들 등과 같이 비극적 정황 속에서 그것을 극복하려는 진보적 계기를 가진 인물들을 주인공으로 삼았다. 그리고 각 작품들은 후대로 올수록 주인공을 이상화하고 또 비장한 인물로 만드는 경향을 보여왔다. 그러한 흐름과 이 「은세계」에서의 최병도의 형상화는 일치한다. 그렇다면 19세기 판소리사의 추이는 최병도의 형상과 같이 비장하고 숭고한 인물에의 지향이 존재했다고 할 수 있다.

크게 볼 때 중세 이행기에 등장한 판소리는 범인 서사시였다. 고대의 영웅 서사시와는 달리 민족적 영웅의 위업이 아니라 범인들의 일상적 관심사가 중요시되고 관중의 흥미를 끄는 데 치중했던 것이다.[48] 그런데 이 판소리 자체의 역사적 추이에서 두드러진 경향 중의 하나가 판소리에 등장하는 범인 중 긍정적 주인공은 미화되어갔다는 점이다. 예컨대, 춘향을 보다 고상한 인물로 바꾸어

---

48) 이에 대해서는 조동일, 『한국 문학과 세계 문학』(지식산업사, 1991) 중, 「서사시론과 비교 문학」 및 「장편 서사시의 분포와 변천」 참조.

가거나 심청을 효의 화신으로 만들며, 부정적 인물이었던 자라를 긍정적인 충신으로 만들어갔다. 게다가 중세 이행기가 끝나고 근대로 들어오면서 새롭게 등장한 판소리 문학은 「은세계」의 최병도처럼 비장한 성격을 지닌, 즉 영웅적 성격을 다분히 지닌 인물을 주인공으로 하는 서사시로 변하는 모습을 보이고 있다. 이 뒤에 나온 「열사가」는 실제 민족적 영웅을 주인공으로 삼았다. 그렇다면 이러한 경향은 범인 서사시로서의 판소리의 부정인가? 또는 고대 영웅 서사시로의 복귀인가?

이 점에서 우리는 판소리사의 추이에 거시적 관점을 가질 필요가 있다. 미시적 관찰에서 드러난바, 주인공들의 이상화 또는 영웅적 성격의 주인공의 등장 등은 거시적 시각에서 재해석될 필요가 있기 때문이다. 애당초 판소리가 발생한 때는 중세가 이제 서서히 해체되기 시작하는 때였다. 그러나 여전히 중세 체제는 강고했고, 이데올로기 역시 사회 구성원 전반에 영향력을 행사했던 것이다. 이 시기에 등장한 판소리는 평범한 개인의 운명에 관심을 둠으로써 이데올로기로 분식(粉飾)되지 않은 현실적 삶을 그렸다. 그것이 청중층에 인기를 끌면서 다양한 체험들이 전형적 상황과 전형적 인물로 집중되기 시작했다. 그 과정에서 청중들은 새로운 사회에 대한 열망을 긍정적 주인공들의 운명에서 표출했으며, 그들을 새로운 사회로 나아가는 이상적 인물로 만들어갔다고 할 수 있다. 전승 5가에서 보이는 긍정적 인물들의 이상화는 이렇게 해석되어야 한다. 특히 19세기 후반기는 중세 해체기의 마지막 시기이며 20세기에 들어서서는 새로운 근대 사회를 창조해야 할 상황에 처했던 것이다. 그래서 작품 내적으로는 평민들의 지지를 받고, 공연에서는 시민들의 지지를 받는 전투적 시민 최병도의 형상이 창조된 것이다.

5. 결론

『은세계』는 후반부에 옥남 이야기가 덧붙으면서 이른바 신소설류로 귀착되고 만다. 이 뒷부분이 첨가됨으로써 『은세계』는 영웅소설에 가까운 모습을 띠게 된다.[49] 그런데 「춘향전」의 경우에서 보듯 판소리계 소설이 영웅소설의 영향을 받는 경우 주로 작품의 서두 부분에 그러한 방향으로의 변모가 일어나고 있는데, 이 작품에서는 후반부를 전면적으로 영웅소설화했다. 2대에 걸친 이야기가 되면서 작품은 전후반부로 확연히 나뉘고 그 의미도 상당히 달라진다.

즉 『은세계』는 전반부의 탁월한 시민 문학적 성취에도 불구하고 후반부의 옥남의 이야기로 이동해서는 전반부의 최병도가 지향했던 바가 왜곡되고 만다. 이러한 왜곡은 이인직의 반봉건 지향이 친일로 귀결된 것과 관련이 있다. 반봉건을 지향하다 봉건 세력인 정감사에 의해 죽은 최병도의 유복자로 태어난 옥남이 미국 유학 후 귀국해서는 친일 노선으로 돌아선 것이 그것이다. 옥남은 고종이 강제로 퇴위당하고 순종이 즉위한 것을 정치 개혁이라 역설할 뿐만 아니라 의병을 무뢰지배로 규정하고, 의병이 나라에 도리어 해가 된다고 역설한다. 의병들의 주류가 곧 작품 전반부에서 최병도를 지지했던 농민들인 점을 기억한다면 최병도의 아들 옥남이 의병과 대립된다는 것은 반어적이기도 하다. 사회사적으로 본다면 19세기말까지는 평민 상층이 평민 하층과 유대 관계를 맺고 있었는데, 20세기에 들어서서는 그 유대가 깨어지고 대립적 양상이 점차 증폭되고 있었음을 뜻한다. 물론 그것은 평민 상층의 지향이

---

49) 이 점에 대해서는 조동일, 『신소설의 문학사적 성격』(서울대 출판부, 1973), p. 61 참조.

방향성을 상실했기 때문이다. 다시 말하면 시민적인 것이 민중적인 것에 끝까지 그 기반을 유지하지 못했기 때문이다.[50]

『은세계』가 반봉건은 투철하게 내세웠으나 반외세의 문제는 제기하지 않은 것도 이와 관련이 있다. 반봉건과 반외세는 근대 민족 국가의 창출과 함께 이 시대 최대의 민족사적 과제였다. 19세기말과 20세기초의 한국의 상황은 자주적인 근대 민족 국가의 창출 여부가 반봉건 및 반외세와 맞물려 있었다. 특히 봉건 기득권 세력은 외세와 결탁해가고 있었기 때문에 반봉건은 곧 반외세와 상통하는 것이었다. 갑오 농민 전쟁이 반봉건 투쟁에서 반외세 투쟁으로 확대된 것, 동학 농민군을 진압하기 위해 외세를 끌어들인 것, 의병 운동을 일본군이 진압하기 위해 나선 것 등이 반봉건이 곧 반외세여야 함을 말해주고 있다. 그러나 『은세계』는 반봉건만 주목했고 반외세는 유의하지 않음으로써 그 근대 지향은 친일로 경사되는 결과를 가져오고 말았다. 이것은 실질적으로는 통감부 치하에서 친일 노선을 걷던 이인직의 친일 구도 속의 반봉건이라고 할 수 있다. 판소리의 내재적 발전 역시 반봉건 차원에서의 근대 지향이라는 한계에 머물렀던 것이다. 판소리가 외세에 관심을 가진 것은 「열사가」에 와서이다.

이러한 한계에도 불구하고 『은세계』는 우리 근대 문학사에서 중요한 위치를 차지한다. 19세기 이래 판소리는 상하층을 아우르는 새로운 연행 공간을 지향하게 되었고, 그 공간이 곧 극장이었다. 20세기초 극장은 주로 상인 자본에 의해 설립되었는데, 이것은 그 이전부터 꾸준히 상인층이 문화 부문에서 영향력을 증대해온 결과라고 할 수 있다. 판소리가 고정적인 연행 공간을 마련하고 자본주의적인 흥행 체제를 갖게 된 것도 의미있는 일이지만 보다 중요한 것은 창극이라는 일종의 극운동을 전개한 일이다. 이러한 구비

---

50) 김종철, 앞의 글, p.144 참조.

서사시의 연행 형태에서 무대에서의 극 공연으로의 전환에는 몇 가지 중요한 변화가 수반되었다. 그 변화 중 가장 의미있는 변화를 가져온 것이 『은세계』이다. 『은세계』는 첫째, 구비 문학적 집단 창작과 개인 창작의 결합의 산물이다. 이를 통해 판소리가 근대에도 지속적인 흥행성을 가질 수 있는 가능성을 보였다. 둘째, 근대의 주체인 시민 중에서 정치적 시민이라 할 수 있는 인물을 주인공으로 형상화한 최초의 작품이라 할 수 있다. 셋째, 그 시민과 봉건적 모순 사이의 전투적 갈등을 그렸다. 이 갈등에서 조성된 비장미는 우리 근대 문학에서 계몽 이성이 반봉건적 투쟁을 가장 격렬히 전개한 대표적 사례라고 할 수 있다. 다음 시대 이광수 문학에서 볼 수 있는바, 투쟁의 대상은 없고 계몽의 대상만 있는 것과는 그 시대적 위상이 달랐던 것이다.

이인직 소설의 근대성 연구
―― 이인직 연구 2

이 상 경

1. 머리말

　최초의 신소설 작가이자 대표적 신소설 작가인 이인직 소설, 혹은 신소설 일반에 대한 논란의 출발점에는 신소설이란 "새로운 내용을 낡은 양식에 담은 과도적 성격의 것"이라는 임화의 규정이 놓여 있다. 도식적으로 말하여 새로운 내용이란 개화 사상을 표출하고 있다는 것, 낡은 양식이란 가정소설(처첩 갈등, 계모와 전실 자식의 갈등, 고부 갈등 등을 주플롯으로 하는 것)이라는 전통적 양식을 취했다는 것이다. 이후의 신소설에 대한 논의는 새로운 것에 더 강조를 두어 개화 사상의 표출과 장면 제시나 시간의 역전 등에서 근대성을 강조하였다. 그러다가 1970년대의 민족주의적 분위기에서 전대 문학과의 영향 관계가 강조되면서 개화 사상의 친일적 요소가 비판되고 신소설의 개화 사상이란 육체화되지 못한 장식적인 것이며, 등장인물을 개화 인물로 설정한 것 외에는 구소설의 영웅소설 구조를 답습하고 있다는 점에서 그 구태의연함에 더 강조를 두는 방향으로 가기도 했다.
　그러나 신소설이 가진 새로움이란 축소되거나 부정될 수는 없는 것이다. 당대의 독자들에게 그것은 우선 새롭게 비쳤다.

누구나 조선의 문학 운동을 말하는 때면 먼저 이광수씨나 최남선씨를 든다. 〔……〕 그러다가 이인직씨의 작품을 다시 의식적으로 접하게 된 뒤로는 문학사적으로 보아서 조선에 진정한 의미의 소설을 보여준 이도 이인직씨요 조선에 언문일치의 신문체를 보이려고 애쓴 이도 이인직씨란 것을 절실히 느꼈다. 씨는 이광수씨보다도 10여 년이나 가까이 앞선 이다. 문학사적으로 보아서 말이다.
〔………〕
그의 작을 통하여 첫째 우리가 보게 되는 것은 그때의 사회이다. 지금으로부터 20여 년 전후의 조선 사회상을 우리는 여실히 보게 된다. 그의 붓은 어디까지든지 사실적이었다. 자신있는 외과의가 신념 있는 해부도를 휘두르듯이 불합리한 주종 관계와 악착한 본처의 질투와 시기며 상호 반목하는 노예 계급, 추태가 빈빈한 양반의 가정 등을 조금도 기탄 없이 주저치 않고 사실적으로 쪼개내었다. **소설이라면 신화적 전설적의 것으로 알던 것은 그때의 독자나 작자가 다 같이 느끼고 있던 속에서 이러한 수법을 보인 것은 청천의 벽력이라 아니할 수 없다.** 그런데 그의 사실적 필치는 다만 사실적에만 그치고 만 것이 아니다. 다시 말하면 객관적으로 쌀쌀하게 쪼개기만 한 것이 아니라 그의 붓끝에는 뜨거운 정과 엄숙한 비판이 있어서 지나가는 잔해 속에서 새로 올 세상을 보았다. 이것이 그의 사회관이요 인생관일 것이다. 다음으로 그의 문체로 보더라도 그는 위대한 공적자이다. 그는 그때에 벌써 언문일치를 쓰려고 애썼다. 지금 같으면 문제도 되지 않지만, 그때는 한문투가 상하 계급을 지배하던 때요 또한 국문을 내서라 하여 배척하고 비천히 보던 때임에도 불구하고 그는 엄연히 모든 인습과 전설을 벗어나서 신문체를 지어 썼다. 그의 소설이나 문체는 일본 문단에서 배워가지고 짓고 쓴 것이라고 하는데 우리는 그의 작에서 일본 냄새나 일문체식을 찾지 못한다. 나는 여기 있어서 그를 우리 조선 문화 운동사에 있어서 첫 사람으로 추앙한다. 물론 그의 작품에 흠이 보이지 않는 것은 아니지만 그 시대에 비추어보아서 위대한 사람의 하나이다. (최서해, 「조선 문학 개척자: 국초 이인직씨와 그 작품」, 중외일보, 1927. 11. 15)

최초의 신소설론이자 이인직론이라고 할 수 있는 이 글은 구소설과 신소설의 교체를 경험한 당대의 독자의 것이라는 데 큰 의미가 있다. 그리고 1900년에 태어난 최서해뿐만 아니라 그보다 먼저 1895년에 태어나 거의 동시대를 경험한 이기영도 유사한 경험을 토로하고 있다.

신소설은 종이로부터 활자와 표지에 이르기까지 고대 소설과는 다른 새로운 것이었다. 내용에 있어서도 신소설은 새로운 맛이 났다. 가령 고대 소설은 으레히 '각설 이때……' 식으로 그것도 중국의 고대 소설을 모방하였거나 번역한 것이었기 때문에 조선 사람들한테는 소설 내용이 그들의 생활과 거리가 멀었다. 더구나 그것이 고대 소설이고 보니 현대인의 생활 감정과는 너무나 동떨어져서 맞지 않았다. 『춘향전』 『심청전』과 같은 훌륭한 걸작들이 있으나 이 역시 옛날 이야기기는 마찬가지였다.
한데 신소설은 현대인의 생활, 특히 그 중에도 봉건 양반의 몰락상과 서민 계급의 보통 인물들을 주인공으로 등장시켰다. 이것은 고대 소설에서는 도무지 찾아볼 수 없는 특징이었다. 나는 『치악산』〔『귀의 성』의 오해임: 인용자〕을 처음 읽어보고 나서 커다란 충격을 받았다. 그것은 강동지 부녀와 같은――양반에게 압박과 착취를 당해오던 근로 인민을 주인공으로 하여 그들의 운명을 그린 것이 나의 생활 환경과 연계가 있었기 때문이다. 나는 신소설을 읽기 시작한 뒤로는 고대 소설을 집어치웠다. 그것은 나도 모르게 새것을 지향하는 시대적 충동이 있었던 까닭이다. 그전에는 고대 소설의 주인공들을 자기의 이상적 인물로 삼았던 것이 인제는 신소설의 주인공들로 자리를 바꾸게 되었다. (이기영, 「이상

과 노력」, pp. 57~58)

　이런 회고에서 우리는 신소설이 출현했을 때 당대인이 느낀 구소설과 신소설의 차이를 분명히 알 수 있다. 그런데 이러한 느낌을 논리화시키기 위해 내용상의 새로움을 강조하다보면 그 새로움이 '친일'로 귀결되고, 형식상의 새로움을 말할 경우에는 그 변화의 양상의 기술에만 머무르거나 그 새로움이란 일본에서 배워온 것임이 드러나게 되었다.
　그렇다고 신소설 전체를 의미없는 것으로 치부할 수는 없기에 신소설 속에서 옥석을 가리는 것——친일적 요소를 띠지 않는 작품들을 가려내는 작업도 진행되었다. 그러나 그럴 때는 또 새로움이라는 것이 매우 희미해지거나 그러한 새로운 표현 방법이 어떠한 인식상의 변화를 수반한 것인가에까지는 연구가 미치지 못했다.
　이제 필요한 것은 신소설의 작가와 독자층의 계몽 의식의 논리 구조를 재구성하고 그것이 지닌 이중성과 우리 근대사에서 가질 수밖에 없었던 허약성을 드러냄으로써 그것을 '개화를 위장한 친일'이라든지 '출세의 방편으로서의 개화'라는 일면적인 파악에서 벗어나 개화에서 친일로 갈 수밖에 없는 노정과 그것이 그 시기에 했던 역할을 그 시대적 한계 속에서 자리매김하는 것이다.
　또 하나는 한 시대와 결별하려는 근대적 의식의 자기 표현의 방법으로서 신소설에서 사용된 리얼리즘의 방법을 밝히는 것이다. 특히 근대 소설에서 소설의 근대성이란 리얼리즘의 방법과 긴밀히 관련되어 있음이 신소설 연구에서 명료하게 제시될 필요가 있을 것이다.
　첫째의 과제와 관련해서 이인직의 신소설이 우리나라 초기 부르주아의 한 측면을 특징적으로 표출하고 있다는 것, 초기 부르주아의 세계관이란 우리 근대사의 특수성 속에서 규명될 필요가 있는 것임을 밝혀야 한다. 세계사에서 '근대'의 보편성과 우리나라의 근대의 특수성을 함께 보는 시각이 필요한 것이다. 핵심은 그들의 이중성을 놓치지 않는 것이다. 또한 1876년의 개항 이후 다양한 반봉건 운동과 그것이 제도적 개혁으로 드러나는 갑오개혁, 민족적 자의식과 그에 따른 민족적 인식 등이 사람들의 삶에 미치는 영향 등이 소설에서 반영되는 것을 주의할 필요가 있다. 이러한 것들은 신소설과 그 전대 소설의 차이를 드러내는 중요한 사항이다.

둘째의 과제는 소설에서 구체적인 당대의 공간과 시간을 배경으로 당대의 사건을 리얼하게 그려내는 것이 어떻게 수행되고 있느냐를 밝히는 것이다. 문체, 서사 구조, 인물 형상화 방식에 대한 텍스트 분석은 상당한 수준에서 이루어져 있다. 정밀한 텍스트 분석을 종합하여 소설의 근대적 의식과 매개하는 논의가 필요하다.

이 논문에서는 우선 첫째의 과제를 규명하고자 한다. 둘째의 과제는 '신소설과 리얼리즘'이라는 제목으로 따로 수행될 것이다.

2. 이인직 소설의 발전 과정

이인직의 신소설에는 요호부민 출신의 인물이 언제나 등장한다. 『혈의 누』의 김관일이나 『귀의 성』의 강동지가 그러하다. 그러나 이들과 비교하여 『은세계』의 최병도와 옥남이는 훨씬 더 구체적인 경륜과 행동을 보여주며, 자신의 행위의 정당성을 조금도 의심하지 않는 자신감을 가지고 있다. 작가 이인직 역시 이들과 거의 공감하면서 작품을 서술하고 있다. 또한 『은세계』에서는 『귀의 성』에서의 봉건적인 것에 대한 비판과 『혈의 누』에서의 근대적인 것에의 지향을 종합하여 보여준다. 최병도와 옥남의 두 세대를 등장시켜 그 내적 연관을 구성하고, 그 양자를 훨씬 더 분명하고 자신감 있게 내세우고 있다. 이런 점에서 『은세계』는 이인직 소설의 종합

판 혹은 결정판이라 할 만하다. 이인직의 작가적 출발과 그 이후 창작 과정을 거쳐 『은세계』에 이르게 되는 과정에서 이러한 작품들 사이의 상호 연관과 발전 과정을 좀더 구체적으로 살펴보자.

I. 초기 소설

이인직은 1902년 1월 28, 29일에 일본의 도신문(都新聞)에 일어로 된 습작 소설 「과부의 꿈(寡婦の夢)」을 실었다.[1] 이것이 현재 밝혀진 그의 최초의 발표작으로서 남편을 잃은 지 13년이나 되는데도 여전히 슬퍼하고 있는 과부의 모습을 그린 단편이다. 소설의 초두에 석양 속에 난간에 기대어 있는 소복 입은 과부의 모습을 묘사하고 그 다음에 이웃집 노파가 등장해 하인과 주고받는 대화를 통해 이 여인이 13년 전 과부가 된 슬픔에 잠겨 그러고 있는 것임을 밝힌다. 노파가 여인을 보러 가니 여인은 잠이 들었다. 그 여인은 마침 죽기 직전 병든 남편의 모습이 갑자기 변하여 화려한 옷을 입고 앉아 있는 꿈을 꾸고 있었는데 노파의 부르는 소리에 놀라서 잠을 깬다.

이 소설은 조선적인 것을 일본에 소개하려는 의도에서라고 짐작되는바, 전통적인 소복한 과부의 외양과 내면을 드러내보이려고 한 점에서 이인직의 전통적인 것에 대한 감각을 읽을 수 있다. 또한 소설의 소재를 현실에서 구했을 뿐만 아니라 장면 제시로 시작하는 서사 구조의 변개를 이미 이 작품에서 시도하였음을 알게 한다.

이인직이 한글로 쓴 첫 작품은 1906년 국민신보에 연재된 「백로주강상촌」으로 알려져 있다. "소꿉질하며 이웃끼리 같이 자라던 어린이가 시집 장가들 나이로 장성하여 순진한 처녀는 그대로 시

---

1) 이하 「과부의 꿈」에 관해서는 田尻浩幸, 「이인직의 도신문사 견습 시절:「朝鮮文學 寡婦の夢」 등 새 자료의 소개를 중심으로」, 『어문논집』 제32집, 고려대 국문학과, 1993에 의함.

골 농사에 파묻혀 한글이나 겨우 해독할 정도밖에 안 된 데 대하여 외지 유학을 다녀온 소년은 속에는 무엇이 들었든지간에 외식에 화려한 개화풍 차림으로 무식한 소녀를 거들떠보지도 않고 서울에서 새로 혼처로 등장된 신교육을 받은 도시 여성과의 상면을 계기로 시골 처녀의 순정을 박차고 떠나는"[2] 곳에서 중단되었다고 하는 것으로 미루어 이인직 자신의 자전적인 사실을 바탕으로 한 것 같다.

이인직 자신이 구식 여성과 조혼한 뒤 일본에 가서 다시 일본 여성과 결혼하고 조선에 돌아와서는 구식 여성과 이혼했다고 하니,[3] 이 대목에서 이후 우리 근대 소설의 중요한 소재이던 조혼 문제, 그 중에서도 대부분 지식인 작가 자신의 문제이던 신교육을 받은 남성이 봉건적 인습과 벌이는 갈등의 최초의 소설화를 찾아볼 수 있다.

이인직이 만세보에 처음 발표한 소설은 소설란에 그냥 '단편'이라고만 되어 있고 제목은 없다(이하 소설 「단편」으로 지칭함). 우리가 직접 볼 수 있었던 이인직 최초의 작품인 이 「단편」에서 읽을 수 있는 것은 봉건 통치 기구와 관료에 대한 강한 적개심이다.

주인공은 전에 문과 급제한 사람인데 양반은 푸르고 홍패는 붉고 속은 검고 말은 까치 뱃바닥같이 희떠운데 남에게 썩 밉게 뵈이나 얼렁얼렁하고 남을 사귀기도 잘하더라.

당상 수령에 좋다 하는 것도 두엇 지내는데 백성의 돈도 많이 긁어먹었더라.

그 돈 글겅이질을 하여 먹을 때에는 그 첩도 호강 낱이나 한 터이라.

갈퀴로 긁고 참빗으로 긁다가 불 같은 욕심이 치받칠 적에는 열 손가

---

2) 전광용, 『신소설 연구』(새문사, 1986), p. 187.
3) 서준섭, 『강원 문화 연구』 제11집.

락으로 사뭇 허벼파서 득득 긁어들였으니 그 긁히고 뺏기던 백성의 마음에는 저 돈을 다 어디 갖다가 쌓아놓고 쓰려노 하였지마는 그것은 너무 남의 사정을 모르고 하는 말이라. 그 사람이 그 돈을 긁어다가 세도 재상의 턱밑으로 다 들어갔다.

원을 갈리던 날에 전답 한 마지기도 못 사고 여간 돈냥 있는 것은 눈녹듯 하여 없어졌으나 태산같이 믿는 것은 세도 재상을 배가 터지도록 먹였으니 이 끝에 감사를 얻어 하려니 자기(自期)하고 있었더라.

환해(宦海)에 항상 풍파라. 그 세도가 바뀌니 감사하기 바라던 눈은 닭 쫓던 개 울 쳐다보듯 한다.

세월이 갈수록 물정이 변하여 양반의 풀기는 이슬 맞은 홑옷같이 점점 죽어지고 홍패 서슬은 근래 시커먼 양복 시체에 홍패가 언제 붉었던지 흔적도 없고 검척칙하던 욕심도 점점 줄어져서 사등 수령이라도 원 명색이라 어디 하기만 하였으면 살겠다고 생각하고 희떠운 소리는 문밖에 나가면 감히 못 하나 첩의 집에 오면 폭백을 받을 때마다 느는 것이 이혼소리라. (만세보, 1906.7.4.)

짧은 소설이고 전체를 볼 수 없기는 하지만 봉건 관료였던 주인공을 묘사하는 위의 대목에서 그 인물에 대한 비판적인 서술 시각과 적개심은 분명하다. 이 적개심은 이후 이인직 소설을 지배하는 중요한 정서가 되었다. 그리고 그런 부패하고 무능한 봉건적인 것의 수명이 다해가고 있음이 시대 일반의 방향임도 함께 비치고 있다. 이것은 이후 이인직의 소설에서 계속 견지된다.

Ⅱ. 미숙한 개화 인물의 형상화:『혈의 누』

『혈의 누』에서 김관일은 "평양에서 돈 잘 쓰기로 이름 있던" 초시이다. 그의 장인인 최주사는 현재 부산에서 상업을 하고 있으며 사위의 유학 자금을 대줄 수 있을 만큼 경제력을 가지고 있다. 평양에서 청일 전쟁을 겪은 김관일은 다음과 같이 봉건 관료를 비판한다.

　평안도 백성은 염라대왕이 둘이라. 하나는 황천에 있고 하나는 평양 선화당에 앉았는 감사이라. 황천에 있는 염라대왕은 나이 많고 병들어서 세상이 귀치 않게 된 사람을 잡아가거니와, **평양 선화당에 있는 감사는 몸 성하고 재물 있는 사람은 낱낱이 잡아가니**, 인간 염라대왕으로 집집에 터주까지 겸한 겸관이 되었는지 고사를 잘 지내면 탈이 없고 못 지내면 온 집안에 동토가 나서 다 죽을 지경이라. **제 손으로 벌어놓은 제 재물을 마음놓고 먹지 못하고 천생 타고난 제 목숨을 남에게 매어놓고 있는 우리나라 백성들을 불쌍하다** 하겠거든 더구나 남의 나라 사람이 와서 싸움을 하느니 지랄을 하느니 그러한 서슬에 우리는 패가하고 사람 죽는 것이 다 우리나라 강하지 못한 탓이라.

　오냐 죽은 사람은 하릴없다. 살아 있는 사람들이나 이후에 이러한 일을 또 당하지 아니하게 하는 것이 제일이다. **제정신 제가 차려서 우리나라도 남의 나라와 같이 밝은 세상 되고 강한 나라 되어** 백성된 우리들이 목숨도 보존하고 재물도 보전하고, 각도 선화당과 각도 동헌 위에 아귀 귀신 같은 산 염라대왕과 산 터주도 못 오게 하고 범 같고 곰 같은 타국 사람들이 우리나라에 와서 감히 싸움할 생각도 아니하도록 한 후이라야 사람도 사람인 듯싶고 살아도 산 듯싶고, 재물 있어도 제 재물인 듯하리로다.[4]

여기서 주장하는 바는 봉건 관료들의 학정 때문에 재물이든 목숨이든 제 것을 건사하지 못하게 되고 외국 사람들까지 들어와서 우리 땅에서 싸움을 벌이게 되었으니 "제정신 제가 차려서 우리나라도 남의 나라와 같이 밝은 세상 되고 강한 나라 되"자는 것이다.

---

4) 이인직, 『혈의 누』(광학서포, 1907), pp. 12~13. 이하 이 작품의 인용은 이 책으로 하여 면수만 밝힘. 인용자가 맞춤법과 띄어쓰기를 현대어로 하였음.

요컨대 봉건 학정을 비판하고 개화와 자강을 주장하는 것이다. 그리고 그러한 비판과 주장은 "몸 성하고 재물 있는 사람"이 "제 손으로 벌어놓은 제 재물을 마음놓고 먹지 못하"는 처지에서 나온 것이니 봉건 말기 요호부민의 목소리가 그대로 실려 있다.

김관일은 이런 생각에서 "천하 각국을 다니면서 남의 나라 구경도 하고 내 공부 잘한 후에 내 나라 사업을 하리라" 하고 외국 유학을 떠난다. 또한 이 작품에서 작가는 김관일이나 구완서의 입을 빌어 개인 가문 중심의 생각에서 벗어나 '나라의 큰일'을 할 것을 역설한다.

(김관일) "우리 내외 금슬이 유명히 좋던 사람이오, 옥련이를 남다르게 귀애하던 자정이라. 그러나 세상에 뜻이 있는 남자 되어 처자만 구구히 생각하면 나라의 큰일을 못 하는지라. 나는 이 길로 천하 각국을 다니면서 남의 나라 구경도 하고 내 공부 잘한 후에 내 나라 사업을 하리라"[5]

(구완서) "우리들이 나라의 백성 되었다가 공부도 못하고 야만을 면치 못하면 살아서 쓸데 있느냐. **너는 일청 전쟁을 너 혼자 당한 듯이 알고 있나보다마는 우리나라 사람이 누가 당하지 아니한 일이냐. 제 곳에 아니 나고 제 눈에 못 보았다고 태평성세로 아는 사람들은 밥벌레라. 사람 사람이 밥벌레가 되어 세상을 모르고 지내면 몇 해 후에는 우리나라에서 일청 전쟁 같은 난리를 당할 것이라.** 하루바삐 공부하여 우리나라의 부인 교육은 네가 맡아 문명길을 열어주어라."[6]

(구완서) "우리나라 사람들이 짐승같이 제 몸이나 알고 제 계집 제

---

5) 『혈의 누』, p. 14.
6) 『혈의 누』, p. 65.

새끼나 알고 나라를 위하기는 고사하고 나라 재물을 도둑질하여 먹으려고 눈이 벌겋게 뒤집혀서 돌아다니는 것이 다 어려서 학문을 배우지 못한 연고라."[7]

『혈의 누』는 청일 전쟁터가 된 평양의 이산 가족 묘사로 시작한다. 청일 전쟁이라는 역사적 사건이 옥련이네 가족 개인에게 미친 영향은 김관일과 옥련모, 그리고 옥련이가 서로 뿔뿔이 헤어지는 불행을 겪는 것과 가족 이산을 계기로 어린 소녀 옥련이가 개화 여성으로 성장하게 되는 양측면을 담고 있다. 1894년이란 농민 전쟁·청일 전쟁·갑오개혁이 서로 맞물려 진행된 시점이다. 이 지점에서 소설을 출발시킨 것은 이인직이 이 시대의 작가임을 말하는 징표이다. 그러나 이인직은 그 중에서도 청일 전쟁에 초점을 맞추었다. 청일 전쟁은 봉건 중국에 대한 근대 일본의 승리로 끝났고, 당대인들이 개화 일본의 위력을 실감하는 계기가 되었을 것이다. 거기서 개화의 방향이 일본 지향을 담게 되는 것은 어쩌면 당연한 것일 수 있다. 개화 청년 구완서는 비스마르크를 흠모하면서 일본과 만주를 합해 연방을 건설하겠다는 논리를 편다.

> 구씨의 목적은 공부를 힘써 하여 귀국한 뒤에 우리나라를 독일국같이 연방도를 삼되 일본과 만주를 한데 합하여 문명한 강국을 만들고자 하는 비사맥 같은 마음이요.[8]

'동양 삼국 공영론'이란 동양 대국의 안전을 보존하기 위해서는 무엇보다 순치보거(脣齒輔車)의 관계에 있는 한·중·일 삼국이 일치단결하여 대동합방하는 높은 의리로 공존공영을 추구해야 한다

---

7) 『혈의 누』, pp. 72~73.
8) 『혈의 누』, p. 74.

는 주장이다. 이러한 주장은 한성순보·한성주보·독립신문·황성신문에 이르도록 늘 표명된 당시의 지배적인 국제 관계 논리였다.

이런 주장은 멀리는 동양 대국의 공존공영을 도모하여 서세의 침략을 막아보자는 데 일차적 목표를 둔 것이지만 가까이는 삼국 공영의 대의보다는 작은 이해 관계를 추구하는 일본을 비판하고자 하는 생각을 깐 것이다. 또 황화론(黃禍論)에 대한 반작용으로 사회 진화론과 결합된 인종주의가 작용하고 있다(백인종이 홍인·흑인을 잔멸하고 황인을 잔멸할지도 모른다는 것).

이러한 동양 삼국 공영론은 계몽기 신문들의 일반 논조였다. 보호 조약 이후에도 황성신문은 동양 공영론의 주조를 견지하면서 그 논리를 빌어 일본에 대해 공영 정신에 충실할 것을 촉구하고 있다. 1908년 12월 대한매일신보에 와서야 '동양주의'에 대한 비판과 이에 대신하여 '국가주의'를 제창하는 것이 나타나며, 1909년 5월에는 민족주의를 확고히할 것을 주장하는 글이 대한매일신보에 나타난다.[9]

『혈의 누』에서 구완서의 주장은 당시 개화파 일반의 주장과 그리 다르지 않다. 다르지 않을 뿐 아니라 더 나아가서 많은 경우 이인직의 소설은 당시의 개화 자강 운동을 '가장 적극적'으로 반영하고 있다. 이인직 자신이 국민을 계몽하는 것을 자신의 사명으로 여기는 경세가로서의 의식[10]을 가졌고, 자신의 소설을 그러한 사상의 선전 수단으로 삼는다는 자각을 가지고 소설을 썼기 때문에 그럴 것이다. 그렇기 때문에 신소설에서 우연한 계기에 의해 소설이 전개되고 구소설에서 애용된 초인적인 구원자의 형상이 개화인이나 외국인으로 겉모습만 바뀐 채 그대로 등장하는 점에 대해 구소설의 형식적 틀을 답습했다고 비판하는 것이 일반적이지만 주인공

---

9) 이상 동양 삼국 공영론에 관한 논의는 김민환, 『개화기 민족지의 사회 사상』(나남, 1988), pp. 64~78 참조.
10) 田尻浩幸, 앞의 논문 참조.

들을 외국 유학 보내고 위기의 순간에 개화인이 그 해결책을 제시한다는 대목에서 근대적 문물 제도에 대한 강렬한 지향을 함께 읽어두는 것도 필요하다. 그리고 해외 유학이 의식이 변화하고 사회적 지위가 바뀌는 결정적 계기가 된 시대 사정이 함께 고려되어야 한다.

그런데 『혈의 누』에서 옥련이나 구완서와 같은 개화 인물에 대해서 작가는 아직 전적으로 신뢰하지는 않는다. 이들에 대해 어느 정도 객관적인 거리를 두고 있는 것이다.

> 구완서와 옥련이가 나이 어려서 외국에 간 사람들이라. 조선 사람이 이렇게 야만되고 이렇게 용렬한 줄을 모르고 구씨든지 옥련이든지 조선에 돌아오는 날은 조선도 유지한 사람이 많이 있어서 〔……〕 나와 같은 학문 있는 사람이 많이 생기려니 생각하고 일변으로 기쁜 마음을 이기지 못하는 것은 제 나라 형편을 모르고 외국에 유학한 소년 학생 의기에서 나오는 마음이라.
>
> 구씨와 옥련이가 고 목적대로 되든지 못 되든지 그것은 후의 일이어니와 〔……〕 [11]

그런 점에서 이 소설의 성과는 이들 개인의 운명이 청일 전쟁이라는 역사적 사건 속에서 결정됨을 포착한 데 있다. 사회 속의 개인의 문제가 구체적으로 탐구되기 시작하는 것이다. 그런데 『혈의 누』에서는 단지 청일 전쟁이 계기가 되었다는 것과 그러한 도탄에 빠지게 된 것은 양반 탓이라는 봉건 체제에 대한 증오는 있지만 봉건 체제 자체의 형상화는 결여되어 있다. 김관일과 구완서가 주장하는 개화자강의 필연성을 구성하는 봉건 학정의 실체는 『혈의 누』에서는 구체적으로 그려지지 않고 있는 것이다. 그래서 소설에

---

11) 『혈의 누』, p. 86.

서 인물들의 과거사도 분명하지 않고, 그런 만큼 그들이 어떤 계기로 그렇게 개화 의식을 획득하게 될수밖에 없었는지에 대해서는 그리지 못하고 있다. 단지 작가는 이들을 개화를 주장하고 새로운 문물의 흡수에 발벗고 나서는 새로운 사회의 건설자로 형상하는 데 주력하고 있다. 그래서 이인직은 『귀의 성』에서는 봉건 체제의 모순과 타락을 그리는 데 주력한다.

III. 부정되어야 할 봉건적인 것들의 형상화: 『귀의 성』

『귀의 성』은 무기력한 양반의 처와 요호부민층의 딸이었던 첩 간의 가정내 갈등을 매개로 하여, 봉건적인 가족 제도의 불합리성과 타락하고 몰락해가는 양반 계급의 무력한 면을 폭로하는 동시에, 봉건 지배 계급의 가렴주구에 저항하는 피지배 계급의 모습을 돈에 대한 욕망 또는 신분 해방에 대한 갈구로서 사실적으로 묘사한 작품이다.

강원도 춘천의 강동지는 양반과 돈에 눈이 멀어 딸 길순을 춘천 군수로 내려왔던 김승지의 첩으로 보냈는데 서울로 간 김승지가 길순을 데려가지 않으므로 직접 딸을 데리고 김승지를 찾아간다. 그러나 김승지는 무력한 양반으로 자기 아내가 무서워 길순이를 돌보지 못한다. 김승지 부인은 비녀 점순이를 시켜 길순이와 그녀의 아이를 유인해내어 죽이고서는, 다른 남자와 배가 맞아 도망쳤다는 소문을 낸다. 딸이 보고 싶어 서울에 온 강동지는 그 음모를 캐어내고 살인자와 김승지 부인에게 복수한다. 소설은 김승지 부인이 강동지 손에 죽은 뒤 김승지가 역시 자기 부인의 희생물이었던 침모와 결혼하는 것으로 끝난다.

이 작품은 구소설의 도식적 틀인 처첩간의 대립이라든지 거기에 보조자로서 교활한 시비라는 인물을 설정하면서도 인물 형상이나 갈등의 설정에서 사실주의적 원칙에 다가감으로써 근대 소설의 면모를 보이는 신소설의 뛰어난 작품 중의 하나이다. 구소설의 처첩 갈등이 양반인 선처(善妻)와 하층 출신인 악첩(惡妾)의 갈등을 권선징악의 윤리적 규범으로 해결함으로써 봉건적 신분 질서와 가족 제도를 옹호하는 데 기여했다면 『귀의 성』에서는 이를 악처선첩의 갈등으로 설정하고 선첩의 죽음이라는 비극적 결말을 내림으로써 봉건적 가족 제도의 불합리와 양반 계급의 죄악을 폭로하여 근대 개화 사상을 고취하는 데 기여하고 있다.

19세기의 전형적인 요호부민인 강동지 집안의 비극과 강동지의 양반에 대한 복수로써 봉건 체제의 만가를 그리고자 한 것이다. 그러나 '요호부민'의 한계내에 머무른 강동지 수준으로는 봉건 체제의 본질을 꿰뚫으면서 새로운 세계를 구상할 수는 없었다. 결국 『은세계』에 이르러서 '요호부민'의 한계를 넘어서서 봉건 체제의 모순과 정면으로 대결하면서 새로운 사회에 대한 전망을 구축하는 새로운 인간의 형상화를 시도하는 것이다.

그리하여 '요호부민'의 형상화라는 측면에서 보면 『은세계』는 19세기 소설의 발전일 뿐만 아니라 하나의 비약적 단계를 보인다. 이 점을 좀더 자세히 살펴보자.

> 양반은 보면 대포를 놓아서 무찔러 죽여 씨를 없애고 싶은 마음이 있으면서 거죽으로 따르고, 돈은 보면 어미 아비보다 반갑고 계집 자식보다 공대하는 마음이 있어 속으로 따른다. 그렇게 따르는 돈을 이전 시절에 남부럽지 아니하게 가졌더니, 춘천 부사인지 군수인지, 쉽게 말하려면 인피 벗기는 불한당들이 번갈아 내려오는데, 이놈이 가면 살겠다 싶으나 오는 놈마다 그놈이 그놈이라. 강동지의 돈은 양반의 창자 속으로 다 들어가고 강동지는 피천 대푼 없이 외자 술이나 먹고 집에 들어와서 화풀이로 세월을 보내더니 〔……〕[12]

---

12) 이인직, 『귀의 성』 상(광학서포, 1907), pp. 16~17.

『귀의 성』의 강동지는 위 예문에서 보이듯이 "돈을 이전 시절에 남부럽지 않게 가졌"던 19세기의 요호부민이다. 그리고 봉건 권력에 빌붙기 위해 딸을 첩으로 넘기는 일과 처자식에게 거짓말을 하는 것도 서슴지 않는다.

딸 길순을 김승지의 첩으로 밀어넣은 남편을 원망하는 부인의 말에 대한 강동지의 다음과 같은 대답은 강동지의 사회적 의미를 명료하게 드러내보이는 대목이다.

> 김승지 영감이 춘천 군수로 있을 때 최덜퍽에게 빚 받은 것은 생 억지의 돈을 받았지, 어디 그러한 것이 당연히 받을 것인가? 그나 그뿐인가, 청질은 적게 하여 먹었나?[13]

> 빚 갚은 것은 무엇이며 그 동안 먹고 쓴 것은 무엇인가. 우리가 백척 간두에 꼭 죽을 지경에 김승지 영감이 춘천 군수로 내려와서 우리 길순이를 첩으로 달라하니 참 용꿈을 꾸었지. 내가 전에는 풍헌 하나만 보아도 설설 기었더니, 춘천 군수 사위 본 후에는 내가 읍내를 들어가면 동지님 동지님 하고 어디를 가든지 육회 접시 술잔이 떠날 때가 없었네. 그 영감이 비서승으로 갈려 들어가지 말고 춘천 군수로 몇 해만 더 있었다면 우리가 수날 뻔하였네.[14]

이런 강동지의 말에는 봉건 수령과 결탁하여 자기 잇속을 챙기며 가난하고 만만한 농민을 울거먹는 토호의 면모가 보인다. 작가 이인직은 강동지 같은 부민들을 울거먹고 기만하는 봉건 관료인 김승지에 대한 비판과 풍자는 물론이고, 강동지에 대해서도 상당히 비판적인 묘사를 해두고 있다. 즉 겉으로는 양반을 따르고

---

13) 『귀의 성』 상, p. 4.
14) 『귀의 성』 상, pp. 4~5.

속으로는 돈을 따르는 강동지의 이중성을 놓치지 않은 것이다. 이것은 작가 이인직의 날카로운 현실 통찰력을 드러낸다. 양쪽에 다 실패한 강동지가 술 먹고 들어와 처자식에게 행패를 부리는 대목이라든지, 강동지가 길순이에게 김승지가 기다린다고 거짓말을 해 놓고 그 거짓말을 참말인 것처럼 하여 길순이를 서울로 데려가는 것에 대한 묘사에서도 작가의 강동지에 대한 비판적 서술 시각이 드러난다. 실상 작가는 『귀의 성』의 등장인물 모두에 대해서 비판적인 거리를 견지하고 있다. 이는 다음과 같은 '『귀의 성』 광고 문안'에서 잘 드러난다.

> 신소설 『鬼의 聲』
> 본 소설은 저자가 소설 주인공의 명을 익(匿)하고 가탁하야 김승지라 제함은 성명(聲名)키 불인(不忍)한 고이라. 여이 가정의 경계는 차 소설에 과함이 무할지라. 대저 김승지의 유처복첩(有妻卜妾)도 가계(可戒)오 기 부인의 질투 악습도 가계오 뇌덕(賴德)을 희망하야 기녀를 유처자에게 첩으로 여한 강동지도 가계오 천하에 환부도 불무하고 미성취자도 허다하거날 하필 김승지의 첩이 되얏다가 우해(遇害)한 춘천집도 가계오 점순과 최가는 이기할 욕낭(慾浪)으로 인을 살해하얏다가 기 앙을 반수함도 가계라.
> 차 소설의 취의를 탐구하면 전편이 개시 경계처이오니 독자는 양회하시압. (만세보, 1907. 5. 29.)

이러한 광고 문안에서 분명히 드러나듯 제목 '귀의 성'이란 이 작품 전체 모든 등장인물이 빚어내는 전근대적 면모를 지칭한 것이며, 거기에 그려진 세계는 전체적으로 부정되어야 할 것이라는 것이 『귀의 성』의 서술 시각이다.

그런데 이와 같은 작가와 주인공 사이의 거리는 『은세계』에서는 거의 사라지고 있다. 판소리계에서의 골계미는 사라지고 『은세계』

전반부에는 비장미만 강화되어 있다고 하는 것[15]은 작가의 서술 시각이 거의 최병도의 운명에 일치되어 그의 경험을 서술자 자신의 것으로 동일시하는 데서 더 고조되는 것이다.

3. 초기 부르주아의 자기 표현: 『은세계』

이인직의 신소설 『은세계』는 구름이 몰려오고 눈보라가 몰아쳐 오는 자연 풍경 묘사로 시작한다.

> 잘던 눈발이 굵어지고 드물던 눈발이 아주 떨어지기 시작하며 공중에 가득차게 내려오는 것이 눈뿐이요 땅에 쌓이는 것이 하얀 눈뿐이라. 쉴 새없이 내리는데 굵은 체 구멍으로 하얀 떡가루 쳐서 내려오듯 솔솔 내리니 하늘 밑에 땅덩어리는 하얀 흰 무리 떡덩어리같이 되었더라.
> 사람이 발 디디고 사는 땅덩어리가 참 떡덩어리가 되었을 지경이면 사람들이 먹을 것 다툼 없이 평생에 떡만 먹고 조용히 살았을지도 모를 일이나 눈구멍 얼음 덩어리 속에서 꿈적거리는 사람은 다 구복에 계관한 일이라. (『은세계』 초두)[16]

'은세계'란 눈으로 뒤덮인 세계이다. 그것이 내포하는 바는 위의 인용에서 보면 먹을 것을 두고 다툼이 없는 이상 세계일 수도 있고 그것이 실현되지 못하는 차갑고 험난한 세계일 수도 있다. 이처럼 먹을 것 다툼으로 세상을 보는 자리에서 『은세계』는 출발한다.

---

15) 김종철, 「19세기~20세기초 판소리 변모 양상 연구」, 서울대 대학원 박사 논문, 1993, p. 190.
16) 이인직, 『은세계』(동문사, 1908), pp. 1~2.

I. 요호부민과 부르주아

　최근 19세기 문학에서 요호부민층의 시각을 추출하는 작업이 활발하게 전개되었고, 19세기의 요호부민 신재효의 판소리 개작이란 판소리에서 '시민성'을 강화해나가는 것이었으며 『은세계』 전반부는 그것의 정점이라는 견해가 제출되었다.[17] 이는 최병도를 "비장하고 각성된 놀부"로 규정하면서 "창극으로 공연된 소설 『은세계』의 전반부는 조선 후기 평민소설의 발전적 완성이며, 동시에 그 이후 한국 근대 소설 발전의 중요한 모멘트였다"[18]라는 견해를 입증하면서 그것의 계층적 기반을 '요호부민'이라고 구체화시킨 것이다.

　그러나 19세기 요호부민의 전형으로서의 놀부와 근대 초기의 최병도 사이에는 질적인 차이가 있다. 또한 봉건 권력에의 저항이라는 점에서 춘향이와 최병도가 비교되기도 하지만 역시 그 사이에는 질적인 차이가 있다. 『은세계』가 19세기 봉건 해체기의 소설로부터 일직선상에서 이루어진 단순한 발전이기보다는 한 단계를 뛰어넘는 즉 차원을 달리하면서 근대 초기 소설의 성격을 가진다는 점을 자세히 따져볼 필요가 있다.

　정감사의 수탈 대상이 될 만한 최병도의 재산 정도라든지, 그가 보이는 근면성이라든지, 최병도가 경금 마을 다른 농민들에게 비친 모습 등을 보아 그가 '요호부민'층임은 분명하다.[19] 그러면서 동시에 그는 양반이다.

　　최병도의 자는 주삼이니 강릉서 누대 사는 양반이라. 시골 풍속에 동네 백성들이 벼슬 못 한 양반의 집은 그 양반의 장가든 곳으로 택호를

---

17) 김종철, 「19세기~20세기초 판소리 변모 양상 연구」, 서울대 대학원 박사 논문, 1993.
18) 최원식, 「『은세계』 연구」, 『민족문학의 논리』, 창작과비평사, 1982.
19) 최원식, 위의 책, p. 55.

삼는 고로 최본평댁이라 하니 본평은 최병도 부인의 친정 동네이라.[20]

여기서 요호부민의 성격에 대해 잠깐 생각해보자. 요호부민이란 학술적인 용어로 사용되기에는 너무 광범한 개념이지만, '평민 상층'이나 '서민 지주' 같은 개념보다는 사실을 좀더 포괄할 수 있다는 점에서 사용되는 듯하다. 몰락한 양반이 양반 의식을 떨쳐내고 새로이 재산을 모을 수도 있고 중인 서리나 하층민들이 재산을 모아 양반 신분을 살 수도 있는 것이 신분 질서가 무너져가고 있는 봉건 해체기의 모습이다. 이 시기 정치 권력을 장악한 상층 양반 대지주가 아니면서 일정하게 재산을 가지고 있는 이들을 포괄하여 요호부민이라 일컫는 것이다. 즉 역사학계의 견해를 빌면 요호부민층이란 신분상으로는 반상을 포괄하는 중소 지주층·부농층·상인층을 가리킨다. 이들은 조선 후기 상품 화폐 경제의 발전을 이용하여 경제력을 확보하고 이를 토대로 평민에서 양반으로 신분을 상승시키고 향권에 참여하기도 하였다. 혹은 최병도처럼 과거에 조상이 벼슬한 적이 있기는 하지만 이미 수대 이상 벼슬하지 못하고, 봉건 국가의 벼슬과는 관계없이 생활 근거를 조상 전래의 토지와 노비에 두어, 축재에 성공한 경우도 있었다.

요호부민의 경제적 기반은 농업 생산, 지주 경영, 상업 활동, 조세 수취 청부업 등이 있었다. 그런데 그들 중에서도 생산력의 발전과 생산 방법의 변혁을 통하여 부를 축적하는 자들이 있는가 하면 관권과 결탁하여 특권을 이용해서 부를 축적하는 자들도 있었다. 전자는 봉건 권력과 대립하는 경향을 보이고, 후자는 봉건 권력에 기생하는 경향을 보이고 있다. 즉 봉건 권력과의 관계 설정을 두고 진보성과 보수성의 구별이 생긴다. 진보적인 요호부민층은 봉건 권력의 수탈에서 벗어나지 못하여 반봉건 농민 항쟁에

---

20) 이인직, 『은세계』, p. 8.

주도적으로 나서게 되지만 보수적인 요호부민층은 봉건 권력과 결탁하여 봉건적 수탈자의 대열에 서게 되면서 농민군의 공격을 당하였다고 한다.[21] 그런가 하면 다른 연구자는 이들이 농민 전쟁 초기에 관권과 투쟁할 때는 참여하기도 하지만 농민 전쟁이 진행되면서 대부민 투쟁으로 진전하자 농민들과 적대 관계에 서게 된다고 본다.[22] 이 대목이 요호부민의 이중성을 드러내보이는 대목이다.

그러나 그 이중성이란 그들의 축적 수단이나 봉건 권력과의 관계에 따라 다르게 나타나는 구성원들 내부의 이중성이라기보다는 그들의 사회적 위치가 강요하여 그들 각 개인이 한 몸에 동시에 지니고 있을 수밖에 없는 이중성으로 보아야 한다.

기실 19세기 문학에 등장하는 요호부민이란 진보성과 보수성이 공존하고 있다. 경제적 이해 관계에 철저하고 그 측면에서 합리적이고 봉건적인 명분론에서 벗어나 있지만, 바로 그 경제적 이해 관계를 위해서는 봉건 관료와의 결탁을 서슴지 않는다.[23]

우리 근대 소설 속에서 이러한 요호부민의 대표적인 형상으로 『삼대』의 조의관, 『태평천하』의 윤직원, 『신개지』의 하감역 등을 들 수 있다. 이들의 특성은 농업 생산과 경영을 통해서 부를 축적했다기보다는 19세기 후반 개항기에 상업 활동이나 고리 대금업으로 돈을 모으고 지주 노릇을 하면서 권력과 결탁하고 결국 양반 행세를 하는 것으로 귀결된다.[24] 즉 경제적 이해 관계에만 철저한 것이다. 이들에게서 자본주의 사회로 편입된 이후의 놀부의 모습을 볼 수 있다. 즉 놀부가 그대로 발전하면 윤직원 정도, 그 이전

---

21) 이영호, 「1894년 농민 전쟁의 사회경제적 배경과 변혁 주체의 성장」, 한국역사연구회 지음, 『1894년 농민 전쟁 연구 1』(역사비평사, 1991), pp. 26~28.
22) 조경달, 「갑오 농민 전쟁의 역사적 성격」, 양상현 편, 『한국 근대 정치사 연구』 (사계절, 1985).
23) 정출헌, 「조선 후기 우화소설의 사회적 성격」, 고려대학교 대학원, 1992.
24) 이상경, 「이기영 소설의 변모 과정 연구」, 서울대학교 대학원 박사 논문, 1992, p. 125 참조.

이라면 『귀의 성』의 강동지 정도이지 최병도처럼 될 수는 없다.
　물론 놀부와 강동지나 하감역·윤직원·조의관의 사이도 단순한 연대기적 차이만 있는 것은 아니다. 놀부는 전근대적 인물이고 나머지는 근대적 인물이다. 그들의 행동 양식과 작품에서 그들이 형상화되는 방법은 다르다. 놀부의 경우는 그의 욕심이나 인색함이라는 타고난 천성에서 갈등이 발단되어, 윤리적 차원에서 타매될 뿐이고, 잘 다루어주면 그의 근검 절약을 옹호하는 정도이다. 나머지 인물들은 개인적인 차이들은 있지만 그들이 보이는 재물과 권력에의 지향에는 개인의 천성이 아닌 나름대로의 사회적 필연성이 내포되어 있다.
　놀부와 최병도의 사이에도 성격화의 방법이 천성에서 출발하는 것과 사회적 관계 속에서 출발한다는 결정적인 차이가 있음은 물론이다. 그것을 넘어서서 최병도는 놀부와의 비교에서는 물론이고 강동지나 조의관·윤직원·하감역과도 다른 것이 있다. 결정적인 차이는 그 경륜에 있다. 그 경륜이란 세계를 총체적으로 인식하는 능력이기도 하다. 그러나 근검 절약하고 계산이 치밀한 점에는 일치한다.
　이인직이 강동지는 부정적으로 그렸지만 최병도는 긍정적으로 그리는 것은 그에게 경륜을 부여함으로써이다. 최병도는 우리 근대 소설이 형상화한 요호부민층 출신의 인물 중에서 가장 긍정적으로 그려진 인물이다.

　　나는 돈냥이나 있다고 이름 듣는 사람이라, 이 감사가 갈려가더라도 또 감사가 내려오고, 내가 타도에 가서 살더라도 그 도에도 감사가 있는 터이라, **돈푼이나 있는 백성은 죄가 있든지 없든지 다 망하는 이 세상에 내가 가면 어디로 가며, 피하면 어느 때까지 피하겠나**, 응? 뺏으면 뺏기고, 죽이면 죽고, 당하는 대로 앉아 당하지.
　　말이 났으니 말이지, **백성이 이렇게 살 수 없이 된 나라가 아니 망할**

수 있나, 응. 말을 하자면 하루 이틀 한달 두달에 다 못 할 일이라.[25]

우리 죄는 두 가지 죄이라. **한 가지는 재물 모은 죄요, 한 가지는 세력 없는 죄.**[26]

그러나 내가 **객기가 많고 성품이 이상한 사람이야.**
요새 세상에 돈만 많이 쓰면 쉽게 놓여나오는 줄은 아지마는 **나라를 망하려고 기를 버럭버럭 쓰는 놈의 턱밑에 돈표를 서서 살려달라 놓아달라 그 따위 청 하고 싶은 마음은 없는걸.**
죽이거나 살리거나 제 할 대로 하라지.[27]

순사도께서 이 백성들을 수족같이 알으시고 동생같이 여기시고 어린 자식같이 사랑하시면 이 백성들이 무궁한 행복을 누리고 이 나라가 태산과 반석같이 편안할 터이오나, 만일 그렇지 아니하여 **백성이 도탄에 들을 지경이면 천하의 백성 잘 다스리는 문명한 나라에서 인종을 구한다는 옳은 소리를 창시하여 그 나라를 뺏는 법이니 (……) 우리나라도 백성에게 포학한 정사를 행할 지경이면 나라가 망하는 것은 순사도는 못 보시더라도 순사도 자제는 볼 터이올시다.**[28]

몇 해만 되면 세상에 변이 자꾸 날 터이오, 극성을 부리던 사람은 꼼짝 못하게 되고 백성들은 제 재물을 제가 먹고 살게 될 터이요, 두고 보오, 내 말이 맞나 아니 맞나…… 옥순 아버지가 대관령에서 운명할 때에 하던 말이 낱낱이 맞을 터이요.[29]

---

25) 이인직, 『은세계』, p. 22.
26) 이인직, 『은세계』, p. 26.
27) 이인직, 『은세계』, p. 27.
28) 이인직, 『은세계』, p. 59.
29) 이인직, 『은세계』, p. 91. 최병도의 부인의 말.

세상을 개혁하려는 경륜으로 근검 절약하여 재물을 모은다든지 경금 동네 백성들이 경칠 것을 우려해 제 발로 잡혀간다든지 하는 최병도의 면모는 자기 이해 관계에만 철저한 놀부와는 거리가 있다. 한번 돈을 바치고 풀려나더라도 돈이 있는 한 또 같은 상황에 처하고 말 것이라는 인식. 이는 봉건 체제의 모순에 대한 인식에서 비롯되는 것이다.
　게다가 최병도는 이에서 그치지 않는다. 체제의 모순을 인식하면서 봉건 권력과의 결탁을 통해 재산을 보존하려는 것이 요호부민의 일반적 모습인데 최병도는 이에서 벗어나 있다. 봉건 체제가 영속하지 못하리라는 것, 자기 모순 때문에 망하리라는 것을 바라고 예감하면서 봉건 체제와의 타협을 거부하고 단호한 결별을 선언하고 있다. 이 점에서 최병도는 춘향이와도 구별된다.
　일찍이 임화는 '차사례' 장면을 예로 들면서 "『춘향전』의 시대에 비하여 『은세계』의 시대가 행정으로부터 행형·경찰에 이르기까지의 전정치 기구가 민중에 대한 노골적인 약탈의 기구가 되어 있다는 데 의미가 있다"[30]라고 그 차이에 주목하고, 『춘향전』에서는 개별적인 차원에서 행해지던 봉건 관료의 탐학이 『은세계』에서는 체제의 문제로 되어 있으며, 봉건 체제와의 화해는 불가능함을 극명하게 보여주고 있음을 작품 분석을 통해 드러내었다. 그리고 김종철 교수의 논문에서는 19세기 판소리사의 추이의 연장선상에서 그 귀결점이자 최고 지점으로 '비장미 일변도'라는 미적 특징으로 규정되었다. 필자가 보기에는 이 대목이 바로 봉건 해체기 문학으로서의 판소리계 소설과 초기 근대 문학으로서의 신소설을 구별해주는 대목이다.

---

[30] 임화, 『신문학사』(임규찬·한진일 편, 한길사, 1993), p. 192.

Ⅱ. 『은세계』의 문명 개화론

 그러면 최병도가 봉건 해체기의 요호부민으로서의 의식을 넘어서서 초기 부르주아로서의 면모를 갖추는 데 계기를 마련한 것은 무엇일까.
 김종철 교수의 논문에서처럼 '의식화된 놀부'로 되는 것은 봉건체제의 모순이 시대가 지남에 따라 더욱 악화되었다는 점이 우선 지적될 수 있다. 그러나 모순이 심화된다고 해서 반드시 의식이 고양되고 운동이 고양되는 것은 아니다. 또한 이 시기를 배경으로 한 소설 속에서 최병도와 같은 인물이 예외적이라는 점에서 시대의 변화만으로는 설명될 수 없다. 최원식 교수는 판소리 광대의 민중성의 발현이라고 했지만 이는 역사적 사실과 맞지 않는다.[31] 그 계기는 범박하게 말하면 근대 사상으로서의 개화 사상, 작품 속에서 말하자면 김옥균 사상이다. 여기서 김옥균은 갑신정변을 주도한 자연인이면서 문명 개화론이라는 이데올로기이기도 하다.

 최병도는 강릉 바닥에서 재사로 유명하던 사람이라. 갑신변란 나던 해에 나이 스물두 살이 되었는데 그해 봄에 서울로 올라가서 개화당에 유명한 김옥균을 찾아보니 본래 김옥균은 어떠한 사람을 보든지 옛날 육국시절에 신릉군이 손 대접하듯이 너그러운 풍도가 있는 사람이라. 최병도가 김씨를 보고 심복이 되어서 김씨를 대단히 사모하는 모양이 있거늘 김씨가 또한 최병도를 사랑하고 기이하게 여겨서 천하 형세도 말한 일이 있고 우리나라 정치 득실도 말한 일이 많이 있으나 우리나라를 개혁할 경륜은 최병도에게 말하지 아니하였더라. 갑신년 시월에 변란이 나고 김씨가 일본으로 도망한 후에 최씨가 시골로 내려가서 재물 모으기를 시작하였는데 그 경영인즉 재물을 모아가지고 그 부인과 옥순이를 데리고 문

---

31) 이에 관한 자세한 논의는 이상경, 「『은세계』 재론: 이인직 연구 1」, 『민족문학사연구』 제5호(민족문학사연구소, 1994) 참조.

명한 나라에 가서 공부를 하여 지식이 넉넉한 후에 우리나라를 붙들고 백성을 건지려는 경륜이라. 최병도가 동네 사람들에게 재물에는 대단히 굳은 사람이라는 말을 들었으나 최병도의 마음인즉 한두 사람을 구하자는 일이 아니오, 팔도 백성이 도탄에 든 것을 고치려는 경륜이 있었더라. 그러나 최병도가 큰 병통이 있으니 그 병통은 죽어도 고치지 못하는 병통이라. 만만한 사람을 보면 숨도 크게 쉬지 아니하나 지체 좋은 사람이 양반 자세하는 것을 보든지 세력 있는 사람이 세력으로 누르려든지 하는 것을 당할 지경이면 몸을 육포를 켠다 하더라도 지고 싶은 마음이 조금도 없는 위인이라.[32]

김옥균이 최병도를 문하에 두었으나 갑신 정변의 거사에는 가담시키지 않았고 최병도는 갑신정변 이후 강릉으로 내려와 훗날을 도모했다는 것이다. 작품 전반부의 요호부민 최병도와 봉건 관료인 정감사의 대결만을 놓고 보면 일견 군더더기처럼 보이는 이 대목이 『은세계』에서 중요한 것은 최병도가 19세기의 일반적인 요호부민의 차원을 넘어서는 데 결정적인 매개가 된 것이 김옥균 사상이기 때문이다. 또한 이 대목이 군더더기처럼 보인다는 데서 더욱 최병도와 김옥균을 연관시킨 것은 도저히 판소리 광대의 몫이 될 수 없고 김옥균 사상에 경도된 이인직의 몫이며, 봉건 체제 자체와 한판 대결을 벌이는 최병도의 이야기는 이인직의 것임이 다시 한번 명료해진다.

개혁하지 않으면 나라가 망할 것이라는 최병도의 경고는 일제의 지배를 합리화하는 대목으로 읽혀왔지만 결과론적으로 그렇다고 할지라도, 우선은 최병도라는 인물의 논리 속에서는 봉건 체제에 대한 극단적인 증오와 저주와 절망의 언어로 읽을 필요가 있다. 봉건 체제의 본질을 꿰뚫고 있기에 이러한 저주가 가능하며 김옥

---

32) 이인직, 『은세계』, pp. 55~56.

균의 실패를 목도한 마당에서 절망했기에 봉건 체제가 망한다면 나라가 망하는 것도 불사하겠다는 극단론으로 가는 것이다. 그리고 그러한 절망 다음에 옥남의 세대가 등장하여 문명 개화가 이루어지고 있음을 찬양하면서 새로운 사업을 도모하려고 하는 데서 소설은 중단된다. 최병도와 옥남이 사이에는 20여 년의 시대의 변천이 놓여 있다. 그 중간의 갑오개혁도 '치고 빼앗는 시대'에서 '어르고 빼앗는 시대'로 바뀐 것에 지나지 않는다는 평가가 내려진다.

1907년의 사태를 이인직은 "융희 원년 이후로 황제 폐하께서 학정하신 일이 무엇이요?"라고 하면서 진보로 파악하는 데서 그의 역사에 대한 맹목이 드러나거니와 그러한 판단이 단순하게 이인직 개인의 일신의 영달을 노린 것이라고 하기는 어렵다.

1907년의 정미 7조약과 순종의 즉위 및 일련의 개각은 정권이 완전히 개화파의 수중에 들어오는 사태였던 것 같다. 이 시기에 박영효의 귀국에서 보이듯이 이제 문명 개화파는 완전히 사면받고 정권의 중심을 차지한 것이다. 그리고 당시의 정권에 가장 비판적인 대한매일신보도 그 조약의 어떤 대목은 긍정하는 자세를 취한다.

    셋째 조목에 **사법의 사무를 행정 권한과 구별한 것은 실로 바랄 것이 있는 개량이라.** 한국이 오늘날까지 한 관찰사가 무관과 행정관과 재판관과 다른 직무를 겸대한 자가 많으니 이같이 부패한 규칙은 고치는 것이 **필요하도다.** 조약에는 기재치 아니하였으나 한 가지 권고할 일이 있으니 이제 일본이 한국 정치에 온통 담당하였으니 만일 범죄한 자가 한국 사람이면 참혹한 형벌을 당할 터인데 같은 죄에 범한 일본 사람에게는 형벌을 쓰지 아니하지 말지어다. 지나간 이태 동안에 통감부 관리가 한국 사람에게 베푸는 한 가지 법이 있고 일본 사람에게 베푸는 다른 법이 있어 일본 사람은 그른 일을 임의로 하되 한국 사람은 하기 전에 범죄하였

다고 임의로 다스리는도다. (논설「새협약」, 대한매일신보, 1907.7.27)

1905년부터 본격적으로 전개된 개화 자강 운동의 성격과 그 내부의 차이들을 밝혀보는 작업이 중요할 것인데, 범박하게 보아 개항 이후의 문명 개화론이 1905년부터는 자강 운동으로 그 방향을 뚜렷이했다고 할 수 있다.

어떤 연구자는 1910년을 전후한 식민 지배의 초기에 존재했던 친일 세력을 친일파와 예속적 친일 세력으로 구분한다.[33]

친일파란 '식민 지배 사이비 행복론'을 그대로 수용했던 사람들로, '조선 귀족령'에 의해 작위가 부여된 귀족, 총독부 자문 기구였던 중추원의 고문, 부의장·찬의·부찬의 등, 행정 기구의 도장관·참여관·군수, 재판소의 판사, 경찰관서의 경시 등 상층 지배 세력과 말단에서 직접 민족 억압을 행사한 헌병 보조원 경찰 보조원, 직접적인 권력 기구에 참여하지는 않으면서도 경제적으로 매판성을 띤 대지주·자본가·상인층 등이다.

예속적인 친일 집단은 식민 정책의 이데올로기에 사로잡히기도 하였고 국내의 사회경제적 구조에서 필연적으로 제기된 문명 개화론의 산물이기도 하다. 이들은 논리적 측면에서 일본의 문명 개화론에 직간접으로 연결되었던 사람들로 왕족을 비롯한 대한제국의 정부의 관료층, 갑신 정변 이후 세련되고 발전된 개화파의 문명 개화 운동(갑신정변, 갑오개혁, 독립협회, 그리고 대부분의 계몽 운동)에 참여하였던 집단, 그리고 일진회 등이다.

독립협회·대한자강회·대한협회·기호흥학회 등 문화 계몽 운동 단체에는 대한제국의 관료들이 대거 참여하고 있었다. 대한제국의 개혁 사업의 기본적인 영역은 교육과 식산흥업이었고 보호조

---

33) 이하 이에 대한 논의는 김도형,「일제 침략 초기(1905~1919) 친일 세력의 정치론 연구」,『계명 사학』제3집, 계명사학회, 1992.11.에 의함.

약 이후에도 여전히 교육과 식산흥업의 발달을 통한 부강화를 지향하였다. 1907년 '시정 개선에 대한 일본 통감의 지도'를 명백히 하였던 상황에서도 새로이 임금이 된 순종은 '유신'을 강조하면서 '개국 진취의 대계를 정할 것, 농상(農桑), 상공(商工)의 장려와 부국의 개발, 내정 개선, 인재 등용, 국가에 긴요하게 쓰일 교육 등'을 다짐하기도 하였다.

또한 개화파의 문명 개화 운동에 참여했던 사람들의 운동 논리는 일제가 제시한 '문명 개화론'과 '동양 평화론'을 아무런 모순 없이 받아들일 수 있는 논리 구조를 가지고 있었다. 이것은 갑신 정변에서부터 대한협회에 이르기까지 거의 일관된다.[34]

이러한 갑신 정변에서 대한협회에까지 이르는 문명 개화론의 논리는 최병도와 옥남이에게서 공통된 것으로 드러난다. 최병도와 최옥남은 봉건 학정을 증오하고, 의병들의 무장 투쟁 방법을 불신하며, 대신에 교육과 식산흥업을 지향하는 입장을 분명히 하고 있다.

또한 인명에 피해를 입힐 뿐 실제로 아무런 도움이 안 된다고 최옥남이 의병을 거부하는 논리는 당시 문화 계몽 운동에 종사하던 지식인 일반의 것과 크게 다르지 않다.

의병에 대한 당시 지식인의 태도는 당시 계몽 운동의 선봉에 있

---

34) 이 점에서 진정한 의미의 '애국 계몽 운동,' 즉 근대 민족주의적 지향을 분명히 한 것은 1908년말 이후의 대한매일신보에서나 찾아볼 수 있다. 그리고 역사학계에서는 이 시기의 계몽 운동 전체를 '애국 계몽 운동'이라 부르는 것에는 회의적이다. 이념상으로는 '개화 자강 운동' 방법상으로는 '문화 계몽 운동'으로 본다. 본고도 이런 입장을 취한다.
조동걸, 「한말 계몽주의의 구조와 독립 운동상의 위치」, 『한국학 논총』 11, 1989에서는 계몽 운동이 1907년을 경계로 하여 좌파(신민회)와 우파(대한협회)로 분화된다고 보고 지하 조직인 신민회를 결성하고 독립군 기지 개척을 모색한 좌파에 대해서는 긍정적 평가를, 여전히 계몽주의에 머무르면서 식민 체제 속으로 함몰해갔던 우파에 대해서는 부정적 평가를 내리고 있다.

던 대한매일신보에 실린 다음 글을 통해서 알 수 있다.

국민〔국민신보〕기자 왈 매일신보는 지방 적당의 주동자가 되어 적당을 의병이라 한다고 하였으니 이제 의병의 의와 의 아닌 것은 물론하고 시험하여 묻노니 의병이라 하는 두 글자가 의병이 자칭하는 이름이냐 우리 신문에서 지어내인 이름이냐. 대한 사람들이 의병이라 칭명하는데 우리도 의병이라 하는 것이 무엇이 같지 아니하냐. **일전 본보 논설에 이 같은 전쟁은 속히 그치는 것이 한국에 유익하다 하였거늘** 네가 보지 못하였는가. (논설「국민신보를 토죄」, 대한매일신보, 1907. 9. 11)

근일에 의병이라 하는 의자는 의리라 하는 의자인지 의무라 하는 의자인지 의자로 말하면 의자는 일반이라. 삼천리 강토와 이천만 생령이 부지할 길이 없고 완전할 도리가 없으니 이 나라의 백성이 되고 이 백성의 마음을 가지고 누가 탄식하지 아니하며 통곡하지 아니하리오. 탄식하는 마음과 통곡하는 마음으로 분발하고 격동할 터이면 사람마다 피를 흘리고 사람마다 뼈를 갈아도 아까울 것이 있으리오마는 **세계의 형편과 천지의 운수를 돌아보지 못하고 나의 능력과 나의 계책을 헤아리지 못하고 혈분과 울기를 가지고 한번 일어나매 사방이 향응하여 나라를 위하고 백성을 위하는 마음이 지극하다 하나 일국 풍진이 이로 좇아 분운하여 애매한 백성과 무죄한 인생만 죽으니 이것은 나라를 위하려다가 나라를 더욱 위태케 함이오 백성을 위하려다가 백성을 더욱 멸망케 하는 것이니** 탄식하는 중에 더욱 탄식할 일이오 통곡하는 중에 더욱 통곡할 일이라.
슬프다 우리 동포는 어찌 부지하며 완전하리오. 국민 의무라 하는 의자를 지키어 일심 단체로 교육을 발달하고 실업을 힘써 문명에 진보하고 재산이 풍족하면 무너지는 집을 지탱하며 새는 배를 기워 다시 완전한 집이 되고 견고한 배가 되게 하는 것이 어렵지 아니하오니 깊이 생각하여 봅시다. (백학산인「기서」, 대한매일신보, 1907. 10. 9)

위 두 인용문에서 알 수 있듯이 대한매일신보도 의병의 운동 방식을 부정하고 있으며, 백학산인의 「기서」는 다음의 옥남이의 논리와 구별되지 않는다.

의병도 우리나라 백성이오 나도 우리나라 백성이라. 피차에 나라 위하고 싶은 마음은 일반이나 지식이 다르면 하는 일이 다른 법이라. 이제 여러분 동포께서 의병을 일으켜서 죽기를 헤아리지 아니하고 하시는 일이 나라에 이롭고자 하여 하시는 일이요 나라에 해를 끼치려는 일이요? 말씀을 하여주시오. 내가 동포를 위하여 그 이해(利害)를 자세히 말하면 여러분의 마음과 같지 못한 일이 있어서 나를 죽이실 터이나 그러나 내가 그 이해를 알면서 말을 아니하면 여러분 동포가 화를 면치 못할 뿐 아니라 국가에 큰 해를 끼칠 터이니, 차라리 내 한 몸이 죽을지라도 여러분 동포가 목전에 화를 면하고 국가 진보에 큰 방해가 없도록 충고하는 일이 옳은 터이라. 여러분이 나를 죽일지라도 내 말이나 다 들은 후에 죽이시오.

여러분 동포가 의리를 잘못 잡고 생각이 그릇 들어서 요순 같은 황제폐하 칙령을 거스리고 흉기를 가지고 산야로 출몰하며 인민의 재산을 강탈하다가 수비대 일병 사오십 명만 만나면 수십 명 의병이 저당치 못하고 패하여 달아나거나 그렇지 아니하면 사망 무수하니 **동포의 하는 일은 국민의 생명만 없애고 국가 행정상에 해만 끼치는 일이라. 무엇을 취하여 이런 일을 하시오. 또 동포의 마음에 국권을 잃은 것을 분하게 여긴다 하니 진실로 분한 마음이 있을진대 먼저 국권 잃은 근본을 살펴보고 장차 국권이 회복될 일을 하는 것이 옳은 일이라.**[35]

이처럼 『은세계』는 전후반 일관하여 당시의 '문명 개화론'을 깔고 있다. 봉건 권력에 대한 전면적 비판도 문명 개화론에서 가능

---

35) 이인직, 『은세계』, pp. 137~38.

한 것이다. 이 문명 개화론은 이인직의 작품 전체에 깔려 있는 것이다. 그러면서도 『혈의 누』나 『귀의 성』에서는 문명 개화나 봉건 비판의 한 측면만이 부각되어 있어 문명 개화의 경우 그 근거가 박약하고 구체성이 없거나, 봉건 비판의 경우 대안 없는 엽기적인 복수극으로 떨어지게 된 것이다.

이인직의 신소설을 전대 소설과 다르게 한 것이 범박한 문명 개화론 일반이라면 『은세계』를 이인직의 다른 신소설과 구별되게 하는 것은 『은세계』를 집필하면서 이인직이 가지게 된 경세가로서의 자신감이다. 그 자신감에서 이인직은 문명 개화론을 김옥균 사상으로 더 예각화시키게 되었다.

봉건 권력을 평가하는 것은 『귀의 성』의 강동지와 『은세계』의 최병도가 같다. 그러나 그 비판 의식이 현실에서 행동으로 발현되는 방식은 다르다. 강동지는 모아둔 돈을 다 빼앗기고 씨를 말리고 싶도록 양반을 미워하면서도 빈궁을 타개하기 위해 권력에 빌붙어보려고 금지옥엽으로 기른 딸을 "큰 수 났다" 하며 봉건 관료의 첩으로 밀어넣는다. 최병도는 뇌물을 바치고 권력의 포학을 비켜갈 수도 있지만 그것이 한 번으로 끝나는 개인의 문제가 아니라 모순이 극에 달한 봉건 체제의 문제라는 것을 간파하고 "돈이 아까운 것이 아니라 백성을 못살게 구는 놈은 나라에도 적이요 백성의 원수라 그런 몹쓸 놈을 칼로 모가지를 썩 도리고 싶은 마음뿐이요 돈 한푼이라도 먹이고 싶은 마음이 없어" 끝내 고문에 버티다가 죽어간다.

양자의 현실 대응 방식의 차이와 『은세계』에서의 비약은 강동지는 봉건 권력의 종말을 알 수 없었던 반면, 최병도는 그것을 확신하고 그 다음을 기약할 수 있었던 것에 기인한다. 김옥균으로 상징되는 개화 사상이 이인직의 작품 활동의 근저에 깔려 있었고, 그 사상이 현실적인 정치 권력을 획득한 것으로 생각되는 1907년 정미 7조약 이후의 일련의 사태에 맞닥뜨려 드디어 그 개화 사상의 입장에서 과거와 현재를 일관해서 볼 수 있게 된 셈이다.
　봉건 체제를 타도한 다음 사회에 대한 구체적인 전망이 있을 때 봉건 체제에 대한 저항도 더 본질적으로 이루어질 수 있다. 그런 것이 아직 서지 않았을 때는『춘향전』에서의 어사 출도처럼 낭만적인 결구를 취하게 된다. 혹은『귀의 성』에서 강동지는 개화 사상을 담지할 아무런 매개를 가지지 못했기에 엽기적인 개인적 복수담으로 결구되었다.
　최병도의 반봉건은 차원이 다르다. 김옥균의 개화 사상을 접하고 봉건 체제의 붕괴를 확신하고 붕괴된 이후의 새로운 근대 사회에 대한 전망을 가질 수 있게 된 최병도는 정감사 개인과의 싸움이 아니라 재물을 모아가지고 그 부인과 옥순이를 데리고 문명한 나라에 가서 공부를 하여 지식이 넉넉한 후에 우리나라를 붙들고 백성을 건지려는 경륜을 가질 수 있게 된 것이다. 그 경륜은 최병도 대에서는 실행되지 못한다. 김옥균이 비참한 죽음을 맞이한 것처럼 최병도는 봉건 체제를 저주하면서 비극적 최후를 맞는다. 그리고 세월이 흘러 최옥남의 시대가 되었을 때 그 경륜이 실행되는 시기가 왔다고 확신하는 것이다.
　이때 이인직은 이완용 내각의 기관지 노릇을 하는 대한신문의 사장이 되었다. 그 이전까지의 이인직은 한미한 처지에 있었고, 만세보의 주필도 아직은 현실의 정치 권력을 획득하지 못한 상태에서 당시의 정부에 비판적인 입장에서 이루어진 활동이었다. 그런데 이제 이인직은 대한신문 사장으로서 지배 권력의 편에 서서 자신의 생각을 펼칠 수 있는 기회를 가지게 되었다.
　이 대한신문에 관해서는 거의 알려진 바가 없다. 그러나 대한매일신보가 대한신문을 비판한 것을 보면 대한신문이 상당히 교묘하게 혹은 일면적인 합리성을 가지고 친일적인 개화 논조를 펼친 것으로 보인다.

대한신문은 그 외양은 국민신보와 똑같으되 그 심술인즉 국민신보보다 더욱 간특하며, 그 부리는 국민신보와 흡사하되 그 수단은 국민신보보다 더욱 독하여, 혹 시세도 공교한 말로 평론하며 혹 학문의 이치도 억지로 인증하여 이따금 근리한 말로 참 이치를 문란케 하는 이런 일로 외면을 꾸며가니 이는 궁예 같은 흉적이 불법을 외움과 같고, 왕망 같은 간인이 주나라 글을 모본하여 씀과 같으니, 비록 그 간사한 심장이 부처님 눈에는 도망치 못하나 흉특한 담론이 꿈속 같은 사람들은 미혹하게 하기가 쉬운지라. [……] 저 마귀의 기자는 지금 정부를 칭송하대 나라이 이렇게 된 죄는 첫째는 지낸 정치의 잘못한 허물이라 하고 둘째는 세계 형편이라 칭탁하며 이르대, 전일에 민영휘씨와 조병갑씨의 무리들과 내시와 별입시배와 그외에 쥐와 개 같은 도적놈들이 많이 있어서 백성의 기름과 피를 빨아내며 학대하고 압제하여 오늘날 이런 비참한 운수를 빚어낸 것이요, 오대신 박제순씨 등의 정부와 칠대신 이완용씨 등의 내각은 백백 무죄하다 하였고, 또 이르대 수십 년래로 간세배들의 비밀한 운동비로 인하여 개혁당 중에 첫째 꼽는 제일등 인물 김옥균씨도 피해하였으며 국사범 우범선씨도 해를 당하여 국민의 기름과 피가 나라 선배를 살해하는 운동비로 다 들었으니 이러하고서야 망하지 아니하는 자이 없거늘 무삼 오대신 칠대신을 탓하리오 하였으며 [……] (「대한신문 기자 마귀는 한번 보라」, 대한매일신보, 1907. 12. 19~25)

이러한 대한매일신보의 대한신문에 대한 비판을 통해서, 당시 일진회의 기관지였던 국민신보의 노골적인 친일성에 비해 대한신문은 과거의 봉건 학정에 대한 비판과 그것의 필연적 연장선으로서의 개화와 친일을 내세우는 논조를 가졌음을 짐작할 수 있다. 그리고 이것은 『은세계』의 시국론이기도 하다. 실제로 정부 권력에 가까이 가게 되어 자기식의 개화 친일론을 펼칠 뿐만 아니라 그 이론을 실천할 현실적 힘을 갖추었다고 생각하게 된 대한신문 사장 이인직의 득의만만함. 이것이 『은세계』 전편에 깔려 있는 자신감의 근거이다. 그 자신감이 최병도로 하여금 그리도 당당하게 정감사에 맞서서 그들의 멸망을 예견하는 발언을 하도록 했고, 최옥남 역시 매우 자신있게 자기의 생각을 펼친다.

우리나라 수십 년래 학정을 생각하면 이 백성의 생명이 이만치 남은 것이 뜻밖이오. 이 나라가 멸망의 화를 면한 것이 그런 다행한 일이 없소. 우리나라 수십 년래 학정은 여러분이 다 같이 당하던 일이니 모르실 리가 없으나 나는 내 집에서 당하던 일을 말씀하리다.
내 선인도 재물량이나 있는 고로 강원 감영에 잡혀가서 불효부제로 몰려서 매맞고 죽은 일도 있고 그 일로 인연하여 집안 화패가 무수하였으니 세상에 학정같이 무서운 것은 없습디다.
여보 그런 한심한 일이 있소 내 이야기를 좀 들어보시오. 내가 미국 가서 십여 년을 있었는데 우리나라 사람 하나를 만나서 말을 하다가 그 사람이 관찰사 지낸 사람이라 하는 고로 내가 내 집안에서 강원 감사에게 학정당하던 생각이 나서 말하니 탐장하는 관찰사는 죽일 놈이니 살릴 놈이니 하였더니 그 사람이 하는 말이 "그런 어림없는 말 좀 마오. 관찰사를 공으로 얻어 하는 사람이 몇이나 되오. 처음에 할 때도 돈이 들려니와 내려간 후에 쓰는 돈은 얼마나 되는지 알고 그런 소리를 하오. 일 년에 몇 번 탄신에 쓰는 돈은 얼마나 되며 그외에는 쓰는 돈이 없는 줄 아오. 그래 몇 푼 되지 못하는 월급만 가지고 되겠소. 백성의 돈을 아니 먹으면 그 돈 벌충을 무슨 수로 하오. 만일 관찰사로 있어서 돈 한 푼 아니 쓰고 배기려 들다가 벼락은 누가 맞게" 하는 소리를 듣고 내가 기가 막혀서 말대답을 못 하였소.
대체 그런 사람들이 빙공영사로 백성의 돈을 뺏으려는 말이오 탐장을 예사로 알고 하는 말이라.
그러한 정치에 나라가 어찌 부지하며 백성이 어찌 부지하겠소. 그렇게 결단낸 나라를 황제 폐하께서 등극하시면서 덕을 헤아리시고 힘을 헤아리셔서 나라 힘에 미쳐갈 만한 일은 일신 개혁하시니 중앙 정부에는 매관매작하던 악습이 없어지고 지방에는 잔학생령하던 관리가 낱낱이 면관이 되니 융희 원년 이후로 황제 폐하께서 백성에게 학정하신 일이 무엇이오.

여보 동포들 들어보시오. 우리나라 국권을 회복할 생각이 있거든 황제 폐하 통치하에서 부지런히 벌어먹고 자식이나 잘 가르쳐서 국민의 지식이 진보될 도리만 하시오. 지금 우리나라에 국리민복 될 일은 그만한 일이 다시 없소.[36]

옥남이의 연설에서 옥남이가 보는 '1907년 개혁'의 성과란 '매관매작하고 탐학생령'하는 봉건 관료의 부패가 없어졌음이 그 중심에 놓여 있다. 이는 동경 유학생 출신의 근대 교육을 받은 인물들이 새롭게 관료로 등장한 것에 대한 신뢰의 표시이기도 하다.

이 대목에서 『귀의 성』에서는 강동지조차도 비판적으로 그렸던 작가의 시각이 『은세계』의 최병도에 대해서는 전적으로 긍정적인 것으로 바뀌게 된 이유와 『혈의 누』에서의 김관일의 막연함이나 구완서의 철모름에 대한 비판적인 시각이 똑같은 유학생 출신인 『은세계』의 최옥남에 대해서는 사라지고 있는 이유를 설명할 수 있다.

4. 맺음말

이상에서 이인직이 『은세계』를 쓰기까지의 창작의 동력과 『은세계』에 나타난 우리나라 초기 부르주아의 근대적 의식을 규명해보았다. 『은세계』 이후의 이인직의 작품으로 한일 합방 후에 쓴 「빈선랑의 일미인」은 합방 후의 실의한 이인직의 내면을 보여주는 작

---

36) 이인직, 『은세계』, pp. 138~40.

품이다. 그런데「빈선랑의 일미인」말고 그 제목만을 알 수 있는 『강상선』과 이인직의 것으로 짐작되는 『한강선』이 있다는 것을 주목해둘 필요가 있다.[37] 두 작품 모두 대한신문에 연재되었고 따라서 이 두 작품 외에도 더 많은 작품을 이인직이 썼을 가능성도 있다. 이들 작품의 실상이 드러나야 이인직 연구는 온전하게 이루어질 수 있을 것이다.

---

37) 이에 대한 자세한 논의는 이상경,「『은세계』재론: 이인직 연구 1」참조.

신소설과 풍자의 문제
―『만인산』을 중심으로

한 기 형

1

우리 근대 소설사는 대체로 '풍자의 미학'에 인색한 듯싶다. 채만식의 『태평천하』란 명품이 있기는 하나 문학사의 언저리에 외롭게 서 있을 뿐이다. 그 이유는 무엇일까. 우선 '웃음'을 가볍게 여기는 유교적 문화 전통의 영향을 생각해볼 수 있겠고, 문학의 전반적 색조를 어둡고 무겁게 이끈 식민지적 상황을 떠올릴 수도 있다. 하지만 이러한 외적 요소만으로 모든 것을 설명할 수 없다. 여기에서 근대 소설사의 성격에 대한 보다 깊이 있는 성찰이 요구된다.

우리 근대 소설의 특질 가운데 하나가 인식과 행위의 '주체'에 대한 성찰에는 일정한 성과를 보이나 주인공을 둘러싸고 있는 '세계'와 같은 '대상'의 분석에는 대체로 무력하다는 점이다. 근대 소설의 본질이 '세계'와 '대상'에 대한 심원한 분석과 묘사에 있다고 할진대, 이는 우리 근대 문학의 심각한 약점이 아닐 수 없다. 이러한 경향은 「슬픈 모순」과 같은 1910년대 단편에서 시작되어 「표본실의 청개구리」를 비롯한 염상섭 초기 소설에 이르러 보다 강화되고, 1930년대 이상 소설에 와서 극단화된다.

프로 문학의 경우도 예외는 아니어서, 신경향파 소설에 과도하게 등장하는 이른바 '주관화 경향'[1]은 현실의 소설적 반영이 지나치게 인식 주체 중심으로 구성된 탓인데, 이 때문에 갈등의 상대가 지닌 성격과 본질을 정밀하게 파악하지 못하게 되는 결과가 생기게 되었다. 이로 인해 소설의 현실 전유(現實專有)와 진실성에 문제가 생기고 작가의 인식 내용 자체에 대한, 작품 속에서 긍정적으로 그려진 인물상이나 세계관적 전망에 대한 신뢰도가 감소된다.

이러한 주관성, 주체에 의한 일방적인 세계 해석, 대상의 본질에 대한 정밀한 분석의 결여, 종국적으로 세계의 본질에 대한 평면적이고 자의적인 해석은 프로 문학의 진전에 따라 그 도가 엷어져가기는 하나 근본적인 문제 해결에까지는 이르지 못했다. 식민지 시대 프로 문학의 한 정점인 『고향』의 경우, 마름 안승학의 계급적 성격, 식민지 인텔리의 이중성, 농민 계급의 부동성 등을 날카롭게 묘파하여 비교적 균형 감각을 회복하기는 했으나 만족할 만한 것은 되지 못했다.

대상에 대한 주관적 해석은 필연적으로 인간의 존재 양식과 인간을 둘러싸고 있는 세계의 다중성, 변화무쌍함을 단순화시키고 나아가 삶의 본질에 대한 문학적 형상화를 본질의 차원으로까지 밀고 나가지 못한 채 속화시킨다. 소설이 현실 속에 내재하는 갈등과 대립의 근원적 추적을 통해 세계를 파악하고 주체를 정립하

---

[1] 신경향파 소설들은 각 작가의 능력과 수완에 따라 상당한 예술적 수준의 차이를 보이기는 하지만 '과도한 주관성의 노출'이라는 측면에서는 일정한 유사성을 공유하고 있다. 예컨대 지식인이 폭력적인 현실로부터 일탈해 관념적인 현실 파괴의 꿈을 꾼다든지, 현실 속에서 해결할 수 없는 문제를 내적 독백이나 자기 혐오, 혹은 자기 학대의 형태로 해소하는 등의 경향이 그것이다. 그 원인은 무엇보다도 주체의 압도적 약화를 초래한 식민지 사회 현실의 영향이라 할 수 있다(한기형, 「신경향파 소설의 현실주의적 성격」, 성균관대 석사 논문, 1990 참조).

는 인식론의 한 방법이라 할 때, 이러한 한계는 적지 않은 문제를
낳는다. 주체에 의한 대상의 소외가 역으로 주체의 자기 인식에까
지 영향을 미치기 때문이다. 모든 문학이 추구하는 종국적 질문이
'나란 무엇인가'에 귀속된다면, 그리고 나의 본질이 대상과의 관
계 속에서 규정되는 것이라면 나 자신에 대한 보다 깊이 있는 성
찰이 더 이상 진행될 수 없기 때문이다.
 이는 필연적으로 근대적 예술 방법으로서 리얼리즘의 진전에 장
애가 된다. 리얼리즘은 주체와 객체의 길항 관계에 대한 진실한
분석에서 그 발전의 계기를 포착하기 때문이다. 우리 근대 소설사
에서 풍자적 인물 형상과 양식이 희소한 것은 바로 그러한 문학사
적 '불행'과 깊은 관계를 맺고 있다.

2

 풍자의 본질은 대상에 대한 '증오'와 세계관적 혹은 도덕적 '우
위'에서 나오는 일종의 자신감이다. 왜 풍자 작가는 풍자 대상의
성격을 실제 이상으로 과장하여 일그러트리며 웃음거리로 만들고
비하시켜 무가치한 존재, 더 이상 긍정적 삶의 주체가 아닌 존재
로 내던지는가. 그리고 그것이 어떻게 많은 사람의 공감을 얻게
되는가. 그 원인은 풍자의 객체가 '공분(公憤)'의 대상이기 때문에
가능하다. 만약 사적인 감정으로 인해 어떤 대상이 풍자되었을 때
그것은 다른 사람들의 동의를 얻을 수 없다. 예컨대 연암의 「호질
(虎叱)」이나 「양반전」의 풍자가 위력을 발휘하고 독자에게 상쾌한
감정을 유발시킬 수 있는 것은 양반이란 지배 집단과 중세적 이데
올로기가 얼마나 타락했고 위선적인가가 일반에 인정되고 있기 때
문에 가능한 것이다. 여기서 화이론적 세계관이 고창한 '절대적
인식론'은 힘을 잃고 가치관의 전변이 일어난다.[2] 이런 점에서 진

정한 풍자는 '계급적'이고 '역사적'이다.

> 풍자가는 끊임없이 어떤 한 계급이나 어떤 한 계급 사회와 맞서 싸우는 것이다. 풍자가 진정한 수준에 도달하려면 이 투쟁은 한 사회 조직의 중심적 결함, 정신적 폐해를 겨냥하여야 한다.[3]

풍자가 작자 개인의 사적 감정에서 비롯된 것이라 한다면 그 작품은 일시적 웃음거리 이상을 넘어설 수 없을 것이다. 그러나 문학의 근원적 존재 이유, 즉 '휴머니티'의 고양과 관계될 때 풍자는 깊은 예술적 감동, 혹은 인류 역사의 발전이라는 거대한 주제에 이바지한다. 풍자의 양식과 방법이 중세와 전면적 투쟁 속에서 강화되고 완숙해진 사실을 상기해볼 필요가 있다. 세르반테스와 셰익스피어, 하이네, 스위프트, 『유림외사』와 박연암의 소설에 이르기까지 풍자의 날카로운 칼날은 일관되게 인류 역사 전변의 사상적 무기로 벼려져왔다. 동시에 부정적 대상에 대한 근본적인 해부의 욕구는 세계의 본질을 근저로부터 장악해나가려 하는 근대 리얼리즘 문학의 주요한 뿌리가 되었다.

한편, 대상에 대한 증오와 비판은 작자의 비타협적 태도를 전제로 한다. 그리고 작자의 비타협성은 사회 본질에 대한 날카로운 이해와 사회 변화의 당위성에 대한 확고한 믿음을 필요로 한다. 이러한 준비가 미처 돼 있지 못할 때 종종 풍자의 방향은 모호해지고 관념화되며 비판의 칼날은 무뎌지게 된다. 예컨대 이기영의 『인간 수업』에 나타난 풍자의 지리멸렬함은 바로 여기에 그 원인이 있다. 우연적으로 보이는 현상 속에서 사회 체제의 병폐와 치명적 결함을 꿰뚫어보고 형상화하는 이른바 '신성한 증오'[4]는 그

---

2) 임형택, 「박연암의 인식론과 미의식」, 『한국 한문학 연구』 제11호, 1988.
3) 루카치 저, 김혜원 편역, 「풍자의 문제」, 『루카치 문학 이론』, 세계, 1990, p.62.

러한 미래 사회에 대한 확고한 퍼스펙티브의 정립이 없이는 불가능하기 때문이다.

3

 애국 계몽기는 가히 '풍자의 시대'라 할 수 있으니 이는 시대의 격렬한 갈등이 문학에 영향을 미친 결과이다. 대한매일신보의「사회등가사」가 보여준 성과는 누차 지적된 바 있고, 서사 문학의 영역에서도 「금수회의록」「거부오해(車夫誤解)」「소경과 안즘방이 문답」「절영신화(絶纓新話)」「향객담화」「시사문답」등 주로 토론 양식을 이용한 풍자 소품들이 적잖이 산출되었다. 이 시기 문학사에 현현한 이들 풍자 문학의 저변에는 제국주의 침략과 구한말 지배 세력의 부패함에 대한 고발 및 그 사상적·체제적 대안으로서의 '근대 사회에 대한 전망(계몽성)'이 아로새겨져 있다. 이러한 현상을 통해 우리는 애국 계몽기 문학이 여러 가지 제약과 한계에도 불구하고 진정한 근대를 향한 단단한 의지를 지니고 있었음을 확인할 수 있다.
 그런데 여기에 한 가지 흥미로운 사실이 있다. 그것은 이 시기 소설사의 '주류'라 할 수 있는 '신소설'에는 토론체 소설의 왕성한 풍자 정신을 찾기 힘들다는 것이다. 이 글의 분석 대상인 『만인산(萬人傘)』정도가 있을 따름이다. 굳이 찾으려 한다면 이인직의 『귀의 성』의 김승지가 풍자적 인물 형상에 근사한 자인데, 이 경우에도 소설 전체의 구성 원리나 여타 주인공의 성격과는 구분되는 다소 예외적인 경우이다.[5]

---

4) 루카치, 윗글, p. 65.
5) 임화는 『귀의 성』의 김승지를 가리켜 '조선의 부오로모프'('오블로모프'의 오기

신소설이 근대성의 성취를 자기의 예술적 목표로 설정했다면 전근대적인 제반 요소, 혹은 올바른 근대의 실현에 반하는 세력들에 대한 신랄한 풍자의 칼날을 가했을 법도 한데, 의외로 신소설은 이러한 풍자의 예술적 효과에 대해 둔감하다. 필자는 애국 계몽기 단형 풍자물들과 신소설 사이에 가로놓여 있는 이러한 거리를 해명하는 것이 우리나라 근대 소설의 형성 특질을 규명하는 데 필요한 한 요체가 아닐까 생각한다.

근대 소설이 완미한 자기 양식을 확립하기 위해서는 두 가지 조건이 전제되어야 한다. 첫째는 상품 화폐 경제의 보편화이다. 상품으로서의 문학은 일견 천박한 대중소설의 무한한 재생산을 조장하는 측면도 있으나 또 한편으로는 수요자의 욕구와 기호에 따라 능동적으로 자기를 갱신하고 문학적 질을 제고하는 긍정적 측면도 다대하다. 다른 하나는 문학의 수준과 질을 검증하는 척도로서 시민 계급의 존재가 필수적이다. 여기서 시민 계급이란 존재의 본질을 과학적으로 규명하고자 하는 근대적 이성의 소유자를 뜻한다. 그리고 그 근대적 이성은 봉건적 형태와는 구별되는 새로운 생산관계의 주체일 때만 발전적 자기 정체성을 지닐 수 있다. 상품으로서의 활발한 유통과 가치 검증자로서의 근대 이성의 결합 속에서 비로소 근대 소설의 진면목이 드러나게 된다.

그렇다면 우리의 근대 소설은 어떠한가. 신소설의 경우 활발한

인 듯하다. 오블로모프는 러시아 작가 곤차로프의 소설 『오블로모프』의 주인공인데 삶의 전망을 상실한 귀족 계급의 전형이다)라 하고 "신소설이 창조한 최대의 인간형"이라 평가하였다(「신문학사」, 조선일보, 1940. 2. 27). 임화가 김승지를 주목한 이유는 처와 첩 사이에서 방황하는 "무능력하고 그저 호색탐재한 양반의 전형"이란 점과, 유형화되거나 과장되지 않은 '산 인간'이라는 점에 있다. 그러나 김승지가 진정 그러한 예술적 탁월함을 보여주었는지에 대해서는 의문의 여지가 있다. 이 점에 대해서는 뒤에서 보충 설명할 것이다. 『오블로모프』의 내용에 대해서는 최선의 「소설 『오블로모프』의 서술 구조」, 『서구 리얼리즘 소설 연구』 (창작과비평사, 1982)를 참조할 것.

상업적 유통망이 소설 창작의 사회적 배경임은 분명하다. 신문 연재와 단행본 출간의 코스를 거친 대부분 신소설의 창작 과정은 이를 충분히 입증한다. 신문은 정보의 상업적 유통을 추구하는 근대 고유의 매체이고, 단행본 출간이란 이윤을 목적으로 하는 자본 활동의 한 표현이기 때문이다. 그러나 문제는 문학적 질을 검증하는 주체로서 시민 계급의 성격이다. 엄밀한 사회과학적 분석을 전제로 해야겠지만, 적어도 신소설이 산출되던 시대의 우리나라 시민 계급, 즉 단순히 부를 소유한 시정인이 아니라 근대적 생산 수단과 철학을 갖춘, 그래서 자주적으로 근대 사회의 제도를 창출하고 확대하며 운영할 주체의 존재는 대단히 미미하다고 할 수밖에 없다. 거기에는 제국주의 세력과 매판적 관인 지배층의 억압이 결정적 작용을 하고 있었다.[6]

도식적인 구별이 허용된다면, 이 시기 시민 계급의 성격은 진정한 근대적 시민을 지향하는 계층과 외세의 힘에 의해 조성된 의사 시민층의 대립적 집합이라 할 수 있을 것이다. 시민을 지향하는 계층의 의식이 단형 풍자물과 신소설 가운데 선진적 요소의 수요자라고 한다면 신소설의 통속성과 전근대성을 향유한 계층은 이른바 의사 시민층이라 할 수 있다. 이들은 말할 필요도 없이 제국주의자와 구한말 관인 지배층의 한정적 결합에 의해 기형적으로 이식된 식민지 자본주의의 기득권자들이다.

의사 시민층의 예술적 기호와 천박한 상업주의의 결합은 간단명료하게 설명하기 대단히 곤란한 '신소설'이란 새로운 서사 양식의 창출에 주도적 역할을 하였다. 이 결과 많은 수의 신소설 작품 속에 다분히 추상화된 근대적 이상과 봉건적 의식이 별다른 갈등 없이 혼거하거나, 어떤 고민과 의식을 갖고 있는지 알기 어려운 평

---

6) 김영모, 「제3장 기업 지배층의 사회적 성격」, 『조선 지배층 연구』(일조각, 1977)를 참조할 것.

면적이고 해부되지 않은 유형적 인간들이 등장하고 있다. 근대 소설의 기본 성격인 인과율은 종종 무시되며, 작품의 유기적 구조와 무관한 무수한 에피소드가 여과 없이 삽입된다. 또한 가정 갈등과 같은 구소설적 모티프의 빈번한 남용을 통해 소설의 시점을 비본질적인 영역으로 이동시키기도 하며, 현실과의 안가한 화해 혹은 유착을 통해 진정한 소설에서 반드시 필요한 독자의 긴장감(자신을 직시하는 데서 필연적으로 생겨나는)을 상실케 한다. 또한 상당수의 작품이 상품적 가치만을 고려한 중·장편적 분량을 지니고 있는데 이 때문에 작품 내적 시공간이 비현실적으로 설정되고 애초 기대된 주제와 플롯의 유기적 통일은 깨어지며, 결과적으로 독자가 소설을 통해 진실에 다가설 수 있는 통로가 봉쇄된다. 이는 독자를 현실과 유리시키고, 청맹과니로 만들며 종국에는 타락시킨다. 의사 시민성과 상품성의 결합은 그 당연한 귀결로 소설의 양식을 파탄으로 몰고 갔으며 '노벨'도 '로망스'도 아닌 일종의 잡양식을 산출했던 것이다. 1910년대 신소설의 타락은 기본적으로 근대 문화의 주체적 창달을 불가능하게 한 일본 제국주의의 간섭에서 비롯된 것이나 내재적으로는 이러한 외적 억압을 감당할 역량이 충분치 않았던 신소설 자체의 한계에서 빚어진 현상이라 할 수 있다. 이러한 주체성의 약화는 이후 식민지 시대를 통해 우리 근대 소설사의 색조를 규정하는 중요한 원인이 된다.

그러나 이러한 소설사적 정황 속에서도 부단히 그 한계를 극복하고 새로운 가능성을 향한 움직임이 있었으니 진정한 근대를 지향하는 힘이 일체 상실된 것은 아니었다. 『만인산』은 그러한 '신소설의 가능성'이란 차원에서 주목해볼 만한 작품이다.

4

『만인산』은 1909년 7월 13일부터 8월 18일까지 대한민보에 연재된 후 1912년 동양서원에서 단행본으로 간행된 작품이다. 이 소설은 구한말 관인 지배층의 동향을 다룬 몇 안 되는 신소설 작품 가운데 하나이다. 특히 소설 속에 구현된 그들 관인층에 대한 날카로운 풍자는 여타 신소설 작품 속에서 찾아보기 힘든 시대적·예술적 의미를 지니고 있다.

연재될 당시 작자는 '백학산인(白鶴山人)'이라는 필명을 사용하고 있지만 그가 누구인지 고증할 만한 단서는 아직 찾지 못했다. 한 연구자는 "봉건 세력의 몰락을 확정하는 공안소설적인 결말과 거기서 드러나는 점진적 개량주의의 입장"[7]을 근거로 이해조의 작품으로 추정한 바 있다. 이해조가 '공안(公案)'에 각별한 취미가 있다는 것은 익히 알려진 일이거니와, 『만인산』이 연재되기 직전 신안자(神眼子)란 필명으로 단편소설 「현미경」을, 이듬해 3월 다시 수문생(隨聞生)이란 또 다른 필명으로 『박정화』를 대한민보에 발표한 것도 이해조 저작설의 근거가 된다. 하지만 선뜻 단안을 내리기는 힘들다. 왜냐하면 대한민보에는 이해조 작품으로 확인된 『박정화』「현미경」이외에도「소금강」「오경월(五更月)」과 같은 신소설과「병인간친회록(病人懇親會錄)」「절영신화」「금수재판(禽獸裁判)」과 같은 작자를 알 수 없는 토론체 소설들이 지속적으로 연재되었고, 따라서 이해조가 앞서 두 작품을 발표했다는 사실이 나머지 작품의 작자로 추정할 수 있는 결정적 근거는 되지 못하기 때문이다.

대한민보는 1909년 6월 3일 창간된 대한협회의 기관지에 해당하는 신문이다. 사장에는 오세창(吳世昌), 발행인 겸 편집인은 장효

---

7) 우리문학연구회 편,「새로 쓰는 민족문학사」4,『한길문학』, 1990. 9, p.386.

근(張孝根)이었으며 이종린(李鍾麟)이 논설 기자로 활약했다. 대체로 실력 양성론에 입각한 온건·점진적 운동 노선을 견지하였다.[8] 문학과 관련하여 특기할 만한 사항은 이 신문이 창간부터 지속적으로 소설을 연재하고 있는 점인데, 거개의 작품이 강한 주제 의식과 현실성을 바탕으로 하고 있다. 이 점에서 편집진의 소설 게재 의도가 애국 계몽 운동의 일환이었음을 짐작할 수 있다.[9]

대한민보 소재 신소설 가운데 비교적 집중적 연구가 이루어진 작품은 『박정화』『소금강』 두 작품이다. 『박정화』(1910. 3. 10~5. 31)의 경우, 구한말의 부화한 시정 세태에 대한 사실적 반영, 신소설의 내적 한계를 극복한 근대 소설로서의 가능성, 그리고 전대 서사 문학인 한문 단편과의 관련 양상이 주목된 바 있다.[10] 『소금강』(1910. 1. 5~3. 6)의 경우, 지식인 중심의 개화 운동과 민중 운동이 결합해가는 양상과 그 과정에서 새롭게 부각되는 외세 타파의 사상을 선명하게 그려냈다는 평가를 받고 있다.[11] 그 밖에도 아직 깊이 있게 분석된 바는 없으나 의병과 일본군 사이에서 고통을 당하는 양민들의 생활상을 실감 있게 그려낸 『오경월』 또한 적지 않은 시대적 의미를 갖고 있는 작품이라 할 수 있다.[12]

『만인산』이 보여주는 풍자의 초점은 구한말 관리층의 부패상이

---

8) 정창렬, 「대한민보 해제」, 『대한민보』(영인본), 아세아문화사.
9) 대한민보에 연재된 토론체 소설 「절영신화」(1909. 10. 14~11. 13)에는 그러한 신문의 성격에 대한 강한 자부심을 드러내는 대목이 있어서 흥미롭다. "압다 대한민보 무섭더라. 까닥 한번만 잘못하면 일로 사정없이 사뭇 두들기는 통에 근일에 소위 대관(大官) 중에 아첨하고 탐오(貪汚)하는 것들이 박살 아니 당한 자들이 없다는데 자칫 잘못하다가 나도 그 공명하게?"(『문학사상』, 1988, p. 116)
10) 최원식, 「이해조 문학 연구」, 『한국 근대 소설사론』(창작과비평사, 1986), pp. 105~114; 양문규, 『1910년대 한국 소설 연구』(연세대 박사 논문, 1990), pp. 32~38; 한기형, 「한문 단편의 서사 전통과 신소설」, 『민족문학사 연구』 제4호(창작과비평사, 1993).
11) 김복순, 「신소설 『소금강』과 항일 의병 운동」, 『연세 어문학』 제20집, 1987.
12) 한원영, 『한국 개화기 신문 연재 소설 연구』(일지사, 1990), pp. 197~99.

다. 『만인산』이 발표되기 이전의 신소설 가운데 정부 관리의 부정적 성격을 정면에서 문제삼은 작품은 『은세계』가 유일한데 이 경우도 엄밀하게 따진다면 갑오경장으로 표상되는 이른바 '근대적 개혁' 이전의 봉건 관료의 부패상을 표적으로 하고 있기 때문에[13] 『만인산』이 보여준 '당대적 실감'과는 일정한 거리가 있다.

사실 이인직은 신소설 작가 가운데 누구보다도 '반봉건'의 이념에 투철했던 작가이다. 그는 『은세계』 이외에도 『귀의 성』 『치악산』 등을 통해 끊임없이 봉건 사회의 산물, 특히 그 이념의 수호자요, 권리의 수혜자인 양반 계급에 대한 저주에 찬 공격을 지속했다. 그러나 이인직의 표적이 된 양반들은 공교롭게도 『은세계』의 경우처럼 이인직이 소설을 창작하던 당대로부터 이격(離隔)된 인물이거나 아니면 『귀의 성』과 『치악산』의 경우와 같이 '가정'이란 울타리에 갇힌 **비사회적 인간**들이었다. 말하자면 이인직의 반봉건성은 적어도 당대 현실을 기준으로 한다면 시대착오적이거나 전형적이지 못한 편협성을 드러내고 있는 것이다.

왜 이인직은 '지금 여기'의 문제보다는 이미 역사적으로 몰락한 계급의 청산에 그토록 집착했는가.[14] 당대 현실의 실상을 정면에서 문제삼지 않고 과거의 세계로, 혹은 사회와 격절된 가공의 세계로 일탈하는가. 이는 이인직 문학의 본질과 관련된 사안인바, 여기에는

---

13) 최원식 교수는 최병도와 정감사의 갈등으로 전개되는 『은세계』 전반부의 시대 배경을 1884년 갑신정변에서 1894년 농민 전쟁 직전의 조선 사회로 파악하고 있다(「은세계 연구」, 『한국 근대 문학사론』, 한길사, 1982, pp. 232~41).

14) 김영모는 갑오경장 후 입격한 관인층 가운데 "절대적 다수의 부친이 과거에 입격하지 못하였거나 명문 족보에서 찾지 못하였다는 것은 그들의 학력이 대단히 낮음을 의미하고 동시에 그들의 신분 배경이 대단히 낮다는 것을 의미한다. 이것은 한말의 전통적 신분 구조가 해체되어가고, 특히 갑오개혁으로 인한 신분 해체의 제도적 조치가 상당히 많이 표현되고 있음을 실감할 수 있다"고 했다 (『조선 지배층 연구』, 일조각, 1977, p. 302). 즉 양반 지배층의 실질적 모습은 구한말에 들어와 상당한 질적 변모를 겪었다고 볼 수 있고 민감한 작가라면 그러한 변화와 그것의 현상태에 보다 깊은 관심을 가졌어야 할 것이라 판단된다.

봉건적 영향력의 완강함에서 비롯된 필연적 산물이라는 견해[15]만으로 해명될 수 없는 보다 근본적인 세계관적 문제가 가로놓여 있다.

이인직은 일본의 주도적 영향력 속에서 이루어진 갑오경장 이래의 모든 변화의 흐름을 근대화의 정상적 진행으로 보았을 공산이 크다. 그것은 과학적 인식의 소산이라기보다 일종의 '신념'에서 비롯된 것이라 할 수 있다. 이인직과 같이 불우했던 과거를 지닌 인물들에게 있어서 갑오경장 이후의 세계는 자신의 처지와 신분을 변화시킬 수 있는 무한한 가능성을 열어주었다. 그 열려진 공간 속에서 이인직은 미야꼬신문사(都新聞社)의 견습생으로,[16] 러일 전쟁의 통역으로, 만세보 주필로, 대한신문의 사장으로 동분서주했던 것이다.[17] 『은세계』에서 식민지화의 수순에 불과했던 고종의 강제 폐위 사건(1907)과 순종의 즉위를 일컬어 '한국 대개혁'이라 지칭하고 꼭두각시 순종을 '만고에 영걸하신 성군'으로 떠받든 것은 바로 이러한 시대 인식의 자연스런 발로였던 것이다.[18] 그러한 이인직의

---

15) "그만치 신소설의 전편이 모두 배경도 양반의 세계요, 인물도 낡은 인물이 주요, 사건도 낡은 배경과 낡은 인물 가운데서 일어났다. 이것은 아마 그때 **개화 조선에 비하여 봉건 조선의 실재력의 강대한 반영이기도 할 것이며, 타방 개화 조선의 당면 목표가 새로운 것의 건설에 있는 것보다 낡은 것의 파괴에 있었기 때문이다**"(임화, 「신문학사」, 조선일보 1940. 2. 7; 한길사, p. 163).
16) 田尻浩幸, 「국초 이인직론」, 연세대 석사 논문, 1991; 「이인직의 도신문사 견습 시절」, 『어문론집』 제32집, 고려대 국문과, 1993.
17) 이인직의 친일 활동상에 대해서는 전광용의 「이인직 연구」, 『신소설 연구』(새문사, 1990)와 최원식의 「애국 계몽기의 친일 문학」(앞의 책)의 연구가 유용하다.
18) 최근 이상경은 「은세계 재론」(『민족문학사 연구』 제5집, 1994, 주 12, p. 76)에서 이인직과 이해조 문학의 '거리'가 급진 개화파와 온건 개화파, 혹은 문명 개화론자와 동도서기론자라는 입장 차이의 소산이며 이는 근대 초기 부르주아 계몽 문학이 담당자로서 지녔던 두 사람의 상이한 개성에서 비롯된 것이라 파악하였다. 동시에 이 두 삶의 성과와 한계를 그 당시 개화 자강 운동의 성과와 한계 속에서 객관적으로 구명하는 것이 시급하다는 문제 제기를 하고 있다. 이러한 주장은 이인직과 이해조의 질적인 차이, 특히 민족주의적 가치 평가를 표나게 강조하는 논리에 대한 반론의 성격을 띤다. 필자 또한 형성기 근대 소설의 성

안전에 대한제국 말기 관인 사회의 복마전이 심각하게 비쳐졌을
리 없다. 설사 감지되었다 하더라도 그 원인과 본질을 파헤칠 내
적 준거가 이미 그에게는 상실되어 있었다. 새로운 사회의 주역이
되리란 기대가 온통 그의 정신을 장악하고 있었던 탓이다.[19]

이에 반해 신소설의 양대 작가 중의 한 사람인 이해조는 이인직
과는 문제를 접근하는 시각과 방법이 사뭇 다르다. 그는 우선 양
반 계급의 현실적 존재에 대해 이인직과 같은 극단적 거부감을 갖
고 있지 않다. 오히려 부정한 현실을 극복하는 주체로서 양반층의
역할을 비교적 적극적으로 상정하고 있다.[20] 이 점에서 이해조의

과와 한계라는 관점에서 이인직과 이해조의 문학을 분석해야 한다는 입장을 갖
고 있었고 이런 점에서는 이상경의 논지에 공감하는 바가 있다. 하지만 같은
차원에서 논의하는 것이 곧 두 사람의 예술적 성과의 차이를 '개성'의 수준으
로 격하시켜 결과적으로 그 의미를 축소하거나 무의미하게 하는 것과 동일한
것은 아니다.

19) 미국에서 돌아온 옥남과 어머니 본평부인의 대화 속에 다음과 같은 구절이 나
온다. "지금 세상은 이전과는 다른 때오. 황제 폐하께서 정치를 개혁하셨는데
지금은 권리 있는 재상도 벼슬을 파라먹지 못하오. 관찰사 군수들도 잔학생민
(殘虐生民)하던 옛 버릇을 다 바리고 관항돈[祿俸: 필자] 외에는 낫선 돈 한푼
먹지 못하도록 나랏법을 세워놓은 때올시다. 아버지께서 이런 때에 계셨더라면
재물을 아무리 만이 가졌더래도 그런 화를 당할 리가 없으니 아버지께서도 지
하에서 이런 줄 아르실 지경이면 천추의 한이 풀리실 터이니"(『은세계』, 동문
사, 1908, p.134).
　우리는 융희(隆熙)년간의 현실을 왜곡·미화하는 옥남의 발언 그 이면에 감
추어져 있는 이인직의 진심을 확인할 수 있다. 즉 이인직은 순종의 통치를 '요
순 시대'로 전제하고 그것을 실질적으로 가능케 한 일본의 역할을 은연중에 부
각시키고 있다. 여기서 한 발 더 나아가면 **한일 합방이 곧 진정한 근대로의 진
입**이라는 맹랑한 논리가 전개되는 것이다. 특히 관인 세계의 부패가 순종의
즉위로 해결되었다는 그의 견해는 「만인산」의 세계와는 상반되는 것으로 시대
의 진실과는 어긋나는 것이라 할 수 있다. 옥남의 발언을 통해 우리는 이인직
의 욕망이 현실을 어떻게 왜곡시키는가를 분명하게 간파할 수 있다. 문면에 나
타난 이인직의 현실관은 친일을 위한 의도적 산물이면서 동시에 그의 믿고 싶
었던 '신념'이었던 것이다.
20) 이는 아마도 이해조가 종실의 후손이란 점과 관계될 것이다. 그리고 그의 세계

개혁 사상은 제한적이다. 하지만 그러한 관점이 곧 양반에 대한 무조건적 옹호로 연결되지는 않는다. 이해조가 주안을 두는 문제는 이 부정적 현실을 어떻게 극복할 수 있는가 하는 문제인데, 그런 점에서 부패하고 매판적인 집권층에 대한 날카로운 비판을 행하기도 한다. 요컨대 이해조는 양반 계급 일반과 구한말 집권 세력을 구분하여 사고하는 셈인데, 여기서 우리는 이해조 소설의 한 특질인 '시무적(時務的) 성격'을 확인할 수 있다. 따라서 소설의 주요한 관심은 지금 눈앞에서 벌어지고 있는 실제 상황에 집중되게 되고 이인직의 작품과는 구별되는 '당대적 리얼리티'를 획득하게 되는 것이다. 『구마검』이나 『홍도화』 『박정화』는 이를 실증하는 작품이라 할 수 있다.

5

『만인산』은 위에서 살핀 이인직과 이해조의 경향 가운데 후자에 보다 가까운 작품이라 할 수 있다. '만인산(萬人傘)'은 선정한 지방관의 공적을 선양하기 위해 고을 백성들이 만드는 물건을 뜻한다. 모양은 일산(日傘)과 비슷한데 비단으로 꾸미고 가장자리에 여러 천조각을 늘여 유지(有志)의 성명을 기록하게 되어 있다고 한다.[21] 이를테면 송덕비와 같은 것이다. 본시 만인산은 "애민여자(愛民如子)하는 인덕이 백성의 뢰수에 져진 연후에야 비로소 얻는 고로 립아조오백년래에 만인산 얻은 사람이 불과 몇 사람뿐이라"

관적 특질인 점진적 개량주의의 소산이라고도 볼 수 있다. 확실히 이해조의 작품은 이인직의 경우에 비해 중세적 인물, 특히 양반 계급에 대해 너그러운 특질을 지니고 있다. 『고목화』나 『빈상설』의 작품 속에서 그러한 경향은 뚜렷이 나타난다. 『자유종』 또한 개명한 양반층 부녀들을 주인공으로 내세우고 있다.
21) 동양서관판, 『만인산』의 표지에 그 모양이 그려져 있어 참고가 된다.

(『만인산』, p. 19) 대단히 희귀한 것이었다. 그러나 조선 후기로부터 구한말에 이르러 지방관들이 이름을 내기 위해 거짓으로 만인산을 만들어 중앙 정부에 올려보내는 일이 비일비재해서 "만인산이 비 오는 날 박쥐우산보다 못지아니하게 흔하여 진실로 선치한 수령은 만인산 생기는 것을 도로혀 수치로 여기"(『만인산』, p. 19)게 되니 이 작품의 '만인산' 또한 그런 경우에 해당한다.

주인공 한주사는 환로의 꿈을 버리지 않고 대신들을 찾아다니며 엽관 운동에 매진하는 인물이다. 첩에게 이르는 주인공의 장담은 그 인물이 지향하는 바가 어디에 있는지 넉넉히 짐작케 한다.

> 걱정 말게 걱정 말아. 하날이 문어져도 소서널 구멍이 잇지 설마 일상 이 모양으로 고생살이를 하겟나. 여차여차하고 약시약시하면 이리저리 할 일이 미구(未久)에 될 터이니 그 대감이 세상 업기로 나야 괄시하겟나. 월급푼이라도 두둑이 먹을 벼살 한자리를 열 놈 제체고 나를 식힐 것이니 그때 가서야 무슨 걱정이 잇겟나. 아모 말 말고 감안이 잇게 일이 불원간에 곳 될 터일세. (『만인산』, p. 4)

비정상적인 방법으로 출세하려는 주인공을 설정한 것 자체가 이미 당대의 거꾸로 선 가치 체계, 인재 등용의 파행상[22]을 암시하고 있으니 주인공의 성격에서부터 풍자의 요건은 구비되어 있는 셈이다. 여기에 요악한 첩으로 해주집이 등장한다. 해주집은 한주사를 출세시켜 그 지위를 이용해 돈을 벌고자 하는 흉계를 지닌 여인이다. "한주사는 웅덩이에 빠진 모양으로 허덕허덕하여

---

22) 김영모는 "갑오개혁은 신분 철폐와 관료 충원 제도의 개혁을 실시하였으나 이것에 따르는 사회적 기반, 즉 충원 후보 세력이 초기에는 존재하지 않았고 제도상의 미비로 취시(取試)보다 추천과 특례 규정에 의하여 충원이 더욱 가능하였기 때문에 권력과 연고에 의한 정실주의에 빠지기 쉬웠다"(『조선 지배층 연구』, 일지사, 1977, p. 337)고 구한말 관리 등용 제도의 허점을 지적하고 있다.

헤어나오지를 못한다"(p.12)는 본문의 표현처럼 해주집은 용렬한 한주사를 뒤에서 조종하고 있는데, 그 성품의 야비함과 간교함이 비길 데가 없을 정도이다. 재물을 다투는 데 민활하고 능란한 색계(色界)의 여성들, 신소설은 이런 인물에 대해 특별한 관심을 가졌던바, 『박정화』의 뚜쟁이 신마마, 『황금탑』의 색주가 작부 등이 바로 그들이다. 해주집의 속셈은 대개 다음과 같은 것이었다.

건너다보니 절터라고 네 세도가 얼마나 오래 가겠늬. 내 실속이나 든든이 하겠다. 어림없시 물덤벙술덤벙하고 지내다가 시세 틀린 뒤에 헷물 켜고 잡바져 무엇하게. (『만인산』, p.11)

기생 첩의 존재는 그 자체가 불건전한 사회의 악한 산물이니 남성은 재물을 이용하여 여성을 성적 탐닉의 대상으로 전락시키고 여성은 그것을 이용해 생존을 도모하는 것이다. 결국 부화한 세태 속에서 남여 모두 인간적 가치와 존엄성을 상실하고 타락하게 된다. 한주사는 엽관 운동을 통해 얻은 벼슬로 돈을 갈취하고, 기생첩은 다시 한주사를 속여 돈을 뺏았으니, 이 두 사람을 중심으로 이루어지는 모든 비속한 상황은 결국 구한말 사회의 본질을 드러내는 축도(縮圖)인 셈이다.

근대의 외양은 갖추었으나 그것이 민족과 국가 내부의 주체적 역량을 통해 이루어진 것이 아님은 주지의 사실이다. 여기에는 오히려 자국의 체제 질서 속에 한국을 포섭하려는 제국주의 국가들, 특히 일본의 영향력이 깊숙이 도사리고 있었다. 독립협회와 만민공동회 운동과 같은 근대적 국민 국가를 향한 자생적 움직임이 좌절된 이후 자력에 의한 국가 체제의 변화는 더 이상 기대할 수 없게 된 것이다. 구한말의 관인 지배층들은 이들 제국주의 세력과 결탁하면서 자신들의 사적 이익을 위해 골몰하게 되니 당시의 관계(官界)는 국가와 국민을 위한 공복으로서의 기능보다 일신의 영달과 치부를 위해 혈안이 된 모리배들의 굴혈이 되었다.

 盖韓國人의 仕宦慾은 盖百藥難醫의 痼疾이라. 其壹生事業을 仕宦界의 奴隸로 終하야 仕宦權이 大臣에게 在한즉 大臣의 奴隸가 되고 內竪에게 在한즉 內竪의 奴隸가 되고 賊臣에게 在한즉 賊臣의 奴隸가 되고, 異種別族의 南蠻이 來할지라도 仕宦만 與한즉 是喜是躍하고, 凶狼强險의 北狄이 來할지라도 仕宦만 與하면 是舞是歌하야, 民賊이 되든지 國賊이 되든지 五斗祿米만 得하면 是大幸이요, 禽獸가 되든지 魚肉이 되든지 三品加資만 得하면 是大望이라. (대한매일신보, 1908. 10. 7)

 단재(丹齋)의 체취가 강하게 느껴지는 윗글에서 "민적(民賊)이 되든지 국적(國賊)이 되든지 오두녹미(五斗祿米)만 득(得)하면 시대행(是大幸)이요, 금수(禽獸)가 되든지 어육(魚肉)이 되든지 삼품가자(三品加資)만 득(得)하면 시대망(是大望)이라"는 표현은 참으로 위기적 상황을 절감케 한다. 헌신적으로 국가의 근간을 수호해야 할 공복들이 상하 이를 것 없이 총체적으로 썩어 있다는, 그래서 이제는 돌이키기 힘들다는 절망감이 깊숙이 배어 있기 때문이다. 『만인산』의 내용은 그러한 관인 사회에 대한 풍자적 보고서인 것이다.
 한주사의 후견인인 이대신은 한주사를 출사(出仕)시키기 위해 청렴한 인물인 현직 지방국장의 친상(親喪) 부음(訃音)을 조작하여 그가 귀향한 사이에 한주사를 그 자리에 앉힌다. 지방국장은 지방관의 인사를 결정하는 요직으로 한국장은 지위를 이용한 매관매직으로 누만금의 재물을 거둬들인다.[23] 사정이 이러하니 지방

---

23) 애국 계몽기 토론체 소설인 「소경과 안즘방이 문답」에도 매관매직과 관련해 『만인산』의 상황과 흡사한 일들이 비판되고 있어 당시에 이런 일들이 일상화되었음을 느끼게 한다. "참 이상한 일도 만아. 지금갓치 전황(錢荒, 1905년 일본인 재정 고문 메가다의 주도로 이루어진 화폐 개혁으로 인해 발생한 금융 공황·토착

관의 임면(任免)을 둘러싼 온갖 잡음이 끊일 사이가 없었다.[24]

일전 주본에는 성명 알 만한 친구가 몇 명은 되더니 이번 주본에는 모다 생면강산이로구나. 아모는 도임한 지가 한 달도 못 되야 벌서 갈렷네. 그 사람은 도임이나 하얏구면. 아모는 아즉도 도임을 못 하얏다는데 벌서 갈리엇네. (『만인산』, p. 10)

풍문과 사세가 불리하게 돌아감을 눈치챈 해주집은 한국장을 부추겨 지방관을 자청해 밀양 군수로 내려가게 된다. 여기서 한국장과 해주집은 또 한번의 기회를 잡아 재물을 긁어모으게 된다. 매관매직이란 간접의 축재 방식에서 직접 민중 수탈의 일선에 나아가게 된 것이다. 오직 결탁과 정실에 의해 좌우되던 당시 관리 임용 관행의 그러한 난맥상은 구한말 관인 사회에 만연된 총체적 부패 구조의 산물인바 그 종국적 결과는 언제나 민중들에게 전가되었던 것이다.[25]

해주집은 한국장이 부임하기도 전에 외상으로 온갖 기물을 사들이고 한국장은 "도임도 하기 전에 몇 해 관황(官況 : 지방관의 녹

자본이 몰락하는 계기가 됨 : 필자)한 때에도 군수 주본(奏本, 임금에게 올리는 문서: 필자)이 된다 하면 사면에 돈 래왕허는 소래에 귀가 압흐니 이러케 귀한 돈을 일이 량도 아니오 멧만 량 몃천 원을 돌녀내는 것 보면 '참 돈이 제갈량이라' 하되 그 사람들도 제갈량이지"(대한매일신보 1905. 11. 19).

24) 특히 '을사오적' 가운데 하나인 내부대신 이지용(李址鎔)은 엽관배들의 대표적 후원자로 그와 얽힌 관리 임면에 대한 추문은 오랫동안 끊이지 않았다. 심지어는 관찰사·군수의 서임(敍任)이 '俱以內大之食口'(내무대신의 식객으로 이루어짐)라는 비판을 받을 정도였다(대한매일신보, 1906. 8. 4).

25) 그러한 상황을 당시 신문의 사설은 다음과 같이 지적하고 있다. "嗚乎라. 上天이 一視同仁하사 世界人民이 各其 天賦自由權으로 生活福祉를 享有하거늘 惟此大韓人民은 天賦權을 自失하야 自國官吏의 犧牲으로 供하다가 또 他國人의 魚肉이 되겟으니 어찌 寒心히고 可憐치 않으리요"(「閔地方官吏貪臟記」, 대한매일신보, 1906. 1. 16).

봉)을 다 써버리"(p.16)게 되니 그렇지 않아도 이재(理財)에만 골
몰하던 그가 임지에 부임한 후 어떤 행태를 보였는지는 불문가지
의 일이었다. 불편부당하게 처결해야 할 송사에 개입해 뇌물을 받
는 등 온갖 불법을 저지르고 그 원성을 틀어막기 위해 선치를 칭
송하는 목비를 남몰래 세우고 급기야는 '만인산' 까지 위조하기에
이른다. 하지만 문제는 늘 생각잖은 곳에서 생기는 법, 한군수가
믿어 의심치 않던 해주집이 그간 애써 모아두었던 모든 재물을 온
통 빼돌려 사라져버렸던 것이다. 분기가 탱천한 한군수는 어렵사
리 해주집을 찾아냈건만 기대했던 사죄와 참회의 말을 듣기는커녕
망신만 톡톡히 당한다.

이놈아 의주 문관의 이름을 모록하야 정부 탄핵 상소한 일은 기군망상
(欺君妄上)의 죄가 아니며 그 상소 결과로 리판서가 내부대신을 한 뒤에
헷 통부를 전하야 지방국장 떼어먹은 것은 내가 법률은 몰은다마는 징역
할 만한 죄가 아니더냐? 또 지방국장으로 네가 있어서 주본 때마다 돈을
받고 원을 식여 리판서와 반타작을 하고 지금 밀양 군수로는 백성의 피
를 적게 글것나냐. 그 일이 모도 다 내 입에서 나면 너 경칠 거리가 아
니더냐. (『만인산』, p.27)

한군수에 대한 해주집의 포악은 결탁과 술수, 탐욕과 이기심 이
외의 세상 사는 능력과 인간적 품성을 상실한 구한말 관인층에 대
한 준열한 비판의 의미를 담고 있는바 그것이 해주집과 같은 기생
첩에 의해서 폭로된다는 설정이 흥미롭다.[26] 기생 첩조차 제대로

---

26) 용렬한 관인과 요악한 기생 첩을 중심으로 벌어지는 『만인산』의 풍자 구조는 하
   나의 소설사적 계보를 가지고 있다. 판소리계 세태 풍자소설인 『배비장전』이 그
   것이다. 제주 기생 애랑이 길떠나는 정비장을 구슬려 '양물' 까지 뺏으려 하는
   장면이나 빼어난 색태를 미끼로 배비장의 위선을 폭로하는 대목은 어떠한 경륜
   이나 주관도 없이 신분을 이용해 재물을 긁어모으는 관인층에 대한 야유이자 성

다스릴 수 없는 자들이 국가 경영을 어떻게 하겠느냐는 반어적 풍자의 예리함이 느껴지기 때문이다.

『만인산』은 해주집에 의한 한군수의 몰락만으로 끝나지 않는다. 한주사의 밀계로 관직에서 쫓겨난 김국장이 등장해 한군수를 재판소에 고소하고 결국 법의 심판을 받게 한다. 해주집 역시 한군수와 공모한 혐의로 체포된다. 순연한 풍자소설로서 본다면 이러한 소설의 말미는 일종의 사족이다. 풍자소설로서 작품이 지닌 긴장감과 밀도를 떨어트리기 때문이다. 그러한 장면이 없더라도 작가의 의도는 충분히 전달될 수 있기 때문이다. 하지만 우리는 작가가 지니고 있었던 문제 의식만큼은 눈여겨볼 필요가 있다. 작가가 문제 해결의 종국적 방략으로 사적 복수담 대신 재판소라는 공적 기구를 끌어들인 것은 곧 근대적 제도와 그것의 운용을 통해 현실의 제반 문제를 해결하겠다는 의지의 소산이다. **법과 제도의 확립이야말로 인간의 무한한 욕망과 거기에서 파생하는 온갖 불합리를 견제하고 징치할 수 있는 가장 효과적인 근대의 기획이기 때문이다.**

6

우리는 『만인산』을 통하여 하나의 가능성을 발견한다. 관인 지배층의 말세적 발호와 식민지화를 목전에 둔 상황에서도 현실의 부정성을 비판·풍자할 수 있는 건강한 이성이 존재했음을 확인할

토이다. 『만인산』 또한 봉건 귀족 계급의 성적 완롱물인 기생을 내세워 그녀들에게 패악한 성품을 갖지 않을 수 없게 유도한 지배 세력의 종국적 몰락을 초래케 한다는 공통점을 지니고 있다. 하지만 『배비장전』과 『만인산』 사이에는 보다 근본적인 구별점이 있다. 『배비장전』이 관인층의 위선과 모순을 폭로하는 자체에 주안이 있었다고 한다면 『만인산』은 비판 이후의 대안까지도 마련하고 있다는 점이다. 그 이유는 역시 미래에 대한 '전망'을 구체화시킬 수 있었던 시대의 차이에서 비롯된 것이라 하겠다.

수 있었기 때문이다. 이러한 정신의 긴장감은 제국주의 세력과 부패한 국가 권력이라는 이중의 압박 속에서도 진정한 근대 사회를 창출하려는 건전한 세력의 의지로부터 발현한 것이다. 그리고 한국 근대 문학의 진정한 발화를 가능케 할 수 있었던 동력이기도 했다. 하지만 이러한 문학 정신은 이후 위축되고 잠복하게 된다. 일제 강점기하의 역사적 상황이 이를 허락하지 않았기 때문이다. 풍자 정신의 위축과 소멸, 이것은 분명 한국 근대 소설사의 입장에서 본다면 하나의 커다란 손실이 아닐 수 없었다. 우울함과 비관주의적 정조로 착색된 식민지 시대 소설사의 흐름을 일별할 때 더욱 그러하다. 그런 점에서 채만식의 『태평천하』가 주는 느낌은 한층 각별한 것이다.

이상의 소설과 한국 문학의 근대성
—— 이상의 수사학에 관한 한 고찰

서 영 채

1. 머리말

한국 문학사에서 이상이 차지하고 있는 비중은 새삼스럽게 강조할 필요가 없을 것이다. 그 동안 이상과 그의 문학에 관해 씌어진 글의 분량만으로도 넉넉히 헤아려볼 수 있기 때문이다.[1] 그럼에도 불구하고 이상의 문학은 여전히 문제적이다. 특히 한국 문학의 근대성이라는 관점에서 볼 때, 매우 이색적이면서도 중요한 논리의 거점 노릇을 한다는 점에서 그러하다. 이 글은 바로 이와 같은 문제를, 한국 문학의 근대성이라는 관점을 구체화시키기 위한 시도로 씌어진다.

이 글을 통해 우리가 성찰해보고자 하는 대상은 일차적으로 이

---

[1] 이상에 관해 씌어진 글은 80년대까지만 하더라도 학위 논문을 포함해 약 300편에 이르고 있으며, 또한 이상 전집은 세 번에 걸쳐 새로운 고증을 통해 거듭 출간되었다. 이상에 관한 연구는 이와 같은 양적 축적에 어울리게 다양한 관점과 방식으로 시도되었으니, 전기적 연구에서부터, 다양한 해석과 주석 작업, 신비평의 관점에서 본 기법의 차원이나 정신분석적인 차원, 또한 수학자가 본 이상의 시에 관한 연구에 이르기까지 다룰 수 있는 영역은 거의 포괄했다고 해도 과언이 아니다.

상 소설의 수사학이다. 고도로 지적인 위트와 풍자, 아이러니, 역설, 경구 등을 쾌도난마처럼 구사하는 그의 수사학은 이미 많은 연구자들에 의해 이상 문학의 주요한 특성으로 거론되어왔다. 그러나 이 글에서 고찰하고자 하는 것은 이러한 수사학이 이상 문학의 특성을 이루고 있다는 사실 자체나, 그 수사학들을 어떻게 명명하고 분류할 것인지의 문제가 아니라, 그것의 존재 방식과 기능이며, 의미이다. 곧 그러한 수사학이 출현할 수 있었던 내적인 논리와 수사학의 기능을 밝히고, 그 의미를 규명하고자 하는 일이 이 글의 일차적인 관심이라는 것이다.

이러한 관심을 논리화시키는 일은 또한 한국 문학, 더 좁게는 소설의 근대성에 관한 논의에 주요한 논리를 제공해줄 수 있을 것으로 생각된다. 이를 둘러싼 가장 본질적인 문제는 한국 소설의 근대성이 어떻게 규정될 수 있는지에 관한 질문이다. 그러나 이러한 문제는 정언적인 가치 판단이나, 정의를 목표로 하는 형식 논리적인 진술만으로는 충족되기가 어렵다. 물론 그렇다고 하여 가치 판단이나 논리적 규명의 문제가 도외시될 수는 없다. 여전히 우리는 근대성이라는 거대한 수레를 타고 있으며, 이런 이유로 그것에 대한 가치 판단을 행하는 것은 우리의 삶의 방향성에 대해서 중요한 지침이 될 수 있기 때문이다. 그럼에도 불구하고, 최소한 근대적 학문의 영역에서라면 이러한 문제는 우회될 수밖에 없다. 중심이되 텅 빈 중심이어야 한다는 것이다. 가치의 선악이 아니라 논리의 진위를 판별하는 일만이, 근대의 학적 담론이 보장할 수 있는 최대치이기 때문이다.

이러한 전제에 설 때 소설의 근대성을 향한, 또한 이상의 문학을 향한 우리의 태도는 일차적으로는, 현상학이나 계보학의 차원을 넘어서기 어렵다. 형식적인 분류학이나 정언적 가치 판단의 진퇴양난을 피할 수 있는 몇 안 되는 통로이기 때문이다. 우리가 궁극적으로는 문학의 근대성을 문제삼으면서도, 논의의 주된 대상으로 수사학을 거론하는 것 역시 이러한 이유 때문이다.

이 글에서는 먼저, 이상의 수사학을 논의하기 위한 전제로서 권태라는 심리적 범주를 첫번째 대상으로 상정한다. 이상의 권태는 어떤 의미를 가지고 있는지, 또 앞시대의 권태, 염상섭의 권태와 어떻게 구분되는지 등이 주된 논의의 대상이다. 이것은 이상의 수사학의 발생론적 근거를 살피는 일에 해당된다(2절). 이어서, 이상이 구사하는 수사학의 내적 구조와 논리를 분석하고, 그것이 글을 쓰는 주체의 의지와 어떤 연관을 맺고 있는지를 해명한다(3절). 그리고 마지막으로 그러한 수사학이 지니는 의미를 서술하고자 한다(4절). 근대성이라는 항목 역시 이 세번째 절에서 논의될 것이다.

2. 두 개의 권태

이상의 문학을 파악함에 있어 핵심적인 범주의 하나로 지적할 수 있는 것은 아마도 권태일 것이다. 이는 피로나 나태, 무기력 등으로 모습을 바꾸어 이상의 글 곳곳에서 드러나고 있지만, 그 특징이 가장 선명하게 나타나 있는 곳은 수필「권태」(1937)의 다음과 같은 부분이다.

> 끝없는 권태가 사람을 엄습하였을 때 그의 동공은 내부를 향하여 열리리라. 그리하여 망쇄할 때보다도 몇 배나 더 자신의 내면을 성찰할 수 있을 것이다.
> 현대인의 특질이요 질환인 자의식 과잉은 이런 권태치 않을 수 없는 권태 계급의 철저한 권태로 말미암음이다. 육체적 한산 정신적 권태 이것을 면할 수 없는 계급이 자의식 과잉의 절정을 표시한다. (『전집』 3, p. 146)

이에 따르면 권태는 내면으로 향하는 통로이다. "꿈이 육체의 이완의 정점이라면 권태는 정신의 이완의 정점이다"[2]는 말이 있다. 그러나 이것은 단지 권태의 일면에 지나지 않는다. 권태란 문명 일반의 특징인 질서 만들기, 곧 반복 강박 compulsion to repeat과 밀접하게 연관되어 있기 때문이다.[3] 질서란 생활의 경제학, 리비도의 경제학의 산물이며, 목적 합리성의 철저한 통제하에서 이루어지는 것이다. 권태란, 말하자면 그 같은 일상의 질서가 어느 한 순간 낯선 모습으로 다가올 때, 혹은 그 생활의 질서로부터 이탈되어 있을 때 발생하는 심리적 상태라 할 것이다. 그러므로 권태는 단지 심리적 이완일 뿐 아니라, 동시에 치열한 긴장 상태이기도 하다. 질서를 잉태하는 반복 강박이란 일상에서 당면하는 제반 선택과 결정이 요구하는 정신적 부하를 덜어내는 역할을 하는 것이어서, 그 질서를 존중하며 그 내부에 존재하는 개인들에게는 더 없이 안락한 정신적 이완을 제공한다. 그러므로 그 질서로부터 이탈해나오는 것은 그 자체만으로도 정신적 부담일 뿐더러, 새로운 질서를 만들어내기 위해 그것을 거부하는 경우에 요구되는 정신적 부하는 훨씬 더 증가된다. 이런 의미에서 권태란 이완된 정신이면서 동시에 팽팽하게 긴장된 정신이라 할 수 있다. 기존의 질서를 바라보는 권태의 시선은 느슨하게 이완되어 있지만, 새로운 세계와 질서를 찾아 두리번거리는 권태의 또 다른 시선은 팽팽하게 긴장되어 있다는 것이다. 따라서 권태는, 그 자체로 목적적인 것일 수는 없으나, 기존의 질서로부터 이탈해나와 세계와 자아의 새로운 영역으로 나아가고자 하는 정신의 출발점이 되는, 하나의 받침대이자 도화선의 구실을 한다고 할 수 있다.

이상이 말하고 있는 바 권태는 바로 이러한 의미의 권태와 정확

---

2) 벤야민, 반성완 역, 『발터 벤야민의 문예 이론』(민음사, 1983), p. 174.
3) 문명과 질서의 관계에 대해서는 프로이트, *Civilization and Its Discontents*, standard 판 전집 21권, p. 93 참조.

하게 일치하고 있다. 그러나 문학적 글쓰기 속에서 권태가 표현된 것이 이상으로부터 비롯된 것이 아님은 물론이다. 근대 소설사에서 우리는 이상보다 10여 년이 앞선 또 하나의 권태, 보다 힘있고 강력한 염상섭의 권태를 발견할 수 있다.

무거운 기분의 침체와 한없이 늘어진 생의 권태는 나가지 않는 나의 발길을 남포까지 끌어왔다.
귀성한 후 칠팔 개 삭간의 불규칙한 생활은 나의 전신을 해면같이 짓두들겨놓았을 뿐 아니라 나의 혼백까지 두식하였다. 나의 몸은 어디를 두드리든지 알코올과 니코틴의 독취를 내뿜지 않는 곳이 없을 만큼 피로하였었다.

「표본실의 청개구리」의 화자가 고백하고 있는 것 또한 지독한 권태이다. 여기에서 권태는 우울증과 신경증을 동반한다. 중학 시절 해부대에 놓여 있는 개구리의 모습과 메스가 시시로 머리에 떠올라, 그의 신경을 자극한다. 이로부터 벗어나는 길은 새로운 세계를 향해 나아가는 것이다. "어디든지 가야겠다. 세계의 끝까지, 무한에 영원히 발끝 자라는 데까지, 무인도! 시베리아 황량한 벌판! 몸에서 기름이 부지직부지직 타는 남양! 아아" 이와 같은 낭만적 충동 끝에 놓여 있는 것은 김광억이라는 남포의 한 광인이지만, 그에게 광인은 '실신자(失神者)'가 아니라 '자유민'이다. 그리고 그 자유민의 존재 앞에서 그는 다음과 같이 고백한다.

무엇이라고 썼으면 지금 나의 이 심정을 가장 천명히 형에게 전할 수 있을가! 큰 경이가 있은 뒤에는 큰 공포와 큰 침통과 큰 애수가 있다 할 지경이면 지금 나의 조자(調子)를 잃은 심장의 간헐적 고동은 반드시 그것이 아니면 아닐 것이요…… 인생의 진실된 일면을 추켜들고 거침없이 육박하여올 때 전령(全靈)을 에워싸는 것은 경악의 전율이요, 그리고 한

없는 고민이요, 샘솟는 연민의 눈물이요, 가슴이 저린 애수요 [……] 그 다음에 남는 것은 미치게 기쁜 통쾌요 [……] (『염상섭 전집』 9, 민음사, pp. 29~30)

「표본실의 청개구리」의 화자가 권태 끝에 발견하는 것은 곧 생동하는 정신의 자유이며, 스스로에 대한 자각, 주체의 자기 의식이다. 그의 친구인 Y는 그에게 보내는 편지의 첫머리에서 "형식에 빠진 모든 것은 우리에게 있어 벌써 아무 의미도 없는 것이 아니오?"와 같이 말한다. 편지 한 통 보내는 것까지 철저한 자기 의식의 산물이어야 한다는 것이다. 이러한 점은 같은 시기에 씌어진 소설 「만세전」이나 산문 「개성과 예술」 「지상선을 위하여」 등에서도 매우 선명하게 확인되고 있다. 「만세전」의 이인화가 귀경하여 느끼는 심정은 권태와 답답함이다. 그는 그 끝에 그가 발견하는 것 역시 자기 의식의 자유이다.

어떠튼 우리는 우리의 길을 차자서 나가십시다. 사라는 것이 멸망을 의미하든 영생을 의미하든 어떠한 지수를 가르치든 그것은 우리로서 조금도 간섭할 권리가 업겟지요. 우리는 다만 호흡을 하고 의식이 남아 잇다는 명료하고 엄숙한 사실을 대할 때에 현실을 정확히 통찰하며 스스로의 길을 힘잇게 밟고 굿세게 살아나가야 할 자각만을 스스로 자기에게 강요함을 깨다라야 할 것이외다. (『전집』 1, p. 105)

이는 「만세전」의 이인화가 일본인 카페 여급 정자에게 보내는 편지의 일부이다. 말하자면 무엇이건 상관이 없다는 것, 선험적으로 주어지는 모든 질서와 억압에 대항하여 스스로 선택하고 판단하고 결정하는 것이라면, 그 자체만으로도 고귀하고 의미있다는 것, 오히려 선택되는 대상이 아니라 자유롭고 자각적인 주체의 선택 그 자체만이 중요하다는 것이다. 이러한 사실은 그의 산문 「개성과 예술」이나 「지상선을 위하여」에서도 선명하게 드러나 있으며, 이는 곧 이광수식의 전통 부정론과 동일한 의미를 지니고 있다고 해도 좋을 것이다.

주체의 자각을 강조한다는 점에서는 이상의 경우도 염상섭과 크게 다르지 않다. 「권태」에서 그는 평안도 성천 땅의 단조로운 자연 속에 갇혀 질식할 것 같은 답답함을 토로하고 있다. "어서―차라리―어둬버리거나 했으면 좋겠는데―벽촌의 여름―날은 지리해서 죽겠을 만치 길다"는 진술로 시작하여, 그는 단조로운 자연의 풍경과 그 안에 매일 동일하게 반복되는 촌민들의 생활 속에서 그 어떤 생활의 활력도 발견하지 못한다. 그 생활이 그에게는 못 견디게 권태롭다. 그러나 그는 이를 일컬어 행복이라 한다.

내일, 내일도 오늘 하던 계속의 일을 해야지. 이 끝없는 권태의 내일은 왜 이렇게 끝없이 있나? 그러나 그들은 그런 것을 생각할 줄 모른다. 간혹 그런 의혹이 전광과 같이 그들의 흉리를 스치는 일이 있어도 다음 순간 하루의 노역으로 말미암아 잠이 오고 만다. 그러니 농민은 참 불행하도다. 그럼――이 흉악한 권태를 자각할 줄 아는 나는 얼마나 행복된가.

그가 행복하다고 하는 것은 물론 권태 그 자체가 아니라 권태를 자각하고 있다는 사실을 두고 하는 말이다. 그러므로 그의 행복은 자신의 반대편에 권태를 느끼지 못하는 농민들이 있어야만 가능할 수 있다. 그는 그들을 일컬어 불행하다고 했으며, 여기에서 더 나아가 "거대한 천치" "먹고 잘 줄 아는 시체"라고까지 한다. 뿐만 아니라 그를 둘러싸고 있는 여름의 자연, "일망무제의 초록색"조차도 그에게는 "조물주의 몰취미와 신경의 조잡성으로 말미암은 무미건조한 지구의 여백"으로 느껴지는 것이다. 그러나 이와 같은 상대적인 행복감은 순간의 것에 불과해서, 그가 자신의 권태와 직접 맞서는 순간, 곧 자기 자신과 마주 대하는 순간 다시 권태 그 자체의 압도적인 힘만이 그를 엄습한다. 그것은 행복이 아니라 처절한 절망감이고 견딜 수 없는 공포이기도 하다.

　방에 돌아와 나는 나를 살펴본다. 모든 것에서 절연된 지금의 내 생활──자살의 단서조차를 찾을 길이 없는 지금의 내 생활은 과연 권태의 극권태 그것이다. 〔……〕 불나비가 달려들어 불을 끈다. 불나비는 죽었든지 화상을 입었으리라. 그러나 불나비라는 놈은 사는 방법을 아는 놈이다. 불을 보면 뛰어들 줄을 알고──평상에 불을 초조히 찾아다닐 줄도 아는 정열의 생물이니 말이다.
　그러나 여기 어디 불을 찾으려는 정열이 있으며 뛰어들 불이 있느냐. 없다. 나에게는 아무것도 없고 아무것도 없는 내 눈에는 아무것도 보이지 않는다.
　암흑은 암흑인 이상 이 좁은 방 것이나 우주에 꽉찬 것이나 분량상 차이가 없으리다. 나는 이 대소 없는 암흑 가운데 누워서 숨쉴 것도 어루만질 것도 또 욕심나는 것도 아무것도 없다. 다만 어디까지 가야 끝이 날지 모르는 내일 그것이 또 창밖에 등대하고 있는 것을 느끼면서 오들오들 떨고 있을 뿐이다. (『이상 전집』 3, 문학사상사, pp. 152~53)

　이는 「권태」의 마지막 대목이거니와, '권태의 극권태' 속에서 공포를 느끼고 있는 이상의 모습은 처절하기조차 하다. 그가 느끼는 공포는 일차적으로 세계로부터의 단절감에서 비롯된다. 초록으로 무장을 한 벽촌의 자연이 그에게는 감옥이다. 그의 또 다른 성천 기행 「산촌 여정」에서 언급되고 있는 바와 같이, 그의 고향은 도회이고 성천의 팔봉산은 그 고향으로부터 자신을 격리시키고 있는 벽이기 때문이다. 이 속에서 그는 철저한 이방인이고 모든 것으로부터 단절되어 있는 고립된 개인이다. 이러한 단절감이 일차적으로 이상이 술회하는 공포의 근원이라 할 수 있을 터이나, 그러나 그것은 말 그대로 일차적인 것에 불과하다. 그에게는 언제든지 자기 자신 속으로 들어갈 수 있는 내면의 통로가 마련되어 있기 때문이다. 그는 권태를 느낄 때 오히려 자신의 내면을 보다 깊이 성찰할 수 있다고 하지 않았던가. 그리고 그것이야말로 저 몽매한 토인들에 맞서 그 자신이 내세울 수 있는 우월감의 근거가 아니었던가. 그런데도 왜 그는 권태 속에서 공포를 느껴야 하는가.

주체의 내면을 응시하는 일이란, 그것이 대상 없는 사유인 명상의 형태가 아닌 이상, 주체의 자기 의식을 획득하는 일에 해당한다고 할 수 있을 것이다. 또한 자기 의식이란 필연적으로 인식과 행위의 대상으로서의 타자를 요구하며, 타자와의 교호를 통해 무정형적인 의식은 비로소 행위 주체와 인식 주체의 자기 의식이 될 수 있다. 그것은 그러므로 타자를 통해 자신의 존재를 확인하는 의식이며, 이내 '무엇을 할 것인가'라는 질문으로 연결된다. 곧 주체가 스스로의 본질을 보존할 수 있는 대상을 찾아 자신을 실현시키고 그것을 통해 흔들리지 않는 자기 의식을 획득하는 행위로 연결된다는 것이다. 염상섭이 「개성과 예술」에서 진술했던 바 개성의 획득이 바로 그것이며, 따라서 염상섭에게 이는 단지 예술가의 일일 뿐 아니라 석가나 예수의 평생 사업에도 해당되는 것이었다. 그만큼 거룩하고 신성한 것이어서 생명과도 맞바꿀 수 있는 가치를 지니고 있는 것, 그러므로 그 사실을 깨닫는 것 자체만으로도 자기 목적적인 것이었던 셈이다. 따라서 「표본실의 청개구리」에서 등장하는 권태라는 함정은 자기 의식을 향한 낭만적 열정만으로도 쉽게 극복될 수 있는 성질의 것이었다.

그러나 이상의 경우는 이와는 사뭇 다르다. 주체의 자기 의식이 소중한 것이라는 점은 이미 하나의 전제이다. 이제 문제는 행위와 인식의 주체가 자기 의식을 획득하기 위하여 확보해야 하는 타자 혹은 대상의 존재 여부이다. 불나비의 불을 찾으려는 열정은 뛰어들 불이 있음으로써 가능하고, 주체의 내면에의 욕망은 대상을 발견함으로써 가능할 수 있다는 것이다. 그러나 이상은 어두운 벽촌 한가운데 누워 "나에게는 아무것도 없다"고, "어루만질 것도 또 욕심나는 것도 아무것도 없다"고 진술하고 있다. 바로 이와 같은 자기 자신에 대한 목적론의 상실이야말로 이상에게 권태가 공포로 다가올 수 있는 진정한 원천이라고 할 수 있을 것이다. 그것은 자기 확인을 할 수 있는 대상이 사라져버리는 일, 곧 자기 의식의 소멸을, 나아가서는 주체의 소멸을 의미하는 일이기 때문이다. 그러므로 이상이 느끼고 있는 공포로서의 권태란 자기 소멸, 곧 죽음을 실감하고 있는 자의 공포라 해도 좋을 것이다.

이와 같은 방식으로 두 개의 권태는 구분된다. 염상섭의 권태는 잠정적이고 일시적인 것이어서, 새로운 대상이나 정신의 새로운 영역을 찾아나섬으로써 이내 극복될 수 있는 성질의 것이다. 여기에서 중요한 것은 자기 의식을 획득하는 일이기 때문이다. 그러나 이상의 권태는 자기 소멸의 공포를 동반하는 것이며, 철저하게 고립무원의 상태에서 발생하는 것이라는 점에서 한층 본질적이다. 염상섭의 권태가 새로운 질서에 대한 열망의 표현이라면, 이상의 권태는 질서 그 자체의 불가능성을 암시한다. 이와 같은 의미의 권태의 출현은 그 자체만으로도 의미심장한 것이라 아니할 수 없다. 그것은, 주체성(주관성)의 자유로 표현되는 근대적 주체의 파토스가 오로지 자기 자신만을 향한 무제약적인 의지로 전화되고 있음을, 그리하여 주체의 자기 보존에의 욕구이자 또 다른 개체에로 자신을 확장하고자 하는, 연속성에의 열망인 에로스에 맞서, 그러한 연속성을 거부한 채 외계로부터 자신을 격절시키고자 하는 타나토스 곧 죽음 본능[4]이 출현하고 있음을 표현하고 있기 때문이

---

4) 프로이트는 그의 후기 문명론에서 리비도적 본능과 무관한 상태에서 발생하는 폭력성을 해명하기 위해 죽음 본능의 개념을 도입하고, 이를 에로스와 대립시킴으로써 문명의 발전 과정을 설명하고 있다. 여기에서 에로스는 "살아 있는 실체를 보존하고 또한 그것을 보다 큰 단위에 결합시키려는 본능"으로, 타나토스는 "이

다. 이상이 고백하는, 권태 앞에서의 공포란 자신의 내부에서 발견한 바로 그 타나토스에 대한 공포와 동일한 것이라 할 수 있다. 앞에서도 지적한 바와 같이, 그의 권태는 자기 자신에 대한 목적론이 상실된 상태, 정신적 고립 상태로부터 비롯되는 것이기 때문이다. 또한 대상을 상실한 타나토스는 이내 자기 파괴의 모습으로 현상하거니와 이상의 글쓰기 속에서 흔하게 등장하는 자살 충동이 바로 그것일 터이다.[5] 그러나 이 글에서 궁극적으로 우리가 문제 삼고자 하는 것은 그와 같은 죽음 본능이 어떤 방식의 글쓰기로 현상하는지, 그리고 그 글쓰기는 한국 근대 문학사에서 어떤 의미를 가지고 있는지를 규명하는 일이다. 이것은 권태의 수사학이라 해도 좋을 이상의 '위티즘'이 그의 글 속에서 어떤 방식으로 현상하고 또 어떤 의미를 가지고 있는지를 규명함으로써 보다 구체화될 수 있을 것이다.

3. '위티즘'의 양상과 전략

이상의 수필 「권태」에 대응되는 소설은 「날개」이다. 이는 소설의 서두에 놓여 있는 다음과 같은 진술에서 확인될 수 있다.

'박제가 되어버린 천재'를 아시오? 나는 유쾌하오. 이런 때 연애까지가 유쾌하오.
육신이 흐느적흐느적하도록 피로했을 때만 정신은 은화처럼 맑소. 니

러한 단위를 해체시켜 그것을 다시 원시적으로 비유기적인 상태로 되돌리고자 하는 본능"으로 규정된다. 앞책, pp. 118~19 참조.
5) 그 자살 충동의 원천이 무엇인지를 묻는 일은 이상 개인의 전기적 사실들을 통해 규명되어야 할 것이며, 그 핵심에 결핵이 놓여 있음은 이미 앞선 연구자에 의해 상세히 규명된 바 있다. 김윤식, 『이상 연구』(문학사상사, 1987) 참조.

코틴이 내 횟배 앓는 뱃속으로 스미면 머리 속에 으례히 백지가 준비되는 법이오. 그 위에다 나는 위트와 파라독스를 바둑 포석처럼 늘어놓소. 가증할 상식의 병이오.

　나는 또 여인과 생활을 설계하오. 연애 기법에마저 서먹서먹해진, 지성의 극치를 흘깃 좀 들여다본 일이 있는 말하자면 일종의 정신분일자 말이요. 이런 여인의 반――그것은 온갖 것의 반이오――만을 영수하는 생활을 설계한다는 말이오. 그런 생활 속에 한 발만 들여놓고 흡사 두 개의 태양처럼 마주 쳐다보면서 낄낄거리는 것이오. 나는 아마 어지간히 인생의 제행이 싱거워서 견딜 수가 없게끔 되고 그만둔 모양이오. 꾿빠이. (『전집』, p.318)

　여기에서 "박제가 되어 버린 천재"라는 표현은 생명이 없는 존재, 외부 세계와의 어떤 유기적 연대도 누리지 못하는 존재, 철저하게 고립되고 단절된 존재로 읽을 수 있다. 그 상태가 그는 유쾌하다고 말한다. 문장과 문장 사이의 의미의 골이 넓어서――이것이 이상 문학의 기본적인 수사학이다――쉽게 단정하기는 힘들지만, 아마도 그것은 그토록 공포스럽게 다가오는 권태가 행복하다고 한 것과 같은 의미의 역설일 것이라고 해도 좋을 터이다. "이런 때 연애까지가 유쾌하"다는 말은 또 무슨 의미일까. 여기에서 유쾌한 연애란 기법으로서의 연애로, 곧 낭만적 사랑――배타적인 연속성에의 격렬한 욕구로서 존재하는, 그 밖의 모든 것에 눈멀게 하여 심연 속의 기쁨과 같은 것으로 존재하는――을 부정하는 것으로 이해할 수 있을 것이다. 게다가 기법으로서의 연애조차 넘어서 있는 상태란, 한 남자와 여자가 관계를 맺는 가장 지적인 방식조차 넘어서 있는, 말 그대로 '지성의 극치'에 도달해 있는 상태를 말하는 것이 아닐까. 물론 이런 식의 독법은 명료하게 확인될 수 없어 단지 추측에 불과할 뿐이다. 다양한 해석의 가능성을 지니고 있어 단정하기 어려운 부분을 제외한다면 이 글에서 무엇보다도 선명한 것은, 일상의 삶이 권태로워서 그로부터 물러나 있다는 것, 그리고 그 상태에서 글을 쓰는 혹은 세상을 바라보는 방법으로서 위트와 패러독스, 아이러니 들을 구사한다는 점이다.
 일반적으로 위트란 고도로 세련되고 지적인 농담을 가리키며, 수사학적 의미로는 짧고 교묘하고 희극적인 놀라움을 일으키도록 계획적으로 고안된 언어적 표현을 의미한다. 또 아이러니나 패러독스 역시 표면적 의미와 심층적 의미의 간격이 상대적으로 넓은 언어적 표현이다. 요컨대 위트나 아이러니, 패러독스는 모두 감각보다는 지성을 필요로 하는 수사학적 표현이라는 점에서 공통점을 갖는다고 할 수 있다. 모두 청자의 기대 지평을 한 발씩 넘어섬으로써 예기치 못한 놀라움을 야기시키는 수사학적 장치라는 점에서 그러하며, 이를 통칭하여 우리는 이상의 표현을 빌어 '위티즘'이라 불러도 좋을 것이다.[6] 이상에게 지적인 장치로서의 '위티즘' 혹은 지적인 연애는 말하자면 권태에 맞서는 무기인 셈이다. 거기에는 어떤 감정의 흘러넘침도 있을 수 없으며 매우 절제되고 고도로 전략적인 지적 유희만이 존재할 수 있다. 권태에 맞서는 그 같은 지적 유희를 기록한 것이 이상의 글쓰기라고 한다면 그것은 좀처럼 읽어내기 어려운, 말 그대로 '위티즘의 지옥'(『전집』 2, p.252)일 것이다. '위티즘'이 의미론적인 수사학이 아니라 화용론적인 수사학이라는 점에서, 위트의 청자가 되는 자에게는 더욱 그러하다.
 포괄적인 의미에서 은유로 통칭될 수 있는 수사학은 서로 다른 두 대상 사이의 동일성이나 유사성을 기반으로 하여 성립된다. 그러나 '위티즘'은 청자의 기대 지평을 넘어서야 한다는 점에서 화자의 언술과 청자의 기대 사이의 불일치를 겨냥한다. 이런 의미에

---

6) '위티즘'은 영어에만 있는 단어로 위티시즘 witticism이 옳다. 그러나 이 글에서는 이상의 표현을 따옴표 속에 담아 사용하기로 한다.

서 '위티즘'은 동일성의 수사학에 맞서는 차이의 수사학이라고 할 수 있을 것이다. 그러나 이 둘을 구분시켜주는 보다 본질적인 점은 은유가 의미론적인 기능을 가지고 있는 데 비해 '위티즘'은 화용론적인 기능을 가지고 있다는 점이다.[7] 은유가 겨냥하는 것은 궁극적으로 원관념 tenor과 보조 관념 vehicle 사이의 관계이며, 이는 다시 의미와 기호의 관계로 옮겨놓을 수 있다. 곧 은유는 오직 비유적 관계 속에 앞뒤로 놓여 있는 두 대상, 기호(보조 관념)와 의미(원관념) 사이의 관계에만 초점이 맞추어져 있을 뿐이며, 바로 이러한 점에서 우리는 그것을 의미론적인 형식이라 할 수 있다는 것이다. 이에 비해 '위티즘'은 기호와 의미의 연관 관계가 아니라, 기호와 그것을 구사하는 주체 사이에서, 더 나아가서는 기호를 중심으로 형성되는 화자/청자 사이에서 기능한다. 가령 화자가 위트를 구사한다고 할 때 그는 당연히 청자의 기대 수준을 고려해야 하고, 위트를 중심으로 한 화자와 청자는 모두 위트가 통용될 수 있는 규칙을 알고 있어야 한다. 위트란 그 규칙을, 그리고 그로부터 비롯되는 청자의 기대 수준을 한 발짝 넘어서는 것이기 때문이다. 만일 화자와 청자 사이에 그 같은 규칙에 대한 암묵적인 합의가 존재하지 않는다면 위트는 말 그대로 헛소리에 불과할 것이다. 이런 의미에서 '위티즘'의 수사학에 필연적으로 요구되는 것은 이와 같은 화자/청자 관계이며, 이 둘을 매개하는 기호로서의 위트는 이러한 관계 속에서만 의미를 획득한다. 요컨대 기호로서의 위

---

7) 이러한 발상에 참조가 되는 것은 프로이트의 농담에 관한 연구이다. 이때 농담 joke은 독일어의 'Witz'에 대한 번역어로 영어의 위트를 포함하고 있다. 그는 농담의 구조를 삼인 관계로, 또 코믹의 구조를 이인 관계로 파악하여 이 둘을 구분하고 있다. 이러한 구분의 타당성은 일단 차치하더라도 농담의 형성이 화자·청자·대상 사이에서 형성된다고 하는 그의 입론은 이상의 '위티즘'을 화용론적 관계로 파악하는 데 유용한 논리적 배경을 제공해준다. 보다 자세한 것은 프로이트 전집 8권, 7장 및 김종엽 「웃음의 해석학, 화용론적 수사학, 행복의 정치학」, 『현대와 탈현대』(사회문화연구소, 1993)를 참조할 것.

트는 오로지 그 기호를 사용하는 주체와의 관계 속에서만 의미를 획득하며, 이러한 점에서 그것은 기호와 사용자 사이의 관계를 겨 냥하는 화용론적인 것이라 할 수 있다는 것이다.

이와 같은 의미의 '위티즘'이 어떤 방식으로 현상하는지를 가장 선명하게 드러내주는 텍스트는 그의 「종생기」이다.

郤遺珊瑚──요 다섯 자 동안에 나는 두 자 이상의 오자를 범했는가 싶다. 이것은 나 스스로 하늘을 우러러 부끄러워할 일이겠으나 인지가 발달해가는 면목이 실로 약여하다.

죽는 한이 있더라도 이 산호 채찍을랑 꽉 쥐고 죽으리라 네 폐포파립 위에 퇴색한 망해 위에 봉황이 와 앉으리라.

나는 내 「종생기」가 천하 눈 있는 선비들의 간담을 서늘하게 해놓기를 애틋이 바라는 일념 아래 이만큼 인색한 내 맵시의 절약법을 피력하여보인다. (『전집』, p. 375)

이 인용문은 「종생기」의 서두이거니와, 첫번째 구절부터가 수수께끼이다. 한시 한 구절을 제시해놓았는데 그것도 한 글자는 빠져 있고, 또 두 자 이상의 오자가 있다고 한다. 알아볼 수 있는 사람만 알아보라는 도도함이다. 그것을 이상은 '맵시의 절약법'이라 자칭하지만 이는 곧 '위티즘'의 다른 이름이다. 그렇다면 「종생기」의 화자로서의 주체가 염두에 두고 있는 청자는 누구인가. 소설의 초두에 밝히고 있듯이 '천하 눈 있는 선비들'이다. 또한 그는 "그들의 간담을 서늘하게 해놓기를 애틋하게 바라는 일념 아래" 「종생기」를 쓴다고 했다. 소설을 읽고 간담이 서늘해질 수 있는 사람은 그의 동업자들 외에 누가 있겠는가. 그러니까 이상은 문학 예술가들을 향해, 그것도 높은 수준의 감식안을 가진 사람들을 향해 '위티즘'을 구사하고 있는 셈이며, 그들을 경탄시키기 위해서는 오직 '위티즘'이라는 무기를 맵시나게 휘두르는 수밖에 다른 도리가 없는 셈이다. 「종생기」가, 뿐만 아니라 대부분의 이상의 소설이 수수께끼와도 같이 난해한 것은 바로 이와 같은 '위티즘'의 산물이기 때문일 것이다.

「종생기」는 이와 같은 서두로 시작하여 시종일관 화용론적인 의식, 독자들에 대한 대결 의식을 드러내 보여준다. 다음과 같은 구절은 그 대표적인 예이다.

'치사한 소녀는,' '해동기의 시냇가에 서서,' '입술이 낙화 지듯 좀 파래지면서,' '박빙 밑으로는 무엇이 저리도 움직이는가고.' '고개를 갸웃거리는 듯이 숙이고 있는데,' '봄 운기를 품은 훈풍이 불어와서,' '스커트,' 아니아니, '너무나,' 아니, 아니, '좀' '슬퍼 보이는 홍발을 건드리면' 그만. 아니다. 나는 한마디 가련한 어휘를 첨가할 성의를 보이자.
'나븟나븟.'
이만하면 완비된 장치에 틀림없으리라. 나는 내 종생기의 서장을 꾸밀 그 소문 높은 산호편을 더 여실히 하기 위하여 위와 같은 실로 나로서는 너무나 과람히 사치스럽고 어마어마한 세간사리를 작만한 것이다.
그런데——
혹 지나치지나 않았나. 천하에 형안이 없지 않으니까 너무 금칠을 아니 했다가는 서툴리 들킬 염려가 있다. (『전집』, p. 378)

천하의 형안을 갖춘 독자들 앞에서 이상은 스스로 "문학 천년이 회신(灰燼)에 돌아갈 지상 최종의 걸작"(『전집』 3, p. 231)이라 칭한 「종생기」의 창작 과정을 이와 같이 소상하게 공개하고 있다. 그러나 이는, 좀더 정확하게 말하면 「종생기」의 창작 과정을 공개한다는 사실 자체를 공개하고 있다고 해야 할 것이다. 이것이 작가로서의 자부심, 또한 독자들에 대한 대결 의식의 산물임에는 이론의 여지가 없다. 그러나 「종생기」는 또 하나의 대결을 포함하고 있다. 작중인물인 이상과 황홀한 변신술의 소유자 정희 사이의 대결이다. 이 대결에 임하는 이상, 자신의 종생에 임하는 작중인물 이상의 준비는 '종생기'를 마련하는 작가 이상의 준비 못지않게 철저하다. 정희는 "미만 14세"에 "자진하여 매춘한" 후 뭇남성들을 동시에 유혹하고 사로잡는 "공포에 가까운 번신술"의 소유자이기 때문이다. 봉두난발을 다듬고 세탁소에서 옷과 모자를 손질하고, 정희와 같이 걸어가면서는 "두루마기에 잡히는 주름살 하나에도 단장을 한번 휘저었는 곡절에도 세세히 조심한다." 그리고 정희에게 건넬 첫번째 말을 고르기 위해 고심을 한다.

> 그러면 맨 처음 발언으로는 나는 어떤 기절참절한 경구를 내어놓아야 할 것인가, 이것 때문에 또 잠깐 머뭇머뭇하지 않을 수도 없었지만 그렇다고 바로 대이고 거 어쩌면 그렇게 똑 제정 로서아적 우표 딱지같이 楚楚하니 어쩌니 하는 수는 차마 없다. (『전집』, p. 383)

말하자면 작중인물 이상/정희의 대결은 작가 이상/독자의 대결과 나란히 놓여 있는 셈이며, 이 같은 이중성이야말로 「종생기」의 창작 방법론, 나아가 이상 소설의 창작 방법론을 보여주는 본질적인 대목이라 할 수 있을 것이다. 작중인물 이상은 이미 정희와의 대결에서 이길 수 없다는 사실을 선명하게 알고 있다. 애정을 고백하는 정희의 편지를 받는 순간 이상은 그것이 모두 거짓임을 알아차린다. 그럼에도 불구하고 그는 "깜빡 속기로 한다. 속고 만다." 노골적일 만큼 곡진하게 애정을 고백했던, 모든 남자와의 관계를 청산했다고 말했던 정희는 그 편지를 보내기 전날 남자와 한 방에 있었고, 또 이상을 만나자고 한 날 저녁에 다시 그 남자를 찾아가는 것을 확인하는 것이다. 그러나 이 경우 정희에게 속아넘어가는 것은 작중인물 이상, 곧 종생을 맞이하는 이상일 뿐이다. 곧 작가 이상, '종생기'를 쓰는 이상은 그 바깥에서 종생하는 이상을 지켜보고 있는 것이다. 물론 '위티즘'으로 가득한 「종생기」 속에서 작가 이상과 작중 인물 이상을 구분해내는 일이란 그다지 쉽지 않다. 그러나 작가 이상은 이 둘을 구분해내기 위한 몇몇의 흔적을 남겨두고 있다.

1) 그러나 그 편지를 받고 환희작약, 나는 개세의 경륜과 유서의 고민을 깨끗이 씻어버리기 위하여 바로 이발소로 갔다. (『전집』, p. 382)

2) 墓地銘이라. 일세의 귀재 이상은 그 통생의 대작 「종생기」 일 편을 남기고 서력 기원후 1937년 정축 3월 3일 미시 여기 백일 아래서 그 파란만장(?)의 생애를 끝막고 문득 졸하다. 향년 만 25세와 11개월. 오호라! 상심커다. 허탈이야 잔존하는 또 하나의 이상 구천을 우러러 호곡하고 이 寒山 일편석을 세우노라. 애인 정희는 그대의 몰후 수삼인의 秘妾이 된 바 있고 오히려 장수하니 지하의 이상 아! 바라건대 瞑目하라. (『전집』, p. 385)

3) 일모청산——
날은 저물었다. 아차! 아직 저물지 않은 것으로 하는 것이 좋을까보다. 날은 아직 저물지 않았다.
그러면 아까 장만해둔 세간 기구를 내세워 어디 차근차근 살림살이를 한번 치뤄볼 천우의 호기가 내 앞으로 다달았나보다. 자—— (『전집』, p. 387)

인용문 1)은 이상이 자신의 유서인 「종생기」를 쓰다가 정희의 편지를 받고 나가는 대목이다. 여기에서 「종생기」를 쓰는 이상과 정희를 만나는 이상은 완전히 동일한 인물이다. 그러나 인용문 2)에 이르면, 이 둘의 경계는 모호해진다. 2)는 이상이 미리 쓴 자신의 묘비명이다. 죽은 이상은 정희를 만난 이상이자 「종생기」라는 작품을 남긴 이상이지만 또 한 명의 이상, '잔존하는 이상'이 존재하고 있다. 물론 이는 자신의 묘비명을 미리 쓴다는 사실을 강조하기 위한 수사학적 장치라고 생각할 수도 있다. 그러나 3)에 이르면 「종생기」를 쓰는 작가 이상과 정희를 만나는 작중인물 이상은 보다 선명하게 구분된다. 작중인물 이상에게 정희와 만나는 장면의 세트를 만들어주고 있는 또 하나의 이상은 작가 이상임에 이론의 여지가 없다. 그러니까 「종생기」라는 텍스트 속에서 이상은 작중인물이면서 동시에 작가라는 두 가지 역할을 수행하면서, 어떤 경우에는 분리되어 존재하기도 하고 또 어떤 경우에는 한 인물로 통합되기도 하는, 마치 일인 이역임을 공개하면서 배역을 번갈아 맡는 배우와도 같은 매우 기이한 위치에 놓여 있는 셈이다. 따라서 이 두 가지 배역, 작중인물 이상과 작가 이상은 모두 텍스트 내부의 인물로, 그 어느 쪽도 텍스트 밖에서 실제로 텍스트를 쓰고 있는 보이지 않는 실제 작가 이상——이는 김해경이라 해야 옳을 것이다——과는 구분되는 단지 허구적인 인물에 지나지 않는다고 할 수 있다. 요컨대, 「종생기」를 중심에 놓을 때 이상이라는 기호는, 1) 작중인물 이상, 2) 텍스트 속의 작가 이상, 3) 텍스트 밖에서 텍스트를 생산하는 실제 작가 이상(김해경)과 같은 세 층 위에 존재한다. 이 중 1)과 2)는 서로 분리되어 있으면서도 중첩되어 있는 일인 이역이라는 사실이 텍스트 속에서 확인되지만 2)와 3)의 경계는 매우 모호하다. 그러나 다음과 같은 구절은 세번째 이상의 것이라고 해도 좋지 않을까.

나는 내가 그윽히 음모한 바 千古不易의 탕아, 이상이 자자레한 문학의 빈민굴을 교란시키고자 하던 가지가지 진기한 연장이 어느 겨를에 빼물르기 시작한 것을 여기서 깨단해야 되나보다. 사회는 어떠쿵, 도덕이 어떠쿵, 내면적 성찰 추구 적발 징벌은 어떠쿵, 자의식 과잉이 어떠쿵, 제 깜냥에 번지레한 칠을 해 내어걸은 치사스러운 간판들이 미상불 우스꽝스럽기가 그지없다. (『전집』, p. 389)

여기에서 '나'는, "천고불역의 탕아"이자 문학의 빈민굴을 교란시키고자 했던 이상을 "그윽히 음모한," 말하자면 탕아이자 「오감도」와 「날개」의 작가 이상을 만들어낸 사람이다. 물론 이를 곧바로 이상이라는 가면을 뒤집어쓰고 있는 김해경이라고 단정하는 것은 무리이다. 그러나 최소한 이상이라는 기호를 만들어낸 김해경의 육성이 이 안에 섞여 있다고 간주하는 것은 그다지 큰 비약은 아닐 것이다. 물론 「종생기」라는 텍스트 속에서 이 세 가지 이상의 목소리를 구분해내는 일은, 이상을 전기적으로 완벽하게 재구성하기 위한 것이 아니라면, 그다지 긴요한 것이 아닐 수도 있다. 만약 정희와의 일이 실제로 있었던 사실이라면 이 세 명의 인물은 모두 동일인이라고 할 수 있을 것이며, 또 그것이 실화를 소재로 한 다소 과장된 것이거나——박태원이 이상을 모델로 쓴 「애욕」은 이러한 가능성을 시사하고 있다——완전한 허구라면 세번째 이상은 고려의 대상으로 삼을 필요가 없을 것이다. 그럼에도 불구하고 이러한 점을 문제삼고 있는 것은, 텍스트 속에서 두 명의 이상이 서로 구분 불가능하게 얽혀 있다는 사실, 그리고 거기에 세번째 이상까지 참여하여 그러한 구분 불가능성을 공공연하게 드러내주고 있다는 사실 자체가 의미심장한 시사점을 제공하고 있기 때문이다.

만약 이상이 정희와의 사건을 통해 「종생기」를 쓰는 자신의 내면을 진솔하게 고백하려 했고, 그 결과물이 「종생기」라면 이러한 지적 트릭은 불필요하다. 물론 「종생기」의 표면적인 구조는 그와 같은 자기 고백의 형식을 가지고 있다. 무엇보다도 이상이라는 인물이 작중인물이자 동시에 작가로서 텍스트 안에 등장한다는 점에서 그러하다. 그러나 「종생기」는 동시에 자신을 철저히 위장하고 있다. 세 개로 분열되어 있는(혹은 두 개로 분열되어 있는) 이상의 목소리가 바로 그러한 장치가 아니겠는가. 요컨대 「종생기」의 실제 작가 이상은, 두 명의 분신을 만들어내어 이를 서로 중첩시키고 또 거기에 자신의 모습까지 투영시킴으로써, 자신을 드러내면서 동시에 은폐하는 일, 혹은 드러냄으로써 은폐하는 일, 또는 은폐하고 있음을 드러내는 일을 행하고 있는 셈인데, 바로 이것이야말로 우리가 진정으로 문제삼고자 하는 이상식의 글쓰기 전략에 해당된다고 할 수 있다. 이러한 '위티즘'의 전략은 근대적 주체성의 파토스 내부에 존재하면서 동시에 그것을 거부하는 것이기 때문이다. 외면적으로는 자기 고백의 형식을 갖추고 있으면서도 실질적으로는 자신을 은폐하는 일이란, 주체의 진정성을 거부하거나 포기함으로써만——최소한 진정성을 텍스트 표면에 노출시키지 않음으로써만——가능하게 되는 것인데, 바로 그 진정성은 또한 근대적 주체의 파토스와 더불어 출현한 대표적인 미적 범주라는 점에서 그러하다.

4. '위티즘'의 이중성과 그 의미

「종생기」에서 확인해볼 수 있는 '위티즘'의 전략은 무엇보다도 자기 자신을 위트의 대상으로 삼고 있다는 점에서 특징적이다. 우리는 앞에서, '위티즘'의 수사학은 화용론적인 관계 속에서 의미를 실현한다는 점을 지적한 바 있다. 이상이 자기 자신을 위트의 대상으로 삼는다는 것은 이러한 화자/청자 관계를 매개하는 중간항으로 자기 자신을 상정한다는 뜻이다. '위티즘'의 발화자가 동시에 '위티즘'의 대상이 되는 것이다. 그것은 마치 자기 자신을 웃음거리로 삼는 어릿광대의 연기와 같은 것이어서, 거기에는 발화자가 마땅히 지녀야 할 그 어떤 진정성도 있을 수 없다. 따라서 이와 같은 의미의 수사학을 구사함으로써 형성되는 주체에게 자기고백이란 불가능하다. 고백의 양식이란 무엇보다도 고백하는 주체의 진정성을 으뜸가는 척도로 삼는 것이기 때문이다. 이러한 점을 염두에 둘 때 「종생기」의 다음과 같은 구절은 주목을 요한다.

> 自進한 '愚昧' '歿覺'이 참 어렵다.
> 보아라, 이 自得한 우매의 絶技를! 몰각의 絶技를! (『전집』, p. 386)

> 나는 드디어 쭈굴쭈굴하게 노쇠해버렸던 차에 아침(이 온 것)을 보고 이키! 남들이 보는 데서는 나는 가급적 어쭙지 않게 (잠을) 자야 되는 것이어늘, 하고 늘 이를 닦고 그리고는 도로 얼른 자버릇 하는 것이었다. 오늘도 또 그럴 세음이었다.
> 사람들은 나를 보고 짐짓 기이하기도 해서 그러는지 경천동지의 육중한 경륜을 품은 사람인가보다고들 속는다. 그러니까 고렇게 하는 것이 내 시시한 자세나마 유지시킬 수 있는 유일무이의 비결이었다. 즉 나는 남들 좀 보라고 낮에 잔다. (『전집』, p. 381)

> 역대의 에피그람과 傾國의 鐵則이 다 내에 있어서는 내 위선을 暗葬하는 한 스무스한 구실에 지나지 않는다. (『전집』, p. 385)

이와 같은 인용문들을 통해 확인할 수 있는 것은 철저한 자기 은폐의 방법론, 곧 "남들에게 자신을 바보로 내세우는 절묘한 기술"이다. 여기에는 그 어떤 진정성도 있을 수 없다. 물론 이렇게 반문할 수도 있다. 이러한 서술 자체가 이미 자기 자신의 위선을 폭로하는 솔직함의 산물이 아닌가. 그러나 솔직성과 진정성, 자기 고백과 자기 폭로는 구분되어야 한다. 진정성은 단순한 솔직성만을 뜻하는 것이 아니다. 물론 진정성은 솔직성을 전제로 한다. 그러나 그것은 자신의 악마적인 측면을 단지 털어놓는 데 그칠 뿐 아니라, 자신에 대한 성찰의 진지성을 동반하는 것이어서, 자신 안에 존재하는 악마적인 측면으로부터 그 바깥의 다른 어떤 지점으로——그로부터의 탈출이라든지 아니면 그것의 필연성에 대한 해명——이행해가고자 하는 열망을 동반해야 한다. 자기 고백의 양식은 바로 이러한 진정성에의 욕구, 그것을 주체의 내면을 통해 표현하고자 하는 욕구로부터 발원한다. 이런 의미에서 고백이란 자기 자신을 그 어떤 목적론의 지평에 위치시키는, 비유하자면 악마의 마음속에서 천사의 모습을 발견하는 방식이다. 이에 비해 자기 폭로의 양식은 솔직성을 전제로 한다는 점에서는 동일하지만 그 의미는 천양의 차이가 있다. 단적으로 말하자면 그것은 천사 속에서 악마를 끄집어내는 일이며, 또한 그 악마를 그 상태 그대로 놓아두는 일이다. 곧 그것은, 자기 성찰의 진지성이 아니라 자기를 노출시키는 통쾌함이나, 인간 일반의 내면을 현상학적으로 환원시켜 악마적인 것으로 규정하는 폭력성의 산물이어서, 거기에는 그러한 상태로부터 벗어나고자 하는 그 어떤 목적론도 존재할 수 없다는 것이다.

「종생기」에서 구사되고 있는 이상의 수사학은 자기 고백보다는 자기 폭로의 양식에 훨씬 더 가깝다. 이는 염상섭의 「만세전」을 그 옆에 세워놓을 때 훨씬 선명해진다. 이를테면 「만세전」의 '나'는 아내가 위독하다는 전보를 받고도 카페의 여급과 만나기 위해 이발소에 간다. 그는 당연히 심리적 갈등을 느낀다. 그는 자신의 행동의 정당성에 대해 스스로에게 묻고 대답한다. 말하자면 고백이란 이와 같은 자기 성찰, 자기 탐구의 양식이다. 그러나 이상의 방식은 어떠한가. 그는 자신을 대상으로 서술하고 있음에도 불구하고 결코 자기 탐구를 동반하거나 자신의 진정성을 문제삼지 않는다. 오히려 그것을 은폐하고자 한다. 「종생기」에 등장하는, "난마(亂麻)와 같이 갈피를 잡을 수 없는 얼마간 비극적인 자기 탐구. 이런 흑발 같은 남루한 주제는 문벌이 버젓한 나로서는 채택할 신세(身勢)가 아니거니와 나는 태서의 에티켓으로 차 한잔을 마실 적의 포즈에 대하여도 세심하고 세심한 용의가 필요하다"(『전집』,

p.386)와 같은 대목에서는 이러한 사실을 그 스스로 고백하고 있기도 하다. 요컨대 그가 행하는 자기 서술은 자신의 진정성을 드러내는 일이라기보다는 몇 겹의 자아를 중첩시킴으로써 오히려 그것을 변형시키고 은폐하는 일이라 할 수 있다. 이를 자기 은폐의 수사학이라 한다면 「종생기」는 전체가 그러한 방식의 수사학으로 채워져 있다고 해도 과언이 아닐 것이며, 「동해」「날개」 등에서도 정도의 차이만 있을 뿐 사정은 이와 유사하다.[8] 그리고 이 세 소설이 3부작으로 불리며 이상의 소설 세계를 대표하는 것이라는 점을 염두에 둔다면, '위티즘'의 형식으로 표현되는 이러한 자기 은폐의 수사학이야말로 이상의 소설 세계가 도달할 수 있는 한 극점의 표현이라 해도 좋을 것이다.

이제 문제는 이 같은 자기 은폐의 수사학이 이상의 문학 세계 속에서, 더 나아가 소설사의 맥락 속에서 지니는 의미를 묻는 일이다. 이를 위해 우리는 다음과 같은 질문으로 그 실마리를 삼아볼 수 있을 것이다. 그는 왜 그토록 자신을 가장하려 하는가. 사후에 발표된 「공포의 기록」(매일신보, 1937. 4. 25~5. 15)에서 이상은, "나는 근래의 나의 심경을 정직하게 말하려 하지 않는다. 말할 수가 없다. 만신창이의 나이언만 약간의 귀족 취미가 남아 있기 때문이다"(『전집』, p.190)라고 한다. 귀족 취미란 무엇인가. 아마도 그것은 '남루한 것'일 뿐인 '자기 탐구'를 하지 않겠다고 했던 것과 같은 맥락에 놓여 있을 것이다. 말하자면 자기 자신의 진짜

---

[8] 「날개」에서의 화자는, 소설의 서두를 말하는 '나'와 33번지에서 연심과 동거를 하는 '나'로 분리되어 있으며, 또한 "그대 자신을 위조하는 것도 할 만한 일이오"와 같은 구절이 창작 방법론격인 서두에 놓여 있어 이러한 사실을 보다 선명하게 하고 있다. 또 「동해」의 경우는, 일곱 개의 절 중 첫 세 개의 절 첫머리에 그와 같은 일인 이역의 방식을 암시하는 구절들이 놓여 있으며, "나는 지금 이러한 임이를 좀 묘사해야겠는데, 최소한도로 그 차림차림이라도 알아두어야겠는데"(『전집』, p.261)와 같은 구절에서도 분열되면서 중첩되는 화자와 인물의 모습을 읽어낼 수 있다.

내면을 드러내보이는 일이란 박제가 된 천재로서의 포즈를 지키고자 하는 일과 어울리지 않는다는 것으로 이해될 수 있다는 것이다. 자기를 드러내는 일은, 「표본실의 청개구리」나 「만세전」의 경우처럼, 내면을 드러내는 일 그 자체가 당당한 일이거나 자신의 내면이 그 어떤 성스러운 가치를 향한 열망으로 충일한 것일 때, 곧 자기애를 기반으로 할 때 비로소 가능할 수 있다. 자신의 가장 비속한 측면을 드러낼 때조차도 그러하다. 그러므로 이상이 말하는 바 자신을 감추는 일이란 일종의 자기 혐오의 소산이 아닐까. 이러한 판단은 다음과 같은 구절을 볼 때 보다 설득력을 가질 수 있을 것이다.

 작은어머니 얼굴을 암만 봐도 미워할 데가 어디 있느냐. 〔……〕
 물론 이래서는 못쓴다. 이것은 분명히 내 방이다. 오래오래 사람을 싫어하는 버릇이 살피고 살펴서 급기야에 이 모양이 되고 만 것에 틀림없다. 그렇다고 내 육신까지를 미워하기 시작하다가는 나는 참 이 세상에 의지할 곳이 도무지 없어지는 것이 아니냐. 참 안됐다.
 이런 공연한 망상들이 벌써 나을 수도 있었을 내 병을 자꾸 덧들이게 하는 것일 것이다. 나는 마음을 조용히 또 순하게 먹어야 할 것이라고 여러 번 괴로와하는데 그렇게 괴로와하는 것은 도리혀 또 겹겹이 짐 되는 것도 같아서 나는 차라리 방심 상태를 꾸미고 방안에서는 천정만 쳐다보거나 나오면 허공만 쳐다보거나 하재도 역시 나를 싸고 도는 온갖 것에 대한 증오의 염이 무럭무럭 구름 일 듯하는 것을 영 막을 길이 없다.
 사람이 나를 싫어할 성싶은데 나도 사실 내가 싫다. 이렇게 저를 사랑할 줄도 모르는 인간이 남을 위할 줄 알 수 있으랴. 없다. 그러면 나는 참 불행하다. (『전집』, pp. 192~93)

그러나 여기에서 주목되는 것은 자기 혐오가 자기에 대한 연민을 동반하고 있다는 사실이다. 자기 혐오도, 또 "나를 싸고 도는 온갖 것에 대한 증오"도 모두 철저한 고립감의 선물이다. 이상이 연민 어린 눈으로 바라보고 있는 자신은 바로 그러한 고립감 속에서 빠져나오지 못하고 있는 자신의 모습이다. 그러한 상태를 그는 '안됐다'고, '불행'이라고 한다. 그렇다면 그는 왜 그러한 상태로부터 빠져나오려고 하지 않는가. 위의 인용문에서처럼 단순히 자신의 기질 때문인가. 이러한 의문에 대한 대답은 「공포의 기록」의 마지막 절에 상세하게 기술되어 있다. 그 절의 제목은 다름아닌 「불행의 실천」이다. 여기에서 그는, "나는 나의 친구들의 머리에서 나의 번지수를 지워버렸다. 아니 나의 복장까지도 말갛게 지워버렸다"(『전집』, p. 202)고 한다. 그리고도 또 이렇게 외친다.

> 아무도 오지 말아 안 드릴 터이다. 내 이름을 부르지 말라. 칠면조처럼 심술을 내이기 쉬웁다. 나는 이 속에서 전부를 살라버릴 작정이다. 이 속에서는 아픈 것도 거북한 것도 동에 닿지 않는 것도 아무것도 없다. 그냥 쏟아지는 것 같은 기쁨이 즐거워할 뿐이다. 내 맨발이 값비싼 향수에 질컥질컥 젖었다. (『전집』, p. 203)

말하자면 그는 고립 그 자체를 철저하게 실천하고 있는 것이다. 그 고립 속에서 그는 자신의 전부를 대가로 하여 단 한 가지 재주, "송곳과 같은——송곳 노릇밖에 못하는——송곳만도 못한 재조(才操)"를 샀다고 한다. 그가 말하는 재주란 아마도 문장을 송곳처럼 날카롭게 벼리는 '위티즘'을 말하는 것이 아닐까. 그렇게 이해하는 것이 허용된다면, 그 고립과 격절의 공간이란 바로 그 자신의 문학이 단련되는 공간에 해당된다고 할 수 있을 것이다. 요컨대 그는 언어를 단련하기 위해 고립을 선택하는 것이며, 또 그 자신의 무기인 언어는 오직 그 고립의 공간에서만 생성될 수 있다는 것이다. 자신의 정상적인 생활을 포기하고, 자신을 은폐시킨 채 극도의 고립으로 몰아부치는 것, 그러한 '불행의 실천'이야말로 이상이 문학을 할 수 있는, 또 '위티즘'을 생산해낼 수 있는 유일한 길이었던 셈이다. 이렇게 볼 때 자기 은폐의 수사학으로서의 '위티즘'은 이상 소설의 현상 형태일 뿐 아니라 동시에 창작 방법론이기도 하다. 이 경우 '위티즘'은 문장의 압축을 통해 내포의 공간을 넓히는 문장 차원의 수사학일 뿐만 아니라, 동시에 한 텍스트의 구조를 만들어내는 구성의 수사학이기도 하다. 앞에서 지적한 바와 같이 이상이라는 하나의 기호를 분열시키고 또 중첩시키는 방식이 그 예에 해당될 것이다. 그러나 이러한 수사학이 가지고 있는 보다 큰 의미는, 그것이 새로운 의미의 주체, 근대성의 기본적인 원리로 등장했던 저 주체성(주관성)의 원리 속에 존재하면서도 그 원리를 거부하는 주체, 계몽적 양식의 후광으로부터 벗어난 탈신비화된 주체를 산출해낸다는 점이다.

근대성의 정신적 중핵으로서의 주체성(주관성)의 원리에 놓여 있는 것은 인식과 행위의 주인으로서의 주체, 곧 코기토의 확실성을 인식하는 주체이자 타자를 통해 자신을 실현함으로써 스스로를 보존하는 주체이다. 문학의 영역에서 현상하는 이와 같은 근대적 주체성의 파토스를, 우리는 다음 두 가지의 양식을 통해 제시할 수 있을 것이다.[9] 하나는 비합리적인 현실을 비판하고 미래에 대한 새로운 이념을 제시하는 계몽의 양식이다. 이 경우 계몽이란 계몽주의 철학이나 계몽 이성을 지칭하는 역사적인 개념이 아니라 문학적 양식으로서의 계몽을 뜻한다. 곧 화자/청자 관계를 계몽하는 자/계몽 대상으로 설정하고, 그와 같은 화용론적 관계를 작품

---

9) 이러한 논리는 독일 낭만주의 연구자 보러의 견해를 참조한 것이다. 그는 카프카와 보들레르, 포 등의 텍스트를 통해 일반적으로 논의되는 근대성의 두 가지 파토스(자기 보존과 진정성)와 무관한 제삼의 파토스가 존재하고 있음을 밝히고 이것의 근원을 거슬러올라가 클라이스트와 브렌타노, 귄터로데 등의 서간 문학 속에서 상세하게 규명하고 있다. 그리고 이 제3의 파토스를 미적 주관성이라고 규정한다. Karl Heinz Bohrer, *Der romantische Brief——Die Entstehung ästhetische Subjektivität*(München, 1989), 1장 참조.

의 주된 과녁으로 삼는 문학 양식으로서의 계몽이다. 다른 하나는 주체의 진정성을 지상의 척도로 내세움으로써 기존의 규범에 대해 형식의 자유를 추구하는 것으로, 우리는 이를 헤겔 미학의 용어를 빌려 낭만적 양식이라 부를 수 있겠다.

우리 소설사에서 이와 같은 두 가지 양식을 대표하는 것은 말할 것도 없이 이광수와 염상섭이다. 이광수를 통해 양식화된 계몽은 주체의 자기 보존이라는 파토스를 바탕으로 하고 있다. 여기에서 자기 보존이란 자신의 본질을 실현함으로써 스스로의 정체성을 유지하고자 하는 욕구이며, 또한 보다 넓은 단위의 주체로 자신을 고양시키고자 하는 열망을 뜻한다.[10] 그러므로 계몽이라는 양식은 예술가를 공동체의 이익을 위해 봉사하는 지사로 규정한다. 이에 비해 염상섭의 고백체에 의해 대표되는 낭만적 양식은 자유로운 개인의 진정성을 중시함으로써, 주체를 세계 시민적인, 곧 보편적인 교양인으로 규정한다. 따라서 계몽 양식의 주체를 '지사-예술가'라 부른다면 낭만적 양식의 주체는 '교양인-예술가'라 부를 수 있다. 이 둘은 상보적인 위치에서 서로 교차하면서 한국 소설사의 굵은 흐름을 구성해내고 있으나, 보다 우세한 것은 계몽의 양식, 곧 '지사-예술가' 쪽이라 할 것이다. 이는 세계사적 근대화의 물결 속에서 변방에 위치했던 한국의 역사적 상황을 반영하고 있는 것일 터이며, 이러한 사정은 특히 식민지 문학사에서 더욱 증폭되어 나타난다. 곧 이광수에서 신경향파를 거쳐 카프에로 이어지는 '지사-예술가'——우리가 문제삼고 있는 것은 계몽의 내용이 아니라 계몽의 양식 그 자체이다——의 흐름이 민족이 당면했던 현실에 보다 긴요한 것으로 다가왔던 탓일 것이다.

이상의 문학은 이러한 두 흐름으로부터 벗어난 자리에 존재하고 있다 이상은 자기 은폐를 양식화함으로써 진정성의 양식에 맞섰

---

10) 앞에서 언급한 프로이트의 에로스 개념을 상기하라.

고, 또 자신을 고립시킴으로써 자기 보존의 양식을 거부하고 있다. 말하자면 이상의 문학은 근대성의 두 개의 파토스를 모두 거부하고 있는 셈인데, 그렇다고 하여 이를 곧바로 탈근대성의 논리로 연결시키는 것은 다소 성급한 일이다. 이상은 무엇보다도 철두철미 근대적 미의식의 소유자이며, 어떤 방식으로든 자신의 내면을 형상화의 대상으로 삼고 있다는 점에서 주관주의라는 틀 안에, 그것도 가장 깊은 곳에 머물고 있기 때문이다. 그렇다면 이상의 문학을 추동해낸, 자기 보존도 아니고 진정성도 아닌 제3의 파토스는 무엇인가. 그것은 보들레르적인 의미의 댄디이즘과도 같이, 범용한 일상의 세계로부터 자신을 격리시키고자 하는 정신적 귀족주의에의 욕구이고, 수사학적인 자기 은폐를 통해 자신에게 주어진 외적 규범의 한계를 넘어서려는 열망이다. 또한 자신의 진정성을, 고백이라는 양식적 틀에 의해 주조되는 진정성의 범주를 벗어나게 함으로써 새로운 방식으로 구성해내고자 하는 힘이며, 자기 자신을 미적 가상으로 제시하고, 또다시 그 가상을 지적으로 교란시킴으로써 극단적인 새로움의 미학을 추구하려는 의지이다. 이러한 방식으로 현상하는 미적 근대성의 파토스를 미적 주관성이라고 할 수 있다면, 이상의 '위티즘'은 그것을 소설이라는 틀 속에서 형상화시켜내는 가장 핵심적인 장치라 할 것이다. 또한 '위티즘'은 주체의 미적인 가상으로서 정상적인 사회적 관계로부터 일탈해 있는 탕아의 모습을 제공하고 있는데, 이러한 '탕아-예술가'의 형상은 '지사-예술가' '교양인-예술가'의 반대편에서 우리 문학사의 매우 낯선 모습으로, 그러므로 또한 진귀한 모습으로 존재하고 있다.

제Ⅲ부 시론

애국 계몽기 시운동과 그 근대적 성격

고 미 숙

1. 문제 제기

시에 있어서 근대성이란 무엇인가? 이 물음은 '근대성' 일반론만큼이나 까다로운 것이지만 그 뚜렷한 표징으로서 '율격으로부터의 해방'과 '감성의 자유로운 발로'를 꼽는 데 대해서는 대체로 동의할 것이다. 그런데 실제로 이 물음이 던지는 곤혹스러움은 바로 여기서부터 시작된다. 왜냐하면 이 두 가지 지표가 함의하는 내포의 층위가 매우 두텁고, 따라서 그리로 도달해가는 경로 역시 지극히 복잡다단하기 때문이다.

물론 이것을 표피적으로 해석하고 만다면 문제는 간단하게 해결된다. 즉, 정형률로부터 얼마큼 벗어났는가, 서정적 개인이 등장했는가 아닌가 하는 차원으로 환원한다면 말이다. 근대시로의 이행 경로에 대한 가장 영향력 있는 공식, 개화 가사—창가—신체시—자유시라는 틀은 근대성의 문제를 그와 같은 수준에서 접근한 대표적인 경우라 할 수 있다. 이 틀은 율격의 측면에서는 4·4조에서 얼마나 나아갔는가, 내용에 있어서는 개인적 서정성을 얼마나 확보했는가를 저울질하여 도출된 것이다. 따라서 이 공식은 근대 전환기 시가사를 해명하는 데에도, 시의 근대성을 규명하는 데에도 전혀 무용할 따름이다.

시가 율격으로부터 해방된다는 것이 율격의 해체를 의미하는 것이 아니듯, 근대시가 담아내야 할 감성 해방 역시 단지 개인적 서정성을 투영했다는 것만으로 성취될 종류의 것은 아니다. 그것은 낡은 것에 대한 파괴이자 새로운 것의 창출이어야 하는바, 요컨대 선험적으로 규정된 율격의 구속을 벗어던지는 것이면서 새로운 호흡에 맞는 율동을 창출해야 하고, 감성을 억누르는 규범을 타파하는 것이면서 근대적 오성에 대한 확신을 동반해야 한다.

이 글은 이와 같은 난제를 풀어나가기 위해 기존 논의에서 놓치고 있는 몇 가지 물음들을 제기하면서 출발하고자 한다.

첫째 문제는 20세기 초반 직전의 전사(前史)에 관한 것이다. 19세기말 20세기 초반 시가사에 대한 가장 일반적인 평가가 전통적인 것과 근대적인 것이 상호 교섭한다는 것인데, 그러면 과연 그 때 여전히 맹위를 떨치고 있었던 전통적인 것의 실체가 무엇인지, 그리고 그것은 어떤 발전 경로를 통해 그 지점에 이르렀는지 등이 정확히 파악되어야 한다. 기존 연구에서는 전통은 고정된 것이라는 고정관념(!)하에 4·4조 4음보가 전통의 유일한 지표인 양 단정하거나 혹은 18세기적 발전 양상을 확대 해석하여 곧바로 근대적인 것으로 연결시키는 두 가지 편향을 노정하고 있다. 두 가지 모두 전통 양식의 내부적 편차, 발전 과정에 대한 역동적 시각을 결여하고 있다는 점에서는 동질적이다.

우리가 다루려고 하는 시대, 즉 1890년대에서 1910년대의 상황은 불과 몇 년을 단위로 호흡이 달라지는 격동기라 할 수 있다. 그리고 이 점은 바로 그 전단계 문학사의 경우에 있어서도 크게 다르지 않다. 18세기와 비해서는 말할 것도 없고 19세기라는 역사 안에서도 크고 작은 분수령이 나누어지는 터, 이것을 뭉뚱그려 단순화시켜 접근하는 태도는 20세기 초반의 급박한 호흡을 짚는 데 결코 도움이 되지 않는다.
 둘째, 1890년대에서 1910년대에 이르는 시기에 있어 가장 두드러진 특징은 '노래'와 '시'의 분화 현상이라는 점이다. 이 점은 거시적인 측면에서 볼 때 근대시 형성의 가장 뚜렷한 준거가 되는 사항이기도 하다. 왜냐하면 근대 자유시란 외연적으로만 본다면 노래라는 존재 양식을 벗어던지는 것, 그리고 노래와 결합되어 있던 정형률로부터 벗어난다는 것을 의미하기 때문이다. 물론 이것은 어느 날 갑자기 이루어진 것이 아니라 매우 완만하게 진행되었고 상당 기간 서로 깊은 영향 관계를 유지하고 있었다. 또 이 과정에는 찬송가나 창가·신체시와 같은 외래적 양식들도 가세함으로써 더욱 다층적 양상을 지니게 되었다. 그러므로 일단 이 분화 과정을 기본 전제로 하고서 접근해 들어갈 때 시 장르 내부의 변화 경로가 좀더 명료히 짚이리라는 것이다.
 마지막으로 제기해야 할 문제는 이 시기를 풍미한 계몽성에 관한 것이다. 19세기말 20세기초 시가사는 분명 계몽의 열풍에 휩싸였던 시기임에 틀림없다. 그러면 기존 연구들에서 그토록 아쉬워하듯 계몽성은 예술성과 도저히 공존할 수 없는 것인가? 이것은 우리 시가 근대로 가는 길목에서 시대의 요청 때문에 어쩔 수 없이 치러야 했던 비극적 희생일 뿐인가?
 주지하는 바와 같이 계몽주의적 열풍은 우리나라만의 특수한 양상이 아니었다. 시간적 편차는 있을지언정 서구를 비롯하여 일본·중국 등 근대화의 경로가 우리와 달랐던 나라들의 경우도 유사한 단계를 밟았던 것이다. 근대성의 주요한 지표를 인간 이성을 통한 인식 가능성, 변혁 가능성에서 찾을 때 이것은 당연한 결과이기도 하다. 그런데도 마치 우리나라는 식민지적 상황이라는 특수한 국면 때문에 시가 '계몽'이라는 기형적 조류에 빠지게 된 듯이 탄식하는 태도는 순문예주의적 편견에 사로잡힌 것이거나 혹은 계몽적 문학을 분석할 능력이 없는 것을 위장하는 것이거나 둘 중의 하나일 것이다.

그렇다면 계몽의 문제를 우회적으로 비켜가거나 혹은 옹색하게 변명하려 하지 말고 계몽적 이념과 시적 발전이 어떻게 결합하는지를 정면으로 돌파해야 할 터, 이 글은 그 점을 특히 논의의 중심에 놓고자 한다.

2. 논의를 위한 몇 가지 전제

1) 전통적인 양식 가운데 자유로운 율격의 창출과 관련하여 가장 주목되는 쟝르는 사설시조이다. 주지하다시피 사설시조는 평시조의 규정된 틀을 탈피하여 우리말이 지닌 잠재적 힘과 아름다움을 다각도로 모색한 유일한 양식이었다. 그리고 그와 같은 율격적 모색은 '정감의 자유로운 분출'과 '시정 세태의 다양한 반영'이라는 내용적 혁신을 동반한 것이었고, 이것은 시가사에 있어서의 리얼리즘적 진전을 보여준 것이었다.[1] 그런데 주목해야 하는 사실은 이러한 성취가 이루어진 것은 사설시조의 생애 가운데 18세기에 한정된 것이라는 점이다. 18세기의 사설시조는 기층 민요의 역동성을 대폭 흡수하고 진취적인 전문 예인들의 시적 역량이 가미되면서 활력 있는 리듬을 창출하였던 것이다.

그러나 이러한 모색은 19세기에 들면 더 이상 진행되지 못한다. 물론 19세기 후반까지도 여항 음악계 및 시가사의 중심은 시조였다. 그러나 이때는 사설시조의 탄력적 흐름이 중단된 채 평시조가 번성하고 있었다. 사설시조의 위축은 양적인 것에서도 확인되지만 질적인 측면에서 더욱 두드러진다. 즉, 새로이 창작된 사설

---

[1] 이 문제에 관해서는 고미숙, 「18, 19세기 시가사에 있어서 리얼리즘적 발전의 한 경로」, 『민족문학사 연구』 3집 (1993)을 참고할 것.

시조의 경우 그것이 개성적인 리듬의 창출로 이어지지 못하고 4음보 규칙성을 고수하거나 아니면 율격 분석이 불가능할 정도의 리듬의 해체를 보여주는 등 퇴보의 양상을 보여주었기 때문이다. 아울러 형상화의 문제에 있어서도 전대에 보여주었던 리얼리즘적 계기들이 현저하게 위축된 채 매너리즘적 감상으로 떨어지고 만다. 따라서 근대시의 기점을 조선 후기 사설시조에서 찾으려는 노력들은 그 역사적 진행을 간과한 데서 온 지극히 추상적인 접근이라는 비판을 면하기 어렵게 된 셈이다.

평시조의 번성과 사설시조의 위축 속에서 진행된 19세기 후반 시조사의 커다란 경향은 '전문 가객'들에 의해 수행된 '고급화 양상'과 일반 아마추어 대중들을 중심으로 한 '대중화 양상'으로 구분할 수 있다.[2] 이 두 흐름은 미적 측면에서 본다면 전자는 심미적 서정성을, 후자는 통속적 정조를 그 특징으로 하고 있는바, 이 둘을 한마디로 집약한다면 퇴영적 낭만주의라 이름할 수 있을 것이다. 그러면 이것이 과연 근대적 감성 해방과 등치될 수 있는가? 물론 그렇지 않다. 이념의 과잉이 시적 발전에 저해될 수 있듯이 현실과의 치열한 대결이 부재한 무정향적 감정의 과잉 또한 마찬가지의 결과를 낳게 되는 까닭이다. 그렇다면 바로 19세기 후반 시조를 풍미한 낭만적 발로가 근대적 개성 해방으로 상승하기 위해서 요청되는 그 무엇을 찾아가는 과정, 이것이 근대 전환기를 해명하는 데 매우 중요한 관건이 될 터이다. 이 점 본론의 논의를 위해 기억해두도록 하자.

그리고 이 두 가지 흐름 가운데 20세기 이후의 상황과 관련해서는 특히 '대중화 양상'을 주목할 필요가 있다. 이 계열은 『남훈태평가』를 중심으로 한 대중적 가집들이 주도한 것으로 여러 가지

---

2) 19세기 시조의 전반적 경향에 대해서는 고미숙, 「19세기 시조의 전개 양상과 그 작품 세계 연구」(고려대 박사 논문, 1994)에서 자세히 논의하였음.

면에서 다음 시기와 연결된다. 우선 가장 눈에 띄는 것으로는 개화기 시조들의 종장 말구 생략 현상이 바로 이 가집들로부터 비롯하고 있다는 점이다. 물론 신문 매체를 탄 시조 양식들의 경우 그 방식이 『남훈태평가』 계열과는 구분되는 다채로운 변형을 시도하고 있기는 하지만, 일단 그와 같은 형태 자체는 '대중적 가집'들의 영향을 받은 것이 분명하다. 또 이 대중 시조집들의 출현은 시조창이 저층으로 매우 폭넓게 확산되었다는 사실을 증명해주는바, 이를 통해 1905년 이후 대한매일신보를 비롯한 인쇄 매체들이 전통적 시양식을 대중 계몽을 위한 적극적 수단으로 활용하게 된 저간의 사정을 보다 확연하게 이해할 수 있다. 즉, 20세기 초반에 시조가 계몽적 지식인들에 의해 주요하게 채택되는 것은 막연히 고유의 시양식이기 때문이 아니라 19세기 후반 이래 시조가 확보한 대중적 기반이 중시되었기 때문이라는 것이다.[3]

또 이와 더불어 이 계열 시조집들은 잡가의 부상을 약여하게 전달하고 있어 주목된다. 잡가는 19세기 중엽 이후 여항 음악의 주류로 떠오르기 시작했는데 그 징표가 바로 이 가집들인 것이다. 여기에 실린 사설시조들은 많은 경우 잡가와 구분되지 않는데 그만큼 음악적 교섭이 왕성하게 진행되었던 것이다. 이 점 역시 20세기 초반 이후 잡가의 유행을 예고하고 있다. 결국 이렇게 볼 때 19세기 단형 시가의 리듬은 시조창 방식의 평시조적 리듬이 우세한 가운데 사설시조가 자기 모색을 멈춘 틈새로 잡가로 대변되는 자유분방한 리듬이 비집고 들어오는 양상으로 진행되고 있었음을 알 수 있다. 그리고 이 점은 바로 20세기 초반 시가사의 흐름과 직·간접으로 이어지고 있다.

가사 역시 봉건 말기를 경유하면서 쟝르 체험에 있어 커다란 변

---

3) 게일이 시조를 영역할 때 양기탁의 부친이 소장했던 『남훈태평가』를 원본으로 하였다는 사실에서도 19세기 대중적 시조들과 애국 계몽기 시조와의 연관성을 확인하게 된다(정진석, 『대한매일신보와 배설』, 나남, 1987, p. 150을 참고할 것).

화를 겪게 되었는데, 무엇보다 두드러진 것은 그것이 봉건 해체기의 이념을 선전하는 주요 양식으로 기능하고 있었다는 점이다. 수많은 '민란 가사'를 비롯하여 『용담유사』에 실린 동학 가사, 신재효의 「패씸한 서양 되놈」「천주 가사」 등은 가사가 당대에 진행되는 이념 투쟁의 주요한 도구로 부상하게 된 정황을 보여주고 있다. 이러한 흐름 역시 애국 계몽기 가사의 전투적인 역할과 여러 모로 연계되는 측면이라 할 것이다.

2) 19세기 후반과 구별되는 시가사적 지형이 형성되는 것은 독립신문(1896년에 창간)에 창가가 등장하면서부터이다. 그 이전까지만 해도 위에서 언급한 19세기적 경향이 강력한 자장을 형성하고 있었다. 그리고 이후 애국 계몽기(1905~10)에 신문 매체 및 잡지 등을 통해 각종 시가 양식이 실험·모색되어 우리 시가사는 유례없는 격동을 체험하게 된다.

흡사 거대한 용광로를 연상시키는 이 시기 시가사의 지형을 '노래'와 '시'로 구분해 살펴보면 노래 양식에는 잡가와 창가가, 시양식에는 시조·가사를 중심으로 한 여러 전통적 양식들과 신체시가 배치된다. 물론 이 시기에 노래와 시가 확연히 갈라져 자기 길을 간 것은 아니다. 오히려 같은 탯줄에서 차츰 떨어져나가는 형국이었다고 보아야 할 것이다. 즉, 한편으로는 서로 분화되어나가면서 상호 배타적이 되기도 하고, 다른 한편으로는 기반이 같은 데서 오는 친연성으로 인해 영향을 주고받기도 하는 등 다면적 경로를 겪게 된다.

그런데 이 구도에서 잡가가 첨가된 것에 대해 다소 설명을 덧붙일 필요가 있다. 기존 연구에서는 노래 양식으로는 외래 양식인 창가만을 주목해 논의해왔는데 이것은 전통적 시가 양식의 발전 과정을 전혀 고려하지 않았기 때문이다. 이미 앞서 살펴보았듯이 잡가는 전통 시가 양식 가운데 자기 나름의 발전을 통해 20세기 초반 가장 인기 있는 노래 양식으로 부상하였다. 그 대중적 인기도는 이것이 협률사나 원각사와 같은 근대적 극장 무대에 등장하였다는 점, 10년대 이후 잡가집이 대량으로 출현하게 되었다는 점, 그리고 무엇보다 가장 많이 음반화되었다는 점 등에서 충분히 검증되는 바이다.[4] 따라서 20세기 초반 노래 양식의 지평에서 잡가를 배제하고서는 그 실상을 온전히 살필 수 없는 것이다.

잡가와 창가는 20세기 초반을 대표하는 노래 양식으로서 이 두 양식의 부상은 이 시기를 바로 전단계, 즉 19세기 후반 시가사의 지형과 구분시켜주는 명확한 지표가 된다.

이 두 양식은 전통 음악과 서구 음악이라는 점에서 구분될 뿐 아니라 후자가 주로 군대나 교회·학교 등의 공공 기관을 통해 위에서 아래로 보급되었다면, 전자는 도시 하층민의 양식에서 부상하여 근대적 자본과 결합한, 아래로부터 상승한 양식이라는 점에서도 큰 차이가 있다. 말하자면, 창가는 기본적으로 지식 보급과 계몽의 수단으로 출발하였고 잡가는 도시적 유흥과 오락을 위한 양식으로 기능하였던 것이다. 그 발전 경로를 살펴보면 1910년대까지는 잡가의 우세 속에 진행되다가 20년대 들면 유행 창가가 크게 약진하게 되고 30년대 이후 뽕짝과 신민요의 융성으로 이어지게 된다.

이처럼 잡가와 창가는 우리나라 대중 가요사의 앞부분을 장식하는 '음악 양식'이므로 여기에서 근대시 형성의 중간 고리를 찾아 내려 하는 것은 별반 의미가 없다. 다시 말해, 이 양식들은 악곡에 의한 규정력이 강하기 때문에 시적 표현은 크게 제약받을 수밖에 없다는 것이다. 예컨대 잡가가 지니고 있는 자유분방한 리듬은 그것이 여러 장르의 특징을 잡다하게 받아들이면서 역동적인 생김새

---

4) 고미숙, 「대중 가요의 선구, 20세기 초반 잡가 연구」, 『역사비평』, 1994년 봄호를 참고할 것.

와 비약이 심한 가락을 구사하는 데서 기인한다. 또 유흥적이고 퇴영적인 정서 역시 그것이 대중 가요로 불리게 되었다는 향유 방식 자체에 의해 필연적으로 획득된 것이다. 창가 역시 그 점에서는 마찬가지이다. 창가를 규정하는 엄격한 자수율, 4·4조든 7·5조든 4·3조든 이 모든 것은 악곡에 의해 규정된 것일 따름이다.[5] 창가는 잡가와는 반대로 찬송가 혹은 동요·군가·운동가 등 단순한 서양 음곡에 얹혀졌기 때문에 음절 수가 고정될 수밖에 없고 멜로디가 단순한 만큼이나 노랫말의 내용도 지극히 소박하다. 물론 창가는 공개 현장에서 집단적으로 불리는 경우가 많았기 때문에 새로운 시대 분위기를 조성하는 데는 나름대로 기여하였을 것이다. 행동적 실천을 촉구하는 구호적 표현이 자주 등장하고 전환기적 갈등보다는 낙관적 전망이 지배적인 것도 이 양식의 외적 향유 방식과 깊은 관련이 있다.

이처럼 이 두 양식은 악곡적 규정력이 강한 노래 양식이기 때문에 근대시 형성이라는 물줄기에서는 일단 벗어나고 있는 셈이다. 물론 이들이 시형식의 발전에 직·간접적으로 많은 영향을 끼친 점은 인정해야 할 것이다. 무엇보다 애국 계몽기에 일어난 시운동이 상당 부분 노래 운동의 성격을 포괄하고 있었다는 점에서 그 사실을 확인할 수 있다. 그런 점에서 잡가와 창가가 율격적 측면에서 시의 발전에 기여한 측면을 든다면 이 양식들이 전통적 노래 양식과는 다르게 장르 전체를 포괄하는 일정한 정형적 약속을 전제하지 않는다는 점을 꼽을 수 있을 것이다. 즉, 잡가가 대체로 4음보를 기저로 하고 창가 역시 4·4조를 비롯하여 음절 수가 고정된다는 폐쇄성을 지니고 있기는 하지만 그것은 모두 작품마다 다르게 구현되는 것이라는 점을 주목할 필요가 있다. 이러한 특징은

---

5) 창가에 관한 자세한 사항은 김병선, 「한국 개화기 창가 연구」(전남대 박사 논문, 1990)를 참고할 것.

분명 전장르를 포괄하는 중세의 선험적 율격과는 차원을 달리하는 것임에 틀림없고, 따라서 거시적으로 보아 시의 정형적 틀이 해체되는 데에 나름대로 영향을 끼쳤으리라는 것이다.

3) 이미 지적하였듯이 음악적 구속을 벗어나 '시'로의 변신을 꾀한 양식으로는 시조와 가사를 중심으로 한 전통적 형식들과 신체시가 있다. 이 양식들은 독립신문 이후 몇 년간의 공백기를 거쳐 저널리즘과 결합하면서 애국 계몽기에 급부상하게 된다. 잘 알려진 바와 같이 전자는 대한매일신보(신보로 약칭), 대한민보(민보로 약칭) 등과 같은 민족지를 중심으로, 후자는 잡지 『소년』을 중심으로 전개된 것이었다. 이 양식들은 창가나 잡가와는 다르게 읽는 시로서 씌어진 것이고 그런 점에서 일단 근대시가 나아가야 할 첫걸음을 내디뎠다고 할 수 있다.

그런데 이 대목에서 반드시 환기되어야 할 사항은 이 두 가지가 대등하게 경쟁한 것이 아니라는 점이다. 시조·가사를 비롯한 여러 변이형들과 신체시의 관계는 전자의 압도적 우세 속에 진행된 것이었다. 그런데도 두 가지를 같은 저울 위에 올려놓았고 게다가 시조·가사는 정형적인 것이고 신체시는 비교적 자유롭다는 현상적 진단을 근거로 전자는 극복의 대상이 되고 후자는 발전의 징후가 된다는 터무니없는(!) 결론이 거듭 산출되었던 것이다. 신체시는 창가가 지닌 자수율적 폐쇄성, 이념 혹은 정서의 획일적 반복을 고스란히 이어받으면서 형식적 변형을 가한 것이기 때문에 최남선이 시도한 여러 실험 양식이 그러하듯 시적 파탄을 야기했을 따름이다.[6] 또 전통 양식들이 계몽적 지식인과 애국적 시민들의 열렬한 참여와 호응을 불러일으킨 데 비해 신체시는 그야말로 최남선 단독의 적막한 사업일 뿐이었음을 주목할 필요가

---

6) 조동일, 『한국문학통사』 4권(지식산업사, 1986), pp. 405~10.

240

있다.[7]

 이 시기 최대의 시가집이라고 불리는 신보에는 시조 386수, 가사형 699수, 변이형 30여 수 등 무려 천여 수에 달하는 작품이 실려 있고, 민보는 시조만 287수를 싣고 있다.[8] 이 신문들에 실린 시조가 노래가 아닌, 읽는 시로 전환되었음은 여러 정황에서 확인된다. 우선 신보에서 시조는 한시를 의미하는 '사조(詞藻)' (초기에는 사림(詞林))란에 실렸는데 초기에는 한시와 함께 번갈아 실리다가 뒤에는 오직 시조만 실리게 된다. 또 1908년부터는 장과 장이 구분되고 문장 부호도 사용된다. 그런데 이 작품들의 성격을 좀더 명확히 파악하기 위해서는 당대에 노래불리던 시조와의 대비적 고찰이 요구된다. 20세기에 들어서서도 노래로서의 시조는 계속 창작, 전승되었다. 또한 가집들도 지속적으로 만들어졌는데, 그 가운데 이용기라는 풍류 인사가 편찬한 『고대본』 악부는 전통 가요를 집대성한 것으로 여기에는 20세기 이후에 창작된 새로운 작품들(119수)이 실려 있다.[9] 그러나 이 작품들과 신보와 민보에 실린 작품들은 전혀 질을 달리한다. 즉, 가집들에는 앞서 언급한 19세기적 특징에 잡가풍이 가미된 작품들이 계속 재생산되고 있었던 것이다. 뿐더러 가집에 실린 작품들은 곡조를 중심으로 분류되지만 신문에 실린 작품들은 모두 주제를 집약하는 일정한 제목을 가지고 있다는 점에서도 구분된다. 신문 매체에 실린 시조들이 특히 종장의 변형이 심한 이유도 바로 주제 의식의 강화 때문이라 할 수 있다. 즉, 주제를 종장에 집약시키기 때문에 도치를 하거나 음절 수를 늘이거나 줄여 효과를 극대화하려고 한 것이다. 물론 이 작품들은 기

---

7) 임형택, 「동국 시계 혁명과 그 역사적 의의」, 『한국 문학사의 시각』(창작과비평사, 1984), p. 270.
8) 자료에 대한 자세한 현황은 김영철, 『한국 개화기 시가의 쟝르 연구』(학문사, 1987), pp. 69~77.
9) 최동원, 「개화기 시조고」, 『고시조 논고』(삼영사, 1990), p. 85.

본적으로 노래로서의 시조에서 많은 자양분을 투여받고 있다. 전통적인 모티프에 새로운 주제를 담아낸 개작 형식이 유난히 많은 것도 역시 그 점을 반증하고 있는 것이다. 그럼에도 이 시조들은 이제 악곡에서 벗어나 여러 방면에서 '홀로 서기'를 위한 작업을 수행하고 있었다.

신보에 실린 가사는 산문 단평들이 차츰 변해서 운문의 틀을 갖추게 되었다는 점에서[10] 애초부터 악곡과는 전혀 무관하다. 때문에 이 형식들이 4·4조를 기저로 한다고 하여 이것들을 4·4조 창가와 동일시하는 것은 그야말로 사태를 호도하는 것이다. 이 두 양식 사이에는 질적 차별성이 너무나도 확연하기 때문이다. 이 밖에 사설시조, 잡가적 형태, 판소리적 형태 등 다양한 시양식들이 모색되었는데 이것들 역시 노래에서 자양분을 얻어 짧은 단형시로서 변형을 꾀한 경우라 할 수 있다.

전통적인 양식의 다각적 변용을 통해 새로운 시형식을 모색해 간다는 것, 이것은 분명 근대시 형성에 있어 가장 정통의 코스임에 틀림없다. 그것은 근대 사회 자체가 외계에서 수입되는 것이 아니라 봉건적 태내에서 모든 자양분을 흡수하면서 창출되는 것이라는 점을 상기할 때 더욱 자명해진다. 기존 연구에서는 시사의 이와 같은 거시적 전망을 주목하지 않았기 때문에 시사와는 무관하게 이 작품들의 이념적 측면만을 부각시키거나 혹은 시대적 의의에도 불구하고 결국은 "시가 그 시대의 시대적 요청에 너무 지나치게 민감하면 그 생명이 길 수 없"[11]는 예로서 단정하고 말았던 것이다.

기존 연구의 이러한 편향성을 극복하기 위해서는 무엇보다 위에

---

10) 이 과정에 대해서는 신범순, 「애국 계몽기 '시사 평론 가사'의 형성과 정치적 위기 의식의 문학화」, 『국어국문학』 97(1987)과 장성진, 「개화기 가사의 서술 구조와 현실 인식」(경북대 박사 논문, 1991)을 참고할 것.
11) 박철희, 「개화기 시가의 구조」, 『신문학과 시대 의식』(새문사, 1981), p. 149.

242

서 언급했듯이 이 작품들이 근대 전환기 시사의 진정한 발전 경로를 타고 있다는 점이 반드시 환기되어야 할 것이다. 물론 그와 더불어 이 작품들이 지니고 있는 이념적 선명성도 시적인 차원에서 보다 적극적으로 해석되어야 한다. 계몽주의 시대란 달리 말하면 시적인 것과 정치적인 것이 하나로 일치되는 시대를 뜻하는 것이 아니던가? 그렇다면 이러한 시대에는 정치적 목적이 강렬하면 할수록, 또 이념적 선진성이 뚜렷하면 할수록 시는 더욱 시다워질 수 있다는 전제가 가능하다. 물론 그 역, 말하자면 시적 파토스가 강렬할수록 당대 현실에 대한 실천적 대응력 또한 보다 확고해질 수 있다는 명제도 가능하다. 요컨대 이념적 선명성과 시적 성취는 굳게 결합되어 있으리라는 것이다.

시의 근대성을 논의하는 가장 중심되는 자리에 애국 계몽기 시 양식들을 배치하는 것은 이처럼 시양식 자체의 거시적 발전 경로와 시대적 특수성이라는 두 가지 주요 계기를 아울러 주목한 때문이다.

3. 애국 계몽기 시운동과 근대시를 향한 모색

I. 시운동의 성격

전통 시가가 근대적 시로 발돋움하기 위해서는 악곡의 규정력을 떨쳐버리면서 동시에 그 이전에 한시가 지니고 있던 높은 수준의 미의식을 담보할 수 있어야 한다. 그래야만 내용과 형식 양측면에서 미학적 진전을 이루어 궁극적으로 자신의 껍질을 벗어던질 수 있게 되는 때문이다. 그러한 도움닫기가 가능하려면 새로운 사상과 감성으로 무장한 근대적 지식인 집단과의 결합이 이루어져야 하는바, 바로 이 만남이 실현된 것이 애국 계몽기이다.

애국 계몽기는 자본주의적 재편이 가속화되면서 식민지적 예속이 목전에 다가오고 있던 시기였다. 그리고 세기말을 거치면서 갑오 농민 전쟁과 같은 무장 투쟁의 코스와 독립협회 활동과 같은 대중적 운동을 고루 체험하여 시대의 문제가 내적으로 육화될 수 있는 역사적 조건이 마련되었다. 다시 말해 반제·반봉건이라는 시대적 과제를 보다 균형 있게 파악할 수 있는 이념적 지반이 두터워졌던 것이다.

그리하여 1905년 이후 활동을 개시한 계몽적 지식인들은 내외적 모순 속에서 근대 민족 국가의 건설이라는 목표를 실현하기 위해 대중과의 굳건한 연대를 모색하게 되었다. 바로 이 연대의 핵심적 고리가 문학이었던바, 문학 담당층의 근본적 교체가 이루어지는 것은 이 시점이 되는 것이다. 신문학 운동이라 이름할 만한 이 사업에는 소설·연극 등 당대 대중적인 모든 쟝르가 포괄되었지만 가장 중심에는 시운동이 자리하고 있었다.

물론 애국 계몽기 시운동은 노래 운동과 병행되고 있었다. 독립협회 활동의 중심이자 기독교 선교에 앞장섰던 윤치호가 애국가를 위시한 창가류를 짓고,[12] 안창호가 창가의 백미라 할 「거국가」「단심가」「목단봉가」[13] 「한반도야」를 지은 것 등이 계몽적 지식인과 노래 운동이 결합한 좋은 예가 된다. 또 신보에는 초창기에 창가가 자주 실렸는데, 이 작품들은 여타의 창가에 비해 훨씬 수준 높은 의식과 표현을 갖추고 있다. 부연하면, 독립신문에 실린 창가나 이후 잡지들에 실린 운동가류의 창가가 지극히 공허하고 모호한 이념에다 상투적인 구호를 첨가하는 수준인 데 비해 신보에 실린 안창호의 창가나 「활동가」(1907. 8. 22), 「상봉유사」(1909. 8. 13) 같은 창가들은 문제 의식이 뚜렷하면서도 언어적 긴장미를 갖추고 있다. 이를 통해서도 이념적 선명성이 작품의 미적 깊이와

---

12) 김을환, 『좌옹(佐翁) 윤치호전(尹致昊傳)』(을유문고, 1978)을 참고할 것.
13) 『소년』(1909. 4. 1), 김근수 편 『한국 개화기 시가집』(태학사, 1985), pp. 547~49.

결합되어 있음을 새삼 확인하게 된다.
 노래 운동이 부분적이고 단편적으로 진행된 데 비해 시운동은 뚜렷한 체계를 갖추고 지속적으로 전개되었다. 이 운동의 주담당자인 신보와 민보의 편집진들은 기본적으로 부르주아 민족주의 이념의 소유자들이었다. 애국 계몽 운동의 최선봉이자 시운동의 정점이기도 한 신보는 박은식·신채호·양기탁·안창호 등에 의해 주도되었는바, 이들은 개신 유학에 바탕을 두면서도 독립협회 활동 등을 통해 봉건에 대한 자기 혁명을 단행하여 당대 부르주아 민족주의 이념의 최고 수준에 도달할 수 있었다. 물론 이 시운동이 독자들의 광범위한 호응과 참여 속에 진행되었고 실제로 작품 가운데는 투고 형식으로 된 것도 적지 않지만 시운동 전반을 조직화하고 선도한 것은 결국 이들 논설진으로 보아야 할 것이다(신채호의 역할은 잘 알려졌거니와, 작품들 가운데 기독교적 논조가 뚜렷한 작품들은 기독교 신자였던 양기탁의 것으로 추정된다).
 민보(1909년 창간)는 대한자강회를 잇는 대한협회의 기관지로서 풍자적인 시사 만화로 잘 알려진 신문이다. 대한협회는 오세창·권동진 등 천도교 세력과 민족주의 세력, 친일파 등 여러 이질적 집단이 혼재한 채 출발한 것이어서[14] 신보처럼 전투적 역할을 수행하지는 못하였지만 여기에 실린 시조들은 소장 민족주의자 논객들의 입김을 뚜렷하게 담고 있다. 그런 점에서 역시 애국적 계몽 이념과 시운동이 결합한 중요한 예에 속한다.
 노래가 아닌 시로서 우리 시가를 끌어올리려는 이들의 노력이 논리적으로 표명된 것이 신채호의 「천희당시화」(1909년 11월 9일~12월 4일까지 신보에 연재)이다. 이 글에서 신채호는 당대에 추구해야 할 '동국 시계 혁명(東國詩界革命)'을 "동국어(東國語)·동국문

---

14) 이현종(李鉉淙),「대한협회에 관한 연구」,『아세아 연구』8의 3, 1970을 참조할 것.

(東國文)·동국음(東國音)으로 제(製)한 자"[15]라는 간명한 표현으로 압축한다. 이것은 조선 후기 이래 중세의 이원적 언어 체계에 맞서 힘겹게 진행되어온 민족어문학론이 마지막으로 도달한 최후의 지점이다. 김만중의 저 유명한 선언 이후 조선 후기에 주로 전문 예인들과 중인 지식인들을 중심으로 진행되어온 민족어문학론은 시조 및 민요와 같은 국문 시가가 한시와 대등한 가치가 있음을 설파하기 위해 각고의 분투를 다해왔다.[16] 그러한 노력이 이 '동국 시계 혁명'에 이르러 마침내 완결된 것이다. 이 글에서 단재가 한시를 문학사의 영역에서 가멸차게 몰아내고 시조와 민요 같은 하급 노래 양식을 그 중심에 놓는 것에서 이 논리의 전투적 급진성을 엿볼 수 있다.

물론 이 시기에는 한시 역시 새로운 사상을 담기 위한 시운동의 한 지류를 형성하고 있기는 하였다.[17] 매천 황현, 창강 김택영 등과 같은 구한말 우국 지사들의 작품을 비롯하여 신문 잡지에 발표된 수많은 한시들은 시대 변환을 목전에 둔 지식인의 내면적 고뇌 및 새로운 시대적 기류를 절실하게 형상화하였고, 이 점 또한 애국 계몽기 시운동의 중요한 흐름을 이루고 있음을 부인할 수 없다. 그러나 한시는 시대 조류에 첨예하면 할수록 역사로부터 퇴장할 운명을 자기 확인하는 지점에 도달하고 있었으니, 그 한계는 너무나도 분명한 것이었다.

그런데 전통 시가가 '국시'로 상승하기 위해서는 단지 표기 체계의 우월성만으로 이루어지는 것은 아니다. 그 위에 동국 시계 혁명의 두번째 조건, "신수안(新手眼)을 방(放)하는 자"일 것이 필

---

15) 단재신채호선생기념사업회, 『단재 신채호 전집』 별집(1977), p. 63(이하 별집으로 약칭).
16) 고미숙, 「조선 후기 민족어문학론의 전개 양상」, 정규복 외, 『김만중 문학 연구』(국학자료원, 1993)를 참고할 것.
17) 임형택, 앞의 논문, pp. 243~50.

연적으로 요청된다. 왜냐하면 시는 '국민 언어의 정화(精華)'로서 "시가 인정(人情)을 감발(感發)함에 여차(如此)히 불가사의의 능력이 유(有)"(별집, p. 66)하므로 그것을 최대치로 활용하여 민족의 정서를 일깨우는 역사적 임무를 수행해야 하기 때문이다. 즉, 이제 국시는 언어적 억압으로부터 해방되었을 뿐만이 아니라 민족 구성원을 결집하는 변혁의 무기로 활용되어야 했던 것이다. 이러한 비평적 논리를 유교적 재도론의 재탕으로 해석하는 것은 사태를 지극히 평면적으로만 파악한 것이다. 왜냐하면 적어도 이 시운동에서 주창하는 민족이란 "공통 의식으로 결합되고 그 의식에 의해 활력을 받는 집단,"[18] 다시 말해 해방된 개인의 자발적 결사체로서의 성격을 가지는 것이기 때문이다. 따라서 이것은 오히려 시의 대 사회적 기능을 최고도로 끌어올린 입론으로 파악해야 한다. 조선 전기에는 한시에 종속되는 시여(詩餘)로서, 후기에는 여항의 대중적 노래로 전전해왔던 우리 시가가 한편으로는 한시를 밀어내고, 다른 한편으로는 노래라는 언어 외적 구속을 떨쳐내면서 민족 계몽 운동의 최전선에 우뚝 자리하게 되었던 것이다. 민족어문학론이 민족문학론으로 상승하는 지점이 바로 여기일 것이리라.

시의 위상이 이처럼 높아졌기 때문에 이제는 시를 개량하는 작업이 목적 의식적으로 수행된다.

> 余가 近世 我國에 流行하는 詩歌를 觀하건대 太半 流靡淫蕩하여 風俗의 腐敗만 釀할지니, 世道에 關心하는 者가 汲汲히 其 改良을 謀함이 可하며 [……] (별집, p. 57)

> 吾子가 萬一 詩界 革命者가 되고자 할진대 彼 阿羅郞, 寧邊東臺 等 國

---

18) 어네스트 겔너, 「근대화와 민족주의」, 백낙청 엮음, 『민족주의란 무엇인가』(창작과비평사, 1981), p. 39.

歌界에 向하여 其 頑陋를 改誦하고 新思想을 輸入할지어다. (별집, p. 63)

이 글들이 비판하고 있는 유행가, 아리랑, 영변동대 등은 대개 당대에 큰 인기를 끌었던 잡가 계통의 노래들이다. 신채호가 보기에 진정한 시는 이 같은 시정의 통속 가요와는 다른 것이어야 했다. 이 점 역시 조선 후기 민족어문학론의 지평과 뚜렷이 구분된다. 잘 알려진 바와 같이 거기에서는 여항의 노래가 지닌 성정의 자유로운 발로를 적극 긍정함으로써 옹호의 논리를 구성했었다. 물론 신채호 역시 시의 정서 해방의 측면, "환호·분규·첩량애읍·신음광제(歡呼·憤叫·凄凉哀泣·呻吟狂啼)"(별집, p. 64) 하는 정태를 중시한다. 그러나 바로 그렇기 때문에 시는 자연 발생적 상태로 방치되어서는 안 되고 민족적 정서를 북돋우는 방향으로 이끌어져야 하는 것이다. 우리는 여기서 신보를 중심으로 이루어졌던 시운동이 매우 뚜렷한 논리적 기반을 갖추고 목적 의식적으로 수행된 것임을 거듭 확인할 수 있다.

Ⅱ. 근대시를 향한 다양한 모색

신보의 작품들이 담고 있는 이념적 지향은 당대 부르주아 민족주의의 최고 수준이라고 할 수 있다. 그것은 자유와 평등이라는 민주주의적 인식과 반외세 자주성을 근간으로 하는 민족주의적 사고를 핵심적 요체로 삼고 있다. 기존의 연구는 대체로 일제와 매국노에 대한 풍자의 문제로만 집중되어 이 작품들이 마치 전자의 방면에서는 불철저한 듯한 오해를 유포하는 경향이 있다. 그러나 사실 이들이 수행한 반봉건 투쟁은 당대의 어떤 개화파보다도 급진적 성격을 지니고 있다. 역사의 발전을 가로막는 완고한 구세력에 대해 "망할놈은 흥 량반이라 흥/비속에는 흥 샹샌인지 흥" (1907. 8. 30) 하거나 "텬하명의 화타 불너라 이 완고비들의 썩은 심장을 의원의 칼노 쓰어내여 기명슈의 씨셔놋코 신공의를 불어

너허 문명 세계에 ᄀᆞ치 도라가게 ᄒᆞ라"(완고점고, 1907. 12. 29) 등과 같이 비판의 고삐를 조금도 늦추지 않고 있다. 또한 민권의 문제에 대해서는 말할 것도 없고 근대적 사유의 핵심 고리 중의 하나인 여성 해방 문제에 있어서도 이들의 어조는 매우 단호하다. 즉, 모든 여성들은 "늙은 부인 졀믄 처자 쟝옷 벗고 활동하여" "시셰 알고 학문 비와"(1907. 8. 22) 민족을 위해 투신할 것을 거듭 주장한다. 여성을 봉건적 제속박에서 해방시켜 근대적 시민으로 교육시키기 위한 그들의 열성은 매음녀와 기생들에게까지 미쳐 그네들을 계도시키기 위한 작품이 신보 곳곳에 배치되어 있기도 하다. 신보 국문판이 일반 대중 특히 부녀자들을 위한 것이었다는 점, 아울러 신채호가 여성 계몽을 위해 『가정교육』이라는 잡지를 별도로 발행한 것[19] 등의 사실에서도 이들 지식인들의 여성 해방에 대한 인식 정도를 가늠하기에 충분하다.

이와 같이 신보의 이념적 스펙트럼은 시대가 요구하던 문제의 전영역에 두루 걸쳐 있었던 것이다. 그리고 앞서 언급한 우리의 전제가 맞는다면 이러한 이념의 폭과 깊이는 시적 지평의 심화와 다각도로 연관되어 있을 터이다.

1) 근대시로 나아가는 행보에서 형식의 문제는 가장 첨예하면서도 어려운 건널목이다. 그것은 시형식이 지닌 완고한 보수성에도 기인하지만 무작정 풀어진다고 해서 자유시가 되는 것은 아니기 때문이다. 이 점은 비단 우리의 경우에만 한정되는 문제는 아니었으니, 중국·일본은 말할 것도 없고, 서구에서도 19세기 후반 상징주의에 이르러서야 비로소 정형에서의 이탈 운동이 시작되었다고 한다. 그만큼 자유로운 시형식의 획득은 지난한 일이었던 바, 이 점을 염두에 두고서 문제에 접근할 필요가 있다.

---

[19] 김병민, 『신채호 문학 연구』(아침, 1989), p. 270의 연보를 참고할 것.

신보의 작품들의 형식적 모색은 크게 두 가지 양상을 띠고 있다. 하나는 여러 쟝르의 특징을 수용하여 작품마다 운율을 각기 다르게 구성한 변이형들이고, 다른 하나는 시조와 가사라는 고정된 틀을 지향한 경우이다. 특히 가사는 분련체이자 동일 어구가 앞뒤에 반복되는 신보 특유의 형태를 창출하였던바, 이 점 역시 적극 해명되어야 할 과제이다. 민보는 시조 형식만을 선택했는데, 이 작품들의 형식적 변형은 대체로 신보의 논의 안에 포섭될 수 있다. 먼저 첫번째 유형부터 살펴보도록 하자.

그린다 그린다/그린다 그린다//
직셜쥬션싱이 오셧는디/이리화샹을 그린다//
〔……〕
타임스신문누터련보에/쇼식춧는 귀그려//
동셔양 륙대쥬의/형편보는 눈그려//
이나라 져나라 강약형셰/내잘맛는 코그려//
〔……〕
네비속에 잇는 챵즈를/날다주어도 싸다ᄒ며//
밋구멍에다 쥬동이넛코/오쟝륙부를 쎄여먹네 (「이리화샹가」, 1907. 7. 18)

어마둥둥 이이야/어마둥둥 이이야//
아스라구 말나구/사롬의 괄시를 말나구//
(一)돈이 암만 만하도/패기ᄒ는 날 잇슬것//
권리가 암만 됴와도/싹구러질 날 잇갓지// (「말나구타령」, 1907. 7. 7)

일젼에 그려노흔 인물을 맛츰 총망즁에 즉시 조쳐를 못힛스나
오늘은 일즉 쳐판홀터이니 각기 디령ᄒ여라/
　네 등디하엿소 (「시ᄉ평론〔국한문본에는 社會燈〕」, 1910. 1. 27)

250

첫번째 작품은 판소리「수궁가」의 토끼화상 대목을 변형시킨 것이고, 두번째 작품은 잡가식 어법을 활용한 것이며 세번째 작품은 판소리적 기법을 활용한 점은 첫번째 작품과 동일하나 대화체로 엮어갔다는 점에서 구분된다. 이 작품들을 단형시로서 음미한다면 그 운율적 특징은 한마디로 매우 자유롭다고 할 수 있다. 우선 음보를 구성하는 음절 수가 다양하여 이 시기에 유행한 자수율적 폐쇄성이 전혀 보이지 않고 또한 전통 음보인 4음보의 제한에서도 상당히 벗어나 있다. 그렇다고 해서 운율이 흐트러져 있는 것도 아니다. 그것은 판소리나 잡가 등이 지닌 율격적 생동감을 받아들이면서도 주제를 집약하기 위해 짜임새 있게 다듬어놓았기 때문이다.

신보에는 위의 예들과 같은 여러 종류의 변이형들이 자주 실험되었다. 1907년에는 약 20여 편에 걸쳐 타령조가 집중적으로 시도되었고, 그 이후 가사적 패턴이 독특하게 형성된 다음에도 형식적 실험은 틈틈이 시도되고 있다. 개중에는 담시라고 불릴 만한 산문적 시도 적지 않은바, 이런 유의 작품들의 양식적 특성에 대해서도 앞으로 심층적인 분석이 가해져야 할 것이다.

이뿐 아니라 사설시조의 경우도 새로운 내용과 기법을 활용한 작품들은 4음보의 구속에서 벗어나 운율의 자유로움을 확보하고 있는 성과를 보여주고 있다.「살구(殺狗)」(1909. 7. 13)라는 작품이 아마 그 대표적 예가 될 것이다.[20]

이처럼 신보의 작품들은 단지 악곡에서 벗어났을 뿐만 아니라 전통 율격이 지닌 생동감을 십분 활용하여 자유율의 창출에 성큼 다가가고 있다. 어느 나라든 자유시의 리듬은 전통적 율격의 장점을 최대한 받아들이면서 새로운 리듬을 만들어내는 것이니, 이 점에서도 이와 같은 양식적 모색은 매우 소중한 의의를 지닌다. 신

---

20) 이 작품에 대한 자세한 분석은 임형택, 앞의 논문, p. 265를 참고할 것.

체시의 기형적이고 이질적인 실험과 대비할 때 그 점은 더욱 분명해진다. 시운동의 주담당자인 신채호가 10년대 이후 자유시를 창작할 수 있었던 것도 이러한 모색이 밑받침되었을 것이다.

다음 두번째 사항, 이런 여러 가지 실험에도 불구하고 시운동의 가장 핵심에 시조와 가사형이 자리잡고 있는 데 대해 해명할 차례이다. 특히 가사형은 후기에 갈수록 틀이 자리잡혀 가장 많은 양의 작품을 산출하게 된다. 이 형식은 대체로 급박한 시대 호흡을 반영한다는 정도로 해석되는 데서 그쳤는데 그 내적 자질을 좀더 세밀하게 살펴볼 필요가 있다. 우선 주목되어야 할 것이 이 양식 역시 미세한 차이이긴 하나 작품에 따라 운율 구성이 각기 다르게 실현된다는 점이다. 즉 음보의 구성이 1+4+4, 혹은 2+4+4+5, 3+4+4+3 등으로 4음보를 중심으로 하여 조금씩 다른 구성을 지니고 있는 것이다. 그것은 특히 앞뒤 반복구의 성격이 모두 다른 데서 연유하는 것이다. 예컨대 "시르렁둥덩실" "어기엇차 돗다러라" "이고지고 홍" 등과 같이 민요 혹은 잡가의 여음이 반복되거나 아니면 "나 원 기막혀" "져 신세가 가련ᄒ다" "이 셜음을 엇지 홀소" 등과 같이 재현된 상황에 대한 주관적 정서가 첨가되는 등 다양한 어법이 구사됨으로써 음보 구성도 약간씩 차별성을 띠게 되고 그것은 작품마다 독특한 정서적 체험을 만드는 데 기여하게 된다.

그리고 분련이라는 방식은 이 작품들의 이념적 지향과 깊이 관련되어 있는 듯하다. 즉 신보 작품들은 대개 비슷한 대상들을 등가적으로 나열하거나 한 대상의 여러 측면을 다각도로 제시하거나 하는 것이 가장 일반적인 패턴이다. 이것은 세계를 다양하면서도 풍부하게 파악하려는 인식의 소산이기 때문에 만약 일정한 외형적 틀을 갖지 않으면 산문화될 소지가 다분하다. 실제로 이 작품들 가운데는 단형 산문체로 발전하는 경우도 종종 있다. 따라서 동일한 음보로 구성된 분련이라는 패턴은 그러한 사유를 마음껏 확장할 수 있으면서도 시적 리듬을 유지할 수 있는 가장 적절한 형식이 되는 것이다. 또 반복구의 첨가는 외부에 대한 묘사와 시적 주인공의 정서를 결합하는 데 매우 유효하다. 즉, 선택되어진 현상을 순차적으로 배열하고 매개 부분의 끝에 가서 서정적 주인공의 체험 세계를 확인하는 주정 토로가 이루어짐으로써 객관적 묘사를 주관적 서정이 감싸안는 방식이 되는 것이다. 이처럼 이 양식은 전통적 가사 율격을 단순히 짧게 나누어서 답습한 것이 아니라 신보의 주체 세력이 이념적 지향과 시적 재현을 결합하기 위해 모색하는 가운데 독특하게 창출된 것이라 할 수 있다.[21]

시조의 경우는 사설시조보다 특히 평시조를 선호한 것이 주목되는데 이 점 역시 여러 가지 함의를 갖는다. 우선적으로 앞서 지적했듯이 19세기 후반 시조사가 평시조 중심으로 진행된 것과 관련이 있을 것이다. 즉, 시조창 방식의 평시조는 당대 대중들에게 가장 익숙한 양식이어서 그 대중적 전파력을 주목하지 않을 수 없었으리라는 것이다. 1908년에 나온 『송뢰금』이라는 신소설을 보면 각 장의 앞에 내용을 요약하는 시조가 놓여 작가의 애국적 정열을 열렬히 표백하고 있는데,[22] 이를 통해서도 시조 혁신 운동이 당대 의식 있는 대중들의 많은 호응을 받았음을 확인할 수 있다.

그러나 다른 한편 시운동에서 창출된 시조들은 19세기 후반 이후의 노래 양식과는 구분되는 형태적 특징을 가지고 있다. 특히 종장 부분의 변형이 가장 심한데, "하리로다 우리 동포(同胞)들은 일심(壹心) 보국(報國)"(1908. 12. 17), "하ᄉ이다 우리 농부(農夫)들아 일심(壹心) 수축(修築)"(1908. 12. 25), "우국(憂國)으로 난 불이니 복국(復國)ᄒ면"(1908. 1. 8), "어긔어차 사공(沙工)아 닷줄

---

21) 신보의 가사형 작품들이 지니고 있는 미학적 기반에 대해서는 다른 연구를 통해 좀더 심층적으로 분석할 예정이다.
22) 최원식, 「제국주의와 토착 자본」, 『한국 근대 소설사론』(창작과비평사, 1986), pp. 260~61.

감고 비 져어라 지구동경(地球東傾)"(민보, 1910. 1. 25) 등이 그 두드러진 예들이다. 이것은 단지 종장 말구를 생략하는 차원이 아니고 고시조가 가진 형식적 핵심 고리를 끊어버리는 것이라 할 수 있다. 그러한 변형이 극대화된 것이 '흥타령'조의 시조들이다. 이 작품들은 사실 시조와의 연관성이 거의 희박한 새로운 시형이라고 보아야 한다.

이렇게 나름대로 여러 변형을 시도했으면서도 시조 형식을 고수한 것은 단형시 형식이 주는 정서적 호소력을 중시했기 때문일 터이다. 가사형이 주로 외부 세계를 심층적으로 투사할 수 있는 감각 및 안목을 기르는 데 유효하다면 시조는 전환기에 처한 개인들의 내면적 결단을 끌어내는 데 적절하다고 판단했을 것이다. 시조와 가사의 상보적 기능이 이 시기에도 이어지고 있었던 셈이다.

3) 시운동의 형식 모색이 전통적 태내에서 그 축적된 자양분을 총동원하여 새로운 리듬을 창출하기 위한 어려운 진통이었듯이 그 안에 담고 있는 내용적 특질 역시 근대시를 향한 주요 계기들을 담고 있다. 그것은 반외세·반봉건이라는 높은 수준의 이념적 표백에서보다 구체적 형상의 측면에서 두드러지게 성취되고 있다. 즉, 신보에 있는 작품들은 근대 전환기에 일어난 온갖 인정 물태를 생생하고도 풍부하게 드러내고 있는바, 이 점은 특히 주목되어야 한다.

>빗을 니고 젼당니여 人力車를 사셔놋코
>蓬頭亂髮 赤脚으로 風雨寒暑 무릅쓰고
>屛門把守 ᄒ다십히 不分晝宵 하오면셔
>푼푼히 버러다가 行廊ᄉ리 挾戶ᄉ리 父母妻子 술잣더니
>電車븨고 汽車나니 人力車가 歲月업소 (1908. 3. 26)

怨讐로다 怨讐로다 衛生局이 怨讐로다
衛生局이 設施되면 家家戶戶 淸潔ᄒ야 無病長壽 알엇더니
分錢難得 이내産業 日本巡査 더 등쌀에
如拳食鼎 典當잡고 糞桶架設ᄒ얏는대
놀보집이 아니어든 糞大地가 무슴일가
其中에다 淸潔費를 每戶每間 貳錢일세
自糞出給 갑을 내니 開化法은 이러ᄒᆞᆫ가
將來衛生 姑舍ᄒ고 今日當場 못살것네
怨天尤人 홀것잇나 내 糞穴이 怨讐로다 (1908. 10. 23)

慶會樓를 도라드니 雕樑畫棟 燦爛한데
鳳駕龍輦 擧動處에 料理장사 日人들은
돈벌기에 汨沒하고 彷徨하는 韓人들은
臨此恨嘆 不無로다 風靜浪息 蓮塘속에
金鮒魚만 遊泳하니 感舊之懷 절로난다 (1909. 5. 11)

첫번째 작품은 전차와 기차 같은 새로운 문물의 도래에 의해 생존의 위기에 처하게 된 한 인력거꾼의 비애를 절절하게 보여주고 있고, 두번째 작품은 개화법에 의거한 위생국 설치가 당대 민중들에게 어떤 고충을 안겨주고 있는지를 해학적으로 묘사하고 있다. 근대로의 전환은 돌이킬 수 없는 역사의 합법칙이지만 그 역사의 격랑에서 많은 사람들의 삶은 훼손될 수밖에 없었다. 신보는 결코 이념의 과잉에 빠져 이러한 세밀한 부분을 놓치는 오류를 범하지 않는다. 신학문의 도래 앞에 실직 신세가 된 노학구, 왕실의 해체로 의지할 곳 없이 떠도는 늙은 상궁, 의병 전쟁에서 남편을 잃고 울부짖는 청상 과부 등 자신의 의지와는 무관하게 희생을 감수해야 했던 민중적 형상을 여실히 그려내고 있으며 그것을 담아내는 작품의 시선은 지극히 섬세하고도 따뜻하다. 세번째 작품은 몰락한 왕궁의 풍경과 거기에서 느끼는 처연한 감회를 묘사하고 있다. 흡사 조지훈의 「봉황수」를 연상시키는 이 작품은 몰락한 궁터의 한복판에서 일인들이 요리 장사에 골몰하고 있는 장면을 삽입함으로써 시적 효과를 더욱 높이고 있다. 우리는 이 한 장면을 통해 무엇이 흘러갔고 무엇이 흘러들어왔는지를 동시에 조망하게 된다.

이렇듯 신보의 작품들은 세태 변환에도 민감하게 반응하여, 세태 변환이 가져온 기괴한 인물 군상들을 날카롭게 포착해내고 있다. 예컨대 "룽라금슈 고흔 옷을 밉시있게 닙은 후에 연극장에 드러가셔 분ㅅ되박을 너두르며 낙시눈을 쩌가지고 셔방질에 즈미"붙인 "환양년"(1910. 3. 3)들과 "어요리란 등불겻헤 여호ㅈ치 나와셔서" "니짓셴만 달나ᄒ며 리왕인의 손을 잡고 맛좀보라 강쳥ᄒ"는 매음ᄒᄂ 일녀들(1910. 3. 3), "日語마뒤 稍解ᄒ면 眼下無人 ᄒᄂ 行色 新知識도 第一이오 新眼目도 第一이라 此世界가 何世界오 洋服구두 번쩍 번쩍"(1908. 3. 1) 하는 얼개화꾼 등등. 전환기가 만들어낸 온갖 퇴영적 부산물들을 생생하게 묘파해내고 있는 것이다.

이들의 시야는 한편으로는 "현미경을 눈에 디고 차례차례"(1910. 3. 2) 살펴보거나 다른 한편으로는 "원시경을 놉히 트고 풍진 세계를"(1910. 2. 27) 굽어보는 방식으로 진행되는 까닭에 커다란 흐름과 미세한 숨결을 동시에 잡아내고 있다. 이를 통해 시의 형상적 지평은 대폭 확대되어갔던 것이다. 이것이 리얼리즘적 지향과 어떻게 연결될지는 좀더 따져봐야 하겠지만 시가 당대 현실에 대해 이토록 섬세하고도 역동적으로 반응하기 시작했다는 점은 분명 시사의 새로운 국면임에 틀림없다.

그리고 '인정 물태'에 대한 이와 같은 풍부한 형상성은 자연스럽게 기법과 정서의 다양성으로 이어진다.

> 자븨냐 죠으븨냐 舟中之人이 모도 다 자븨냐 죠으븨냐//
> 蒼海 風波에 치 쩌나가고 밋 업는 빈는 壹時沈沒 頃刻에 잇다//

하물며 凶惡하다 져 고리는 소리치고 입버리네 (「覺醒力」, 1908. 2. 11)

청룡도 드는 칼노 힘시지 갈아들고
수양풍 져문날에 쉬파람 흔소리로
락락히 비회타가 우쥬를 브라보고
셔리날 만지면셔 시험훌 곳 성각ᄒ니
베힐 것 젹지안코 쓴흘 것 ᄒ도만타 (1907. 8. 31)

원동잡놈 셔챵보는 합방론을 찬셩타가
돌팔민에 놀닌혼이 디옥구경 훌번ᄒ고
민ㅅ삭빅원 겨우밧어 주린챵ᄌ 축이는디
합방ㄱ찬셩 ᄌ치ᄒ던 홍모란쟈 쒸여드러
쎠ㄱ다귀를 눈화먹쟈 으릉으릉 거린다니
민도 눈화 마졋더면 쎠도 눈화 먹지마는
민마즐째 도망ᄒ놈 렴치업는 너왜주리 (1910. 1. 23)

영웅의 홀닌 피가 덤덤이 써ㄱ지 안코
황금산의 비가 되며 빅두산의 구름 되여
원혼을 쾌히 씨슬 쌔시지 오락가락 (「英雄血」, 1910. 3. 29)

위의 예들은 우선 다채로운 형식에 걸맞게 시적 기법에서도 매우 다양하다. 첫번째 사설시조는 국운이 위태로운 상황을 사공이 파도를 만나고 고래의 침입을 받는 은유적 상황으로 묘사하고 있고, 두번째는 낡은 관습과의 결별을 선언하는 장면을 상징적 기법으로 처리하고 있다. 세번째 경우는 친일 매국노들의 아귀다툼을 묘사한 것으로 대상을 여지없이 추락시키는 풍자적 기법을 사용하고 있다. 사실 풍자는 신보 작품들의 특장이기도 한데 그 안에서도 대상을 해학적으로 묘사하는 것에서부터 뒤집어 말하기, 가상적 인물을 내세워 딴전피우기, 비아냥거리기 등등 실로 여러 방식으로 구현된다. 예컨대, "亡骨亡骨 亡骨들아 自來亡骨 遺種인들 何乃如此 衰骨이냐" "하로밧비 悔改ᄒ여 興國興家 ᄒ여보소 興골 興골興골되게"(1908. 10. 17) 하는 것은 어휘를 구사하면서 해학적 분위기를 자아내는 것이고 "개눈에ᄂᆞᆫ 쏭만 뵈고 무엇 눈엔 뭐ㅅ만 뵈듯 일인들의 눈깔에ᄂᆞᆫ 비일파만 뵈ᄂᆞᆫ게여 노루란 놈 제방긔에 놀난모양 가관이지"(1910. 1. 13)는 신랄한 독설의 형태를 띠고 "샤죄ᄒᆞᄂᆞᆫ 뎌 두죄인 이등무덤 차져가서 샤죄문을 랑독ᄒ고 이통비통 곡지통에 이고 이고 늣겨가며 산천초목 슬어지게 목을 노코 울엇다지"(1910. 1. 13) 하는 것은 대상을 우스꽝스럽게 희화화시키는 방식이다. 이 밖에도 그 기법은 무궁무진하여 가히 풍자 문학의 보고라 이를 만하다.

마지막에 제시된 평시조는 섬뜩할 정도로 비장한 정조를 담고 있는데, 신채호가 망명한 다음에 쓴 자유시 「한나라 생각」과 유사한 분위기를 자아내고 있다. 치열한 대결 의식을 동반한 비장한 정조는 풍자적 예리함과 더불어 신보 작품들의 또 다른 축을 형성하고 있음을 알 수 있다.

이러한 정서와 기법의 다양함은 세계에 대한 풍부한 감응을 의미하는 것이라는 점에서 중대한 의의를 지닌다. 그렇게 됨으로써 시의 발전은 더욱 고도화되고 그와 더불어 근대적 개체들에게 요구되는 내면적 체험의 폭, 다시 말해 주체성의 영역은 점차 확장되어갈 터이다.

3) 우리는 지금까지 애국 계몽기 시운동의 시적 성취에 대하여 형식과 기법, 형상적 구체성 등을 중심으로 논의하였다. 그런데 이 모든 시적 모색의 근저에는 민족 정서라고 하는 하나의 응결된 실체가 관류하고 있다. 따라서 이 문제를 짚고 넘어가지 않는 한 시운동의 본질은 온전히 파악될 수 없을 것이다.

이미 지적되었듯 애국 계몽기 시운동의 핵심을 아우르는 민족적 정서는 대체로 시적 서정성과는 배리되는 관념으로 치부되어왔다. 즉, 이것은 아무리 선진적이라 하더라도 "기성화된 공적 감정이며 처음부터 자의식과 개체감이라는 근대적 관념과는 무연한 것"[23]이라는 견해가 널리 유포되어 있다.

그러나 이제 이러한 순문예주의적 고정관념에 대한 인식 전환이 요구된다. 왜냐하면 시운동이 추구한 집단적 정서는 각 개인들의 구체적 정황이 희석화되는 중세적 보편성으로의 환원이 아니라 근대적 개인에게 필연적으로 요구되는 세계에 대한 새로운 자각을 함의하는 것이기 때문이다. 여기서 문제의 심층에 좀더 다가가기 위해 그것과 조선 후기 사설시조의 격렬한 열정 및 19세기 시조의 주정주의를 비교해볼 필요성이 제기된다. 봉건 해체기를 장식한 이 양식들은 봉건적 규범에 맞선 개인의 원초적 정서를 자유롭게 발로했다는 점에서 많은 주목을 받아왔다. 그런데 그럼에도 우리는 왜 이 작품들이 보여준 정감의 분출에 대해 근대성이라는 표찰을 붙이기에 주저하는가? 그것은 무엇보다 이것들이 봉건적 규범으로부터는 일탈했지만 세계에 대한 자각 및 치열한 대결 의식이 부재하기 때문이다. 즉, 이 경향들이 근대적 개체성으로 나아가기 위해서는 다시 공동체적 연대에 대한 지향 및 그것을 가로막는 억압에 대한 저항 의식이 전제되어야 한다. 중화주의에서 벗어나 민족에 대해 눈뜨자마자 그것의 상실을 맞이하게 된 애국 계몽기에 이 모든 것은 민족 국가 건설로 수렴될 수밖에 없다. 따라서 애국 계몽기에 불어닥친 민족에 대한 열정은 그것이 다시 개성을 질곡하여 '집단의 공적 반응'으로 되돌아간 것이 아니라 조선 후기 이래 시도된 감성의 자유로움이 근대적 감성 해방으로 나아가기 위해 필연적으로 거쳐야 하는 자유에의 도정에 있다는 것이다. 경술

---

23) 박철희, 「개화기 시조의 구조」, 『신문학과 시대 의식』(새문사, 1981), p. 144.

년 일제 강점으로 민족 공동체라는 새로운 연대에 대한 희망이 부서지고 나서 『학지광』을 비롯한 다음 세대 시인들의 방황과 모험은 결국 "부서진 세계 안에서 누리는 자유가 얼마나 불완전하고 절망적인 것인지"를 단적으로 보여주고 있다.[24] 사실 그 이후에도 우리 시의 역사는 민족이라는 공동체를 다시 회복하기 위한 힘겹고도 지난한 싸움을 벌여오지 않았던가.

그러므로 애국 계몽기 시운동의 심연을 흐르고 있는 민족적 정서는 바로 새로운 세계를 형성하기 위한 투쟁의 일환이었고 우리의 근대 문학이 민족문학과 운명적으로 결합되는 출발을 알린 것이라 할 수 있다.

Ⅲ. 그 역사적 한계

애국 계몽기 시운동의 성취는 당대 문학이 나아갈 수 있는 최고의 지점이었다. 그럼에도 그것이 근대 문학을 향해 더 전진하기 위해서는 극복되어야 할 여러 요소들을 끌어안고 있음 또한 부인할 수 없다. 그리고 그러한 제한성이 부르주아 민족주의의 이념적 한계와 맞물려 있는 것도 사실이다.

신채호를 위시한 이 운동 담당자들의 실천 노선은 기본적으로 '교육과 식산'으로 집약될 수 있다. 전자는 근대의 주요한 징표인 계몽 이성 이데올로기의 구현을 위한 것이고, 후자는 자본주의적 전환을 위한 필수적 요건이 된다. 따라서 이 노선은 의병 전쟁과 같은 무장 투쟁과는 상당한 거리를 유지할 수밖에 없다. 신보 작품들에 등장하는 의병에 대한 시선이 지극히 냉소적인 것이나 1894년 농민 전쟁에 대해서도 "妖怪異術 唱道하고 無知愚民 煽動ᄒ야 壹大風塵 釀出ᄒ"는 정도로 파악하는 것은 바로 그러한 이념

---

24) 김흥규, 「부서진 세계 안의 자유와 절망」, 『전환기의 동아시아 문학』(창작과비평사, 1985)을 참고할 것.

적 기반에 근거한다. 지식인 중심의 애국 계몽 운동과 무장 투쟁의 방법이 통일 전선을 형성하기에는 아직 이른 시기였던 것이다.

이들이 생각하기에 역사의 주체는 명분상으로는 민족 구성원 전부였지만 그 핵심적 세력은 영웅과 지사, 그리고 양심적인 자본가 등이었다. 이들의 탁월한 지도 아래 민족의 구성원들이 각자 자기가 처한 위치에서 교육과 산업에 힘쓰면 부국강병을 이룰 수 있고, 그것만이 외세를 극복할 수 있는 유일한 방법이라는 것이다. 물론 이러한 인식의 기저에는 역사에 대한 관념론적 편향과 진화론적 사고가 자리하고 있다.[25] 제국주의의 정치경제학적 본질을 파악하지 못한 것이나 민족 문제의 근본적 해결을 뛰어난 선각자 및 자본가들의 영웅적 결단에 의지하는 것, 그리고 민족의 적인 일제와 매국노들에 대한 공격이 결국은 도덕적 차원으로 환원되고 마는 것 등이 모두 그러한 인식적 제한성과 관련되어 있는 문제이다.

이러한 한계는 시가사의 이해에도 그대로 연장되어 동국 시계 혁명에는 투철한 인식을 보여주었음에도 시사의 발전 과정을 오로지 외세와의 문제로만 환원하는 도식성을 노정한다. 신채호가 한시는 일고의 가치도 없고 오직 최영 장군, 남이 장군의 작품과 같은 상무적 기상만이 우뚝하다고 평하는 것에서 그와 같은 편향은 극대화되어 나타나게 된다.

시적 측면에서의 한계도 같은 맥락 위에서 이해 가능하다. 즉, 신보 작품들은 많은 경우 서로 다른 층위가 지극히 기계적으로 결합되어버리는 형상적 오류를 범하고 있다. 즉, 민중적 발랄함과 지적 수사학, 주정적 토로와 이념적 선명성이 변증법적으로 융합되는 것이 아니라 도식적으로 접합되는 작위성을 보이고 있는 것이다. 또한 문명·국권 회복·애국 등의 이념이 무매개적인 상징

---

25) 박찬승, 「한말 신채호의 역사관과 역사학」, 『한국문화』 9집(서울대 한국문화연구소, 1988), pp. 299~301.

과 연결되어 시적 울림이 평면화되는 것도 같은 맥락 위에 있다. 또 한편 이 시운동이 가장 선호했던 분련체의 가사 형식 역시 완결된 패턴을 추구함으로써 세계를 다각도로 체험하게 해주는 이점과 아울러 매련마다 정서가 동일하게 반복되는 양상을 지니게 된다. 이것은 정서의 상승과 하강이 적절하게 배치되면서 내면을 확대해가는 서정성의 확보에는 역시 장애가 되는 것이다. 동일한 상승과 하강이 반복될 때 그것은 결국 내면의 단조로움을 창출할 따름이기 때문이다. 시조의 경우도 전대의 작품에서 모티프를 그대로 차용하여 한두 개의 어휘만 바꾸는 식의 상투적 개작에 머무르는 예가 적지 않다. 이러한 상투성 혹은 매너리즘은 결국 정형률이라는 기존의 형식에 안주하게 되는 역기능을 불러오게 된다.

요컨대 이 시운동이 한걸음 더 전진하기 위해서는 새롭게 발견한 세계에 대한 체험의 폭을 충분히 활용하면서 내면적 정서의 울림을 풍부하게 해나가는 것이 절실히 요구되고, 그렇게 될 때 바로 근대성의 두 지표인 '율격의 자유로움'과 '감성 해방'은 온전히 성취될 수 있을 터이다.

4. 결론

애국 계몽기에 우리 시사는 근대시를 향한 큰 걸음을 내딛게 되었다. 반식민지 상황에서 민족을 결집하기 위하여 신보를 중심으로 시작된 시운동은 동시대에 이루어진 어떤 시적 지향도 능가하는 것이었다. 그것은 노래로부터 시로의 도약 및 형식과 내용의 다양한 모색이라는 시적 성취를 일구었고, 또 민족 공동체에 대한 뜨거운 열정을 형상화함으로써 근대시가 나아가야 할 방향을 명확하게 제시해주었다.

그러나 이러한 성취는 10년 이후 외적 강압에 의해 더 이상 진전되지 못하고 좌절된다. 그런 점에서 일제 강점은 우리 민족의 좌절이자 근대시사의 굴절의 출발이기도 하다. 이후 『학지광』을 통해 새로운 세대가 형성되지만 이들의 시적 행보에는 이식적 혐의가 강하게 걸린다. 제멋대로 흐트러진 산문율과 우울하고도 절망적 영탄은 프랑스 상징주의의 영향이자 기대어볼 만한 기반을 온통 상실한 데서 비롯한 시적 몸부림에 다름아닌 것이다. 그러한 방황과 절망이 『태서문예신보』까지 이어지고 비로소 균형 있는 성취에 도달하는 것은 만해와 소월에 의해서이다. 이 두 사람을 근대시사의 뚜렷한 봉우리로 보는 까닭은 이들이 바로 전통적 정서와 리듬을 기반으로 하면서도 새로운 호흡을 불어넣었고 침묵하는 혹은 떠나버린 님에 대한 열망과 믿음을 절실하게 고백하고 있다는 점에 있을 것이다. 결국 애국 계몽기 시운동이 목놓아 외쳤던 민족적 정서가 '님'이라는 매개적 형상을 통해 계승·도약하는 그 자리에 소월과 만해가 서 있는 셈이다.

물론 이상의 논지는 거시적으로 바라본 간략한 스케치에 불과할 따름이다. 1910년 이후 진행된 시사의 전진과 역류, 단절과 비약의 과정은 면밀하게 따져져야 할 것이고, 또한 그것을 통해 이 글에서 무척 성글게 논의된 애국 계몽기 시운동에 대한 분석도 보다 심화될 수 있으리라 생각된다.

근대 자유시 양식의 모색과 갈등
── 1910년대를 중심으로

정 우 택

1. 머리말: 근대적 시양식에 대한 요구

 시를 쓴다는 것은 복잡한 현실 세계에 시인의 정신과 감정·감각을 투여하여 개성적 질서를 부여하고자 하는 의지의 표현이다. 그 시를 쓴다는 행위는 시적 대상을 단순히 묘사하여 드러내는 것이 아니라, 시의 양식적 특성과의 긴장 관계하에서 안정감을 획득하는 작업이다.
 1910년대를 전후한 근대 문학 초기에, 시인·작가 들이 맞닥뜨렸던 민족적·사회적·사상적 갈등과 번민에 내재한 흐름을 잡아 그것을 시적 규범과 양식을 통해 초극해보고자 시도했던 의지가 그들이 시를 썼던 내적 동인이었다. 그들이 쓰고자 했던 시적 형식은 전통적 시가 양식이 더 이상 아닌, 변화된 객관 현실의 정세와 리듬, 생활 감정을 자유롭고 구체적으로 표현할 수 있다고 믿었던 자유시형이었다.
 1910년대 후반에서 1920년대 초반까지 시단에서 선구적 활동을 했던 황석우(黃錫禹)의 시창작 동기에 대한「자문(自文)」을 보면,

나는 詩를 쓰지 안을 수 업는 어느 큰 설흠을 가슴 가운데 쌔리깁게
안어왓다. 그는 곳 나의 어렷슬 쌔붓어 밧어오든 모든 現實的 虐待와,
쏘는 나의 간난한 어머니와, 나를 爲하여 犧牲되얏던 나의 不幸한 누이
의 運命에 對한 설흠이엿다. 그는 마츰내 나로 하여금 남몰으게 嘆息해
울고 쏘는 성내여 現實을 社會를 詛呪하면서 더욱더욱 내 누이를 울녀가
면서 모든 周圍의 誘惑과 輕蔑과 싸와가면서 시를 쓰게 하엿다. 나의 詩
를 쓰는 環境은 實노 괴로웟엇다. 그는 宛然히 地獄 以上이엿다.[1]

다분히 감상적 어투이기는 하지만, 황석우가 "가슴 가운데 쌔리
깁게 안어왓"던 "큰 설흠"은 '현실적 학대'와 '어머니의 가난' '누
이의 불행한 운명'에 대한 설움이다. 이 설움이 "시를 쓰지 안을
수 업"게 강제했다고 술회하였다. 그 설움의 정체를 밝혀 내적으
로 극복해보고자 시도했던 것이 시창작 동인이다. 그런데, 그의
시를 분석해보면, '학대'와 '가난'과 '불행한 운명'에 대한 그의
'설움'이 미적 개성과 양식적 안정성을 얻지 못한 채, "'시적 상
황'의 완결성을 가능케 할 구조는 파괴되고, 단지 일그러진 단편
성과 모호하고 변덕스런 구절이 뒤얽혀"[2] 있다는 지적으로부터 자
유로울 수는 없다. '시를 쓰지 않을 수 없는' 내적 감정이 복받침
에도 불구하고, 그것을 통일적으로 개괄할 수 있는 시양식이 정립
되어 있지 않아서 이 시대 시인들은 갈등을 겪을 수밖에 없었다.
이런 상황에서 시를 쓴다는 행위가 '괴로움'이고 '지옥 이상'의 것
이었다고 황석우는 술회하고 있는 것이다. '학대'와 '가난'과 '불
행한 운명'에 대한 '끔쯕한' 자각, 그것을 담아내고 개괄할 인식 체
계와 양식의 미정립, 이 와중에서 시를 쓴다는 행위는 안타까움을
넘어 내적 갈등과 분열을 더욱 가중시키는 요인이 되었던 것이다.

---

1) 황석우, 『자연송(自然頌)』(조선시단사, 1929), p. 2.
2) 김흥규(金興圭), 「'近代詩'의 幻想과 混沌」, 『문학과 역사적 인간』(창작과비평사,
1980), p. 199.

자유롭지 못한 나의 이 몸은 물결에 쌓아 바람결에 쌓아 하욤업시 썻다 잠겻다 할 샌입니다. 복기는 가슴의, 내 맘의 설음과 깃븜을 갓튼 동무들과 함끠 노래하랴면 나면서부터 말도 몰으고 '라임'도 업는 이 몸은 가이업게도 내 몸을 내가 비틀며 한갓 썻다 잠겻다 하며 복길 싸름입니다. 이것이 내 노래입니다. 그러기에 내 노래는 설고도 곱습니다[3]

새로 닥친 근대적 체험이 발생시키는 느낌·감정을 표현하기 위해 새로운 양식의 시가 요구되었는데, 그에 해당하는 양식적 자질들, 즉 언어와 '라임'을 갖고 있지 못해서 "내 몸을 내가 비틀며" 몸부림치고 있다는 호소이다. 그가 맞닥뜨리고 있는 세계와 처지에 대한 그의 인식과 느낌은 "자유롭지 못함" "복기는 가슴" "설음과 깃븜을 〔……〕 함끠 노래"할 수 없음 등이다. 즉, 무단 통치라는 정치적 억압 속에서 반봉건(半封建) 식민지 지배 질서가 착착 구축되어갔고, 그 틀 안에서 왜곡된 근대주의적 제반 체제가 폭력성과 통속성을 띠며 1910년대 한국의 물질적·정신적 지반에 영향력을 확대해가고 있었다.

이런 정세를 명료하게 체계적으로 통찰할 조직적·사상적 역량을 구비하고 있지 못했던 초기 근대 지식인들의 내적 갈등과 분열과 혼돈은 부서지고 파편화된 감정 덩어리들의 나열로, 비명으로 던져졌다. 그 분열된 감수성을 통어할 수 있는 정신력을 갖추지도 못하고, 내재적 생명력이 가슴속에서 밀물처럼 넘쳐 들어오는 복잡한 삶의 파동을, "복기는 가슴"을 충일감으로 질서화해줄 '말'이나 '라임'을 갖추지 못한 채 "내 몸을 내가 비틀며" 스스로를 쥐어짜는 안타까움과 비명이 그들을 지배하고 있었던 것이다.

---

3) 김억(金億), 「해파리의 노래: 서문」(조선도서주식회사, 1923), p.1.

생각에서 생각으로 빗기여나는
쓰겁고도 곱다란 曲調는 잇스나
그것을 그려내일 말과 글은 업서,
내가슴의 曲調에 울어줄 反響은 바이업서라.
——김억, 「北邦의 짜님」 일부[4]

이제 기존의 전통적인 '가(歌)' (노래) 양식이 주는 '곡조' 만으로는 이 변덕스럽고 폭력적이며 온갖 돌출적인 근대의 정세를 담아내기에는 한계가 있었다. 정세의 복잡하고 주도면밀한 변화의 추이와 그것의 삶에 대한 규정력을 '그려내어' 표현하고 지양할 시 양식, '말과 글'을 찾지 못해 안타깝고, '반향'이 없어서 절망하고 있다.

분명 이들은 자유시형을 시도하고 있었다. 자유시 양식의 내적 통일성을 보장하는 "리듬은 노래가 가진 적극적인·물량적인 리듬이 아니라, 말의 소리들의 상호 연결과 반향, 소리와 의미의 긴밀한 연결, 그로 말미암은 정서의 기복의 반복 등으로 이루어지는 보다 정서적인 리듬"[5]이다.

1910년대와 1920년대 초반까지 포함해서, 난마처럼 얽히고설킨 근대적 삶의 양식을 감당하는 데는 기존의 시가 양식이나 규격화된 정형시 형식으로는 역부족이었고, 그것을 자유롭고 구체적으로 표현하기 위해 자유시형이 시도되었다. 그러나 시인들이 자유와 개성을 기초로 한 '자기 정체성'을 확립하지 못한 상태에서 모색한 자유시 창작은 근대에 대한 '끔찍한' 자각을 심화시키고 분열을 격화시켰다. 1910년대 시인들은 자유시가 개성과 자유를 확충시켜 충일감에 젖게 해주리라는 기대에서 그 탐색의 먼 길에 들어

---

4) 김억, 『해파리의 노래』, p. 142. 원래 『태서문예신보』, 1919. 1. 13에 실렸던 것을 수정·재게한 것.
5) 이상섭, 『문학비평 용어 사전』(민음사, 1976), p. 140.

섰으나, 그 양식의 안정성과 통일성을 얻지 못해 번민하고 영혼을 뒤틀었던 것이다. 이런 양상은 1920년대 초반까지 계속되었다.

이글에서는 전통적 시가의 존재 방식이던 노래불려지는 '가(歌)' 혹은 정형률로부터 독립하여, 근대적 시양식으로서의 자유시 양식이 모색되는 과정을 추적하고, 자유시 양식의 근대적 성격을 밝혀보고자 한다. 그 작업을 위해, 자유시 양식의 운율 구조와 그것의 1910년대적 실현 양상을 살펴보겠다. 또 자유시 양식이 모색되는 과정에서도, 한편에서 강력한 영향력을 가지고 공존했던, 기존의 시가 양식들의 창작 상황과 그 성격도 살펴볼 것이다. 그리고 자유시 양식 모색의 다양한 경향들과 진정한 근대 자유시 형성의 동력을 밝혀내고, 그것의 민족문학적 성격을 추출해보고자 한다.

2. 자유시의 운율 구조와 실현 양상

시의 양식적 특징을 논하는 자리에서 음악적 요소를 본질적 규정력으로 보는 견해가 일반화되어 있다. "시와 음악은 서로 다른 쌍둥이 자매와 같다"[6]거나 "서정시는 가요 lied를 통해서 가장 순수하게 실현된다"(슈타이거)거나 또는 "가요 형태를 취하고 있는 것의 커다란 집단"을 "순수 서정적 중심"(피셔)이라고 말해왔다.[7] 이렇게 서정시 lyric란 '가창(歌唱) 가능한 것'이어야 한다는 등 음악적 요소의 본질적 규정력을 주장하는 통념의 배경에는 그 어원과 기원이 관련되어 있다. 즉, 'lyric'은 '리라 악기의 반주를 동반한 노래'라는 것과, 원시 문화에서 시는 노래와 함께 가창되었다는

---

6) 원행패, 강영순 외 역, 『중국 시가 예술 연구』(아세아문화사, 1990), p. 167.
7) 디이터 람핑, 장영태 옮김, 『서정시 : 이론과 역사』(문학과지성사, 1994), p. 127.

사실을 오늘날의 시현상에까지 연장시켜 근대 자유시의 본질적 특성으로 강요하고 있는 것이다. 근대 이후 자유시는 더 이상 그 소통 방식의 필수적 요건으로 '낭송'을 전제하지는 않는다. 근대 자유시의 리듬을 논함에 있어 음악적 요소의 절대성은 재고되어야 할 것이다.

서정시가 노래되거나 낭송되는 소통 방식을 견지하던 과거에는, 음악성에 종속되거나 음악적 외피에 의해 내적 규정을 받았다. 그러나 "현대시는 낭송[또는 노래: 인용자]할 수 있는 것으로는 생각지 않는다. 〔……〕 현대시라면 종이 위에 인쇄되기를 요구하고 읽기를 요구하며 검은 문자를 요구한다. 그 외면적 구조에의 관찰을 통해서 현대시는 점점 더 조형화되고 누군가가 말없이 그 위에 머리를 숙이고 보게 되면 점점 더 **내면화**되는 것이다."[8]

우리 근대 자유시의 모색 과정은, 가창으로 성립되었던 전통적인 시가 양식(노래하는 시)에서 벗어나 눈으로 읽는 시를 발견하는 과정이었다. 그 제시 방식의 차이는 그 미학적 구조의 변화와 리듬 개념의 변화를 초래하였다.

자유시의 자유율은 "미터 metre(율격)의 도식에 구애받지 않고 길고 짧은 행들의 교체로 이루어지며, 또한 무운(無韻)이면서도 **내면적으로 규정된** 현저한 율동성을 갖는 것들도 많다"[강조: 인용자].[9] 근대 자유시의 경우, '가창(낭송) 가능성'이 그 존립 조건의 필수적 자격 요건이 아니며, 나아가 율격의 도식에도 구애받지 않으며, 내면적으로 규정된 리듬, 즉 내재율에 의해 성립한다. 근대 시의 소통 방식은 눈으로 보고 생각하고 느끼는 것이다. 근대 자유시에서 리듬의 영역은 음절·음질·휴지 또는 억양과 강제 등 음성 구조가 드러내는 효과에 한정되지 않고, 리듬은 시적 표현의

---

8) Gottfried Benn, *Essays, Reden, Vorträge*, S. 529; 디이터 람핑, 위의 책, pp. 127~28에서 재인용

9) 竹內敏雄, 안영길 외 옮김, 『미학·예술학 사전』(미진사, 1993), p. 477.

모든 구조적 요소나 내용, 의미 구조에까지 침투하여 그것을 지배하고 결정하는 가장 기본적인 구조상의 인자로 파악된다. 근대 자유시에서의 내재율적 리듬은 성음 분절 현상뿐만 아니라 의미의 진동, 의식의 흐름, 심리적·정서적 진폭 나아가 이미지들의 긴밀한 연결, 시각적 요인, 통사적 구조 등을 포함한다.[10] 특히 자유시의 내재율은 음성적 자질 외에도 감정과 기분, 관념과 형태, 이미지 따위를 거느리며 그 잡다한 요소들을 안정감 있게 조화·통일시키고 시적 의미와 감동을 강화시키는 내적 원리이다. 그러므로 내재율로서 성립하는 근대 자유시는 그 존재 방식에 있어서, 가창 가능성을 전제로 한 전통적 시가 양식 및 정형적 외형률의 시와는 질적 구별을 요구한다.

그런데 1910~20년대의 근대시 모색 과정에선 명백히 자유시를 염두에 두었음에도 불구하고, 시의식에서는 외형률 형식에 긴박되어 그 논의를 진행시켰다. 이후의 연구 과정에서도 단순한 음수율의 일탈이 곧바로 자유시 형태의 창조라거나 자유율의 확보라는 단순 논리를 전개하였다.

> 詩人의 呼吸을 刹那에 表現한 것은 詩歌지요. 〔……〕 人格은 肉體의 힘의 調和이고요, 그 肉體의 한 힘 즉 呼吸은 詩의 音律을 形成하는 것이겠지요. 〔……〕 音樂的 되는 것도 또한 할 수 없는 하나하나의 호흡을 잘 言語 또는 文字로 調和시킨 까닭이겠지요. 〔……〕 시인의 呼吸과 鼓動에 根底를 잡은 音律이 詩人의 精神과 神靈의 産物인 절대 가치를 가진 詩 될 것이요 詩形으로의 音律과 呼吸이 이에 문제가 되는 듯합니다."[11]

---

10) 강홍기(姜洪基), 「한국 현대시 운율 연구」, 성균관대 박사학위 논문, 1988, pp. 22~24.
11) 김억, 「시형의 음률과 호흡」, 『태서문예신보』 14, 1919. 1. 12.

김억의 호흡률(呼吸律)은 기본적으로 '음악적' 요소를 절대적인 것으로 보고 나서 정신적·심리적 요건도 부수적 자질로 인정하고 있다. 음악적 리듬감의 확보를 음수율적 외형률의 실현과 동일시하고, 그것을 기반으로 근대시의 내적 규범을 창조하려는 지향이 당시에 주류를 이루었다.[12] 그리하여 김억의 경우, 1910년대 초중반에는 산문시에 가까운 '산만한' 시를 발표하다가, 1910년대 후반 시론, 특히 '호흡률'에 관심을 가지면서부터 단아한 정형시에 가까운 자유시를 발표하기 시작하고, 결국 1920년대 중반부터는 음악적·음수율적 규율을 강화시킨 '시조 부흥 운동' '민요시 운동'을 주창하게 된다. 이는 결국 1910년대 "내 몸을 내가 비틀면서" 시도했던 근대 자유시 양식 탐색을 포기하고 전통적 외형률로 회귀한 형국이 되고 말았던 것이다.

1910년대 근대 자유시 운동의 주역들이, 근대적 삶의 체험을 형상화하기 위하여 양식 탐구를 진지하고 심각하게 실행했으나, 그 문학사적 과업을 완수하지 못하고 3·1 운동을 맞이하게 되었다. 근대 자유시 양식의 진정한 형성을 보지 못한 채 엄청난 역사적·정신적 충격을 던진 3·1 운동을 맞이함으로써, 그것을 미적으로 개괄할 수가 없었고, 결국 또 다른 성격의 방황을 할 수밖에 없었다.

근대 자유시 양식의 형성 과업은 새로 등장한 세대들의 손에 넘어가고, 1910년대 주역들은 그 주도권을 잃고 휘청거렸다. 1920년대초에 등장한 새로운 세대들이 근대 자유시 모색 과정에서 보여준 몸짓은 훨씬 격렬했으며, 그 시적 지향과 시도들도 매우 파격적인 것들이었다. 형식 실험도 과감했으며, 기존의 시의식에선 '비시적(非詩的)'으로 간주되던 소재들을 대담하게 시적 소재로 끌어당겼다. 이들은 1910년대의 시적 경험에서 가능성을 찾지 못하고, 외래 사조의 유입을 통해 근대 자유시를 형성시키고 그것으로

---

12) 황석우의 「詩話」(매일신보, 1919. 9. 20)도 같은 입장에 서 있다.

복잡한 근대적 체험을 미적으로 개괄해보려는 조급한 시도를 적극화하기도 하였다. 한편에선 양식적 안정성을 갖추지 못한 상태에서 시의 기능성에만 주목하고 조급하게 치달린 신경향파 시들이 시단을 풍미하기도 하였다.

1910년대에 자유시를 탐색했던 세대들은 1920년대 시단의 이러한 복잡함과 격렬함 그리고 그 파격성, 그에 따른 갈등의 심화 등에 놀라움과 우려를 나타내고, 그 극복 대안으로 전통에의 복귀를 선언하는 국민 문학론을 제기하기도 하였다. 그 주창자와 시인들은 바로 1910년대에 자유시 형식을 도저하게 모색했던 최남선·이광수·김억·주요한 등이었다. 이 국민 문학론의 형식적 대안은 '시조의 부흥'과 '민요시 창작'이었다. 이들이 시조와 민요에서 시 형식 탐색의 가능성을 찾은 것은 진정한 근대시 형성 직전의 격렬한 움직임에 놀라고, 한편에선 식민지 현실과의 정면 대응을 회피하고 추상적이고 회고적인 감정과 형식 공간에서 자기 위안을 얻기 위한 동기가 작용한 것이기도 했다.[13]

1910년대 근대 자유시 모색자들이 1920년대 중반에 와서 시조 부흥 운동을 주창하고 실제 시조와 민요시 창작에 몰두하게 된 것은, 그들의 근대 자유시 탐색이 실패했음을 선언한 것에 다름아니다. 그들이 이때 시적 양식의 본질적 자질로 강조한 것이 바로 '음악성의 개발'이었다.[14] 이것은 이들이 여전히 근대 자유시 양식에서 음악적 요소와 외형률을, 포기할 수 없는 한국시의 본질적 특성으로 견지하고 있었다는 사실을 반증하는 것이기도 하다.[15]

---

13) 당시에도 이런 국민 문학론에 대해 "봉건적 맹목적 민족주의로서 마땅히 파기되어야 할 것"이라는 비판이 제기되기도 하였다. 정노풍(鄭蘆風), 「문단의 회고와 전망」, 동아일보, 1930. 1. 1.
14) 오세영, 『20세기 한국시 연구』(새문사, 1989), p. 97.
15) 한국 근대 자유시 연구에서 음악적 규정력과 율격적(그것이 음수율이건 음보율이건) 질서를 그 서정성의 핵심 요건으로 전제하고, 그것을 근대시의 시적 성취의 평가 기준으로 삼는 경향이 여전히 힘을 가지고 있다. 그 결과 한국 근대 시

한국 근대 자유시 형식이 1910년대부터 창작되기 시작했지만, 그 형성이 1920년대 중반, 1910년대와는 다른 세대들인 김소월·이상화·한용운 등에 의해 비로소 완수되고, 그럼에도 그 이후에 양식적 혼란이 계속된 이유는 일제의 폭력적 통치에 의한 한국 근대의 미숙성 등 여러 요인을 들 수 있지만, 양식 내적으로는 그 리듬에 대한 잘못된 인식이 중요한 원인이 되었다.

3. '가(歌)' 지향 시가들의 반(反)근대적 성격

우리의 전통 시가는 노래불려지는 가(歌)로서 성립하고 발전해왔다. 한시는 철저한 정형률의 시이며, 한자어로 지어졌다. 근대적 시양식이 모색되기 이전의 애국 계몽기에 전통적 시가 양식은 애국 계몽 운동의 이념을 반영하는 양식으로 적극적 역할을 수행하였다. 그러나 1910년대 이후, 근대적 자유시 양식이 모색되기 시작하고, 일제의 무단 통치가 본격화되면서 가(歌) 양식과 한시는 그 이념적 진보성을 상실하고, 개량화하여 신문학 시대를 왜곡시켰다.

이는 정세 변화에 따른 담당층의 위상 변화와 깊은 관련이 있다. 애국 계몽 운동의 핵심적 지도층은 '한일 합방' 전후, 일제의 폭력을 피해 해외로 망명함으로써 그 운동의 이념을 혁신시키고 독립 운동의 거점도 외국으로 옮겨갔다. 이에 비해 국내에 남은 일부 계몽 운동가들과 부유(浮遊)하던 식자층은, 애국 계몽 운동의 혁명성을 상실하고 개량화하거나, 심하게는 일제에 급속히 예속되

사의 중심 흐름을 김영랑/김소월→박목월/서정주→박재삼식(式)으로 규정하기도 한다. 이는 전통적 시가 양식과 근대 자유시의 질적 차별성을 인정하지 않으려는 태도의 결과이다. 한편 근대 자유시에서 전통의 창조적 계승 문제를 탐구하면서 음악적·율격적 영역만을 맴도는 편향성도 보게 된다.

어갔다.[16]

　계몽 운동의 주도적 시가 양식으로 개발된 것이 창가였다. 애국 계몽 운동기에 창가는 애국·독립가로서 성격을 갖고 있었다. 그런데 '합방' 이후 1910년대에도 창가가 다수 창작되고 보급되었는데, 일제는 정책적으로 일본 국내의 창가를 우리말로 번안해서 보급하기도 하였다.[17] 1910년대의 창가들은 더 이상 자주 독립적 주제를 감당하지 않았으며, 민족적·진보적 성격을 의도적으로 제거하고, 풍속 개량, 식민지적 근대주의의 낙관성을 형상화하는 천박하고 조락한 계몽성을 자기 특징으로 하였다.

　　　日月이 循環ᄒᆞ야 時期를 어긔지 안토다
　　　光陰은 물과 ᄀᆞ치 우리의 압흘지나
　　　於焉에 舊年이 다ᄒᆞ고 新年이 왓스니
　　　이희를 맛는 째에 舊感이 구름 ᄀᆞ다
　　　東天에 소사오는 그날 빗 燦爛ᄒᆞ야
　　　산이나 들에 모든 草木은 새 希望 ᄀᆞ득ᄒᆞ다 ——「新春의 歌」 일부[18]

　　　소년은 이로하고 학난성하니
　　　일촌의 광음인들 불가경이라
　　　지당의 춘초몽을 미각하야서
　　　계전에 오잎들이 기추성이라

---

16) 과거의 의병 활동을 하던 사람 중에 다수가 일제의 관료가 되었고, 애국 계몽 운동의 지도자로 활동했던 윤치호(尹致昊) 같은 이는 차츰차츰 일제에 예속되어, 결국엔 친일의 길을 걸었다.

17) 『보통 교육 창가집』(1910. 5)을 '한일 합방' 이후 조선총독부가 나서서 『보통학교 창가집』으로 증보 발간하여 보급하였다. 또한 1910년대의 친일적 대중 매체였던 매일신보(每日申報), 『신문계(新文界)』『반도시론(半島時論)』 등은 창작 창가를 활발히 게재하였다.

18) 김인제(金仁湜), 「신춘의 가」, 신문계 2-1, 1914. 1, p. 3.

274

학문의 정한 과녁 어대 있는고
입신코 사업성취 이것 아닌가
배홀때 당하야서 아니배호고
마참내 후회한들 무엇하리오 ——「권학가」1, 4절[19]

부경코 부직하야 의식족하니
앙사코 부육하야 안락하오세
강구가 어대런고 연월 밝은데
격앙가 두어곡조 성세질기세 ——「농부가」4절[20]

　리듬이 음악적·음수율적 정형에 긴박되고 경직되어 있으며, 시어는 한자어투성이이다. 주제는 성실과 근면·정직 등의 덕목을 발휘하여(실력을 양성하여) '개인적' 입신 출세를 권장하거나,[21] 다른 한편 봉건적 윤리 도덕(「학문가」「친(親)-어버이」「사(師)-스승」「선우(善友)」등)을 새삼스럽게 강조하는 창가를 다수 창작 보급하였다. 즉 식민지 자본주의 구축 과정에서 식민지적 근대주의 이념을 고취하면서, 그 봉건적 질서를 결합시킴으로써 한국 근대시 형성을 지연·질곡시켰다. '농부를 위한, 농부의' 노래라는 취지의 「농부가」는 한자어투성이의 어투로 꾸며진 반농부적인 악화된 관념덩어리다. 반근대적이라 해야 할 정도이다. 현실을 낙관하고 순

---

19) 조선총독부,『보통학교 창가집』, 1910; 김학길 편,『계몽기 시가집』(문예출판사, 1990), pp. 301~02.
20) 김학길 편, 위의 책, p. 304.
21) 모든 현상을 옛것과 새것의 대립으로 보고, 당대의 '새로움'에 특별한 의미를 부여하는 태도이다. 무한정한 개인의 이윤 추구를 절대적 가치로 하는 자본주의의 자유 개념을 이기적으로 적극화하였다. 민족적·계급적 모순은 이 논리에 의해 일사불란하게 정리·해소되고, 더 이상 갈등의 원인이 되지 않는다. 이것이 1910년대 창가 양식의 이념이다.

응하며, 이기적으로 입신 출세하기만을 부추기고, 다른 한편에서
는 민족적 갈등, 계급적 갈등, 내면의 갈등을 척결해야 할 악덕인
것으로 경계하였다. 식민지적 근대주의에 대한 낙관성을 구가하
고, 방황하지 말고 근면으로 개인적 입신 출세를 하도록 권장하는
주제를 전달하는 양식으로서 창가가 주요하게 활용되었다. 1910년
대 창가는 식민지적 근대주의의 시가적 반영물이었다.
 당시의 매일신보,『신문계』『반도시론』 등 친일적인 대중 매체
는 한시나 평시조 등의 중세적 장르를 자기 표현 양식으로 고수하
며 중세적 미의식을 지속시키고자 했던 보수적 인사들의 규합처로
도 존재했다. 매일신보의 '신시(新詩) 현상 모집' 광고의 예를 보
면, "歲色將暮風物蕭瑟剩添騷人之感懷所以本社以左記諸條廣募大方家
之傑作幸陸續投稿以爭甲乙焉"하고 '시체(詩體)'는 '절구와 율시,'
'과제(課題)'는 '한강조설(寒江釣雪)'과 '전화'로 한정하고 있다.[22]
매일신보에서 '신시 현상 모집'을 꾸준히 시행했는데, 이때의 '신
시'란 식민지적 근대화를 '새로운' 세상으로 찬양하는 조략한 형
식의 '한시'를 의도하였다. 그들의 시의식은 보수적이고 협소하여
시는 곧 '한시' 밖에 없다고 믿었다.『신문계』나『반도시론』도 역시
'독자 투고' '현상 모집'란을 마련했는데 시와 가 부문에서는 한시
와 평시조에만 개방하였다. 이들 매체는 3·1 운동 직전까지 자유
시 양식에 대해 의식적으로 배타적인 태도를 견지하였다.
 '합방'을 계기로 일본 식민주의자들은 중세 봉건적 향수에 젖어
있는 계층을 자신의 식민지 지배의 파트너로 선택하고 그들에게
사회문화적 기반을 마련해주는 대신, 조선의 민족적 시민 계급의
사회문화적 발전을 왜곡시켰다.

---

22) 매일신보, 1910. 12. 13. 이후의 경과를 보면, '사조(詞藻)'란이 한시로 넘쳐나
고, 당선작이 발표된 뒤에도, 위 시제(詩題)와 시체(詩體)에 의한 한시 투고가
줄을 잇는 상황을 연출하고 있다. 봉건적 향수에서 벗어나지 못하는 수구 세력의
공명심을 이용하여 식민지 지배 정책을 수행하려는 일제의 의도를 읽을 수 있다.

동방이 밝앗스니, 텬황폐하 은희이따.
우리 죠션 민족들은, 더욱이 집히 감츅.
언졔나 간뢰도디ᄋᆞ야, 황은보답.[23]

嫩綠東風雪色新 日華催動百花辰
一天雨路齊沾潤 又是今年四海春[24]

새순 돋는 봄바람 불고 눈꽃도 신선한 아침,
햇빛은 찬란히 빛나 백화 시절을 재촉하는구나.
하늘은 우로를 내려 만물을 골고루 적시니,
금년에도 온 세상은 봄날처럼 화창하겠네.

 일본, 일본 천황, 일본의 근대주의적 문물, 그것들을 중심으로 해서 조선의 식민지 지배를 흐트러짐 없이 질서화해나가는 과정이 1910년대의 정세였다. 반면 한국 민족의 입장에서 그것은 삶의 근거가 파괴되고, 이리저리 유랑하고, 파산하는 과정이었다. 식민지적 근대화는 심각한 모순과 갈등·분열을 노정시켰다.
 바로 이때 중세적·식민지적 이념과 미의식으로, 현실의 모순을 은폐하고 식민지적 현실을 찬양하는 데 조락한 한시와 시조, 창가 등이 그 양식으로서 역할을 하였다. 이 양식들은 가와 정형적 율격이란 자질을 규정력으로 한 양식적·정조적 질서감을 추

---
23) 매일신보, 1912. 12. 11. 이의곤(李義坤)(雲山郡 北鎭)이라는 독자의 투고 작품.
24) 백대진(白大鎭), 「조청설(朝晴雪)」, 『반도시론』 3-1, 1919. 1, p.1. 일본 천황의 '조청설'이라는 '어제(御題)'에 대하여 『반도시론』 사장인 죽내록지조(竹內錄之助)와 기자인 백대진·최찬식(崔瓚植)·송순필(宋淳弼)이 각기 칠언절구의 한시로 화답을 하였다. 태양은 일본으로부터 빛나고, 그 아래에서 인간과 자연 만물은 조화롭고 평화로움을 얻었다는 것이며, 그리하여 우리는 그 일본 천황의 은덕에 몸둘 바를 모르겠다는 투의 송시(頌詩)이다.

구하였다. 이러한 경직된 양식적 질서로써, 식민지 상황에서 고통・갈등・번민・분열하는 태도를, 질책하고 교화시켜 일사불란한 황국 신민으로 틀지우고자 했던 것이다.

가와 정형적 율격의 규격성은, 식민지적 근대화(봉건성과 결탁)의 갈등과 모순 대립을 은폐하고 전근대적 이념과 미의식・양식으로 이데올로기적・문화적 통제력을 안정되게 확립하는 과정의 시가 양식적 반영이었다. 그 양상은 유교적 덕목과 봉건적 질서에 대한 회고적 동경과 재발견, 전원적 자연에서 현실을 방기하고 심리적 안정 찾기, 식민지적 분열과 갈등을 은폐하기, 식민지 통치 이념으로 일치 단결하기 등이다. 그것의 양식적 반영이 시조와 한시 그리고 창가의 음악적・율격적 정형성이다.

1910년대에 대대적으로 유행한 시가 양식인 잡가(雜歌)는, 심각한 근대적 모순 속에서 저속하고 퇴폐적인 향락과 비관 속에 자기 존재를 방기하기라는 의미를 갖는다. 결국 창가・시조・한시・잡가는 서로 다른 형식이지만, 그것들은 일본의 식민지 문화 지배와 가(歌) 양식과 정형률이라는 특성에서 동일한 차원에 놓인다.

한편 이 시기에는 민중적 가 양식인 민요를 친일적 이념 주체가 생경한 주관으로 현실성 없이 창가 형식이나 잡가 형식으로 왜곡한 경우도 보게 된다.

> 살게 되얏네 살게 되얏네
> 우리 人民 살게 되얏네
> 隆熙 以前 許多幣脈
> 一朝에 다 바리고
> 合邦 以後 恩沾雨露中에
> 우리 同胞 살게 되얏네 (江原道 楊口郡)[25]

---

25) 조선총독부,「俚謠.俚諺 及 通俗的 讀物 等 調査」(1912), 임동권,『한국 민요집

양식과 양식의 대결에서, 발랄한 생명력을 가진 민요 양식이 수세적 위치로 떨어져 유린당하는 현상은, 당시 식민지로 전락하는 민족의 정세와 무관하지 않다. 이것은 전통의 창조적 계승이 저지당하게 된 비극적 상황을 시사해주는 대목이다.[26]

 1910년대, 창가·잡가·시조·한시 등의 활발한 창작과 유행이라는 문화적 현상은, 전통의 창조적 계승과는 전혀 관계가 없고, 차라리 근대적 시양식 발견을 저지·왜곡시킨 전근대적 반동으로서의 의의를 가질 뿐이다.

4. 자유시 양식 모색 양상과 근대적 성격

 1910년은 36년간의 일제 강점이 시작되는 해였고, 1910년대는 일제가 그 강점을 효율적으로 유지·확대하기 위해 식민지 지배 체제 구축을 폭력적으로 강행한 무단 통치 시기였으며, 동시에 세계 자본주의 질서에 편입되기 시작했고 왜곡된 형태의 '식민지적 근대화'가 진행되었던 시기이다. 한국민의 입장에선, 그에 대항할 민족의 사상적·조직적 역량을 갖추지 못한 상태에서 식민주의자들의 폭력에 속수무책으로 유린당한 암흑기로 기록된다.

 그 결과 민족적 모순과 계급의 분화·갈등, 그리고 이념적 분열이 격화되었다. 이 격화된 시대 갈등은 각 개인의 생활뿐만 아니

6』(집문당, 1981), p.126.
26) 물론 활자화되지 않은, 생활 현장의 민요들은 자기 공동체내에서 식민지적 근대화의 본질을 정확하게 인식하고, 그들 나름의 대응을 하고 있다. 1910년대의 왜곡과 질곡을 부수고 분연히 떨쳐일어났던 3·1 민족 운동의 핵심적 역량이 어디로부터 연유하고 있는가를 문화적 양식의 대결 양상을 통해서도 유추할 수 있을 것이다.

라 내면 세계를 혼돈과 방황으로 몸부림치게 하였다. 이에 식민주의자들과 그들의 보호 아래 안정을 추구하던 수구 세력들은 이런 시대 갈등 현상을 사회 불안, 무질서, 철없는 방탕과 방종, 도덕의 타락 등으로 몰아가면서, 한편에서 창가·시조·한시 등을 지어 정서적 교화를 도모하였다.

가와 한시 양식은 기본적으로 외형적 질서의 규정력을 그 양식적 특징으로 한다. 이들 양식은 내면의 복잡한 갈등과 분열을 '음악적' '정형적' 자질로 통어하고 질서화하여 조화로움을 지향하였다. 그 조화로운 질서가 지향하는 바는 결국, 식민지 지배 체제의 안정된 확립이었다.

그런데, 이 시기 '학대' '가난' '불행한 운명'[27]으로 근대적 삶의 현실을 자각하고, 그 속에서 근대적 자아, 자기 정체성을 확립하고자 '가슴을 복기고' '자기 몸을 자기가 비틀었던' 일군의 청년들이 자유시 양식을 모색하였다.

당시에 근대성의 구조를 탐색하던 작업, 그것은 중세적 이념과 질서를 벗어버리고 새로운 이념과 질서를 찾아 헤매는 작업이었다. 그와 맞물려 근대 자유시의 모색 과정은 가창으로 성립되었던 시가 양식에서 벗어나 전혀 새로운 정신과 내용, 형식으로 된 양식을 발명하는 것, 즉 외형적 율격과 노래부른다는 외피에서 벗어나 내재적 리듬만으로 독립하는 시양식을 찾는 작업이었다.

이 시기에 근대적 삶의 현실을 인지하고, 그것의 내면적 태도나 심리·감정 등을 형상화함으로써 그 현실과 대응하고자 자유시 형식을 창작한 사람들의 대부분은 일본 유학생이었다. 이들은 자기들이 느끼는 분열과 갈등, 방황과 좌절·설움·비애 등을 정직하게 드러냈다. 자기 내면을 솔직하게 드러내면서 근대적 의미의 개성과 자유를 확인하고 싶어했던 것이다.

---

27) 황석우, 앞의 글, 주 1) 참조

시사적 의미에서 당시의 시적 근대성은 자유롭고 성실한 표현과 미적 개성을 구현하는 것이었으며, 그것은 양식의 문제와 깊은 관련을 갖는다. 당시 시적 근대성을 가장 적절하게 실현할 수 있는 양식은, 음악적·외형적 율격의 구속으로부터 자유로우면서도 내재적 리듬이 힘의 균형을 보강하는 양식인 자유시였다.[28] 자유시의 내재적 리듬은 외형률적 율격의 도움 없이, 시인의 개성과 자유 그리고 그의 자아가 세계 현상에 역동적으로 감응하는 내적 원리이며, 이 관계에 의해 새로운 의미와 감동이 창조될 수 있는 공간이다. 양식적 측면에서 근대 자유시의 모색 과정은, 가창과 정형적 율격으로 성립되던 기존의 시가 양식에서 벗어나, 내재적 리듬만으로 독립하여 눈으로 읽는 전혀 새로운 시양식을 창조해야 하는 작업이었다.

이런 사정은, 당시에 중세적 이념과 질서를 벗어버리고 새로운 이념과 질서를 찾아헤매던 근대성 구조의 탐색 작업과 동일한 맥락에 놓여 있다. 계몽주의가 '중세'라고 명명된 자신의 과거와 단절하고 새로운 시대를 발명해야 한다는 초조감에 휩싸여 있었던 것처럼, 근대 자유시의 모색 과정도 음악적 구조로부터 독립하여 새로운 양식을 창조해야 한다는 난감함으로 출발하였던 것이다. 독창적인 리듬과 언어를 개발하여 '요동'하는 현실 세계의 본질을 개성적·정서적으로 포착하고, 그것으로 인간의 감성과 정신에 호소하는 일, 이 과정에서 근대적 자아를 확립하는 일, 바로 그런 양식을 창조한다는 일은 당시로서는 거의 절망적인 작업처럼 보였다.

근대성의 구조를 탐색하는 작업, 그 이념의 중심에 인간의 '주체성'이 자리한다. '이성'과 '시민 사회'도 이 주체성을 구현하는 것이었다. 근대성에서 핵심이 되는 것은 주체 subject 혹은, 자아

---

28) 모든 시는 리듬을 갖지만, 모든 시가 율격을 갖는 것은 아니다. 대부분의 자유시의 경우, 일정한 율격이 없다.

*self*의 문제이다.[29] 이때의 인간은 기존의 전통과 영향력으로부터 벗어나 인간의 이성과 불굴의 의지로써 자유롭게 자신을 인식하려는 주체로서의 인간이다. 이 자율적인 존재로서 인간은 독자적인 자기 정체성을 요구하게 되고, 여기에서 근대의 가장 중요한 가치라고 여겨지는 개인의 자유가 탄생하게 된다. 그리하여 신문학 운동도 바로 이 자유와 그 자유에 입각한 개인의 자기 정체성, 또는 개성을 탐색하는 작업과 긴밀하게 관련되어 있었던 것이다. 낡은 전통과 도덕, 경직된 양식의 영향력으로부터 벗어난 새로운 정신과 양식의 창조는 근대인으로서 자기 정체성을 확장시키는 과정의 산물이기도 하였다.

그런데 초기 근대, 신문학 운동 초기의 핵심적 가치인 자유의 출현은 개인적 자아의 절대 순수 개념을 제도화하는 데 기반을 두고 있었다. 그리하여 그들이 생각한 개인은 사회・문화, 특정 시공간으로부터 분리(초월・자유)되어 지고의 인식자로 위치지어진다. 그들에게 자아와 사회는 그 자체로서 의미를 찾아볼 수 없으며, 의미는 인간에게 그것도 단지 개인의 의식 영역내에 위치하는 것으로 간주되었다. 신문학 초기, '자유시'에서의 '자유'에 대한 개념도 위와 같은 인식의 연장선에서 이루어졌고 결국 개인 감정의 주관적 '산만성'을 노정시켰다.

미의 가치는 주체나 객체의 일방적 표상이나 서술이 아니다. 즉 한편으로는 대상의 성질과 형태에 의거함과 동시에, 다른 한편으로는 주체의 태도와 활동에 의존한다. 이 양면의 조건이 서로 잘 어우러짐으로써 미적 가치의 성립이 가능하게 된다. 미는 대상과 자아 사이의 긴장 관계에서 성립되는 것이며, 미적 가치는 그 두 가지 근거가 지양・통일되는 데 있다. 근대 자유시의 형성 과정도 바

---

29) 장성만, 「개항기의 한국 사회와 근대성의 형성」, 『세계의 문학』, 1993년 가을호, p. 258.

로 이 긴장된 관계의 성립 과정을 반영하는 것이다.

I. 계몽적 열망의 세계

　시적 대상으로서의 자연과 사회를 주체로부터 분리하여 대상화시키고, 주체의 주관주의적 열망이 관여하는 것으로서만 의미를 부여하는 시적 태도가 애국 계몽기 이후 광범위하게 유포되어 있었다. 이런 태도에 의하면 객체의 세계는 그 자체로서 내재적 가치를 지니지 못하고 주체의 통제와 규제에 의해서만 의미를 갖게 된다. 객관 현실 자체의 의미나 의지·지향, 그 모순의 크기나 깊이 등은 현실적 의미를 갖지 못하고 단지 주체의 계몽적 열망이 주관주의적으로 작동하는 표상일 뿐이다. 이러한 시적 태도가 애국 계몽기 시운동을 주도하였으며, 1910년대에도 부분적으로 영향력을 유지하였다.

　　달어라(前進), 올너라(向上), '뉴, 코리—안'아!
　　우리는 발셔 썩은 傳說, 낡은 道德이 拘泥할 우리가 안이니라.
　　우리는 발셔 '새술부대'가 必要한 줄을 알앗나니라.
　　달어과(라), 올너라 '뉴, 코리—안'아!
　　博浪沙鐵椎를 두 주먹에 쫙불거쥐고,
　　閑山섬 밝은 달을 울얼어 발아보고,
　　오직 쏙바로 네압흘 向하여,
　　오직 쏙바로 새 '이—든'을 向하여.　　——「新年의 노래」[30] 2련

　이런 시들의 경우, 시형은 율격적 정형성을 완전히 벗어나지 못하고, 밀도 있는 내면적 긴장을 통한 구체 현실의 포착에까지는 나아가지 못하고 있고, 주관주의적인 계몽의 열망이 과도하게 흘러넘

---

30) 오봉생(五峯生), 「신년의 노래」, 『학지광(學之光)』 4, 1915. 2, p. 48.

치고 있다. 정조는 낙관적이고 목소리는 청자 지향이다. 시적 주체는 주변의 물리적 세계나, "썩은 전설" "낡은 도덕"의 영향력에서 벗어나 자율적 존재로서 '새로운' 자아를 확립하고, '새로운' 세상과 이상을 향하여 굳세게 '압흐로' '전진' '향상' 하자고 목소리를 밖으로 내고 있다. 이 "뉴, 코리안"의 "새술 부대"는 곧 근대적 이상을 지향하는 것이다.

계몽주의는 분명 세계를 새롭고 넓게 볼 수 있게 인식의 지평을 열어준 진보적 인식임에는 틀림없으나, 그 현실 구체성에 있어서 문제점을 안고 있다. 즉 주관적 열망의 두드러짐에 비해, 객관 현실의 성격과 형태는 배제되고 그 긴장 관계에 의한 시적 구체성과 현실성이 자리할 시적 공간은 협소해진다.

정신과 물질, 내계와 외계, 주관과 객관, 영혼과 육체를 이분법적으로 구분하여 주관 영역에 절대적 권한을 부여하고 그런 입장이 광범위하게 유포된 것이 한국 애국 계몽기의 특징이다. 이런 입장은 서국 제국주의 및 일본의 침략이 노골화되던 위기 국면을 맞이하여 압도적 열세의 상황을 극복하고 저항의 거점을 찾으려는 노력의 결과로 나타났던 것이다. 즉 '지금'의 상황은 단지 물질과 육체의 측면에서만 열세이므로 정신과 영혼까지 정복당할 수 없다는 저항의 마지막 교두보를 설치해놓으려는 것이었다. 이런 맥락에서 주관주의적인 계몽의 열망이 자리하는 것이다.

그러나 1910년 '합방'과 함께 애국 계몽 운동의 자주적 근대 국가 건설이라는 목표가 좌절당하고 국권 상실이 현실화되자, 이런 '저항의 마지막 교두보'는 무너지고 애국 계몽 운동가들은 참담하게 외국으로 망명의 길을 떠났다. 그리고 그들은 주관과 객관의 지양·통일을 모색하는 방향에서 뼈를 깎는 사상적 탐색을 하였다.[31]

---

31) 애국 계몽 운동의 사상적 근거는 진화론에 입각한 실력 양성론이었다. 애국 계몽 운동의 핵심적 인물이던 단재는 합방 후 중국으로 망명하여 변화된 현실 속

그러나 1910년대의 새로운 세대들도 이 진화론적 세계 인식으로 부터 자유롭지는 못했다.[32] 거기에 1910년대 시들의 혼돈과 방황의 중요한 원인이 있었다. 이에 따라 시적 주체는 방황하게 되고, 계몽의 목소리도 신념을 잃고 떨리거나 분열하는 양상을 보인다.

> 하나님이시어, 제게 大任을 주셧습니다!
> 죽어가난 자에게 '살라!' ᄒ난
> 失望ᄒ난 자에게 '希望을 가져라!' ᄒ난
> 슬퍼ᄒ난 자에게 '깃버ᄒ여라!' ᄒ난
> 無氣力ᄒ 자에게 '勇氣를 가져라!' ᄒ난
> 큰 소리를 치는 詩人의 使命을 주셧습니다!
>
> 그네에게 무슴 말슴을 傳홀는지
> 엇더케 소리를 치며 부르지질는지
> 이것은 저는 모릅니다──저는 모릅니다!
> 오직 하ᄂ님께서 알으십니다!
> 저는 大祭司長 모양으로 沐浴齋戒ᄒ고
> 밤나제 꿀어안저서 天命을 기드릴 샏이외다![33]

에서 새로운 운동을 모색하면서 낙관론적 실력 양성론, 준비론을 통렬하게 비판하였다. "의병도 아니요, 암살도 아니요, 오직 할 일은 교육이나 실업 같은 것으로 차차 백성을 깨우자 하여 점점 더운 피를 차게 하고 산 넋을 죽게 하나니, 이놈들의 갈 곳은 어둥 지옥이니라"(신채호, 「꿈하늘」(1916), 『단재 신채호 전집』하, 1987, pp. 209∼10).

32) "진화론이 비평안에는 다소간 노후허다거나, 비난헐 점이 잇다 헐지라도 이 사람들의 엇더헌 편에는 극히 필요헌 줄노도 생각허엿소. 〔……〕 아아! 엄습(掩襲)이 모라 드러오! 상록수나 인간들은 공포로 하야, 사시나무 떨 듯 떠오. 혼잡이오. 독무(毒霧)가 자옥허고, 천지가 암흑이요. 〔……〕 나는 무릅쓰고 집으로 가기 위하야, 붓더지고 우장(雨裝)허오"(최승구, 「정감적 생활의 요구」, 『학지광』3, 1914. 12, p. 18).
33) 이광수, 「이십오년을 회고ᄒ야 애매(愛妹)에게」, 『학지광』12, 1917. 4, p. 53.

마치 제정 일치 시대에 신적 지위와 권력을 구가하다가 제정이 분리된 시대를 맞이하여 소외되어 초라한 제사장의 절규를 듣는 듯하다. 신적 질서와 인간의 질서가 분리되어 갈등하는 시대, 인간의 의지와 이성으로 세계를 재편하고자 하는 요구가 절정을 이루던 시대가 또한 근대 초기(특히 서구의 경우)였다. 바로 여기에서 계몽주의가 탄생했으며, 시인도 그러한 계몽의 열망을 불태웠다. '시인의 사명'은 인간들에게 '희망'과 '용기'를 가지라고 "큰 소리를 치는" 것으로 인식되었다. 그런데 자기 이성과 의지가 현실적 힘의 한계에 부딪히고 계몽적 주체는 동요한다. 그럼에도 여전히 계몽의 열정은 충만하다. '말을 전해야 한다'는 "시인의 사명"에 강박되어 이끌리면서도 "무슨 말씀을 傳홀눈지" 몰라 방황하고 혼돈에 휩싸인다. 이 시에서 시적 주체의 방황과 분열은 '무엇을' 깨우쳐야 할지 모르기 때문에 발생하는 것이기도 하지만, 분명히 '어떻게,' 즉 양식적 미비도 그 방황과 분열의 중요한 원인임을 말하고 있다. 애국 계몽기 이후 '근대'를 탐색하던 계몽적 정신의 동요 및 양식 내적 동요가 1910년대 시인들에게 갈등을 증폭시키는 중요한 내적 요인이 되었다.

Ⅱ. 객관 현실에 압도된 자아

애국 계몽 운동기 이래 계몽적 열망을 보여준 시가들이, 압도적 열세의 상황에 있는 물질과 객체의 세계를, 주관의 정신 영역으로 극복해보려는 시적 태도의 반영이라면, 그 극복 의지까지 거두고 오로지 주체의 협소한 의식 영역에 갇혀버리는 시적 태도가 1910년대 이래 1920년대 초반까지 큰 흐름을 형성하였다. 이들도 현실세계를 '우승열패(優勝劣敗)'의 진화론이 지배하는 세계로 파악한다. 이들은 현실 세계를 인간의 정신과 의지로써도 어찌할 수 없는 엄청난 폭력성을 가진 것으로 규정하고, 그러한 작위적인 자기

관념에 스스로 짓눌린다.[34] 그리고는 자기만의 독단적인 의식 영역을 절대화하여 거기서만 의미를 찾으려 한다. 이들에게 객체의 영역은 주체를 위협하고 좌절로 이끄는 파괴적 이미지로만 인식된다. 밀폐된 좁은 공간에서 이루어지는 대립과 분열은 격렬하게 나타날 수밖에 없다.

"Strt〔u〕ggle for life!" 생각도 안이하고, 소리도 업섯스나, 문득 形容업는 빗김소리가 들리나니, 勝利의 바람은 잇든지 업든지,
〔………〕
"살지 아니하면 아니된다!" 바램의 標대로 가지 아니할슈 업나니 대개 이는
죽음은 暗黑, 悲哀, 苦痛, 絶望, 戀愛, 煩悶, 孤獨, 寂寞을 超越하야
意識의 空虛, 온갓의 忘却, 無反應의 靜止, 無底坑의 漠漠世界로써니, 오오 生의 欲望! "살지 아니하면 아니된다!"──
──「내의 가슴」[35] 일부

장차오랴는것도 過去갓흘진댄
찰아리, 過去의쎅너쓰──그어엿분쌤에 그이마에
안기여最後悲哀의키쓰와함께

---

34) 당시의 새로운 세대들도 진화론적 세계 인식으로부터 자유롭지 못했다. 이 우승열패의 진화론에 입각하면 힘없는 조선이 무력으로 우세한 일본에 패배하여 식민지로 전락한 것은 필연이 되고 만다. 한편 이들은 조국 상실의 비애와 독립에 대한 바람을 가지고 있었다. 이러한 논리적 모순·내부 갈등은 당시 그들의 심리적 분열을 야기시키는 중요한 원인이 되었다. "Struggle for life. Survival of the best. 이러한 진화론의 문구를 염불모양으로 외우고 술이나 취하면 목청껏 외쳤다. 이렇게 됨에 내 도덕 관념은 근거로부터 흔들렸다. 〔……〕 선은 어디 있느냐, 악은 어디 있느냐"(이광수, 「그의 자서전」, 『이광수 전집』 17, 삼중당, 1971, p. 432).
35) 돌샘, 「내의 가슴」, 『학지광』 4, 1915. 2, p. 47.

幽暗窟에 도라가서, 肉身을쩌난 自由로운精神,
멀니멀니 끗읍는 限끝으는 永久的神秘鄕에서
過去의눈물 記憶, 이모다읍는 그곳
아아, 바라는 그곳, 저멀니보이는저언덕에 가는것
　이야말노 그들의願이리라.　　　　——「離別」[36] 일부

"승리의 바람"은 더 이상의 관심사가 아니고, 오로지 생존의 본능만이 문제가 되는 황폐한 세상에서 시적 주체는 "유암굴(幽暗窟)"과 '영구적 신비향'을 꿈꾼다. 그 격렬함, 자아의 분열과 박탈, 산문적 언어와 리듬은 이런 유형 시들의 특징이다. 정형률적 시의식이 지배적이던 당시로서 이러한 산문적 요소는 시에서 파괴적 성격을 갖는다. 이런 시적 지향은 20년대 초반에까지 계속되었으며, '타는 가슴, 눈물, 아픔, 무서움, 설움' '영(靈)'과 '육(肉)'의 분열 등은 이 유형 시들의 중요한 제재가 되었으며, 그것들은 비관주의적 정조를 형성하였다.

　　Free! Free! 모든것을超越하엿다 하는사람이라는놈들은, 不平과, 慾望과, 飢渴과, 苦痛에뭇처서, 區區하게부르지질쑨이라.
　　사람은서로사흠을긋치지안는다. 쌔앗기고우는者, 싸앗고치는者, 배곱하우는者, 도적질하는者, 쏘 그것을刑罰하는者, 그모든罪惡덩어리가죽고, 나고, 나고죽어서, 宇宙에 循環을한갓不平으로不休하다.
　　〔………〕
　　나는모르노라, 저이의不平을, 저이의眞理를, 저이의自由를!
　　　　　　　　　　　　　　　　——「쯔리!」일부[37]

---

36) 돌샘, 「이별」, 『학지광』 3, 1914. 12, p. 47.
37) ＣＫ生, 「쯔리!」, 『학지광』 4, 1915. 2, p. 46.

극심한 분열상을 보여주며 급기야는 근대적 개성을 찾는 과정에서 가장 중요한 요소인 '자유' '진리'를 '나는 모르노라'라고 단언하고 있다. 자유와 평등과 박애를 근본 이념으로 출발한 근대 자본주의는 자유라는 이름으로 착취를 제도화하고 전쟁을 일으키고 범죄를 양산하고 식민지를 지배하였다. 시적 자아는 그런 상황을 '끔찍하게' 자각하곤, 놀라서 혼절해버렸다. '자유'와 '진리' 자체를 '나는 모르노라'라고 부정해버리고, 자신의 관념 속에서 자기만의 세계를 작위적으로 건설하고 거기서 거주하며 사회화를 포기한다.

그러한 밀폐되고 고립된 시적 공간과 분열적 양상을 드러내는 시적 상황에서 '근대적 개성의 발견'과 '깊이 있는 내면 성찰'의 완수는 힘겹게 느껴진다. 시적 개성이란 철저하게 고립된 주관주의적 영역에서 작위적으로 주창되는 성질의 것이 아니라, 언어와 양식·관습 등을 포괄하는 사회·역사·문화적 관계 속에서 고립적인 자아를 지양하는 과정을 수반하는 성질의 것이다. 그런데 고립된 개인의 의식 영역에 갇혀버리는 유형의 많은 시들에서는, 절망적 분위기에 압도된 시적 자아의 양식화되지 않은 파편화된 비명만이 낭자하게 들릴 뿐이다.

이런 절망적 분위기에 압도된 시들은, 그 위악한 객관 현실에 정신력으로 버티지 못하고, 설움·슬픔·자기 연민 등을 과장하여 곧잘 감상(感傷)에 자신을 의탁해버린다. 즉 무기력하게 감상주의에 매몰되어버리고 마는 것이다.

죽어가는 靈魂을 弔喪하는듯헌 寺院의 鐘소리 울리는도다
······님은간다 ······ 永遠의 離別?
싸우혜는어지러운 樹影이 그리여잇스며, 달은 西域으로 써러지려허는데,
아아, 사랑허는님은갓다 ······
사랑의 준바 엿은바 快樂이나 悲哀는 다읍서지고
다만한아 남은사람 깁흔밤에 자지못허는것밧게,

나문것은이것이며
　　쓴이지안이허고 나오는생각 눈물이며, 바래는
　　　歎息은마지막사랑의離別의준바
　　永遠히 그의가슴을苦롭게헐──이것이다.
　　아아, 다시는過去의즐김을엇기바이옵스며
　　그의게는 a tear of eyes!　　　　　　　──「離別」[38] 일부

 "아아, 사랑허는 님은 갓다," 그 '님'은 개인적이고 주관적인 '님'이며, 거기엔 "영원의 이별"이 가로놓여 있다. '님과의 사랑'에 대한 추억도 지워버렸으므로, 님을 다시 만날 기약은 없다. 님에 대한 그리움의 미적 공간도 마련되어 있지 않고 오로지 '고통' '탄식' '눈물'(감상)만이 넘쳐날 뿐이다. 시적 주체가 할 수 있는 일은 '눈물'에 호소하는 것밖에 다른 것이 없다.
 이러한 시적 자아의 과장된 감상, 모호한 애상, 영탄의 토로를 시적 이상으로 보편화하는 시적 경향은 1920년대 초반까지 계속되었다. 즉 이러한 시단의 양상은 3·1 운동 실패의 결과에 의해 나타난 것이 아니며 합방 이후 식민지 자본주의의 관철과 그에 대응하는 시적 주체들의 미성숙성에 의해 1910년대부터 나타난 현상이었다. 더군다나 그것은 서구 상징주의의 이식에 의한 모방적 현상이 아닌, 한국적 근대의 진행 과정에서 나타난 사회적·문화적 산물이었던 것이다.[39]
 단지 이념적·양식적 한계를 미처 떨쳐버리지 못한 상태에서 3·1 운동이란 역사적 사건을 맞이하게 되고, 그것을 미적으로 개괄하지 못함으로써 일시적으로 감상적 정조가 더욱 격화되었던 것이 1920년대 초반의 시단 상황이었다.

---

38) 돌샘,「이별」,『학지광』3, 1914. 12, p. 45.
39) 본 논문에서 인용한 대부분의 시들은『태서문예신보』창간(1918. 9. 26) 이전에 창작된 것들이다.

Ⅲ. 근대적인 시적 가치의 발견

주체와 객체의 이분화, 근거 없는 낙관주의와 절망적 비관주의의 극단화, 내면의 분열, 감수성의 분열 등을 지양·통일하고자, 피하지 않고 매달리며 안간힘을 쓴 소중한 시적 작업들이 1910년대에도 있었다. 그 대표적 시인은 최승구(崔承九)·김여제(金輿濟)·현상윤(玄相允) 등이다.

>南國의 바다 가을 날은
>아즉도 따듯한 볏을 沙汀에 흘니도다
>저젓다 말녓다 하는 물 입술의 자최에
>납흘납흘 아득이는 흰나븨
>봄 아지랭이에 게으른 꿈을 보는 듯.
>[‥‥‥‥‥]
>아아! 나븨여, 나의 적은 나븨여
>"너 홀로 어대로 가는가.
>너 가는 곳은 滅亡이라.
>바다는 하날과 갓치 길매
>暴惡한 波濤는
>너의 예술을 파뭇으려 할지라.
>무섭지 안이한가 나븨어
>검은 海藻에 숨은 고래는
>너를 덤석 삼키려,
>기다렷다 벌컥 이러나는 큰 물결은
>너를 散散 부쉬려"
>[‥‥‥‥‥]
>아아 나븨는 발서 보이지 안는도다
>"이러케 나만 뭇에 내리랴

나의 울음 너의게 들닐길 업스나
나홀노 너의 길을 슯허하노라"──최승구, 「潮의 蝶」(1915)⁴⁰⁾ 일부

난폭하고 변덕스런 혼돈이 예고된 바다(식민지적 근대의 폭력성) 위를 '투신'하는 나비에 대해 시적 화자는 사무치는 애정을 가지면서도 거기에 함께 함몰하지 않고, 버티면서 거리를 확보하려는 안간힘을 보여주고 있다. 그러므로 '나의 울음'이 단순한 감상이 아닌 비극적 긴장을 드러낸다. 또한 1939년도에 김기림이 쓴 "아모도 그에게 수심(水深)을 일러준 일 없기에/흰 나비는 도무지 바다가 무섭지 않다"⁴¹⁾로 시작하는 「바다와 나비」와 그 시적 소재나 시상이 매우 닮아 있다. 그 이미지도 가지런하고 깔끔하다. 이런 시적 요소들이 주제를 향해 모아지고, 거기에 행과 행, 연과 연의 흐름이 기승전결을 갖춘 리듬감을 유지하고 있다. 이러한 시적 안정감은 "정의(正義)가 읍서젓거든,/평화(平和)가 잇을거냐,/다만 저들의/꿈속의 농담(弄談)이다〔……〕 쎌지엄의 용사(勇士)여/창구(瘡口)를 부둥키고 이러나거라!/너의 피 괴이는 곳에,/쎌지엄 子孫 부러나거라"⁴²⁾(「쎌지엄의 용사」)라는 시인의 확고한 현실 인식과 무관하지 않다.

최승구(1892~1917)의 시세계에서 소중하게 주목되는 점은 '시적 거리'를 균형 있게 유지함으로써 확보되는 미적 긴장감이다. 불모성의 현실 세계를 작위적으로 재단하거나, 또는 그 폭력성에 가위눌려 분열하는 시적 상황이 당대 시들의 풍경이었던 데 비해, 최승구는 그것과 균형 있는 긴장 관계를 유지하면서 새로운 시세계를 창조하였다.

---

40) 김학동(金澤東) 편저, 『최소월 작품집(崔素月作品集)』(형설출판사, 1982), pp. 19~20.
41) 『김기림 전집』 1(심설당, 1988), p. 174.
42) 최승구, 「쎌지엄의 용사」, 『학지광』 4, 1915. 2, pp. 49~50.

長長한 밤이다. 這는 繼續하여 熟視한다――嗚咽하며
涕泣한다. 羊의 무리는 疲困하여 痛哭한다. 하나, 긋침업시,
파며, 헷친다. 파며, 헷친다.　　　　――「긴-熟視」 일부[43]

투철한 현실 인식과 '긴-숙시'를 통해 현실과 균형 있는 긴장 관계를 확보하고 긴 시에 통일성을 주고 있다. '밤'의 공포와 '피곤' 그리고 좌절 속에서 '오열'하면서도, 거기에 파묻히지 않고, "긋침업시" 계속해서 땅을 일구며 '옥토'를 꿈꾸고 있다. 포기할 수 없는 이상을 향한, 의지와 힘을 소중하게 보듬고 있는 것이다. 또한 최승구는 모국어에 대한 애정 및 자기 성찰로서의 시적 의의를 분명히 인식하고 있었다.

文章은 記錄이나, '記錄은 他人을 읽힌다' 하는 것보다
'自身이 읽는다' 하는 것이 더 重한 意味라.
自己가 읽음으로써 自己의 批評을 求할 것이오.
[………]
自國語의 巧妙한 筆法과도 綜合된 文章은
吟讀함으로 形喩치 못할 超越한 趣味가
汗肉에 滲入하며, 非凡한 氣勢가 心魂을 飄蕩케 하나니,
여긔서, 自國語에 對한 愛情도 흐를 것이라.
　　　　　　　　　　　　　　――「文章의 노래」 일부[44]

근대시를 모색하는 데 모국어에 대한 자각[45]과 시의식의 정립은

---

43) 최승구,「긴-숙시」,『근대 사조』, 1916. 1, p. 18.
44) 최승구,「문장의 노래」,『최소월 작품집』, p. 37.
45) 서양에서 근대 문학의 형성은, 라틴어 중심의 문학으로부터 벗어나, 모국어를 바탕으로 한 국민 문학이 성립되는 시기로 보는 것이 보편적이다. 「국문학 연구

필수적인 조건이 된다. 최승구는 그것을 자각하고 있었다.
다음 주목되는 시인은 김여제(1895~1968)[46]인데, 주요한은 일찍이 김여제를 "신시의 첫 작가" "고래의 격을 파한 자유시"의 시인으로 높이 평가하였다.[47]

  ――우리 山女는,
  緊張, 弛緩, 興奮, 沈靜의 더, 더 複雜한 情緖에 차도다.
  느즌 새의 울음, 반득이는 별이,
  얼마나, 얼마나 우리 山女의 가슴을,
  져, 져 먼 나라로, 想像의 보는 世界로,
  넓은 드을로, 물껼의 사는, 잔잔한 바다로,
  아니, 아니 'Unknown World'로,
  얼마나, 얼마나 우리 山女의 가슴을 쯔을엿으랴!
  (‥‥‥‥‥)
  어느 째 모진 狂風이 닐어와,
  압領, 늙은 소나무를 두어대 찍다.
  멧벌에가 弱한 피레를 불어 울다.
  節차자 아름다운 꼿도 픠여――香氣도 내이다.
  그러나 亦是 山 가운듸엿다.
   잇다금 들퇴끼(野兎)가 튀여, 우리 山女의 뷔인 가슴에 反響을
  내일 뿐이엿다.
  ――님은 如前히 안이오다!   ――김여제,「山女」[48] 일부

  와 서양 문학 인식(좌담)」,『민족문학사연구』2, 1992, pp. 27~28.
46) 김여제의 생애와 시세계에 대해서는 정우택,「유암(流暗) 김여제의 생애와 시연구」,『반교어문연구(泮橋語文硏究)』5, 1994.
47) 주요한,「노래를 지으시려는 이에게」,『朝鮮文壇』1, 1924. 10, pp. 48~49.
48) 김여제,「산녀」,『학지광』5, 1915. 5, p. 59.

이 시의 시적 상황은 '암흑' "모진 광풍"과 '괴악'한 분위기, 위압적 힘이 지배하고 있다. 그러나 시적 자아는 '괴악'한 '광풍'의 세계에 맞닥뜨려 '복잡한 정서'로 불안에 떨면서도, 버티어내고 궁극에는 '잔잔한' 평화가 있는 '상상의 세계'에 다다르고자 하는 시적 지향을 갖는다. 이 시적 지향은 '상상의 보는 세계로' 함께 갈 '님'에 대한 기다림으로 확대되고 있다. 마지막 행의 "──님은 여전히 안이오다"는 비관적으로 들리지 않고 언젠가는 올 '님'에 대한 간절한 그리움으로 호소력을 가지며 시적 여운을 강하게 드리운다. 이 치열한 정신력으로 '모진 광풍'을 견뎌내고 자아를 단련하고 나아가 그 힘으로 부재한 '님'을 기다리는 시적 행위는 건강하고 아름답다.

한국 근대 자유시 형성의 주된 시적 모티프가 된 '부재한 님에 대한 열망과 믿음'이 1910년대 역사적 시련기를 거치면서, 그것을 견뎌내는 민족의 보편적 정서로 정착되어가는 도정을 확인시켜주는 시들이다. 바로 이런 시적 이상과 지향이 한국 근대 자유시 형성의 주된 힘이 되었다.

5. 맺음말: 근대 자유시의 형성

1910년대는 앞에서 살펴본 바와 같이, 다양한 시적 지향과 경향들이 서로 착종되는 불안정성을 노정시켰다. 한 시인, 심지어 한 작품내에서도 여러 시적 지향이, 불안정하고 분열된 방식으로 뒤얽혀 있는 경우를 발견하기란 어렵지 않다. 그리하여 많은 시작품들은 시적 상황이 모호하여 완결성이 부족하고, 안정된 내적 통일성을 확보하기에는 내재적 리듬, 외형적 리듬이 산만한 상태에 있다. 1910년대의 '산문시'라고 하는 것들은 인식의 혼란과 양식적 불안정성을 반영하는 '산만성'을 넘지 못하는 경우가 많다. 이렇듯 사회역사적 상황을 감당할 수 있는 인식 능력이 부족하고, 또한 거기에 대응하는 양식적 완결성을 획득하지 못한 결과, 감상주의에 함몰되는 경우도 많았다.

많은 사람들이 다양한 방식으로 근대 자유시를 모색했음에도 불구하고, 1910년대의 시들은 그 미성숙에 갇혀서 온전한 시적 근대성을 확보하지 못했다.

그렇게 된 데에는, 정치·경제·사회·문화 등 모든 분야에서 근대적 발전을 억압·왜곡하고 미숙성을 부양시킨 식민주의자들의 폭력이 주요한 원인이 되었다. 시사(詩史)에 있어서는, 시인의 현실 인식의 불명료함과, 표현 능력의 부족, 시적 언어의 저개발, 낯설고 협소한 제재들, 또 제재 처리 방식의 미숙, 작품 구조의 불안정, 감정과 정서의 단순함 등으로 표출되었다. 기존의 가(歌)와 정형률적 관습을 의식적으로 깨뜨리고 자유로운 운율 속에서 자유와 개성에 입각한 근대적 삶의 체험을 양식화해보려는 자유시 운동은 1910년대에, 시도의 치열함에도 불구하고, 그 정립을 보지 못했다.

1910년대 시들의 시사적 고민은 첫째, 안정된 자기 양식을 갖지 못함으로써 나타나는 혼란과 분열들이다. 그리하여 "내 말의 설음과 깃븜을 갓튼 동무들과 함끠 노래하랴면 나면서부터 말도 몰으고 '라임'도 업는 이 몸은 가이업게도 내 몸을 내가 비틀며 한갓 썻다 잠겼다 하며 복길 싸름입니다"[49]라며 안타까운 심정을 토로하였다. 즉, 전통적으로 노래불려지던 시가 양식이나 정형적 율격으로부터 벗어나 전혀 새로운, 눈으로 읽는 자유시를 모색하는 과정의 방황, 그 자체가 1910년대 시사이었던 것이다.

또 하나의 문제는 감당하기 어려울 정도의 무자비함과 격렬함으로 닥쳐온 식민지 현실의 폭력성에 맞닥뜨리면서, 그것에 대응하는 시적 태도의 문제였다. 대부분의 1910년대~20년대 초반 시들은

---

49) 주 3) 참조.

그 현실적 위세에 눌려, 그 관계를 미적 안정감을 가지고 전유하는 데 버거워하였다. 그 결과 식민지적 근대화의 폭력적인 모순과 갈등 속에서 그것에 견뎌, 그것을 시적 창조력의 원동력으로 삼지 못하고 시적 자아 스스로 분열하고 혼돈하는 태도를 보였다.

온전한 시적 근대성은 이 두 문제를 해결하여 통일하는 지점에서 그 형성을 보게 된다. 그 한 예가 한용운의 「님의 침묵」이다.

 그러나 이별을 쓸데없는 눈물의 원천을 만들고 마는 것은 스스로 사랑을 깨치는 것인 줄 아는 까닭에 걷잡을 수 없는 슬픔의 힘을 옮겨서 새 희망의 정수박이에 들이부었습니다
 우리는 만날 때에 떠날 것을 염려하는 것과 같이 떠날 때에 다시 만날 것을 믿습니다
 아아 님은 갔지마는 나는 님을 보내지 아니하였습니다
 제 곡조를 못 이기는 사랑의 노래는 님의 침묵을 휩싸고 돕니다
 ──한용운, 「님의 침묵」(1926) 일부

이 시에서 특히 주목되는 부분은 "**걷잡을 수 없는 슬픔의 힘을 옮겨서 새 희망의 정수박이에 들이부었습니다**"와 "**제 곡조를 못 이기는 사랑의 노래는 님의 침묵을 휩싸고 돕니다**"이다.

분열과 이별과 님의 부재는 "걷잡을 수 없는 슬픔"으로 역사적·민족적 보편성을 띤다. 그러나 그 '님의 부재'를 '쓸데없는 눈물의 원천'으로 만드는 것, 즉 감상에 빠지거나[50] 슬픔의 힘에 가위눌리는 것은 "사랑을 깨치는[破: 인용자] 것"임을 정확하게 인식하고, 당대의 그러한 시적 경향에 대해 경고하고 있는 것이다. 반면 시 「님의 침묵」은 "걷잡을 수 없는 슬픔"을 견디어내고 마침내

---

50) "아아, 사랑하는 님은 갔다……"라는 시구를 담고 있는 돌샘 작, 「이별」(1914)은 개인적 감상에 빠져, 한용운이 경계한 바 "스스로 사랑을 깨치는"[破: 인용자] 결과를 낳고 말았다. 주 38) 참고.

는 슬픔 그 자체, 갈등 그 자체를 '새 희망'의 원천으로, 시적 창조력의 원동력으로 삼아 "정수박이에 들이"붓는다. "걷잡을 수 없는"은, '슬픔'에도 걸리고 '힘'에도 걸린다. 슬픔과 좌절과 분열이 크면 그것을 해결하고 통일하려는 힘도 커진다.

시적 근대성은 근대적 체험에서 오는 온갖 변덕스럽고 복잡한 갈등들──계급과 이데올로기적 갈등, 개인과 사회의 갈등, 자아 내부의 정신적 갈등 등──의 한가운데서 자신을 발견하고 창조하고자 하는 의지를 중요한 시적 태도로 한다. 근대적 갈등과 분열을, 새로운 생명과 에너지를 부여하는 갈등으로 전화시켜 시적 창조의 힘으로 삼는 태도에 의해서 내적 분열의 지양에 도달할 수 있고, 나아가 시적 양식의 안정성을 확보할 수 있다.

한국 근대시는 한용운의 「님의 침묵」에서 비로소 근대시로서 안정감을 얻고, 나아가 시인의 치열한 현실 인식과 드높은 시적 이상이 리듬을 고양시키고 양식적 관습화를 넘어서는 양상을 선언적으로 반영하는 시구가 "제 곡조를 못 이기는 사랑의 노래는 님의 침묵을 휩싸고 돕니다"이다. 즉 "제 곡조를 못 이기는 사랑의 노래," 그 리듬의 내재적 힘이 '님의 침묵,' 님의 부재를 "휩싸고" 돌며 세상의 불모성을 극복·지양한다. '님에 대한 간절한 염원'이 '곡조'(양식)의 제약을 넘어서 '침묵'을 휩싸고 도는 '아우성'으로 전화하는 시적 경지를 보여주고 있다.

그러므로 「님의 침묵」은, 시적 이상과 시적 태도에서 비로소 시적 근대성을 완전하게 성취한 양상을 보여준다. 양식적·주제적 분열과 혼돈을 넘어, 걷잡을 수 없이 분출되는 리듬을 통해, 희망을 퍼올리는 내재적 힘을 발휘한 근대 자유시의 방향을 제시해주었다. 이때 시적 근대성이 민족문학의 이념을 구현할 수 있는 가능성이 열린다. 즉 혼돈과 슬픔, 고통과 운명에 마주하여 그것을 회피하거나 주관적으로 본질을 왜곡시키지 않고, 또한 그 현실의 위세에 가위눌리지도 않으면서, 그 고통과 슬픔과 모순의 한복판에서 정신력으로 버티며, 그 자체를 희망과 창조적 원동력으로 전화시키는 것은 시적 근대성의 완성이며 동시에 민족문학 이념의 고양이다.

1920년대 한국시의 근대성 연구 1
─── 소월의 시를 중심으로

김 경 숙

1. 한국적 전통과 근대성의 개념

 한국 문학사의 근대라는 시기는 외세에 의한 강제적 개화와 국권 상실이라는 상황적 특수성을 갖는다. 따라서 한국 문학에 나타난 근대성의 실상에 대한 올바른 규명과 그 방향 모색은, 잔존하는 봉건 유교적 가치 체계와 다가오는 제국주의적 가치 체계의 길항 관계 속에서 우리 문학이 대처해나간 의식의 과정에 대한 천착을 통해서 가능할 것이다.[1]

---

[1] 1900년대의 개화기 문학은 지도자적 지식인 계층이 민중을 향해 의식적으로 애국·계몽 의식을 고취하려는 목적성이 강조된 대중화로서의 문화 운동적 성격을 강하게 띠고 있다. 그러나 당시 문화 운동으로서의 애국·계몽의 문학은 한일 합방으로 인해 좌절을 겪게 되고, 이러한 사회 전반의 좌절과 허무 의식 속에서 새로운 문학 담당층이 등장한다.
 그들은 스스로 민중과 단절하고 자아의 내면 속으로 고립하여 문학성 자체에 치중하는 양상을 보인다. 그리고 그들은 당시에 우리 문학에 유입된 서구 근대시에서의 개성과 근대적 자아의 개념을 수용하여 개성과 자아 탐구의 방향으로 나아간다. 그러나 아직도 근대시를 형성하는 주체로서의 의식은 마련되어 있지 못했다. 『태서문예신보』로 대표되는 이들 신문학의 초기 담당 계층은 대개 일본 유학생들이었고, 그들은 일방적으로 서구 지향성에 경도되어 있었다. 흔히 근대성

한국 문학사의 역사적 흐름 속에서, 지금까지 다양한 근대 기점의 문제가 제기되어왔다. 그것은 본질적으로 근대성에 대한 의미를 정립하는 작업이었고, 크게 전통 지속론과 전통 단절론으로 줄기를 형성해오게 되었다.[2] 그런데 전통과 근대성의 개념은 사실상

또는 근대 의식을 가름하는 중추라고 이야기되어지는 주체적 개성에 대한 인식이, 이들에게서는 단지 현실로부터 도피한 나약한 개인의 감정 토로로 왜곡되고 있음을 발견하게 된다.

물론, 이것은 시간이 지남에 따라 좌절을 통한 자기 성찰과 주체성의 회복으로 발전해갈 성질의 것이었으나, 이들은 그 이전에 다시 한번의 시행착오를 거치고 있다. 서구 지향성의 일방적인 경도에 대한 스스로의 반성은, 그 반작용으로 조선주의라는 이름의 복고 지향성으로 표출된다. 그것은 국민 문학파의 시조 부흥운동, 민요시 운동 등으로 구체화되는데, 이들은 전통과 민족 의식을 과거의 것을 고수하는 데서 찾을 수 있다고 생각하는 것이다.

2) 김윤식은 우리 시의 근대 기점을 전통 지향성과 모더니티 지향성의 변증법적 과정 속에서 찾으려 하고 있다. 그러나 일견 타당해 보이는 이 논리 또한 궁극적으로는 우리 시의 근대 기점을 일본 유학생들에 의한 서구 사상의 수용에 두는 전통 단절론의 입장과 별반 다를 것이 없다. 김윤식은 먼저, 모더니즘의 개념을 사조상에 있어서 근대 이후에 나타난 모든 현상을 포함하는 광의적 의미의 모더니즘과, 어떤 특정한 문학 예술상의 유파를 지칭하는 것으로서 역사적·민족적·지역적 한계성을 갖는 협의적 의미의 모더니즘으로 구분하고 있다. 그리고 한국 문학 예술의 전개 과정을 설명하려 할 때는 광의적 의미의 모더니즘을 수용하여, 그것을 전통 지향성과 모더니티 지향성의 갈등을 통한 변증법적 발전으로 고찰할 수 있다는 것이다. 그러나, 다시 그는 모더니즘이 본래는 근대 이후에 나타난 모든 현상을 포함하는 개념이지만, 한국 근대 문학 속에서 볼 때는, 그것은 서구적 외래 사조 전부를 뜻하는 것이라고 말함으로써 논리적인 모순을 노출하고 있다. 여기에서 명백히 알 수 있듯이, 김윤식의 전통 지향성은 단지 기존의 것 또는 과거적인 것만을 의미하는 것이고, 반대로 모더니티 지향성은 외래적인 것 또는 서구적인 것만을 의미하는 대립적인 개념인 것이다. 따라서 그에게 있어서 근대성 또는 근대 의식의 기점은 당연히 서구적·외래적인 것과의 접촉으로부터 출발한다. 단순화하자면, 그에게 있어서 근대성과 모더니티 지향성은 동일시되고, 전통 지향성과 모더니티 지향성의 변증법적 발전 과정이라는 것은 전통 지향성과 모더니티 지향성이라는 양극점 사이를 반복해서 오가는 진동 운동으로 변질되고 있다. 그는 문학사의 서술이 전통 지향성과 모더니티 지향성이라는 두 개념으로 이루어질 수 있으며 문학의 역사적 흐름 속에서 모든 시대는 이 둘 중에 어느 하나의 지향성이 강하게 전면으로 드러남으로써 성격이 규정되는 것이라고 설명한다.

현상으로서의 측면과 가치로서의 측면이라는 두 가지 측면을 가지고 있다. 전통 단절론이 현상적 측면에 입각해서 문학사를 바라보는 관점이라면, 전통 지속론은 가치의 측면에 치중해서 문학사를 조망하는 관점이라 하겠다.

전통 단절론의 입장에 설 때, 일본 유학생들에 의한 서구 사상의 무비판적인 수용 현상은 서구 문학사에서의 근대 인식의 형성 과정과 한국 문학사에서의 그것의 형성 과정을 구분하게 하는 변별적 자질로 이해되고, 이에 따라 한국의 근대성은 대부분 외래적인 것의 영향 속에서 찾을 수 있다는 것이다. 그러나 우리의 근대 문학이 서구 사상의 거대한 영향 속에서 시작되었다는 것이 명백한 사실이라 할지라도 우리 문학을 통해 나타나는 근대 의식이 단순히 외래적인 것만을 의미하는 것일 수는 없다. 근대성이란 주어진 현실에 반응하는 자아의 태도에 초점을 두어야 하고, 거기에서 가장 중요한 것은 바로 '주체'의 문제이기 때문이다.

이와 반대로, 전통 지속론은 우리의 근대시가 외래적인 영향에 서라기보다는 전통 시가의 발전으로 이루어진 것이라는 주장을 입증하고자 한다. 그러나 전환기적 상황 아래에서 외래 사조가 급격하게 유입되었다는 역사적 사실을 애써 외면한 채, 우리 근대 문학의 성립을 무모하게 전통 쟝르의 흔적으로부터 찾아내려는 노력은, 자칫 당위론으로 떨어져버릴 위험을 안고 있다. 이때, 전통의 개념은 진정한 의미의 전통이 아니라 단순한 복고적 경향을 의미하게 될 뿐이다. 전통이란 역사 속에서 현재의 우리에게 긍정적으로 수용되어져왔거나 수용될 수 있는 것들이라는 일정한 가치 선택을 내포하고 있는 개념이며, 따라서 근대성과 마찬가지로 전통 또한 주체의 개입을 적극적으로 요구하고 있는 것이다.

서구 근대성에 대한 한국 근대성의 변별적 자질은 근대 의식이

이러한 문학사적 기술은 결국 순환론적 문학사관을 보여주는 것이다.

자생적으로 발생해가는 과정 가운데 서구적 충격이 가세하여 자아를 주체로서 인식하는 과정에 혼돈과 시행착오의 파장을 더욱 극대화시켰다는 점에서 찾아져야 할 것이다. 이러한 사실을 인식할 때, 현상적 문학사 서술 또는 당위론적 문학사 서술이 아니라 선택적이고 가치 평가적인 문학사 서술이 가능하다. 여기에서, 근대성의 중심을 이루는 주체의 개념은 새롭게 주어진 상황을 전통에 입각해서 주체적으로 수용하는 것을 의미하며, 이렇게 형성된 근대성은 곧 새로운 창조적 전통으로 재수립되는 것이다. 바로 이 때, 전통도 과거적인 것, 퇴행적인 것이라는 평면적 개념이 아니라, 우리가 끊임없이 재창조해 나아가야 하는 것이라는 열려진 개념으로 인식될 수 있다.

본고는, 개화 이후 서구 지향과 복고 지향이라는 많은 시행착오와 오류를 거치면서 한국 시문학사가 주체적인 근대성의 모습을 획득해내는 그 최초의 접점 지대를 소월과 만해로 대표되는 1920년대의 한국시에서 찾아보고자 한다. 본고에서, 소월과 만해의 전통성은 면면히 전해내려오고 있는 일련의 사고 체계 또는 지향 의식이 1920년대라는 역사적 시간 속에서 새로운 모습으로 재창조되어지는 것을 의미하며, 특히 그것이 한국시의 근대적인 면모를 드러내주는 것임을 의미한다. 따라서 본 글은 한국 근대시의 기점에 대한 새로운 가능성을 탐색해보는 작업으로서의 의미를 갖는다. 그러나 그것은 본질적으로 근대의 기점 자체를 문제삼기보다는 한국적 근대성의 바람직한 모습은 어떠한 것이어야 할 것인가의 문제라고 할 수 있다.[3]

---

3) 지금까지 소월과 만해는 우리 시의 전통적인 면모를 보여주는 대표적인 시인으로서만 언급되어왔다. 그러나 그들의 시 속에서 전통적인 면모를 찾을 수 있다고 할 때, 그것이 봉건적인 세계관을 보여주는 것이라고 생각될 수는 없다. 그들은 분명히 근대라는 새로운 시대 속에서 살았던 시인들이었고 근대적인 인식의 틀을 가지고 있을 수밖에 없다. 그러므로 그들이 성취한 전통성에는 분명히 근대 이전의 그것과는 변별되는 커다란 인식의 편차가 있을 것이다.

동양적 봉건 사회에서의 세계관은 충으로 표현될 수 있다. 충의 사상은 세계에 대한 자아의 헌신을 의미한다. 서구의 사상사에서, 인간은 과학의 발달로 인한 자본주의 사회의 형성과 더불어 신의 능력과 존재를 의심하게 되고, 결국 신이라는 세계 인식의 절대 중심을 상실한다. 이에 따라 인간은 비어 있는 신의 위치에 인간 자신을 새로운 중심으로 놓는다. 그리고 이렇게 형성된 인본주의는 민족의 개념을 탄생시키는데, 이때 민족의 개념과 인간 개성의 개념은 자연스럽게 결합을 이룰 수 있었다. 그러나 이와 달리 한국적 근대성에서는 과도하게 유입된 새로운 서구 문화와 식민지라는 억압적인 세계에 대응하는 '주체'의 개념이 더욱 강조된다. 이것은 세계내에서 자아가 동일성을 유지하려는 필요와 의지가 주어진 현상보다 선행하고 있는 상황임을 의미한다. 그러므로 우리나라에서의 근대성은 한국이라는 국가 자체를 세계에 대응하는 또 하나의 주체 개념으로 인식함으로써 봉건적 충의 개념을 변모된 현실에 맞게 재해석해내는 데 있다.[4] 왜냐하면 인간의 진정한 자유와 해방은 개인적 차원에서 가능한 것이 아니라, 세계와의 관계 속에서만 가능한 것이기 때문이다. 즉, 진정한 한국적 근대성의 개념은 자아와 세계가 하나의 공동 운명체라는 자각을 갖고, 자아

---

4) 김윤식은 단재와 만해를 거쳐서 육사에게로 이어지고 있는 한국적 선비 정신의 계보가 한국 문학사 전체의 흐름에서 볼 때는 전통의 주류를 이루는 것이지만, 한국 근대 문학사의 중심은 아니라고 말한다. 즉, 전통적 선비 정신과 새로운 근대 정신과는 질적으로 서로 다른 것이라는 뜻이다.
  근대성을 이처럼 전통 단절론의 입장에서 규명할 때, 선비 정신은 구시대적인 사상으로서 더 이상 당대의 정신사를 대변하지 못한다. 반면에 근대성을 전통 지속론의 입장에서 바라볼 때는, 이 선비 정신이야말로 우리가 지속적으로 계승해 나아가야 할 한국적 정신으로 평가된다.
  그러나 여기에서 지적해야 할 것은, 양자가 모두 선비 정신의 계보가 봉건적 충의 이념에 수렴되는 것이라고 이해하는 점이다. 이제는 한국적 정신사의 중심을 차지하고 있는 이 선비 정신에 대해서도 그 시대사적인 변화의 양상을 구체적으로 밝혀내는 작업이 필요하다.

가 스스로 주체의 개념으로 각성되어 세계를 향해 나아가야 한다는 점에서 찾아져야 한다.[5]

2. 소월 시의 근대적인 면모

지금까지 소월의 시는 한국 근대 시문학사 초창기의 서구 편향적 경향에 대한 반성으로 시도된 1920년대 시문학의 전통 지향적 성격을 대표하는 것으로 평가되어왔다. 그의 시에서 나타나는 전통적 성격은 대체로 떠나간 님을 그리워하는 이별의 정서와 여성 화자의 목소리, 향토적 색채와 자연으로 회귀하려는 속성, 그리고 민요적인 3음보 율격의 사용으로 설명된다. 그러나 소월의 시가 갖는 이와 같은 전통성에 대한 논의는 언제나 과거의 문학 속에서 보여지는 소재나 주제들이 얼마나 반복해서 수용되고 있는가에 대한 언급으로 일관해왔던 느낌이다. 이와 달리 본 글은 우리 문학에서 지속적으로 추구되어온 보편적 요소를 소월이 어떻게 당대의 인식에 맞추어 새롭게 창조해내고 있는가를 탐색함으로써 소월 시의 전통적 면모를 지금까지와는 다른 방향에서 규명해보려고 한다. 이것은 전통이라는 개념에 대한 재해석을 의미한다. 그리고 소월이 몸담고 있는 현실이 바로 근대 형성기라는 점에서 소월 시에 나타나는 당대 인식은 곧 근대 인식과 다르지 않고, 따라서 소월 시의 전통성에 대한 연구는 그것의 근대성에 대한 연구와 맞물려 있는 것이다.

---

[5] 개화기의 애국 계몽의 시가가 자아와 세계와의 관계에 있어서 여전히 세계를 위한 자아의 억제와 포기라는 충의 이념에 닿아 있는 것이었다면, 근대 초기의 개별적 자아라는 개념으로서의 개성 중시는 세계로부터 이탈하고자 하는 자아의 주장을 의미하는 것이었다.

I. 세계 상실과 고립 지향의 자아

일반적으로 소월의 시를 논할 때, 그의 시는 남녀간의 이별을 노래하고 있는 것으로 특징된다. 소월의 시에서와 같이 떠나간 님을 그리워하는 노래는 우리 문학의 흐름 속에서 가장 보편적이고 지속적으로 발견되는 주제의 하나이다. 남녀간의 애정 문제는 문학의 보편적 주제이고, 특히 사랑의 노래는 님과 내가 조화로운 관계에 있는 것으로 그려지기보다는, 외부의 상황이 이별을 강요하는 것으로 작용하거나 님이 떠나감으로써 내가 이별의 상황에 던져질 때 비로소 문학적인 주제로 떠오른다. 소월의 시는 바로 이러한 문학 또는 우리 문학의 가장 보편적인 정서를 노래하고 있다는 점에서 우리의 전통적 정서를 보여주고 있는 것으로 평가받아왔던 것이다.

그러나 사랑과 이별의 감정은 보편적 정서이기 이전에 근본적으로는 언제나 가장 사사로운 개인의 감정이고, 또한 보편적 정서가 무조건 전통성을 담보해주는 것은 아니다. 사랑의 노래가 비록 문학에서의 보편적 주제일지라도 화자를 통해서 나타나는 그것에 대한 구체적인 반응의 양상은 시대와 계층에 따라 다양한 차이를 보여주고 있다. 나에게 있어서 님은 내가 세상을 바라보고 접촉하고 느끼는 매개체로서의 의미를 갖는다. 즉, 나와 님의 관계는 자아와 세계에 비유될 수 있고, 님과 이별하는 상황에 대한 나의 반응 양상을 살펴보는 것은 자아가 세계를 인식하는 방법과 세계에 대응해가는 태도에 대한 연구이다. 따라서 중요한 것은 남녀간의 애정 문제 자체가 아니라, 그것이 당대인의 어떠한 삶의 태도를 반영해주고 있는가 하는 차별성에 대한 이해일 것이다.

소월의 시에서 님은 지금 나와 함께 있지 않다. 님은 나를 버리고 떠났거나 죽은 님으로서, 현재라는 시간 속에서는 언제나 부재하는 존재이다.

나 보기가 역겨워
가실 때에는
말없이 고이 보내드리우리다

寧邊에 藥山
진달래꽃
아름 따다 가실 길에 뿌리우리다

가시는 걸음걸음
놓인 그 꽃을
사뿐히 즈려밟고 가시옵소서

나 보기가 역겨워
가실 때에는
죽어도 아니 눈물 흘리우리다.　　——「진달래꽃」 전문

　소월의 시는 대체로 가정된 상황을 전제로 한다. 가정법적 언술은 원칙적으로 언술의 표층에 드러나 있는 것과는 반대되는 현재의 상황을 전제로 하고 있는 것이다.
　위의 시에서 "나 보기가 역겨워/가실 때에는"이라는 언술은 님이 아직 나를 떠나지 않았다는 것을 의미한다. 그러나 님과 내가 화해로운 상태에 놓여 있으면서, 님이 떠나버렸을 때의 심정을 내가 그렇게 절실하게 가정해볼 수 있다는 것은 현실적으로 매우 부자연스러운 일이다. 따라서 이 시는 역설적으로 님과 나의 이별이라는 돌이킬 수 없는 현재의 상황을 전제하고 있는 것으로 읽혀야 한다. 화자는 아직 님이 떠났다는 사실에 대해서 정서적으로 객관화되어 있지 못하고, 그 주관적인 화자의 반응이 현재를 미래시제화하여 현실을 가정적 상황으로 재구성하고 있는 것이다. 이것은 이별의 현실을 유보시키고 싶어하는 화자의 의식을 보여주는 것이다. 소월의 시에서 가정법은 이처럼 현재에 대한 부정 의식을 내포하고 있다.

　화자는 님이 떠나는 이유를 나에 대한 '역겨움' 때문이라고 말한다. 님이 나를 역겨워한다는 것은 님에게 있어서 나의 존재 가치의 상실을 의미하며, 그것은 나의 존재 자체를 무화시키는 것이다. 그러므로 화자는, 만일 님이 가신다면 "말없이" "고이" 보내주고 "죽어도" 눈물조차 흘리지 않겠다는 태도를 취한다. '말'과 '눈물'이 님과 나 사이에 내재하는 심리적 거리를 연결하는 일종의 길 이미지를 갖는 것이라면, '말없음' '아니 눈물 흘림'은 님에 대해서 스스로 단절하고자 하는 화자의 의지를 표현하고 있다. 더구나 "보내드리우리다" "뿌리우리다" "가시옵소서" "흘리우리다"와 같이 자기를 극도로 낮추고 님을 아주 높이는 극존칭의 어법은 화자가 님에 대해서 취하는 단절 의지를 더욱 강조하기 위한 것이다.

　그러나, "보내드리우리다"라는 진술은 님 스스로가 화자를 떠남으로써 이별당하게 될 자신의 수동적 처지를 님을 보내주는 능동적 위치로 바꾼 심리 작용으로서 일종의 치환된 정서에 의한 것이다.[6] 이별의 현실을 그대로 인정하고 받아들일 수 없는 화자의 자의식이 버림받게 된 자신의 처지를 스스로가 보내주는 상황으로 역전시켜 이해하려는 것이다. 이것은 너무나 소극적인 방법이기는 하지만, 존재 자체가 부정되는 상황 속에서 화자가 자신의 존재 의미와 의식 주체로서의 중심적 위치를 잃지 않으려는 안간힘이라고 이해할 수 있다.

---

6) 이명행, 「「진달래꽃」의 짜임」, 신동욱 편, 『김소월 연구』(새문사, 1982), pp. I-17, 18. 이명행은 또한 님과의 이별이 다가올 미래 상황이라는 전제 위에서, 이러한 화자의 심리가 님으로부터 버림받는 비극을 당할지도 모른다는 공포감에서 벗어나려는 반동 형성이며, 그러한 불안으로부터 자신을 보호하려는 방어 기제이기도 하다고 설명한다.

그러나 화자가 님은 이미 떠나버렸고 더 이상 존재하지 않는다는 사실을 부정할 수 없는 현실로서 받아들일 때, 님에 대한 화자의 태도는 더욱 적극적인 것으로 발전한다. 대부분의 소월 시는 님과 함께했던 과거에 대한 회상시제이거나 가정법을 통한 미래시제로의 지향을 보임으로써 현재시제를 항상 언술의 이면에 감추고 있다. 그런데 아래의 시는 그러한 것들과는 달리, 님이 부재한다는 사실을 인식하는 최초의 순간에 느끼는 화자의 절박한 심정을 현재시제로서 드러내고 있는 작품이다.

산산이 부서진 이름이어!
虛空中에 헤어진 이름이어!
불러도 主人 없는 이름이어!
부르다가 내가 죽을 이름이어!

心中에 남아 있는 말 한마디는
끝끝내 마저 하지 못하였구나.
사랑하던 그 사람이어!
사랑하던 그 사람이어!

붉은 해는 西山 마루에 걸리었다.
사슴이의 무리도 슬피 운다.
떨어져나가 앉은 山 위에서
나는 그대의 이름을 부르노라.

설움에 겹도록 부르노라.
설움에 겹도록 부르노라.
부르는 소리는 비껴가지만
하늘과 땅 사이가 너무 넓구나.

선 채로 이 자리에 돌이 되어도
부르다가 내가 죽을 이름이어!
사랑하던 그 사람이어!
사랑하던 그 사람이어!
　　　　　　　　　　　　——「招魂」전문

　이 시에서 님의 부재는 이별이 절대화된 죽음의 형태로 나타나고 있다. 님이 죽은 현재의 세계상은 부서지고, 헤어지고, 주인 없는, 파괴와 상실의 형태로 표현된다. 그러나 붉은 해가 '걸리다,' 사슴이의 무리가 '슬피 울다,' 내가 '부르다'라는 행위의 동시성을 통해서 강조되고 있듯이, 님의 죽음은 역설적으로 님을 향한 그리움을 한층 절박한 것으로 만든다. 이에 따라 이별의 상황에 대한 화자의 태도도 적극적인 방향으로 변모하고 있다. 「진달래꽃」에서 '말없이' 침묵을 지킴으로써 님과의 이별에 저항하던 화자는 이제 님을 소리쳐 '부르는' 행위를 통해서 그것을 극복하고자 한다. "죽어도 아니 눈물 흘리우리다"라는 님에 대한 화자의 극한적 단절 의지는 "부르다가 내가 죽을" 만큼의 님을 향한 절대적 지향 의지로 전환한다. 그러나 님을 향해 이처럼 극대화된 그리움이 죽음에 의한 님의 절대 상실이라는 현실과 맞부딪칠 때 첨예한 긴장이 발생한다.[7] 그리고 이 갈등의 상황에서 비롯되는 화자의 절망감은 하늘과 땅 사이가 너무 넓어서 부르는 소리가 끝없이 비껴만 가는

---

7) 일반적으로 소월의 시적 정조는 '한'이라고 말하는데, 한의 구조에 대해서는 다음과 같은 설명들이 있다. "생각함과 잊음 사이에서의 무수한 머뭇거림"(김현자), "미련과 좌절, 원망과 자책이라는 상반되는 갈등 구조"(오세영), "긍정적인 감정과 부정적인 감정, 우호적인 감정과 배타적인 감정, 방어적인 감정과 공격적인 감정들이 상호 갈등을 이루는 이원적 체계"(조창환). 그러나 이것을 다시 정리해보면, 소월의 시에서 님을 잊어야 한다는 당위와 잊을 수 없다는 현실 사이의 모순된 정서는 본질적으로 님이 부재한다는 상황으로부터 기인하는데, 이를 한의 구조라고 말할 수 있다.

빈 공간에 상응하는 것이다.

한편, 화자의 극대화된 그리움은 님을 향한 것이지만, 역설적으로 그것은 자아의 내부로부터 나오는 것이고, 자아의 심화된 존재 의식을 보여주는 것이다. 이러한 사실은 서술어의 사용을 통해서 아이러닉하게 드러나고 있다. 이 시는 화자가 청자인 님을 향해 부르는 초혼의 노래이면서도 '이름이어!' '못하였구나!' '넓구나!'와 같은 감탄형 서술어와 '부르노라'와 같은 1인칭 주체와 호응하는 단정의 서술어를 집요하게 반복하고 있다. 즉, 이 시는 님을 불러 대화를 나누기 위한 초혼의 형식을 취하고 있음에도 불구하고, 사실상으로는 님을 향한 것이 아니라 자신의 내부를 향한 독백의 서술을 보여준다는 것이다.[8] 앞에서 살펴보았던 「진달래꽃」에서 '보내드리우리다' '뿌리우리다' '가시옵소서' '아니 눈물 흘리우리다'라는 서술어도 이와 마찬가지로 표면적으로는 모두 청자인 님을 향한 발언이지만, 이면적으로는 자기 자신을 향한 다짐으로서의 독백이다. 따라서, 이 시는 단순히 님을 향한 그리움의 토로가 아니라, 죽음으로 인해서 님과 절대적으로 단절되어버렸다는 사실과 죽도록 님을 그리워하고 있는 자기 자신에 대한 발견을 보여주고 있는 것이다. 그것은 지극히 비극적인 세계 인식이 아닐 수 없다.

먼 훗날 당신이 찾으시면
그때에 내 말이 '잊었노라'

당신이 속으로 나무라면

---

8) 전통적인 문화 형식의 하나인 초혼의 관습도 죽은 사람의 혼백을 불러 사랑하는 사람들을 이승에 남겨두고 혼자 떠나가는 그를 위로하려는 것이면서도, 사실상 이면적으로는 죽은 자를 위로하기보다는 이승에 남겨진 산 자들이 자신의 슬픔을 달래기 위한 수단으로 마련한 것이라는 의미를 더 강하게 지니고 있다.

'무척 그리다가 잊었노라'

그래도 당신이 나무라면
'믿기지 않아서 잊었노라'

오늘도 어제도 아니 잊고
먼 훗날 그때에 '잊었노라'　　　　　——「먼 後日」 전문

　이 시는 「진달래꽃」과 마찬가지로 가정된 미래의 상황으로 제시된다. 여기에서도 마찬가지로 가정법적 진술은 진술의 이면에 숨겨져 있는 화자의 현재 정서를 표현하기 위한 하나의 장치로서 작용한다.
　이 시는 전체적으로 화자와 당신 사이에 오가는 대화체의 문답 형식을 띠고 있다. 각 연의 첫 행은 당신이 나에게 던지는 물음을 간접 화법으로 제시한다. 이에 반해서 각 연의 둘째 행은 당신의 물음에 대한 나의 대답을 인용 기호로 묶어 직접 화법으로 표현하고 있다. 그런데 직접 화법으로 제시된 화자의 대답은 사실상 대화체의 어법이 아니다. "'잊었노라'"에서 '-노라'라는 서술어는 1인칭 주체와 호응하는 것으로서 어떤 사실의 확인을 표현하는 단정적 진술인 것이다. 만일 이것이 미래의 어느 시간에 화자와 당신이 만나서 주고받게 될 대화의 일부를 직접 제시한 것이라면 화자의 대답은 '잊었습니다'와 같이 청자 지향적인 어조로 표현되었어야 할 것이다.
　이와 같은 대화적 상황 설정과 독백적 어조 사이의 불일치는 자신의 현재 정서를 가정법적 진술의 이면에 숨기려 하는 화자의 의지로부터 발생한다. "먼 훗날 당신이 찾으시면"이라는 가정적 진술은 그 이면에 현재 당신과 내가 헤어져 있다는 상황적 진술을 내포한다. 이때, 화자는 떠나간 님을 잊을 수 없는 자신의 현재 감

정을 "'잊었노라'"라고 하여 가정법에 의해서 완료된 행위로 표현하고 있다. 그러나 "'잊었노라'"는 사실상 '잊을 것이다'라는 의지 미래적인 표현이며, 이것은 '잊음'에 대한 자아의 의지를 표출하는 것이다. 즉, 가정법은 현재의 자신의 모습을 부정하고 싶은 화자의 심리에서 기인한다. "'잊었노라'"라는 표면적 진술은 이면에 '그리움'의 정서를 숨기고 있는 것인데, 이 그리움의 정서는 그 내면에서 '잊고 싶음'과 '잊을 수 없음'이라는 모순된 정서가 서로 대립하여 팽팽한 긴장 관계를 이루고 있기 때문이다.

한편, 고조된 정서적 긴장은 마지막 연에서 극적 전환을 일으킨다. 이 정서의 전환은 소월의 시에서 흔히 볼 수 있는 변형된 수미쌍관의 구조를 형성한다. 여기에서는 1행과 2행의 대응 구조로 나타나는 대화 형식이 하나의 독백 형식으로 바뀌고, 이 때문에 일정한 병렬 구조가 파기된다. 첫 연에서는 "'잊었노라'"라는 나의 대답과 태도에 강조점이 놓여 있었다면, 이와 달리 마지막 연에서는 "먼 훗날 그때에"라는 시간상의 한 점으로 강조점이 옮겨지고 있다. "오늘도 어제도"와 대구를 이루는 "그때에 잊었노라"는 그때에 가서야 잊겠다는 뜻이다. 이것은 역설적으로 당신이 떠나간 과거의 어느 시점으로부터 돌아오는 바로 그 순간까지는 한시도 당신을 잊을 수 없다는, 지금까지 숨겨져 있던 화자의 내적 감정을 강하게 분출시킨다.

그런데 이 잊을 수 없음의 감정을 화자는 거꾸로 '아니 잊다'라는 의지적 행위 형태로 표현하고 있다. 그러나, 사실상 현재 화자의 내면 정서는 '아니 잊음'도 '잊음'도 아닌 '못 잊음'이다. 이처럼 떠난 님을 '못 잊어' 하는 자아의 피동 행위를 '아니 잊음'이라는 의지 행위로 화자가 변형시키고 있는 것은 내면 성찰에 의해서 스스로를 주체화하려는 자기 인식의 과정을 보여주는 것이다.

서정 장르는 본질적으로 자아의 내면을 향한 독백체로서의 성격을 갖는다. 이것은 서정시가 일종의 자아 성찰의 형식이라는 것을 의미한다. 그러나 서정시 안에서 자아가 세계에 대응할 때 표출하는 반응의 양상은 다양한 편차를 가지고 있다. 일반적으로 소월의 시에 대해서는 이별의 상황을 내면적으로 극복하여 영원한 만남이 가능한 초월의 세계를 지향하는 것이라거나, 현실에서 성취할 수 없는 자아의 욕구가 허무감·체념·비애의 정조로 변용된 것이라고 설명되어왔다. 지금까지 살펴본 결과 소월의 시에서 자아는 현실에 반응하고 있는 행위의 주체로서 나타난다. 소월의 시적 자아는 님이 부재하는 현실 자체와 떠난 님을 못 잊어 그리워하고 있는 자신에 대한 객관적 인식을 자기 고백의 어조로 표출하고 있다. 소월의 시는 이별이라는 부정적인 현재 속에서 님과 함께했던 과거로 회귀하거나 님과 만나게 될 긍정적인 미래를 창조하려는 관념적인 노력을 보여주기보다는 언제나 이처럼 비극적인 현재 자체를 생생하게 드러내준다. 그러나 현재 시간 속에서 보여지는 그의 비극은 비극 자체로만 끝나지 않는다. 왜냐하면 인간에게는 이와 같은 자아 성찰과 자기 인식 자체가 삶의 유일한 현재적 의미가 될 수도 있기 때문이다.

Ⅱ. 귀향 의식과 불귀 의식의 공간 대립성

소월의 시에 있어서 또 하나의 전통적 특성으로 이야기되어온 것이 자연에 대한 의식이다. 따라서 소월 시의 전통성과 근대성에 대한 연구는 인간과 자연에 대한 개념을 올바르게 이해하는 데서부터 출발해야 할 것이다.

본래 자연은 인간에게 있어서 언제나 두려움의 대상이었다. 서양에서는 과학의 발달과 더불어 인간이 자연을 투쟁과 정복의 대상으로 인식하게 된다. 하지만 인간이 자연을 통제하고 문명의 우월성을 과시하던 시기를 지나오면서 인간은 점차 문명의 폐해를 자각하게 된다. 문명은 자연과 인간 사이의 조화로운 관계를 파괴할 뿐만 아니라, 인간의 인간다움이나 인간들 사이의 관계마저 파괴하고 왜곡하게 되었다는 것이다. 이와 같은 반문명론은 문명은 악이고 자연은 선이라는 역전된 대립 구도를 형성한다. 따라서 문명 속의 인간은 문명에 의해 파괴되지 않은 원초적 자연에 대한 향수와 자연에로의 회귀를 추구하게 되는데, 이것이 바로 서구의 낭만적 자연관이라 하겠다. 한편, 동양의 유교적 봉건 사고 체계 속에서 자연은 모든 도덕과 진리의 구현체로서 인간이 꿈꾸는 이상 세계를 상징한다. 따라서 기존의 전통 서정시에서 자연은 인간 세계로부터 벗어나 영원히 돌아가고 싶은 본질적인 세계로서 지향되고 있다. 동양에서는 자연이 곧 하늘이고, 자연과의 일체감은 바로 천인합일의 경지인 것이다. 그러나 그러한 자연 속에서의 풍류를 노래하는 소위 강호가도는 근본적으로 서구의 낭만적 자연관과 마찬가지로 현실 도피적 정서의 표현인 것이다. 물론, 현실 도피는 현실 부정의 인식에서 출발한다. 그러나 현실에 대한 부정 의식이 현실 변혁의 의지로 발전하지 못하고 자연을 하나의 도피 공간으로 선택할 때 자연은 현실과 단절된 하나의 완결되고 자족적인 독립 공간으로 존재하게 되는 것이다.

이와 같이 인간의 의식 체계 속에서, 자연은 그 자체로서 의미를 갖는 것이기보다는 반드시 인간 사회와 대응하는 존재로서만 의미를 갖는다. 즉, 자연은 현실 속에서 자아가 갖는 다양한 욕망 표출의 대상으로서 이해되어야 한다. 시대와 사회에 따라 변모하는 자연관은 자연 자체가 어떤 것인가에 의해서가 아니라 현실 지향과 자연 지향의 이중적 욕구 속에서 자아가 견인해내고 있는 정신의 방향과 긴장이 어떠한 것인가를 밝혀내는 데서 드러날 수 있다. 그러므로 시적 자아에게 있어서 현실과 자연의 상관 관계는 자아가 현실과 이상 사이에서 끝없이 방황하며 길을 찾아가는 통합의 과정에 상응하는 것이다.

소월의 시에서 자연은 일차적으로 현실과 대립하는 개념으로 작용하고 있다. 그러나 소월의 자연관은 삶의 공간을 현실에서 자연으로 옮겨가는 식의 도피적·은둔적 태도를 보여주고 있지는 않다. 구체적으로, 현실과 이상 사이에 놓여 있는 개별적 자아로서, 소월의 삶에 대한 탐색 과정은 '길' 이미지를 통해서 형상화되고 있다.

  三水甲山 내 왜 왔노 三水甲山이 어디뇨
  오고 나니 奇險타 아하 물도 많고 山 첩첩이라 아하하

  내 고향을 도로 가자 내 고향을 내 못 가네
  三水甲山 멀더라 아하 蜀道之難이 예로구나 아하하

  三水甲山이 어디뇨 내가 오고 내 못 가네
  不歸로다 내 고향 아하 새가 되면 떠가리라 아하하

  님 계신 곳 내 고향을 내 못 가네 내 못 가네
  오다가다 야속타 아하 三水甲山이 날 가두었네 아하하

  내 고향을 가고지고 오호 三水甲山 날 가두었네
  不歸로다 내 몸이야 아하 三水甲山 못 벗어난다 아하하
           ——「三水甲山」 전문

"삼수갑산 내 왜 왔노"에서 서술어 '오다'가 지시하는 공간은 삼수갑산이다. 즉 삼수갑산은 현재 화자가 위치하고 있는 공간이다. 서술어 '오다'는 '어디어디(에)로 오다'라는 통사 체계를 갖는 것으로서, 그것은 행위의 주체가 과거의 어떤 장소로부터 현재의 새로운 장소로 이동했다는 사실을 내포한다. 따라서 화자인 '나'와 관련된 공간으로는 두 개의 공간이 있게 된다. 화자는 과거의 다른 어떤 장소로부터 떠나서 현재의 삼수갑산으로 온 것이다.

한편, "삼수갑산 내 왜 왔노"에 대한 최초의 독해는 "삼수갑산이 어디뇨"와 대응하게 될 때 새로운 의미망을 산출한다. 왜냐하면 '어디뇨'라는 물음은 일차적으로는 삼수갑산이 현재의 공간이 아니라 미지의 지향 공간이라는 것을 의미하기 때문이다.[9] 삼수갑산은 현재의 화자에게 있어서는 현실 공간이지만 과거에는 지향 공간이었고 그렇기 때문에 '온' 것이다. 그러나 "왜 왔노"에는 '오다'의 행위에 대해서 화자가 후회하고 있는 자탄의 감정이 내포되어 있는데, 이것은 역설적으로 '오다'의 행위가 타의에 의해서 강제된 것이 아니라 화자가 자발적으로 원해서 이루어진 것이라는 사실을 의미한다. 소월의 시는 이처럼 자문자답의 형식을 통해서 표출되는 원망(願望)과 후회라는 두 가지의 감정을 극점으로 해서 독특한 정서적 진동을 창출하고 있다.

시가 진행되어감에 따라 독자는 삼수갑산이 지향 공간이었던 과거 속에서, 화자가 자리하고 있었던 현실 공간은 바로 '고향'이라는 사실을 알게 된다. 2련에서 '고향'은 '가자'라는 청유형과 결합하여 분명한 지향 공간으로서의 성격을 보여준다. 이처럼 삼수갑산과 고향은 본질적으로 현실 공간과 지향 공간이라는 이중적 공간성을 동시에 내포하고 있는 존재들이다. 그러나 무엇보다 주목을 요하는 것은 '오다'와 '가다'로 나타나는 화자의 의식의 대립성이다. 먼저 1련과 2련에서 상호 대응하고 있는 두 개의 공간을 문장화하여 비교해보자.

1) 내가 (거기)에서 삼수갑산으로 오다.
2) 내가 (여기)에서 고향으로 도로 가다.

---

[9] 화자는 지향 공간으로서의 삼수갑산을 찾아 들어가나, 막상 찾아낸 현실의 삼수갑산은 그가 찾아나선 이상향으로서의 삼수갑산이 아니라는 것을 깨닫는다. 그러나 삼수갑산으로 지칭되는 이상향에의 욕구는 그것이 도달되지 못한 것이기에 여전히 그의 의식을 지배한다.

현실 공간은 '여기'로, 지향 공간은 '거기'로 표현할 수 있다. 이때 고향은 과거에는 현실 공간이었던 것이 지금은 지향 공간화 되고 있다. 왜냐하면 화자는 현재 고향에서 떠나 있기 때문이다. 즉, 여기에서 중요한 것은 화자가 현재 자기 자신이 위치하고 있는 '여기'의 현실 공간은 부정적인 것으로 인식하고, 반대로 그가 부재하고 있는 '거기'의 과거 또는 미지의 공간은 긍정적인 것으로 인식하고 있다는 점이다. 다시 아래의 문장을 비교해보자.

1) 왜 왔노.
2) 도로 가자.
3) 못 가네.

화자가 '여기'에 온 것은 자의에 의해서이다. 그것은 '여기'가 과거에는 분명히 가고 싶은 지향의 공간이었음을 의미한다. 그러나 이제 '여기'는 벗어나고 싶은 부정적 공간으로 인식되고 있다. 따라서 화자는 또 다른 '거기'의 공간으로 가려고 하는 것이다. 그런데 자아가 지향하고 있는 '거기'는 알 수 없는 미지의 공간이 아니라 '고향'이라는 과거의 공간으로 나타난다. 이 고향은 단순한 과거의 공간으로서뿐만 아니라 원초적 고향으로서의 상징성을 띠는 것으로, 인간에게 내재하는 영원한 귀소 본능으로서의 귀향 의식을 자극하는 존재이다. 소월의 다른 시 「길」에서 화자는 길 위에서 방황하는 '나그네'로 나타난다. 나그네가 찾는 곳은 고향으로 가는 길이다. 그러나 "말 마소 내 집도/정주(定州) 곽산(郭山)/차(車) 가고 배 가는 곳이라오"라고 화자가 말하고 있듯이, 화자가 찾는 고향은 '정주 곽산(定州 郭山)'으로 지명되는 실재하는 내 집 혹은 내 고향이 아니라 정신적 귀향지를 의미하는 것이다.[10] 나그

---

10) "연대기적으로 볼 때, 정주 곽산과 삭주 구성은 소월에게 있어 실제적으로 고향

네로서의 방황은 시인에게 있어서 자기 구제를 위한 탐색의 과정을 보여준다. 그리고 방황 그 자체가 구제일 수 있다고 할 때, 그 탐색의 과정은 〔진정한〕 자아에게로 돌아오는 개체화의 과정이 되는 것이다.[11]

이처럼 사람은 언제나 '여기'라는 현실의 공간보다는 '저기'라는 비현실의 공간 혹은 미지의 공간을 그리워하는 본성을 가지고 있다.[12] 더구나 모든 문학 작품이 그리는 세계는 더욱 그러하리라. 그러므로 화자가 '여기'에 '온' 것을 후회하고 '거기'를 향해 '가고자' 하는 의식을 보인다고 해서, 그 자체를 소월 시만의 특이성이라고 말할 수는 없다. 삼수갑산이 현실 공간이건 지향 공간이건, 어디에서 와서 어디로 가려 하건, 「삼수갑산」에서의 화자의 의식은 차라리 '못 가다'로 집중된다.

화자는 고향에 못 가는 이유가 삼수갑산이 멀고 험하기 때문이라고 말한다. 그러나 화자는 이미 과거에 고향을 버리고 산 첩첩 물 첩첩 쌓인 삼수갑산으로 왔고, 이 삼수갑산에 올 수 있었던 것이 자신의 힘으로 가능한 것이었던 만큼 거기에서 떠나려는 의지만 있다면 화자가 삼수갑산을 벗어날 수 있다는 것은 명백한 일이다. 따라서 화자가 고향에 못 가는 이유를 삼수갑산이 멀고 험해서 벗어날 수 없기 때문이라고 말하는 것은 한낱 변명일 뿐, 그가 고향에 못 가는 이유는 사실은 삼수갑산을 벗어나려는 굳은 의지가 없기 때문이다. 작품 「길」에서의 화자도 "갈래갈래 갈린 〔많은〕

과 다름없는 곳이다. 그러므로 이 시는 실제 고향에 몸담고 있으면서도 언제나 현실에 정을 붙이지 못하고 또 다른 이상으로서의 고향을 그리워하는 소월의 고향 상실 의식을 보여주고 있다." 류철균, 「1920년대 민요조 서정시 연구」, 서울대 석사 논문, 1993.

11) 김현자, 『시와 상상력의 구조』(문학과지성사, 1982), p. 55.
12) "'여기'는 고되고 실속 없고 바람직하지 못한 부재(결핍)의 장소요, 반면에 '저기'는 바람직하고 그리운 실재(충족)의 공간으로서 동경의 대상이다." 김대행, 『한국시의 전통 연구』(개문사, 1980), p. 124.

길"이 있음에도 불구하고 "내게 바이 갈 길은 하나 없소"라고 말한다. 이때, 길이 없다는 것은 사실이 그렇다기보다는 화자 자신에게 그렇게 인식된다는 것인데, 화자는 그 이유를 "오라는 곳이 없어 나는 못 가오"라고 말한다. 그러나 여기에서도 마찬가지로 오라는 곳이 없기 때문에 '못 간다'는 화자의 말은 역설적으로 갈 곳을 정하지 못해서 망설이고 방황하는 화자의 숨겨진 정서를 드러내주는 것이다. 이처럼 '못 가다'가 환기하는 망설임 또는 방황의 정서는 화자로부터 길을 가는 실제의 행위성을 거세하는 것이며, 이는 화자를 가두는 일종의 고립과 폐쇄의 공간 이미지로 전환된다. 그리고 폐쇄의 공간 이미지가 이 시에서는 "열십자 복판에" 서 있는 화자의 모습으로 형상화되고 있다.

다시 「삼수갑산」에서 '못 가다'로 나타나는 화자의 의식은 '불귀 의식'으로 표현된다. 화자는 '여기'의 현실 공간에서 만족하거나 의미를 찾을 수 없고, 그래서 '거기'라는 새로운 공간을 꿈꾼다. 그러나 '거기'로 가지 못한다는 '불귀 의식'은 여기와 저기의 중간에 못박혀 그 어느 쪽으로도 가지 못하는 화자의 의식의 '고착성'을 보여주는 것이다.

화자의 의식의 고착성을 느낄 수 있는 표현들은 소월의 시 곳곳에서 발견할 수 있는데, 특히 「산」이라는 작품을 통해서 그것을 살펴보면 다음과 같다. 이 시의 1련에서 산새의 '가려는' 행위를 가로막고 있는 것은 '영'으로 나타난다. 이때 산새가 앉아서 울고 있는 '오리나무'라는 나무의 수직성은 '오리'라는 단어가 동음이의어에 의한 음성 상징의 효과를 발휘함으로써 '오다'라는 수평적인 거리의 개념으로 전환된다.[13] 그리고 '오다'라는 행위는 '가다'에 대립하고, 이 '오다'와 '가다'의 대립은 오히려 행위의 부재를 낳

---

13) 류철균, 앞의 글, p. 79. 이것은 구체적으로 오리나무라는 나무 이름으로서의 '오리'에서, 十里, 五里하는 거리 단위로서의 '오 리'로, 다시 오다라는 일반적 행위 형태의 다른 표현으로서의 '오리'로 의미가 전이되고 있는 것이다.

게 되는데, 이것이 곧 '영' 또는 '고개'라는 장애물로 가시화되고 있는 것이다. 또 2련에서 화자인 사나이는 길을 가고 있다. 그는 '오늘도'에서 알 수 있듯이, 매일같이 하루에 칠팔십 리를 가고, 또 육십 리를 더 '가기도' 했다. 그러나 후자의 육십 리는 '돌아서서' 가고 있는 것이다. 즉, 2행에서의 '칠팔십 리'와 3행에서의 '육십 리' 사이에 '돌아서서'가 삽입됨으로써 의미상에 있어서뿐만 아니라 시각적으로도 그의 길을 가는 행위는 언제나 제자리에서 벗어나지 못하고 있다. 한편, 다른 시 「왕십리」에서는 지명 자체의 어의적 해석을 통해서 의식의 폐쇄성과 고착성을 드러내주고 있다. 즉, '왕십리'라는 단어의 의미는 '십 리를 [더] 간다'는 뜻이다. 따라서 지명의 관념적 해석 속에서 왕십리라는 공간으로 가기 위해서는 끊임없이 십리를 [더] 가야 하는 것이다. 그리고 이러한 상황은 말 그대로 "가도 가도 왕십리"인 것이다. 마치 토끼와 거북이의 수학 이론적 경주에서처럼 이 시에서의 화자는 결코 왕십리에 도달할 수가 없다.

이와 같이 소월은 언제나 자신이 존재하고 있는 현실을 구속의 공간으로 인식하고 있다. 따라서 그는 끊임없이 새로운 자유의 공간을 꿈꾼다. 그러나 이 자유의 공간은 또한 언제나 결코 다시는 돌아갈 수 없는 곳으로 인식된다. 소월의 시가 보여주는 특이성은 바로 이 '불귀 의식'에 있다. 이 불귀 의식의 이면에는 갇혀 있다는 '몸'의 유폐성에 대한 자각이 내포되어 있다. 또한 거기에는 돌아가지 못함에 대한 안타까움과 돌아가고 싶은 간절한 마음이 전제되어 있는데, 이것을 '귀향 의식'이라고 명명할 수 있다. 이 귀향 의식과 불귀 의식과의 관계를 아래의 문장을 통해서 살펴보도록 하자.

1) 삼수갑산이 날 가두었네.

만약 고향과 삼수갑산이 지향성과 현실성으로서의 대립적 공간이라면, 표층적으로 화자가 고향으로 가고자 하지만 가지 못하는 이유는 삼수갑산이 그를 가두기 때문이다. 그러나 연이 진행됨에 따라 고향과 삼수갑산의 이와 같은 대립적 공간 개념은 점차 허물어지고, 이중적 공간성을 내포하고 있다는 점에서 삼수갑산은 원초적 의미로서의 고향과 동일한 개념이 된다. 즉, 삼수갑산은 고향이라는 이상 공간으로 가려 하는 자아를 구속하는 부정적인 현실 공간으로서의 이미지를 갖는 동시에, 다른 한편으로 그것은 원초적 고향과 같은 초현실의 공간으로서 화자가 결코 그곳에 갈 수는 없으나 그렇다고 포기할 수도 없는 욕망의 대상이 되고 있다. 그러므로 위의 문장은 심층적으로는, '여기'에서 '거기'로 돌아가고 싶은 간절한 귀향의 욕구와 결코 '거기'로 돌아가지 못할 것이라는 불귀 의식의 절망성 자체가 역설적으로 자아를 가두는 또 다른 구속물이 되고 있다는 화자의 인식을 보여주는 것이다. 이때 표층적 의미가 삼수갑산의 육체적 폐쇄성에 가깝다면, 그 심층적 의미는 삼수갑산의 정신적 폐쇄성을 보여주는 것이다. 결과적으로 '삼수갑산'은 자아에게 현실 공간과 지향 공간, 구속과 욕망, 육체성과 정신성이라는 이중의 폐쇄성을 동시에 발현하고 있는 특수한 공간으로서, 이는 곧 현실과 초현실, 현실과 이상 사이에서 고착되어 있는 화자의 이중적 자의식의 상관물인 것이다.

마지막으로 이 시에서 주목해볼 것은 '삼수갑산'이라는 공간이 갖는 특수한 의미망이다. '삼수갑산'은 한국인의 의식 속에서만 이해될 수 있는 독특한 의미 구조를 갖는다. 즉 삼수갑산은 지명을 나타내는 한국인의 전통 언어로서 특수한 문화적 코드를 갖는 것이다. 삼수갑산은 말 그대로 많은 물과 산으로 첩첩이 둘러싸여 있는, 일상적인 삶의 공간으로부터 철저하게 배제되어 있는 폐쇄되고 소외된 공간이다. 따라서 한국인 또는 시적 자아가 꿈꾸는 이 삼수갑산이라는 폐쇄 공간은 철저한 고독과 절망 속에서 꿈꾸어지는 절대 고립과 죽음의 현실 도피적 공간을 의미한다.[14] "내가 오고 내 못 가네"에서 나타나고 있듯이, 시적 자아인 '나'는 스스로 이 폐쇄 공간을 찾아서 들어가고 있는데, 거기에 도착하는 순간 그는 다시 그 폐쇄 공간을 벗어나 밖으로 나오고 싶어한다. 다시 말해서 소월은 삼수갑산이라는 자연 공간을 중심으로 해서 '폐쇄 지향'과 '공동체 지향'이라는 의식의 이중성과 갈등을 팽팽한 시적 긴장으로 형상화해내고 있다.

근대 이후의 인간에게 있어서 자연은 분명 현실과 대립적인 공간이다. 자연은 현실의 외부에 있으며 인간에게는 미지의 공간이다. 따라서 현실이 만족스럽지 못하고 자신을 억압하는 답답한 것으로 느껴질 때 인간은 그곳에서 벗어나고자 하며, 그때 자연은 새로운 가능성으로 열려 있는 곳이 된다.[15] 즉, 소월 시에서의 자연 지향은 자아와 세계의 불연속성을 드러내주고 있는 것이다. 그러나 더욱 중요한 것은 소월적 자아가 더 이상 자연에 대해서 자신을 일체화시키지 못하고 있다는 사실이다. 여기에서의 자연은 절망적 자아를 구원할 수 있는 존재로서 나타나기보다는, 현실에 대한 자아의 부정의 몸짓을 매개하는 존재로서의 의미를 갖는다.

우리는 이제 소월의 시적 자아가 현실에 안주하지도 못하고 있고, 현실로부터 벗어나지도 못하고 있고, 그렇다고 이상을 향해 나아가지도 못하고 있다는 것을 확인하게 되었다. 그것은 자아의 갈등과 분열이라는 부정성을 노출한다. 주체가 현실에 대응하는 하나의 방법으로서 문학의 의미를 찾으려 할 때, 우리는 이러한 자아의 갈등과 그로 인한 행동성의 결여를 소월 시의 한계로서 지

---

14) 김현자, 앞의 책, p. 110.
15) 그러나 소월이 설정하고 있는 본원적 고향 또는 삼수갑산이라는 공간은 원심적인 확대 공간이 아니라 구심적인 고립 공간으로 나타난다. 서양의 이상향이 대체로 미지의 공간 혹은 새로운 세계로의 모험과 탐색임에 비해서 동양의 이상향은 이처럼 늘 돌아가야 할 곳으로 나타난다.

적할 수 있다. 소월은 나와 너, 현실과 이상 사이의 부조화를 인식하고, 차라리 양자의 단절을 통해서 그와 같은 현실로부터 자유롭고자 하는 의지를 보인다. 그러나 아이러닉하게도 그러한 노력과 노력의 좌절을 통해서 그는 자신이 결코 현실로부터 자유로울 수 없음을 역설하고 있다. 그것은 곧 존재의 비극성을 표출한다. 이 비극적 자아가 바로 한국적 근대인의 한 모습이라고 할 수 있을 것이다.[16] 그리고 우리는 그가 결코 현실에 매몰되거나 현실에서 도피할 수 없을 것이라는 사실로부터, 우리의 문학사 속에서 소월적 자아가 갖는 현실 대응의 의미와 그 리얼리티의 가능성을 점검해볼 수 있다.[17] 현실에 안주하지 못하고 끝없이 갈등하는 마음은 현실 속에 매몰되어버리지 못하는 정신을 의미하며, 그것은 결국 자신의 존재 상황에 대한 정확한 인식을 가능케 하는 일로서, 그 자아 성찰의 행위 자체가 이미 자아의 구원을 의미하는 것일 수 있기 때문이다.

Ⅲ. 음악성의 수용과 고립의 형식적 극복

서정시는 일반적으로 어느 특정한 순간에 개별 자아에게 체험된 정서를 형상화하는 지극히 주관적인 쟝르로서 정의된다. 그러나 이러한 정의가 단선적으로 서정성이 곧 주관성이라는 것을 의미하

---

16) 시간 개념에 있어서도, 낭만적 시간관이 인간 역사의 유한하고 직선적인 시간성을 배제하고 자연의 순환적이고 영원한 시간성을 추구하는 것이라면, 소월의 시에서는 자연의 순환성에 대한 인지를 통해서 인간의 유한성을 더욱 비극적으로 대립, 부각시키고 있다. 이와 같은 사실은 「가는 길」「산유화」「금잔디」등의 시를 통해서 확인해볼 수 있다. 여기에서 소월의 근대적 시간 의식을 엿볼 수 있다.
17) 소월의 시는 후기 상징주의와 서구적 세기말 사조의 영향을 받아 형성된 퇴폐적 낭만주의와는 근본적으로 다르다. 후자가 구체적인 대상에 대한 인식 없이 낭만적 비현실의 세계를 동경하는 시인의 자의식만을 나타내고 있다면, 전자가 보여주고 있는 현실과 탈현실, 현실적 구속과 낭만적 해방 사이에서의 갈등은 현실적 지표 위에 놓여 있는 것이다.

는 것은 아니다. 소월의 서정시가 다른 시인이나 비평가 또는 일반 독자를 포괄하는 모든 계층의 사람들에게서 폭넓게 읽히고 또 시대를 넘어서도 지속적으로 그 생명력을 이어오고 있는 것은, 개인의 주관 정서가 민중의 보편 정서로까지 확산되어 대중적 공감력을 확보해내고 있기 때문이다. 바로 여기에 소월 시의 개성이 있다고 할 수 있다. 따라서 소월의 시를 연구하는 데 있어서 무엇보다 중요한 것은 바로 이 대중적 호소력이 어디에서 나오는가를 밝혀내는 작업일 것이다.

소월의 시가 담고 있는 산문적인 내용은 참으로 단순하다. 소월의 시는 대체로 몇 개의 연으로 구분되어 있지만 각각의 연들을 통해서 의미의 층위가 서술적 전개를 보이는 것이 아니라, 동일한 내용을 병렬적으로 반복하고 있다. 그러나 시쟝르의 본질적인 속성이 그러하듯이, 서술된 내용이 단순하다고 해서 그것이 시적 형상화가 뒤떨어진다거나 정서의 폭이 작다는 것을 의미하지는 않는다. 오히려 소월의 시는 민요에서와 같이 단순하고 소박한 내용과 그것의 반복을 통해서 깊어지는 미묘한 정서적 울림에서 그 진정한 맛을 느낄 수 있는 것이라 하겠다. 즉, 대응과 반복을 통한 병렬 구조는 단순한 평면적 겹침이 아니라, 정서의 점층적 고조를 위한 것이다. 그것은 구체적으로는 행과 연이 진행되어감에 따라 동일한 내용이 서로 겹쳐지면서 이면적으로 점진적인 의미의 차별성을 생산하게 되고, 또 그 이면적 의미가 독특한 정서적 변화를 불러일으키게 되는 과정을 보여준다.

이러한 양상을 앞장에서 다루었던 시「삼수갑산」을 통해서 좀더 구체적으로 살펴보자. 삼수갑산과 고향 공간의 대립은 현실에 갇힌 자아와 그 현실에서 탈출하려는 자아 사이의 갈등에 상응하는 것이다. 자아는 본질적으로 이중의 존재성을 갖는다. 세속의 삶은 끊임없이 자아를 현실에 묶어놓는다. 그러나 자아의 내면에는 또 한 끝없는 탈현실의 욕구, 변화하려는 욕구가 꿈틀대고 있다. 그

두 개의 자아는 어느 것이 다른 것에 결코 우선하지 않는다. 시적 자아는 갈등하는 두 자아의 객관 상관물인 삼수갑산과 고향에 대한 진술을 두 행으로 구성된 시의 각 연에서 1행과 2행으로 나란히 병치시키고 있다. 그런데 고향과 삼수갑산의 공간 대립은 병렬된 5개의 연 중에서 1련과 3련에서는 삼수갑산에 대한 언술이 선행하고 고향에 대한 언술이 후행하는 반면에, 2련과 4련에서는 고향에 대한 언술이 선행하고 삼수갑산에 대한 언술이 후행함으로써 1, 3련과 2, 4련이 각각 상호 대칭 관계를 이루고 있다. 따라서 두 공간은 각 연의 1행과 2행으로 대립하는 동시에 1련 대 2련, 3련 대 4련으로 또다시 상호 대립을 이루면서 마지막 5련을 향해 그 이중 자아의 대립적 긴장을 고조시켜나가고 있다. 이로써 고향으로 돌아가고 싶어하는 동시에 삼수갑산으로 도피하려는 자아의 이중적 모습이 연이 진행되어나감에 따라 더욱 첨예하게 부각된다. 이것을 도표로 나타내보면 다음과 같다.

	1련	2련	3련	4련	5련
1행	삼수갑산	고향	삼수갑산	고향	고향, 삼수갑산
2행	삼수갑산	삼수갑산	고향	삼수갑산	삼수갑산

「진달래꽃」에서는 1련의 '보내드리우리다'라는 진술이 2·3·4련에서 '뿌리우리다' '가시옵소서' '아니 눈물 흘리우리다'와 같은 반복 표현의 이형태들을 취하고 있다. 그리고 「초혼」에서는 님과 단절된 상황이 각 연을 통해서 반복해서 표현되고 있다. 또한 「먼 후일」에서는 화자의 정서가 '잊었노라―무척 그리다가 잊었노라―믿기지 않아서 잊었노라'처럼 병렬 구조의 반복을 통해서 점진적으로 고조되고 있다. 이처럼 소월은 서정시의 본질적 구조 원리인 병렬과 순환의 형식을 충실하게 살려내고 있으면서도, 동일한 내용과 형태의 변화 있는 반복 또는 대칭을 통해서 단조로움

에서 벗어나고 있다.

한편 소월의 시에서 수미쌍관의 대응 구조, 동일 어구나 음운의 반복, 대화 형식과 후렴의 사용 등 병렬과 반복에 의해 생산되는 일정한 구조의 단순성과 리듬감은 시에 균형미와 더불어 음악성을 부여하여 서정시의 노래적인 성격을 회복시켜준다. 그러나 이것은 서구 자유시의 영향을 무비판적으로 수용하는 상태였던 그 시대에, 소월의 시가 2음보 또는 3음보의 전통적 민요의 율격을 얼마나 잘 변용시켜 살려내고 있는가라는 선학들의 설명을 반복하려는 것이 아니다. 보다 중요한 것은 그렇게 변용된 전통 율격이 새로운 시의 내용과 결합하여 소월 시의 근대적인 면모에 어떠한 긍정적 기능을 발휘할 수 있는가를 평가하는 작업이기 때문이다.

서정시의 정서적 동화력은 특히 노래적인 성격에서 상당한 영향을 받는 것이다. 그것은 낭송적인 즐거움을 주는 동시에 시가 쉽게 읽히도록 하고 오래 기억될 수 있게 해준다.[18] 그리고 동일한 소리와 내용의 지속적 반복에서 오는 리듬감은 모든 이질적인 것을 동질화시킴으로써 갈등의 상황을 무화시키는 주술적 효과를 발휘하기도 한다. 예를 들어, 「산」이라는 시에서 화자는 삼수갑산에 다시 돌아갈 수 없는 안타까움을 '불귀'라는 단어의 반복을 통해서 고조시키고 있다. 이때, "불귀, 불귀, 다시 불귀/삼수갑산에 다시 불귀"에서 '불귀'라는 말이 네 번 반복된다. 이처럼 같은 음성의 반복은 일정한 리듬을 낳고, 그 리듬은 주술성을 띠게 되는데, 이 시에서 그것은 가고 싶다는 욕구와 가지 못하는 안타까움을 위로하고 치유하는 기능으로 작용한다. 즉, 반복의 주술성이라는 자기 위안의 형식이 비극적 세계상에 완충 작용을 하고 있다. 이와 같이 서정시는 반복에서 오는 자기 위안의 형식이라는 특성을 갖

---

[18] 서정시가 본래 갖고 있는 노래와의 결합력, 우리말이 갖고 있는 강한 운율 지향성, 그리고 우리 시가의 오랜 노래적 전통이 소월의 시에서 근대적인 인식과 함께 행복한 결합을 이루고 있다.

기도 한다.
 일반적으로 본격적인 한국 근대시를 가름하는 두 개의 잣대로서 개성과 자아 탐구에 의한 시 자체의 독자적인 미의 확보와 형태에 있어서 정형성과 자수율의 지양을 들고 있다. 이때 후자의 측면은 보다 구체적으로 기존의 정형적 외형률에서 벗어나 자율적 개성에 의해서 발현되는 내재율로 이행해간다는 점에서 근대성이 찾아지고 있다. 전통 쟝르의 시가들이 모두 '노래'로 지칭되어왔다는 점에서 알 수 있듯이 그것이 시와 노래가 결합되어 있는 형태였다면, 근대 이후의 시쟝르에서는 노래가 시적 구조 안에서의 리듬 의식으로 변형된다는 것이다. 다시 말해서 근대 자유시는 운율의 부재를 의미하는 것이 아니라, 시인이 각각의 시편에서 이미 외적으로 규정된 율격 형식을 따르는 것이 아닌 개성적인 내용과 결합하는 그 나름의 운율을 획득하는 것을 의미한다. 그러나 한국 근대시의 초기 담당층들은 정형률의 극복을 운율의 포기로 받아들임으로써 시의 산문화 경향을 낳게 되었다. 이와 같은 사실은 그들에게서 자유율과 산문시의 개념이 같은 뜻으로 받아들여지는 혼동 양상을 발견할 수 있다는 점에서 알 수 있는데, 그것은 산문시의 개념이 단순히 정형시에 대립하는 개념으로 쓰여지고 있음을 의미하기 때문이다.[19] 이것은 그들이 운율의 배제를 근대시의 한 특성으로 인식하고 있다는 것을 의미한다. 이로 인해 한국 근대시사에서는 내재율이 시적 구조 안에서 의미에 작용하는 효과에 대한 연구, 즉 운율에 대한 본격적인 논의가 거의 부재하는 현상이 초래되었다.
 한편, 지금까지 우리 시사에서 전통적 의미의 서정시가 갖는 특성을 논할 때, 일반적으로는 단지 길이가 짧고, 이미지나 상징을 통해서 정서를 압축적으로 표현하는 형식이라고 이해하는 경향을

---
19) 정한모, 『한국 현대 시문학사』(일지사, 1974), pp. 257~58.

보여왔다. 근대 문화에서는 시각적인 요소가 특히 중요한 몫을 한다. 이에 따라 시에서도 청각적 요소가 점차 배제되어가고 반대로 시각적 요소가 강조되어왔던 것이다. 그러나 음악성이 이질적인 것을 서로 동질화하는 통합의 의식 체계를 갖는 것이라면, 시각적 요소는 유사성 속에서 차이를 인식해내는 분리적 의식 체계를 지향한다. 근대 이후로 현대시는 점점 난해해지고 낭송보다는 눈으로 읽어야 하는 시로 고정화되어감에 따라, 일반 대중의 일상적 삶과 함께 호흡하는 대상으로부터 멀어져 특별한 독서 행위의 하나로 그 존재 영역이 축소되어왔다. 이와 같이 시와 노래가 극단적으로 분리되는 현대시의 경향은 독자 대중을 시로부터 소외시키고, 창작 담당층을 특수 계층화하는 단절성을 초래했다. 그리고 결국은 사회에 있어서 문학의 영향력과 존재 의미에 대한 근본적인 회의를 낳기에까지 이르렀다. 주체의 진정한 자유와 해방이 개인적 차원에서 가능한 것이 아니라, 자아가 개인과 국가간의 상보성에 대한 인식을 갖고 더 큰 세계에 대응해갈 때 가능한 것임과 마찬가지로, 서정시의 형식은 개인의 정서가 주관성에 함몰되는 것이 아니라, 대중의 보편 정서와 결합을 이루도록 하는 적극적 동인으로 작용할 때 바람직한 근대성의 의미를 획득할 수 있다.

소월 시에서 병렬법에 의한 구조의 단순성과 음악성의 회복은 그의 시가 민족의 보편 정서를 담아내고 정서적 공감대를 형성하여 광범위한 향유층을 획득하게 되는 데 긍정적 계기로서 작용하고 있다.[20] 어떤 형태로든 노래 속에서의 반복 현상은 그것을 즐기는 향유층을 결속시키고 공감대를 넓혀갈 수 있는 강점을 갖기 때

---

[20] 소월과 같은 시대에 활동했던 민요 시인들은 당시의 서구 편향적 성격에 문제 의식을 느끼고 그것을 극복하기 위해서 새로운 정형률과 한국적 정형시형을 확립하고자 했다. 그러나 이들의 사고 방식에 대해서 일종의 현실 도피, 혹은 현실로부터의 퇴행이라고 비판할 수 있는 것(오세영)과는 달리, 소월 시의 운율은 전통에 대해서도 창조적인 의미를 갖는 것이다.

문이다.[21] 따라서 내용과 형식이 간결하면서도 정서적 울림이 큰 소월 시의 형상화 방식은 이러한 현대시가 앞으로 나아갈 방향에 하나의 좋은 시사점을 제공해줄 수 있을 것이다.

다른 한편, 소월의 시는 당대의 일반 대중들에게 익숙한 기존의 문화 코드를 적극적으로 수용하고 있다. 「초혼」에서는 생존자가 망자를 위로하는 진혼 의식이라는 풍속상의 한 제도로서의 제의 형태를 빌리고 있다. 또, 「접동새」에서처럼 전설이나 설화를 차용하기도 한다. 그러나 특히 그의 시에는 영변, 삭주 구성, 정주 곽산, 삼수갑산, 왕십리 등 고유 지명들이 많이 등장한다. 그리고 이 구체적인 지명들의 사용은 고향에 대한 한국인 공통의 정서를 자극한다. 즉, 그것은 소월만의 주관적 감정을 자연스럽게 한국인의 보편 정서로 연결해주는 기능을 발휘하는 것이다. 소월의 시는 이처럼 일상적인 것, 낯익은 것, 전통적인 것들을 시어로 사용함으로써 지식인적 정서로 한정되어진 근대 초기의 문학적 속성에 기층민의 살아 있는 생명력과 발랄한 정서를 담아내어 새로운 활기를 회복하는 동시에 대중적 친밀성을 쉽게 획득하고 있다.

그러나 소월은 그러한 것들을 기존의 의미 그대로 재사용하고 있는 것이 아니다. 그는 시적 구조 속에서 그것들을 당대의 인식에 맞게 개성적으로 새롭게 해석함으로써 나름의 독특한 시적 의미를 형성해내고 있다. 이처럼 기존의 문화 코드를 재해석하는 시인의 태도는 자아와 세계에 대한 성찰과 반성을 통해서 새로운 세계 인식의 차원에 도달하게 되는 근대적 인식의 과정과 다르지 않다. 그리고 이 점에서 요즘 민요시에 대한 영향의 측면으로 많이 거론되고 있는 잡가와 소월 시와의 차별성을 분명하게 밝힐 수 있다.[22]

---

21) 이경희는 운문의 구성 원리가 회기적 반복성에 있고, 이것이 바로 병렬법의 본질이라고 말한다. 이경희, 「김소월 시의 음 상징 연구」, 『구조와 분석 I』(창, 1993).
22) 잡가는 노래적인 성격이 강하고, 그 시대의 보편적 문화 코드를 수용한다는 점

이제, 그의 시는 지금까지의 연구와 같이 단순히 과거 답습으로 서의 전통적인 요소를 갖추고 있는 시로서가 아니라, 한국인의 근대적 자아의 모습을 반영하고 있는 개성적인 시로서 시각을 달리하여 새롭게 연구될 필요가 있다. 소월의 시가 성취하고 있는 시적 언어의 특성과 서정성이 갖는 문학적 효과와 영향력에 대한 보다 섬세한 연구는 서정시로서의 리얼리즘적 가능성을 모색하고 있는 금일의 민족문학계에서 재검토해볼 만한 충분한 시사적 의의를 지니고 있다.[23] 문학을 자율적이고 폐쇄적인 공간이 아니라 정치·사회·역사와 상관 관계를 이루는 실천적 현실 개념으로 이해할 때, '대중화'의 문제는 언제나 문학의 과제로 떠오른다. 일반적으로 대중과 시인 사이에는 인식과 정서에 있어서 일정한 간극이 존재하고, 문학의 대중화 문제가 바로 이 간극을 좁혀보려는 노력이라고 할 때, 그것은 타협을 통해 저속한 것으로서의 대중 문학에

에서 소월의 시와 매우 유사하다고 할 수 있다. 그러나 인식의 측면에서 살펴볼 때, 잡가는 자아와 세계에 대한 반성적 성찰이라는 근대적 인식의 면모를 결여하고 있다. 따라서 잡가는 또 하나의 새로운 쟝르로서 동시대적 의의와 기능을 발현하기보다는 유흥적인 측면으로 흘러 저급한 대중성에 쉽게 영합해 들어가게 되는 것이다.

한편, 잡가의 대중 영합성은 그 작자의 익명성과도 관계가 있을 수 있다. 근대 자유시가 보유하고 있는 명백한 작자성과는 달리, 익명성은 개성·자아·주체성의 확립 등과 대립하는 개념이기 때문이다. 그러나 여기에서의 익명성은 최근 해체주의에서 언급되는 익명성의 개념과는 분명히 구분되어야 한다. 복제화·대량 생산화가 가능한 생산 구조로 인해 초래된 해체주의에서의 익명성이 중심과 주체가 파괴 또는 상실되는 상황을 의미하는 것이라면, 잡가에서와 같은 익명성은 아직 중심 또는 주체에 대한 인식이 성립되지 못한 근대 이전의 단계를 의미한다.

23) 과거로부터 현재에 이르기까지 민족문학계에서 리얼리즘 시와 시론에 대한 논의가 진행되어온 과정을 살펴볼 때, 바로 얼마 전까지만 해도 대체로 시의 서사화 경향 속에서 그 가능성을 탐색해왔다. 이제 서정시에서도 리얼리즘 시의 가능성을 긍정하는 목소리가 등장하기는 하였으나, 그 구체적인 내용과 형식의 제시나 모색 단계에까지는 아직 나아가지 못하고 있는 실정이다.

접근해가려는 것, 또는 대중을 시인이 의도하는 방향으로 유도하려는 것이 아니라, 형식적 모색을 통해서 정서의 대중적인 공감력 확보를 지향한다는 또 다른 차원의 의미로 해석될 수 있다. 이때 소월의 시세계는 가장 본질적인 서정 세계의 구현을 통해서 지금까지 초기 근대 문학의 성격을 형성해왔던 대중적 감성과 지식인 문학간의 괴리를 긍정적으로 극복한 실례로서 평가될 수 있다.

3. 남는 문제

한국 문학에서 근대성에 대한 연구는 역사의 특정 단계에 직면하여, 우리 문학이 대처해나간 의식의 과정에 대한 탐색을 통해서 올바로 규명될 수 있다. 이때 당면하는 현실이란 언제나 기존의 것과 새로운 것이 상호 조응하는 장소이며, 바로 이 점에서 능동적 현실 대응이라는 문제에 전통의 개념이 결합하게 되는 것이다. 즉, 전통과 근대성의 개념은 서로 맞물려 있는 문제이며, 그것은 주체의 개입을 적극적으로 요구한다. 그리고 일제 강점하라는 한국적 현실 속에서 근대적 '주체'의 개념은 개인과 국가가 하나의 공동 운명체라는 자각을 갖고, 한국이라는 국가 자체를 폭력적 외부 세계에 대응하는 또 하나의 주체 개념으로 인식함으로써, 개성적 자아와 봉건적 층의 개념 사이의 대립을 긍정적으로 해소하는 데서 찾을 수 있다.

본 글은 이처럼 전통과 근대성의 개념에 대한 새로운 정의를 모색하고, 이에 따라 소월과 만해 시의 전통적인 면모가 근대적인 면모와 상충하는 것이 아니라, 어떻게 바람직한 모습으로 상호 부합하고 있는가를 밝혀보려 했다.

지금까지 살펴본 바와 같이, 소월의 시가 보여주고 있는 의식 세계는 일제 강점이라는 당대의 사회 속에서 우리 근대시사의 담당층인 지식인들이 가졌던 정신사적 구조를 대변해주고 있는 것이다. 시적 자아가 대상을 인식하는 태도에 있어서, 자아와 세계, 현실과 이상이 서로 단절되어 있다는 현실 인식과 그것을 인정할 수 없는 자아의 정서적 반응은 소월의 시를 구성하는 두 개의 축이다.

먼저, 님과의 이별은 자아와 세계의 불연속성을 드러내고 있다. 그러나 자아는 단지 님을 향해 그리움을 토로하고 있는 존재가 아니다. 자아는 1인칭 독백의 형식을 통해서 님이 부재하는 현실 자체와 떠난 님을 여전히 그리워하고 있는 자기 자신을 객관적으로 인식하게 되는 내면 성찰의 과정을 보여준다. 그리고 현실과 대립하는 공간으로서의 자연 지향은 현실과 이상 사이의 부조화를 의미한다. 소월은 '삼수갑산'이라는 자연 공간을 중심으로 해서 폐쇄 지향과 공동체 지향이라는 자아의 이중적 의식을 보여주고 있다.

소월의 시에서 나타나는 이와 같은 자아와 세계, 현실과 이상간의 단절 의식은 현실에 대한 부정이나 현실의 부재를 의미하는 것이 아니라, 부정적인 현실을 직시하고 있는 의식 자체를 보여주고 있다는 점에서 의미를 갖는다. 사실 소월 시의 한계는 양자 사이에 단절되어 있는 거리를 회복하는 것 자체가 불가능한 일이라고 인식했다는 점에 있다. 그러나 소월의 시적 자아가 미래에 대한 전망 또는 희망을 찾을 수 없었다는 사실은 식민지 현실 속에서는 오히려 당연한 것일 수 있다. 그리고 상실된 세계에 대한 이와 같은 소월적 대응 방식이 인간적으로는 더욱 깊고 진솔한 공감을 주는 것이기도 하다.

한편, 소월은 음악성의 회복이라는 시의 형식적 측면에 대한 고민을 통해서 새로운 극복의 방향을 모색한다. 그리고 도외시된 음악성과 기존의 문화 코드에 대한 소월 시의 주체적 수용은 서정시의 주관 정서가 개별적 차원에 머물지 않고, 민중의 보편 정서에까지 확대되어 대중적 공감력을 획득해낼 수 있도록 하는 커다란 동인으로 작용한다. 이것은 인식과 행위 사이에서 분열하고 갈등하던 소월적 주체가 시를 쓰는 행위와 시작품이라는 매개를 통해서 대중과의 거리를 좁혀냄으로써 어느 정도 인식과 행위의 일치와 완전한 주체성에 접근하고 있음을 의미한다.

　이처럼 의식의 한계를 시적 형식을 통해서 극복하고 있는 것이 소월적 주체의 특수성이라고 할 때, 그것은 만해와 그 이후의 많은 시인들을 거쳐서 점차 극복을 이룬다. 그리고 또다시 변모한 시대와 현실 속에서, 우리의 과거와 미래를 동시에 견인해내면서 더 나은 현재를 만들어나갈 바람직한 한국적 주체는 우리가 이루어내야 할 과제로서 바로 우리 앞에 남겨진 문제인 것이다.

제Ⅳ부 비평론

춘원 이광수 문학의 근대성 연구

김 영 민

1. 머리말

이 글은 한국 근대 문학 출발기의 대표적 작가 가운데 한 사람인 춘원 이광수의 문학이 지니는 근대적 성격에 관한 연구이다.

지금까지 이광수에 대한 연구는 수없이 많이 이루어져왔으며, 관계 연구 자료 목록만도 400여 편에 이른다.[1] 하지만 기존의 이광수 연구사가 이렇게 양적으로 풍부함에도 불구하고, 그 연구들 가운데 상당수는 일정한 범주 안에서 작가론과 작품론을 반복하고 있기 때문에, 그의 문학사적 의의를 규명하기 위해 거쳐야 할 몇 가지 사안들에 대해서는 아직도 연구가 이루어지지 않은 상태이다. 이 글이 다루고자 하는 이광수 문학의 근대적 성격에 관한 논의 역시 연구가 별반 이루어지지 않은 분야 가운데 하나이다.

이광수 문학이 지닌 근대적 성격을 논의하기 위해서는 먼저 근대성이란 무엇인가 하는 논의가 진전되어야만 한다. 그러나, 분명

---

1) 김영민, 「남·북한에서의 이광수 문학 연구사 정리와 검토」, 『동방학지』 제83집, pp. 157~92 참조. 이 논문 뒤에 이광수 관계 연구 자료 목록이 첨부되어 있다.

한 것은 그러한 근대성에 대한 원론적 논의에 지나치게 집착하다 보면 정작 이광수를 비롯한 우리 근대 문학사 속의 주요 작가들이 보여주는 문학적 근대성이란 무엇인가 하는 본질적 논의에는 들어가지도 못한 채 변죽만을 울리다 글을 맺기 십상이다. 따라서 이 글은 원래의 연구 의도를 살리기 위해 근대성의 개념에 대해서는 여러 연구자들이 대체로 합의하고 있는 지극히 보편적인 의미를 받아들이는 선에서 출발한다.[2]

본 연구는 우리 문학사의 근대성이란 무엇인가 하는 문제를 기존 문학사가들의 연구 업적 속에서 추출하는 일에서부터 시작하려 한다. 기존의 문학사에는 우리 문학사의 근대성이라는 요소를 의식적으로 언급한 경우도 있고 그렇지 않은 경우도 있으나, 어떤 경우건 서술된 내용 검토를 통해 그들이 무엇을 근대성으로 생각하고 있었는가 하는 사실의 추출은 가능하다.

그렇게 한 후, 이광수의 문학에서 발견되는 특징적 요소 가운데 우리 문학사의 근대성 구현이라고 볼 수 있는 요소들이 어떠한 것

---

2) 보편적 의미의 근대란 봉건 체제의 붕괴와 자본주의의 발달 및 민족 국가의 성립 그리고 이성적 계몽에 의한 합리적 세계 인식 등이 주된 요소를 이룬다. 이는 무조건적 권위에 대한 부정이나 경직된 형식성에 대한 부정, 현세적 인간주의, 과학적 합리주의, 인간의 자율성과 인격의 존중 등의 요소로 부연 설명되기도 한다. The Encyclopedia of Philosophy(New York: The Macmillan Company & The Free Press, 1978) 참조.
서양의 경우 이러한 요소를 반영하는 근대의 기점은 각 나라마다 상이한 차이를 드러낸다. 우리나라의 경우를 보더라도 18세기 영정조 기점론 및 1860년대 동학의 발생, 1862년 임술민란, 1864년 대원군의 집정과 1866년 병인양요 발발, 1876년의 개항, 1884년 갑신정변, 1894년 동학 혁명과 갑오경장 등 다양한 논의가 존재한다. 우리 역사에서 근대를 논의하는 데 중요한 참고가 되는 요소는 봉건 체제의 붕괴와 자본주의의 생성 과정이다(김경태, 「역사적 측면에서 본 근대화」, 『한국민족문화대백과사전』 제4권(정신문화연구원, 1988), pp. 79~83 참조). 하지만 근대에 관한 이러한 철학적·역사적 논의들이 문학 논의에 그대로 적용되는 것은 아니다. 단지 필요한 참고 사항일 뿐이다. 문학적 근대성을 논의하기 위해서는 문학 내적 논리에 의한 근대성에 관한 정의가 따로 필요하다.

인가를 판단하는 방식으로 논의를 진전시켜나갈 것이다. 그러한 과정을 통해 한국 문학사 속의 근대성이 이광수라는 문학가를 통해 실제로 어떻게 구현되었나를 확인할 수 있게 될 것이다.

논의에 앞서 밝혀둘 것은 이 글에서 한국 문학사의 근대성론을 다루고 이광수 문학의 특질을 언급할 경우라도, 그것이 한국 문학사의 근대적 기점이 어디인가 혹은 이광수 문학을 근대 문학의 출발로 볼 것인가 아닌가 하는 논쟁적 관점에서 출발하는 것이 아니라는 점이다. 그러한 논의는 이 논문의 의도와는 전혀 별개의 분야에 속한다. 이 글의 분명한 목표는 근대 문학사의 기점을 찾자는 논의가 아니라, 한국 문학의 근대성이 이광수를 통해 어떻게 구현되었는가를 확인하는 것이다. 이 목표를 이루기 위해서 문학사 연구 과정에서 도출된 근대성의 개념을 확립하고, 그것이 이광수 문학을 통해 구현되는 양상을 구체적으로 점검해나가려 한다. 아울러 연구의 효율성을 기하기 위해, 그의 문학 작품 자체에 대한 분석보다는 주로 그의 근대적 문학관을 드러내는 작품과 문학 비평이나 기타 논설을 통해 이광수의 근대 의식을 추출하고 그것을 작품과 연관짓는 방식으로 논의를 진행시켜나갈 것이다.

2. 문학사의 근대성 논의: 한국 문학의 근대성이란 무엇인가?

일제하의 대표적인 문학사가(文學史家) 임화는 한국 문학의 근대성에 대해 매우 깊은 관심을 지니고 있었다. 따라서 그는 자신의 글 여러 곳에서 조선의 근대 문학에 관한 논의를 진지하게 펼친다. 그런 점에서 임화는 한국 문학사의 근대성을 논하는 자리에서 빼놓을 수 없는 중요한 이론가이다.

임화는 신문학과 근대 문학을 거의 동일한 개념으로 사용한다. 따라서 그의 저술 '신문학사'는 곧 '근대 문학사'로도 읽힐 수 있다.
 그는 우리 문학의 근대성을 무엇으로 보았을까? 1939년에 발표한 「개설 신문학사」 서론에서 임화는 근대 문학을 다음과 같이 정의한 바 있다.

> 근대 문학이란 단순히 근대에 씌어진 문학을 가리킴이 아니라 근대적 정신과 근대적 형식을 갖춘 질적으로 새로운 문학이다.
> 시조, 가사, 운문 소설, 한시 기타는 현대에 이르도록 전통적 문학으로 생존해 있으나 결코 근대 문학은 아니다. 그것들은 오직 현대에서 볼 수 있는 구시대 문학의 약간의 유제(遺制)에 불과하다.
> 시민 정신을 내용으로 하고 자유로운 산문을 형식으로 한 문학, 그리고 현재 서구 사회에서 보는 바와 같은 유형적으로 분백(分白)된 쟝르 가운데 정착된 문학만이 근대의 문학이다.[3]

 임화의 근대 문학에 대한 이러한 이해는, 동양의 근대 문학사를 서구 문학의 수입과 이식의 역사라고 규정하는 일에 바탕이 된다.
 그가 우리의 근대 문학을 정의하면서 주목한 또 다른 사실은 이른바 '언어적 해방'이라는 것이다. 이는 구체적으로 한문으로부터의 벗어남을 의미하며, 낡은 자국어로부터 새로운 자국어로 가는 과정이기도 하다. 우리 신문학은 여기에서 언어·형식·내용 전부가 재래의 문학으로부터 새로운 비약이라는 의미를 지니게 된다는 것이다.
 조선의 근대 문학에 대한 정의는 1940년에 발표된 「조선 문학 연구의 일 과제: 신문학사의 방법론」에서 다시 한번 논의된다. 그는 여기서 "신문학사의 대상은 물론 조선의 근대 문학이다. 무엇이 조선의 근대 문학이냐 하면 물론 근대 정신을 내용으로 하고

---

3) 임화, 「개설 신문학사」, 임규찬·한진일 편, 『신문학사』(한길사, 1993), p. 18.

서구 문학의 쟝르를 형식으로 한 조선어 문학이다"[4]라는 말로 앞 글에서 언급한 내용을 다시 확인한다. 그런데 이 글에서 임화는 조선 신문학사의 출발에 대해 서구 문학의 일본 이식과, 다시 일본 문학의 조선 이식이라는 과정을 설정한다. 앞의 글이 우리 문학의 서구 이식성이라는 특징을 강조했다면, 이 글은 거기에 우리 문학론의 일본 이식성이라는 특징을 추가하고 있는 것이다.

이 글에서 임화는 근대 문학의 새로운 언어와 문장이라는 문제 역시 일본 문장의 이식이라는 틀로 해석한다. 즉 그는 "이뿐 아니라 신문학의 생성기에서 가장 중요한 문제였던 언문 일치의 문장 창조에 있어 조선 문학은 메이지 문학의 문장을 이식해왔다. 이 신문장의 생성과 발전에 있어 일본 문장의 영향은 조선에 있어 국어 교육의 발전과 더불어 심대한 주의를 가진 것으로 특별한 주의를 요한다"[5]라고 설명한다.[6]

결국 임화가 보는 조선의 근대 문학이란 서구의 시민 정신을 바탕으로 한 자유로운 산문 문학이며, 서구 문학 쟝르를 형식으로 한 문학이고, 우리 시대의 언어인 한글을 사용하면서 언문 일치가 이루어진 문장으로 씌어진 문학이라는 말로 정리될 수 있다.

해방 이후 발간된 최초의 문학사인 백철의 『신문학사조사』에서도 신문학은 근대 문학과 유사한 개념으로 사용된다. 백철은 이 책의 서문에서, 근대적인 사조가 조선에 들어온 이후의 문학을

---

4) 임화, 「조선 문학 연구의 일 과제: 신문학사의 방법론」, 임규찬·한진일 편, 『신문학사』(한길사, 1993), p. 373.
5) 위의 글, p. 379.
6) 임화의 이 글들은, 앞의 글이 조선의 근대 문학을 논의하면서 폭넓게 서구 문학 이식론을 거론했다면, 뒤의 글은 그것을 다시 일본 문학 이식론으로 설정했고, 이론의 증명을 위해 매우 구체적인 예들을 들고 있다는 특색을 지닌다. 두 글의 집필 시기가 1939년과 1940년으로서 큰 차이가 없음에도 불구하고 그 사이 서구와 일본 그리고 조선의 관계에 대한 임화의 집필 태도 변화가 발견된다는 점에서 주목할 필요가 있다.

신사조(新思潮)의 문학 혹은 신문학(新文學)이라는 이름으로 통칭한다고 밝힌 바 있다. 따라서 신문학사조사란 근대 사조가 들어온 이후의 근세 및 현대의 조선 문학사조를 말한다는 것이다.[7]

백철은 이 책에서 근대 사조라는 용어 앞에 '서구'라는 말을 직접 사용하지 않았을 뿐, 내용상 서구 근대 사조가 들어온 이후의 우리 문학을 근대 문학 내지 신문학이라 칭하고 있음은 명백한 사실이다. 그렇다면 백철이 중요시하는 근대 사조란 무엇인가? 그것은 자유주의(自由主義)라는 말로 설명된다. 이 자유주의를 내용으로 하는 근대 사조가 유입될 무렵 근세 조선은 그것을 받아들여 성장시킬 만큼 조건이 성숙되지 못했고 따라서, 조선의 신문학은 수척하고 왜소한 모습을 보이며 성장할 수밖에 없었다는 것이 백철의 견해이다. 백철의 신문학사조사는 조선 근대 문학의 성장을 논의하기 위해서는 그것이 처한 사회적 환경에 대한 논의가 필요하다는 인식을 하고 있다는 점에서 임화의 신문학사 서술 방법론과 맥을 같이하고 있다.

1950년대 후반에 발간된 조연현의 『한국 현대 문학사』에서도 신문학이라는 개념은 일단 근대 문학이라는 개념과 동일한 것으로 설명된다. 아울러 그는 이를 다시 다음과 같이 부연 설명한다. 우리 신문학의 역사는 1920년대 이전을 중시하면 근대 문학적 개념에 가까운 것이며, 1930년대 이후를 중시하면 현대 문학적 개념에 가까운 것인데, 여기서 말하는 신문학이라는 추상적 용어의 구체적 의미는 근대 문학과 현대 문학을 합친 개념이라는 것이다. 그는 한국 현대(근대) 문학의 개념은 한국의 현대(근대)인이 현대식 표기 방법을 통하여 현대 한국인의 생활과 사상을 표현한 문학이라고 정의한다. 이때 현대식 표기 방법이란, 국문과 국한문 혼용을 의미한다. 이렇게 신문학을 정의할 때, 신문학사의 출

---

7) 백철, 『신문학사조사』 제1권(수선사, 1948), p.1 참조.

발은 갑오개혁 이후가 된다. 그것은 두 가지 이유 때문인데, 하나는 이조 오백 년의 봉건 사회가 근대적 사회로 전이된 것이 갑오개혁부터인 까닭이며, 다른 하나는 갑오개혁 이후부터 그와 같은 문학이 사실상 등장했기 때문이다.[8]

김윤식·김현의 『한국 문학사』는 근대성의 기준을 앞의 문학사들과는 다른 방식으로 제시한다. 여기서는 서구화를 근대화로 보는 미망에서 벗어나, 자체내의 구조적 모순과 갈등을 이해하고 그것을 극복하려는 정신을 근대 의식이라고 이해하지 않는 한 한국 문학 연구는 계속 공전할 우려가 있다고 전제한다. 이 전제는 "문학에 한해서만 말한다면, 근대 문학의 기점은 자체내의 모순을 언어로 표현하겠다는 언어 의식의 대두에서 찾지 않으면 안 된다"[9]는 결론으로 이어진다.

조동일은 그의 『한국 문학 통사』에서 한국 근대 문학을 1919년 이후 오늘날까지의 문학이라고 규정한다. 그는 17세기에서 1981년까지의 문학은 중세 문학에서 근대 문학으로 가는 이행기 문학이라 칭하고, 다시 이 이행기 문학을 1860년을 경계로 1기와 2기 문학으로 나누어 다룬다.

조동일은 1919년 이후의 문학을 근대 문학으로 규정하면서, "그 시기의 신문학 운동에 이르러서 중세적 보편주의와 근대적 민족주의의 오랜 논란이 근대적 민족주의의 승리로 끝났다. 중세적 보편주의의 기반인 한문학이 구시대의 잔존물로 취급되고, 문학은 오직 구어체의 국문 문학이어야 하며 서정시·소설·희곡을 기본 갈래로 삼아, 널리 개방된 다수의 독자를 상대로 당대의 문제를 다루어야 한다는 커다란 전환이 이루어졌다"[10]고 정리한다. 이어서, 우리의 근대 문학은 민족 단일어 문학으로서 한글 중심의 문학이

---

8) 조연현, 『한국 현대 문학사』(성문각, 1982), pp. 19~22.
9) 김윤식·김현, 『한국 문학사』(민음사, 1973), p. 20.
10) 조동일, 『한국 문학사』 제5권(지식산업사, 1988), p. 9.

라는 사실이 다시 강조되고, 시민 문학의 사명이 중요하게 부각되었다는 점이 근대 문학의 중요한 특징으로 지적된다. 그는 한국 문학의 근대성에 대해 다음과 같이 정리한 바 있는데, 그러한 정리는 이 『한국 문학 통사』의 근대 문학 규정과도 직접 연관성을 갖는다.

첫째, 한문에서 유래한 격식이나 국한문 혼용투의 문투를 버리고 일상 생활에서 실제로 사용하는 말을 활용한 점. 둘째, 전문적인 작가가 등장하여 자신의 이름을 밝히고 창작에 전념하기 시작한 점. 셋째, 문학 하는 노선이 다양해지고 그 때문에 많은 논란이 일어나기 시작한 점.[11]

최근에 간행된 김재용·이상경·오성호·하정일의 『한국 근대 민족문학사』에서 근대성의 지향은, 민족 공통어의 형성과 봉건 체제에 대한 전면적인 부정 및 '개화'라고 하는 근대 사회에 대한 구체적 지향[12]이라는 요소를 중심으로 논의된다.

이 책에서는 근대 문학의 성립 시기를 19세기말에서 1910년에 이르는 기간으로 서술하고 있으며, 1910년부터 1919년까지는 계몽주의 문학 기간으로서 봉건적 인습에 대한 비판과 고립된 식민지 지식인으로서의 자아 각성이 이루어지는 시기로 보고 있다. 아울러 1919년 이전까지의 근대 문학이 근대적인 성숙한 개성에 의해 뒷받침된 것이기보다는 전근대적인 속박으로부터 벗어나려는 방식으로 이루어진 것임에 반해, 1919년 이후의 근대 문학은 근대성 성취를 위한 적극적인 면모를 드러내는 새로운 방식으로 이루어지고 있음을 지적한다.

이와 같은 한국 문학사 서술 방법론 혹은 한국 문학사 서술의

---

11) 조동일, 「문화적 측면에서 본 근대화」, 『한국민족문화대백과사전』 제4권(정신문화연구원, 1988), pp. 83~86.
12) 김재용·이상경·오성호·하정일, 『한국 근대 민족 문학사』(한길사, 1993), pp. 58~59.

구체적인 내용을 바탕으로 할 때, 한국 문학사의 근대성이란 대략 다음과 같은 요소들로 정리된다. 이러한 각 요소들은 서로 중첩되는 부분이 없지 않으나, 나름대로 한국 문학의 근대성을 이해하는 데 필요한 지표로 활용될 수 있다.

첫째, 우리 민족의 언어인 한글을 사용하면서 언문 일치가 이루어진 문장으로 씌어진 문학.

둘째, 시민 정신을 바탕으로 한 자유로운 산문 문학.

셋째, 자유주의 사상을 내용으로 하는 근대 사조를 받아들이는 문학.

넷째, 그 시대가 안고 있는 여러 가지 모순을 언어로 드러내려는 언어 의식을 담고 있는 문학.

다섯째, 봉건제적 구습을 비판하고 개성을 존중하며, 현대 한국인의 생활과 사상을 담아내는 문학.

여섯째, 민족 국가 의식 혹은 민족주의 의식을 담고 있는 문학.

일곱째, 그 발생 과정에서 일정 정도 계몽주의적 성격을 지니고 있는 문학.

여덟째, 분화된 쟝르 의식에 기초해서 씌어지는 문학.

아홉째, 전문적인 작가에 의해 씌어지는 문학.

3. 이광수 문학의 근대성

I. 새로운 언어 의식

지금까지 앞에서 정리한 요소들을 한국 근대 문학의 성격을 규정짓는 요소들이라고 할 때, 이광수는 얼마나 근대적인 작가 의식을 지니고 있었을까? 또한 그의 문학 세계는 그러한 요소들을 얼마나 구현해내고 있을까? 이 사실에 대한 구체적 연구야말로 이광수 문학의 근대성에 대한 실질적인 검증 과정이 될 것이다.

근대 문학의 출발을 보여주는 가장 중요한 요소 가운데 하나는 그 나라의 민족어에 대한 주체적 의식이다. 이광수의 언어 의식은 어떠한 것이었으며 우리 근대 문학사 초기 그가 우리의 말과 글의 근대성 구현에 기여한 바는 무엇이었을까?

이광수의 근대적 언어 의식을 명시적으로 보여주는 첫 글은 그의 대표적 초기 문학론 가운데 하나인「문학이란 하오」이다. 그는 1916년 11월 10일부터 23일까지 매일신보에 연재 발표한 이 글에서 문학의 정의와 목적·재료·실효성 등에 대해 자신의 견해를 피력한다. 이 글에는 '문학과 문(文)'이라는 단락이 따로 설정되어 있어서, 한국 현대 문학이 지향해야 할 문체가 무엇인가 하는 문제를 구체적으로 다루고 있다.

여기서 이광수는, 그 동안 우리 문학의 발달을 저해한 가장 중요한 요인으로 한문이 아니면 글이 아니라고 생각했던 점을 지적한다. 조선 학자들이 한문에 소비하던 시간을 아껴 다른 일에 사용하였더라면 우리 문화는 더욱 크게 꽃피었을 것이며, 문학에서도 한문을 버리고 국문을 사용하였더라면 더욱 우수한 조선 문학의 유산을 많이 남겼으리라는 것이 그의 추측이다. 따라서 한문 중시의 습관을 타파할 것을 주장한 그는, 현대를 묘사하는 데에는 생명 있는 현대어를 사용해야 할 것이며, 생명 있는 문체가 더욱 왕성해져야 하고, 국한문을 혼용할 경우라도 말하는 모양으로 가장 평이하게 가장 일용어답게 써야 할 것임을 논의한다. 이 논의의 결론으로 이광수는 다음과 같이 신문학은 반드시 현대어, 일상 용어로 쓸 것을 제안한다.

    故로, 新文學은 반드시 純現代語·日用語·卽 今 何人이나 知하고 用하는 語로 作할 것이니라.[13]

---

13) 이광수,「文學이란 何오」,『이광수 전집』제1권(삼중당, 1962), p. 515.

이 글의 결론에서 이광수가 "조선 문학이란 조선인이 조선문으로 지은 문학"을 일컫는 것이라 하면서, 우리 문학은 오직 장래가 있을 뿐이요 과거가 없다고 한 것 역시 그의 한글 중심의 문학관에서 나온 견해이다. 조선 문학에 과거가 없다고 한 것은, 과거 한문투의 문장으로 이루어진 문학을 조선 문학으로 인정하기 어렵다는 견해의 반복적 제시로 보아야 한다.

그런데, 이광수가 이 글을 통해 한글 중심의 문장과 평이하게 말하듯이 쓰는 문장을 주장하고는 있지만 이 시기 이광수 자신은 아직 언문 일치 문장을 사용하고 있지 못하다. 위의 짧은 인용문만을 보더라도 그 사실은 쉽게 확인된다. 이 무렵 이광수는 일본의 언문 일치 문장 운동 등을 보면서 그러한 문장의 중요성에 대해서 인식은 하고 있었지만, 아직은 시대적 제약과 개인적 실천력의 한계 등으로 인해, 자신의 글의 주장 내용과 그것을 담는 형식의 괴리라는 이중성을 보여준다. 언문 일치의 구어체 한글 문장을 주장하면서도 자신 역시 아직은 국한문 혼용의 문어체 문장을 쓰고 있는 것이다.

하지만 그의 이러한 이론과 실천의 이중성 혹은 괴리라는 측면은 그가 소설 작품들을 써가면서 혹은 다른 사람들의 작품을 평가해가는 과정에서 점차 극복된다.

그런 점에서 1918년 3월 『청춘』지에 발표한 「현상소설고선여언」은 주목할 만한 글이다. 이 글은 이광수가 단편소설 현상 모집에 응모한 독자의 원고를 심사한 선후평(選後評)인데, 그 내용이나 형식 모두가 이광수의 새로운 언어 의식을 보여주기에 충분하다.

이광수는 이 글에서 우리 소설의 이른바 '진보'적 요소의 가장 첫째를 "그것이 모두 다 순수한 시문체(時文體)로 쓰였음이외다"[14]

---

14) 이광수, 「懸賞小說考選餘語」, 『이광수 전집』 제16권, p. 372.

라는 말로 지적한다. 당시대에 사용하는 일상적 문체가 투고된 소설들에서 발견되고, 이 사실이야말로 우리 소설의 진보성을 드러낸다는 것이다. 그는 이러한 사실을 포함한 여러 가지 내용의 심사평을 앞의 글「문학이란 하오」와는 분명히 구별되는 언문 일치의 문장 형식으로 써나가고 있는 것이다. 이 글은 어미 처리 방식에서 매우 진전된 구어체를 구사함으로써 과거의 문장과 구별된다.[15]

1918년 3월 『청춘』지에는 이광수의 또 다른 글「부활의 서광」이 실려 있는바, 이 글에서도 이광수의 언어 의식은 확인된다. 여기서 그는 먼저 한자로 된 조선 문학에서 과연 우리가 조선인의 사상과 감정을 찾을 수 있을 것인지 하는 문제를 제기한 후, 고려 이후 한학(漢學)의 폭위(暴威)가 조선 문학의 발생을 저해했다고 주장한다. 이어서 그는「현상소설고선여언」의 내용을 다시 한번 반복 정리한 후, 지금 우리가 사용하는 문체는 발생한 지 십수 년이 지나지 않는다는 사실을 지적한다. 아울러, 비록 신소설이 경멸과 조로의 대상이 되고 문학적 가치가 부족하다고 비판받을지라도, 그 소설들이 한글을 보급시킨 공로는 충분히 인정해야 한다는 견해를 보인다.

이어서 이광수는 새로운 문체의 사용과 새로운 사상의 유입을 조선 신문학 출발의 전제 조건으로 받아들인다.

> 이렇게 新文學은 小說로나, 論文으로나 相當한 文體의 準備가 이미 成하였고, 또 前述한 바와 같이 舊習을 脫却하여 新思想의 洗禮를 받은 靑

---

15) 이광수의 문체 의식과 연관지어 앞으로 더 생각해보아야 할 것이 그의 한자(漢字) 사용에 관한 것이다. 그는 1910년대 후반 이후 거의 완전히 구어체 문장을 구사하게 된 이후에도 문학 평론이나 논설에서 매우 빈번히 한자를 사용하였다. 하지만, 작품에서는 거의 한자를 사용하지 않는다. 평론이나 논설은 국한문 혼용의 한글 문장을 사용하였고, 작품은 거의 한글 전용의 우리 문장을 사용한다.

年들의 精神 속에 新思想이 漸漸 醱酵하게 되었으니 이제사 비로소 朝鮮 新文學의 幕이 열릴 것이다.[16]

새로운 문체의 사용과 신사상의 세례를 드러내는 것이야말로 조선 신문학의 서막을 여는 일이 된다는 것이다. 이 글의 마무리에서 이광수는 다시 자신의 선대가 칭하던 문학이라는 용어와 자신이 부르는 문학이라는 용어는 어동이의이(語同而意異)한 것이라 말하며 그 핵심적 차이를 한글의 사용으로 설명한다.

문체에 대한 그의 관심은 1920년대 이후 소설 선후평에서도 항상 중요한 부분을 차지한다. 이광수가 1924년 『조선문단』에 최서해의 작품 「고국」을 가작으로 추천하면서 그 기교와 문체에 대해서 불만을 표시하는 점이나, 1925년 한설야의 소설 「절망」을 평가하면서 용어와 문체에 좀더 세련이 필요하다고 지적하는 사실 등이 그 한 예이다.[17]

1931년 이광수가 「여의 작가적 태도」에서, 자신이 문사(文士)로 자처하기를 즐겨한 적이 없었다고 말하면서도 자신의 작품 활동 의도 가운데 하나가 조선 어문(朝鮮語文)의 발달에 일자격(一刺激)[18]을 주려 했다고 술회하는 부분 역시 그의 근대적 문체에 대한 관심을 드러내는 것이다. 그는 자신이 우리 문학사에 남긴 업적 가운데, 문학 작품 자체와 연관된 가장 중요한 항목으로 문체 발달에 대한 기여를 꼽고 있는 것이다.

이광수의 이러한 새로운 문체에 대한 관심은 실제 자신의 소설을 통해 충분히 구현되었다. 특히 장편 『무정』에 나타난 이광수의 새로운 언어 의식은 우리 문학사에서 충분히 주목받을 만한 것이었다.[19]

---

16) 이광수, 「復活의 曙光」, 『이광수 전집』 제17권, p. 36.
17) 이광수, 「小說選後言」, 『이광수 전집』 제16권, pp. 376~81.
18) 이광수, 「余의 作家的 態度」, 『이광수 전집』 제16권, p. 191.
19) 이광수가 『무정』을 비롯한 그의 1910년대 소설에서 보여준 새로운 언어 의식과

Ⅱ. 반봉건성과 계몽 의식

 반봉건성과 계몽성은 흔히 사상사 속에서 근대성의 가장 중요한 특질 가운데 하나로 분류된다. 계몽이란 신화로부터의 해방을 의미하며 합리적이지 않은 권위로부터의 해방을 의미한다. 따라서 이는 이성에 대한 신뢰 및 인간이 자기 존중과 자기 결정의 자율권을 갖는 일과도 연관된다. 인간이 미성숙의 상태로부터 벗어나는 일, 인간의 본성에 대한 자각, 인간의 이성에 적합한 조화롭고 인간적인 사회 제도 속에서 이루어지는 인류의 자기 실현에 대한 자각 등이 모두 이 근대적 계몽성과 연관된다.
 역사상의 계몽주의가 각 지역에 따라 혹은 시기에 따라 조금씩 다른 양상으로 전개된 것이 사실이지만, 그럼에도 불구하고 계몽주의는 여러 학문적 혹은 사상적 분야의 봉건적 견해 및 현실 속에 존재하는 봉건적 사회·정치 제도에 대해 저항해왔다는 공통점

 문체 발달에 대한 기여는 재론의 여지가 없을 만큼 분명한 것이다. 이광수 자신의 술회에서도 "문체로 말하면, 그때의 것이 대개 고문체였고 내가 국문체로 쓰기는 『무정』부턴 것 같습니다"라는 부분이 발견된다(이광수, 「작가로서 본 문단의 십 년」, 『이광수 전집』 제16권, p. 395).
 한편, 이광수의 문학사적 의의에 대해 비판적 시각을 지니고 있는 김윤식·김현의 문학에서도 그의 언어 의식은 높은 평가를 받는다. 김윤식·김현은 『한국문학사』에서 이광수의 장편 『무정』을 한글 문체를 처음으로 완성시킨 작품이라고 평가한다. 그런데, 이들 김윤식·김현의 『한국 문학사』에서는 『무정』에 나타난 문체 의식을 높이 평가하면서도 그것이 서양 언어의 직역투 문장이라고 정리한다. 그렇다면 이러한 서술은 우리나라 한글 문체의 완성이 서양 언어의 직역투로 이루어졌다는 논지로도 해석될 수 있는데, 이는 그대로 받아들이기 어렵다. 이광수의 문장에서 서양 언어의 영향이 발견된다는 사실과, 그것이 곧 서양 언어의 직역투 문장이라는 사실은 다른 것이다.
 이 부분에 대해서는 이광수가 언문 일치의 현대적 구어체 문장을 완성시켜가는 과정에서 서양의 글투를 그대로 직역했다기보다는, 언어와 사유와 개념 사이의 관계에 관한 서양의 언어관 내지 서양의 언어 의식에 대한 자신의 지식을 충분히 활용한 것으로 보아야 할 것이다.

을 지닌다.
 이 계몽은 이광수가 선택한 사상이기도 했고, 그가 독자를 만나는 방식이기도 했다. 따라서 이광수 문학의 성격을 결정짓는 가장 커다란 요소 가운데 하나는 바로 이 반봉건성과 계몽 의식이라고 할 수 있다. 이광수 문학의 반봉건성과 계몽 의식은 그의 활동 초기의 논설과 작품들에서부터 매우 쉽게 발견할 수 있다. 반봉건적 의식을 드러내는 그의 초기 논설로는 1916년에 발표한 「조선 가정의 개혁」 및 「조혼의 악습」, 1917년에 발표한 「혼인에 대한 관견」 및 「혼인론」, 1918년에 발표한 「숙명론적 인생관에서 자력론적 인생관에」 및 「자녀 중심론」 등을 들 수 있다.
 「조선 가정의 개혁」에서 이광수는 조선의 가족 관계에 관한 혁명적 전환이 필요함을 주장한다. 가정의 혁명이야말로 신문명을 받아들이기 위한 가장 중요하고 급한 일임을 확신한다는 것이다. 여기서 그는, 조선의 가장(家長)은 마치 전제 군주와 유사하다고 비판한 후 가족 구성원의 의사를 존중하고 그들 각각의 개인적 인격을 존중할 것을 제안한다. 아울러, 그는 남존여비 사상을 비판하면서, 조선에도 조만간 남녀 평등의 문제가 사회 문제로 제기될 것임을 예상한다.
 「조혼의 악습」에서는 인간 생활의 생리적 측면, 윤리적 측면, 경제적 측면에 대해 접근하면서 조선의 대표적 폐습 가운데 하나인 조혼 문제를 비판한다.
 「혼인에 대한 관견」이나 「혼인론」 역시 전통적인 혼인 제도가 지닌 문제점들을 들추어 비판한 글로, 앞으로 있을 혼인은 혼인 당사자들의 자의적 의사를 존중하면서 이루어져야 할 것임을 특히 강조한다.
 「자녀 중심론」은 가족 제도와 연관된 구습을 비판할 뿐만 아니라, 조선의 전통 의식 전반을 부인하며 이른바 이광수 자신의 문화적 고아 의식을 드러내는 글이다. 여기서 그는 자신에게 선조가 있었다는 사실 자체에 대한 부인이 곧 새로운 문화를 받아들이는 길임을 제안하며, 조선의 유교적 전통 속에서 가장 중요한 윤리 가운데 하나로 꼽았던 효(孝)의 관념을 비판하고, 부조(父祖) 중심의 가족 제도가 자녀 중심의 제도로 변해가야 함을 주장한다. 그런데 이광수의 이러한 반봉건적 의식을 드러내는 주장 속에는 다음과 같은 서양의 근대성에 관한 인식이 자리잡고 있었다는 사실을 주목해야 한다.

> 文明은 어떤 意味로 보면 解放이라. 西洋으로 보면 宗敎에 대한 個人의 靈의 解放, 貴族에 對한 平民의 解放, 專制君主에 대한 國民의 解放, 奴隷의 解放, 무릇 어떤 個人 혹은 團體가 다른 個人 或은 團體의 自由를 束縛하던 것은 그 形式과 種類의 如何를 勿論하고 다 解放하게 되는 것이 實로 近代文明의 特色이요, 또 努力이다. 女子의 解放과 子女의 解放도 實로 이 機運에 乘하지 아니치 못할 重大하고 緊要한 것일 것이니, 歐美諸邦에서는 어떤 程度까지 이것이 實現되었지마는 우리 땅에서는 아직 꿈도 꾸지 못하는 바라. 그러면 或者는 말하기를 彼와 我와는 歷史가 다르고 따라서 國情이 다르니 우리도 반드시 그네를 본받지 아니해서는 아니 된다는 法이야 어디 있겠느냐 하겠지마는 이곳은 因襲에 阿諂하는 者의 말이 아니면 人類의 歷史의 方向을 줄혀 모르는 者의 말이다.[20]

이 인용문에서 볼 수 있듯이 이광수는 서양의 근대화의 진전 과정에 대한 이해를 바탕으로, 비합리적인 권위와 속박으로부터 해방되는 일이 곧 조선 사회의 봉건성을 벗어나는 것이라고 나름대로 판단하고 있었다.

앞에서 살핀 몇 가지 글들이 이광수의 반봉건적 의식을 구체적으로 드러내는 것이라면, 「숙명론적 인생관에서 자력론적 인생관에」를 통해서는 계몽 사상가로서의 이광수의 또 다른 면모를 발견

---

20) 이광수, 「자녀 중심론」, 『이광수 전집』 제17권, p. 41.

할 수 있다. 즉 이성적 노력을 통한 현실의 개조를 거듭 강조하는 모습을 확인할 수 있는 것이다. 여기서 그는 숙명(宿命)이나 팔자와 운수(運數) 소관임을 말하거나, 천명(天命)이므로 어쩔 수 없다고 단념하는 자는 생존할 자격이 없는 열패자(劣敗者)라고 비판한 후 다음과 같이 주장한다.

> 吾人은 吾人의 聰明으로 現在의 처지의 不幸한 原因을 究明하여 吾人의 力으로 그것은 除去하고 更히 吾人의 創造力을 應用하여 幸福의 新條件을 造出하도록 努力하여야 할 것이외다.
> 이렇게 宿命論的 人生觀을 全然히 버리고 自己의 運命을 오직 自己의 힘에 달렸다 하는 自力論的 人生觀(그렇게 부를 수 있다 하면)을 가져, 吾人의 本分은 無限한 理想을 實現하려는 無限한 奮鬪努力에 있다 함을 깊이 自覺하는 것이 現在 우리 朝鮮人의 死活에 關한 要機라 하오.[21]

현실의 불행을 극복하려는 분투 노력의 필요성에 대한 자각이 이 글의 중심 요지이다. 따라서 이광수의 이 글은, 이성적 노력을 통한 과거의 봉건적·비이성적 관습의 극복을 제안하는 글로서 중요한 가치가 있다.

이광수가 지녔던 반봉건적 의식과 계몽 의식은 그의 문학 활동의 주요 내용이자 토대가 된다. 그는 이러한 반봉건적 문학 활동이 자신이 속한 사회에서 환영받기보다는 오해받을 가능성이 큰 것임을 예측했다. 새로운 자각을 갖고 새로운 사상에 입각하여 새로운 운동을 하는 사람들은 사회 속에서 오해받기 쉽고, 배척받기 쉽다는 것이다. 더구나 과거의 습관을 악하다 비판하고 그것을 깨뜨리려는 신운동(新運動)을 할 때에는 역사적 권위를 가진 구사상과 구관습의 저항에 직면하는 어려움을 겪게 되리라는 것

---

21) 이광수, 「숙명론적 인생관에서 자력론적 인생관에」, 『이광수 전집』 제17권, p. 64.

이다.[22]

그는 이러한 의식들을 바탕으로 문학 활동을 했고, 후일 자신의 문학 활동 성격에 대해 언급하면서도 그 측면을 거듭 강조했다. 「여의 작가적 태도」에서 자신이 소설을 쓴 첫번째 목표가 "조선인에게 읽혀지어 이익을 주려"[23] 한 것이라고 말한 사실도 이와 연관된다. 이러한 목표는 다음과 같은 말로 더 구체화된다.

> 내가 小說을 쓰는 究意의 動機는 내가 新聞記者가 되는 究意의 動機, 敎師가 되는 究意의 動機. 내가 하는 모든 作爲의 究意의 動機와 一致하는 것이니, 그것은 곧 "朝鮮과 朝鮮民族을 爲하는 奉仕―義務의 移行"이다. 이것뿐이요, 또 이 밖에 아무것도 없다. 내가 一生에 하는 일이 朝鮮과 朝鮮民族의 地位의 向上과 幸福의 增進에 毫末만큼이라도 寄與함이 되어지다 하는 것이 내 모든 行爲의 根本動機다.[24]

이러한 언급은 작가 이광수가 지닌 엘리트 지식인으로서의 계몽의식을 철저히 드러내는 부분이다.

이광수의 반봉건성과 계몽 의식은 그의 문학론의 큰 줄기를 이룰 뿐만 아니라, 주요 작품의 창작에도 반영되었다. 이러한 의식들은 단편 「소년의 비애」를 비롯하여 장편 『무정』이나 『개척자』 그리고 『흙』 등을 통해 구체적으로 작품화되었던 것이다. 특히 1917년 6월에 발표된 「소년의 비애」는 이광수의 초기 논설의 내용뿐만 아니라 그의 초기 문학론까지 담아내면서, 앞으로 이광수 문학의 방향이 계몽주의 문학으로 흘러갈 것임을 예고한 대표적 초기 단편소설로서 중요한 의미를 지닌다.[25] 아울러 장편 『무정』이 1910년

---

22) 이광수, 「부활의 서광」, 『이광수 전집』 제17권, p. 37.
23) 이광수, 「여의 작가적 태도」, p. 192.
24) 위의 글, p. 195.
25) 작품 「소년의 비애」와 이광수의 초기 논설의 내용 및 초기 문학론과의 상관성에

대 지식 청년의 사회적 역할에 대한 작가의 계몽적 의도를 드러낸 다거나, 『흙』이 1930년대 농촌 계몽의 필요성을 강조한 것이라는 사실 역시 이광수 문학의 반봉건성과 계몽 의식의 특질을 적극적으로 보여준다는 점에서 중요한 의미를 지닌다.

Ⅲ. 서구 지향성과 분화된 쟝르 의식

임화는 조선의 신문학사가 서구 문학의 이식으로부터 출발했다는 전제를 내세운 바 있으며, 그것은 다시 일본 문학을 거친 이식이라는 말로 되풀이 설명된 바 있다. 이러한 전제를 바탕으로 할 때, 조선 근대 문학의 출발을 가장 적합하게 설명해줄 수 있는 문학가가 바로 최남선과 이광수였다. 그리하여 임화는 조선의 근대 문학은 과도기 문학인 창가나 신소설을 거쳐 육당의 자유시와 춘원의 소설이라는 양식으로 발아하기 시작했다고 보았던 것이다.

조선 근대 문학사가 곧 서구 문학 이식사인가 아닌가 하는 논의와 근대화가 곧 서구화인가 아닌가 하는 논의는 이미 여러 학문 분야에서 깊이 있게 다루어진 바 있으므로 여기서 더 이상 거론할 필요는 없을 것이다. 단, 전적으로 부인하기 어려운 것은 우리 근대 문학사의 형성 과정에서 서구를 비롯한 외래 문화의 영향이 어느 정도 있었다는 사실과 우리 사회의 근대화가 일정 정도 서구화로 설명될 수 있다는 사실이다. 이러한 서구화는 우리 사회의 근대화 과정이 산업화 사회를 지향하며 전통 사회로부터 벗어나는 과정이었다는 전제를 설명하는 과정에서도 유용한 지표 가운데 하나로 활용된다.

그런 측면에서 본다면 이광수 문학에서 발견되는 서구 지향성 역시 근대성의 하나로 인정할 수 있다. 하지만, 이러한 논의가 근

대해서는 필자의 글「이광수 초기 소설「소년의 비애」연구」, 『문학 한글』 제2호 (한글학회, 1988), pp. 153~73 참조.

대화가 곧 서구화이며, 근대 문학의 출발이 곧 서구 문학의 이입이라는 주장을 그대로 받아들이려는 의도에만 따른 것이 아님은 물론이다.

사실, 이광수 문학의 서구 지향적 성격은 앞에서 살핀 반봉건성과 계몽주의적 성격을 통해서도 상당 부분 설명될 수 있다. 그가 내세웠던 반유교적인 개성 중심의 문화와 이성 중심의 계몽성이 곧 서구 문화의 영향으로 설명될 수 있는 것이기 때문이다. 따라서 여기에서는 논의의 중복을 피하기 위해 이광수 문학 세계의 내용들이 담고 있는 서구 지향적 측면에 대해서보다는, 그가 생각했던 문학의 정의와 쟝르 의식이 지니는 서구적 성격에 대해서만 생각해보기로 한다.

이광수가 생각한 문학의 정의(定義)를 명시적으로 보여주는 글은 「문학이란 하오」이다. 그는 먼저 이 글에서 자신이 현재 사용하고 있는 문학이라는 용어의 의미가 기존의 그것과는 달리 서양의 용어 'literature'를 번역한 것임을 다음과 같이 설명한다.

> 如此히 文學이라는 語義도 在來로 使用하던 者와는 相異하다. 今日, 所謂 문학이라 함은 西洋人이 使用하는 文學이라는 語義를 取함이니, 西洋의 Literatur 혹은 literature라는 語를 文學이라는 語로 飜譯하였다 함이 適當하다. 故로, 文學이라는 語는 在來의 文學으로의 文學이 아니오, 西洋語에 文學이라는 語意를 表하는 者로의 文學이라 할지라. 前에도 言하였거니와 如此히 語同意異한 新語가 多하니 注意할 바이니라.[26]

전통적으로 사용하던 문학이라는 용어와 자신이 현재 사용하는 문학 *literature*이라는 용어의 차이는 무엇인가? 그는 동일한 용어의 다른 내포에 대해 다음과 같은 설명을 덧붙인다.

---

26) 이광수, 「문학이란 하오」, 『이광수 전집』 제1권, p. 507.

문학이란 특정한 형식하에 사람의 사상과 감정을 발표한 것이다. 여기서 특정한 것이라 함은 다음의 두 가지 사실을 포함한다. 하나는 문자로 기록된 것을 말하며 다른 하나는 시·소설·극·평론이라고 하는 문학상의 형식을 갖춘 것을 말한다. 기록되어 있다 하더라도 이러한 문학적 형식을 갖추지 않은 것은 문학이라 말할 수 없다는 것이다.
　여기서 이광수가 말하는 시·소설·극·평론이라는 형식은 그의 분화된 쟝르 의식을 드러낸다. 이렇게 분화된 쟝르 의식은 분명 전통적인 문학 개념을 벗어나 서양 문학에 대한 지식으로부터 유래한 것이다. 따라서 그는 문학을 모든 실용문을 포함하는 문(文)의 개념으로 보거나 혹은, 문학을 과학적인 학문으로 인식하는 학(學)의 개념으로 보는 전래적 인식에 대해 반대한다.
　그는 문학은 학(學)이 아님을 거듭 강조한다. 학이라 함은 사물을 대상으로 하여 그 사물의 구조·성질·기원·발전을 연구하는 것이지만, 문학은 사물을 연구하는 것이 아니라 감각적으로 느끼는 분야라는 것이다. 그리하여 과학이 사람의 지(知)를 만족시켜 준다면 문학은 사람의 정(情)을 만족시켜준다는 것이 그가 내리는 한 작은 결론이다.
　물론 여기서 과연 사람의 정을 만족시켜주는 것이 문학인가 하는 사실에 대해서는 논란의 여지가 충분히 있다. 또한 이러한 정의 자체에 대해서 이광수 자신도 뒤로 가면서 다른 견해를 제시한 바 있다. 하지만 중요한 것은 이광수가 여기서, 전통적으로 문학이라는 용어를 곧 학문이라는 용어와 유사한 것으로 이해하고, 그 내포 가운데 하나를 과학성으로 이해하던 시대적 관성을 부정하고 문학의 속성을 그와는 다른 측면, 즉 예술성의 측면으로 이해하려 했다는 점이다.
　구체적인 쟝르 의식을 바탕으로 한 문학에 대한 이광수의 이러한 견해는, 그 시기 우리 문학의 근대성을 드러내는 견해로 충분히 인정할 수 있는 것이다.

아울러 그가 남긴 시·소설·문학 평론 등 다양한 유형의 작품들을 구체적으로 살펴보더라도 그는 분명 근대적 쟝르 의식을 지닌 작가였음을 알 수 있다.

Ⅳ. 소재의 당시대성 및 작품의 사실성

이광수 문학의 근대성을 드러내는 또 하나의 특질로 소재의 당시대성 및 작품의 사실성이라는 측면을 지적할 수 있다. 이러한 측면들은 개화기부터 이해조 등이 전대의 문학을 비판하면서 자신의 소설이 지니고 있는 새로운 문학적 요소로 제기한 것들이기도 하다. 이해조는 그의 신소설 「화의 혈」 서문에서 자신의 소설을 말하며 "근일에 져슐흔 박정화 화세계 월하가인 등 슈삼종 쇼설은 모다 현금의 잇ᄂᆞᆫ 사름의 실지 샤젹이라 독자 졔군의 신긔히 넉이ᄂᆞᆫ 고평을 임의 만히엇엇거니와 이졔 ᄯᅩ 그와 ᄀᆞᆺ튼 현금 사름의 실젹으로 화의 혈(花의 血)이라 ᄒᆞᄂᆞᆫ 쇼셜을 시로 져슐ᄒᆞᆯ시 허언랑셜은 한 구졀도 긔록지 안이ᄒᆞ고 뎡녕히 잇ᄂᆞᆫ 일동 일졍을 일호차착 업시 편즙ᄒᆞ노니 긔자의 지됴가 민쳡치 못홈으로 문쟝의 광치ᄂᆞᆫ 황홀치 못ᄒᆞᆯ지언졍 ᄉᆞ실은 젹확ᄒᆞ야 눈으로 그 사름을 보고 귀로 그 ᄉᆞ졍을 듯ᄂᆞᆫ 듯ᄒᆞ야 션악간 족히 밝은 거울이 될 만ᄒᆞᆯ가 ᄒᆞ노라"[27] 라고 하여 우리 신문학사상 가장 먼저 근대적 소설 이론을 편 작가라는 평가를 받기도 했다.[28]

그런데 이러한 소재의 당시대적 현실성과 작품의 사실성이라는 요소 역시 이광수의 문학에 와서 더욱 분명히 구현된다.

우선 그는 「문학이란 하오」에서 '문학의 재료'에 대해 거론하면서 문학 예술이 그 재료를 '인생'에서 취해야 할 것임을 말한다.

---

27) 이해조, 「화의 혈」, 『신소설·번안소설』 제8권 (아세아문학사, 1978), p. 3.
28) 송민호, 「이해조 소설의 미적 성격」, 『신문학과 시대 의식』(새문사, 1981), p. 44.

358

인생의 생활 상태와 사상 감정이 소설의 재료이니 그를 묘사하는 것이 문학 예술이라는 것이다. "최호(最好)한 재료(材料)를 최정(最正)·최정(最精)하게 묘사한 것이 최호한 文學이라"[29]는 말이나 문학적 걸작품은 인생의 여러 방면을 여실(如實)하게, 진(眞)인 듯하게 묘사해야 한다는 지적 등은 모두 문학이 그 시대의 삶을 진실되고 세밀하게 그려내야 할 것임을 강조한 것이다.

「현상소설고선여언」에서는 작가가 신문학의 세례를 받은 증거 가운데 하나를 '이상적(理想的)'인 것에서 탈피하여 '현실적(現實的)'으로 돌아온 사실에서 찾는다. 이상성이 고대 문학의 특색이라면 현실성이 신문학의 특색이라고 보고 있는 것이다. 그리하여 이광수는 우리의 문학이 현실에서부터 출발해야 한다는 사실을 다음과 같이 강조한다.

現代人은 決코 架空的 理想世界로써 滿足하지 못합니다. 古代人은 어떤 規矩에 맞춰 或은 孔子만 사는 世界 或은 釋迦만 사는 世界, 또 或은 盜拓이나 夜叉만 사는 世界를 그려놓고 滿足하였으나, 現代人은 孔子와 盜拓과 釋迦와 夜叉와를 한데 버무려놓은 現實世界를 사랑하고 거기 執着합니다. 그러므로 우리의 文學과 藝術은 現實에 卽한 것이라야 됩니다.[30]

현실적 소재에 대한 이광수의 언급은 「여의 작가적 태도」에서도 발견된다. 그는 이 글에서 자신이 『무정』『개척자』를 쓴 것이나 「재생」「혁명가의 아내」를 쓴 것이 모두 당시 조선의 중심 계급의 실상——즉 그의 이상과 현실의 괴리, 그 모든 약점을 여실하게 그려내려 한 것임을 말한다.

---

29) 이광수, 「文學이란 何오」, p. 509.
30) 이광수, 「현상소설고선여언」, 『이광수 전집』 제16권, p. 375.

이러한 작품의 현실성에 관한 논의는 다시 사실주의에 관한 논의로 이어진다. 이광수 자신의 작품에 사실주의적 색채가 많다는 것이다.

> 내가 寫實主義 全盛時代에 靑年의 눈을 떴는지라 내게는 寫實主義 色彩가 많다. 내가 小說을 '某時代의 某方面의 忠實한 記錄'으로 보는 傾向이 많은 것이 이 때문이 아닌가 한다.
> 『無情』을 日露戰爭에 눈뜬 朝鮮, 『開拓者』를 合併으로부터 大戰 전까지의 朝鮮, 『再生』을 萬歲運動以後 一九二五年頃의 朝鮮, 方今 東亞日報에 連載中인 『群像』을 一九三十年代의 朝鮮의 記錄으로 나 스스로 생각하는 것이 이 때문인가 한다. 이 拙劣한 時代의 그림이 어느 程度까지 그 時代의 이데올로기와 感情의 苦悶相을 그렸는지는 내가 말할 바가 아니다. 내 意圖가 그것들의 忠實한 描寫에 있었다는 것만은 事實이다.[31]

그런데 이광수가 여기서 말하는 사실주의란 소재를 현실에서 취한다는 점과 그 묘사가 사실적이라는 모사론적 측면에 기울어져 있는 논의이다. 자신이 사실주의 전성 시대에 청년의 눈을 떴다는 언급 역시, 그가 말하는 사실주의가 고전 소설의 비현실성에 대응하는 현실성을 강조하는 개념임을 알 수 있게 한다.

그는 이렇게 시대상을 여실히 묘사하려는 동기를 다음의 세 가지로 구분해 설명한다. 첫째, 그 시대의 지도 정신과 환경과 인물의 특색 및 시대의 약점 등을 폭로·설명하려는 역사학적·사회학적 흥미. 둘째, 전시대(前時代)의 해부로 인하여 차시대(次時代)의 진로를 암시하려는 미충. 셋째, 재현(再現), 묘사 자신의 예술적 흥미 등.

이런 점들을 염두에 둘 때 이광수가 강조하는 소재의 현실성과,

---

31) 이광수, 「여의 작가적 태도」, p. 193.

사실적 묘사를 염두에 둔 작품의 사실성 등은 앞시기의 문학과 분명히 구별되는 요소의 하나가 된다. 그런 점에서 이광수의 문학에서 발견되는 이러한 소재의 당시대성 및 작품의 사실성이라는 요소 역시 우리 문학의 근대적 성격의 하나로 받아들여야 할 것이다.[32]

V. 민족주의와 민족문학론

민족주의 의식의 발현을 근대적 성격의 하나로 보는 것은 서구 민족 국가의 성립과 시민 혁명 및 자본주의의 발달 과정에 대한 상호 연계적 이해 때문이다. 물론 우리나라의 경우 이미 오래 전부터 민족 국가 형태를 지녀왔기 때문에 민족 국가의 형성 자체가 근대성 구현의 지표가 될 수는 없다. 그럼에도 불구하고 민족주의 의식의 발현을 한국 근대 문학의 지표 가운데 하나로 삼는 데에는 나름대로 타당한 이유가 있다. 그것은 바로 우리 근대사의 출발이 서구 열강의 제국주의적 침탈 속에서 민족의 진정한 주체성을 지키려는 시기와 맞물려 있기 때문이다. 우리 역사 속에서 개화기에 존중받아야 할 이념의 하나가 자주적 근대화였다고 할 때, 이 자주성이란 곧 당시의 민족 자존을 지키려는 민족주의 의식과도 연관되는 개념이다.

이광수의 문학 세계와 민족주의는 어떠한 관계에 놓여 있는가? 이광수는 여러 글을 통해 자신이 민족주의 문학가임을 자처했다.

---

32) 이광수가 말하는 사실주의가 낭만주의에 대응하면서 발생한 문예사조적 의미의 사실주의도 아니고, 작가의 세계관을 드러내면서 현실을 총체적으로 분석하고 거기에 전망을 제시하는 창작 방법론으로서의 사실주의도 아님은 물론이다. 따라서, 이 글에서 이광수 문학의 사실성을 문학으로 인정한다는 것과 이광수 문학을 그 자신의 말처럼 사실주의 문학으로 인정한다는 것은 전혀 별개의 사실이다. 이광수의 사실주의 문학관이 지니는 문제성에 대해서는 필자의 다른 논문, 「춘원 이광수의 문학비평 연구 (2): 1930년대 문학론을 중심으로」, 『매지논총』 제10집(연세대 매지학술연구소, 1993), pp. 81~105.

1930년 1월 『별건곤』에 발표한 「작가로서 본 문단의 십 년」에서 그는 자신의 문학 세계를 다음과 같이 단정한다.

나의 문학주의요? 잘들 아시는 바와 같이 민족주의 문학이겠지요.[33]

이렇게 자신의 문학을 민족주의 내지 민족 의식과 연관짓는 이광수의 시도는 여러 글에서 반복된다. 「여의 작가적 태도」에서도 그는 자신의 문학 활동의 핵심이 민족주의임을 강조한다.

내가 小說을 쓰는 根本動機도 여기 있다. 民族意識・民族愛의 高潮, 民族運動의 記錄, 檢閱官이 許하는 限度의 民族運動의 讚美, 만일 할 수만 있다면 煽動, 이것은 過去에만 나의 主義가 되었을 뿐이 아니라 아마도 나의 一生을 通할 것이라고 믿는다. 〔……〕
내가 抱懷하는 民族主義는 決코 梁柱東氏가 想像하는 種類의 無理論한 것이 아니다.
歷史的・社會的・政治的・經濟的 乃至 文化史的으로 보아서 朝鮮民族의 向上 發展・幸福은 오직 民族主義的으로 解決할 一途가 있을 뿐이라는 明確한 信念 위에 선 것이다.[34]

그러나 이러한 이광수의 민족주의가 민족의 자주와 자존・자강을 도모하는 진정한 의미의 민족주의가 아님은 이미 잘 알려진 사실이다. 그는 이른바 개량적・문화적 민족주의를 주장하며, 외세에 의한 식민 통치 체제는 그대로 인정하면서 오로지 일시적인 문화적 활동의 자유로움을 추구했다. 주권 국가로서의 독립 성취를 포기하고 그 대가로 비정치적 분야에서의 민족 보존을 추구하는

---

33) 이광수, 「작가로서 본 문단의 십 년」, p. 396.
34) 이광수, 「여의 작가적 태도」, pp. 195~96.

것이 이광수의 민족 의식이었던 것이다. 그의 민족주의 문학의 주장은 구체적으로 1920년대에는 우리 민족성의 열악함에 대한 자괴심 강조와 프로 문학에 대한 배격 등으로 나타났고, 1930년대에는 복고적 및 현실 도피적 성향의 강조로 나타난다. 1933년에 발표한 「조선의 문학」에는 다음과 같은 주장이 들어 있다.

> 然이나 朝鮮文學의 將來는 어떠한 것인가. 그것은 民族主義的일 것이다. 或 더 適實히 民族社會主義的일 것이다. 그것은 朝鮮人 固有의 人道主義思想을 加한 더욱 그 民族性인 逃避的樂天主義나 絶望的哀調 속에 佛敎式 達觀의 微笑를 섞은 것이다.[35]

여기서 이광수는 우리 민족의 고유한 민족성을 도피적 낭만주의와 절망적 애조로 보고 거기에 불교식 달관의 미소를 섞는 것이 민족문학이라고 호도한다. 일제하의 정치적·경제적 어려움을 참아내면서, 애조 띤 미소를 짓는 것이 조선인에게 미덕이 된다는 이러한 주장의 배후에는 일제 식민 통치자에 대한 적극적인 협력의 의도가 숨어 있음은 물론이다. 이러한 내용을 지닌 이광수의 개량적 민족주의가 결국 노골적인 친일 문학으로 흘러가고 마는 것은 어쩌면 당연한 결과일 수도 있다.[36]

그의 민족주의는 민족의 주체성과 존엄성을 강조하는 진정한 민족주의였다고 볼 수 없다. 그의 문학 세계가 역사 의식의 결여라는 치명적 약점을 지니게 되는 것 역시 이렇게 잘못 굴절된 민족주의 문학의 한 귀결이었다. 따라서 이광수의 문학 세계에서 발견되는 민족주의는 근대성의 특질을 드러내는 것이 아니다. 오히려 그것은 민족주의라는 동일한 용어 아래 반민족적이라고까지 볼 수

---

35) 이광수, 「조선의 문학」, 『이광수 전집』 제16권, p. 205.
36) 이광수의 민족주의 문학론과 그 한계 및 비판에 대한 상세한 논의는 「춘원 이광수의 문학비평 연구 (2)」 참조.

있는 전혀 다른 내포를 지닌 전근대적 사상이었다.

4. 맺는 말

지금까지 이 글에서는 한국 문학사의 근대성으로 볼 수 있는 요소들을 구체적으로 추출한 후, 이광수 문학의 특질 가운데 그러한 요소들과 상관성을 지니는 항목들에 대하여 연구 검토하였다.

검토의 결과 이광수 문학의 특질 가운데 새로운 언어 의식, 반봉건적 계몽 의식, 문학관과 장르 의식, 소재의 선택과 작품화 방식 등에서는 매우 적극적인 근대성을 발견할 수 있었다. 이러한 점들로도 춘원 이광수를 한국 문학사 속의 주요 근대적 작가로 보는 데에는 부족함이 없을 것이다. 하지만 그의 민족주의 의식과 민족문학에 대한 주장은 외형상 근대성을 지닌 것이었지만, 실제로는 매우 전근대적인 내포를 지닌 것으로 단정할 수 있었다.

물론 이 글에서는 아직 한국 문학사의 근대성과 연관된 이광수 문학의 특질 전반에 대한 논의를 한 것은 아니다. 근대 문학의 출발과 연관된 항목으로 전문적 작가의 출현에 관해 논의할 수 있는데, 한국 문학사 속에서 전문적 작가로서의 이광수의 역할에 대한 것은 특별히 상술할 필요를 느끼지 않을 만큼 분명한 것이었으므로 이 글에서 따로 항목을 설정해 다루지는 않았다. 시민 의식의 문제 및 자유주의 사상의 유입과 이광수 문학의 근대성에 관한 논의 역시 구체적으로 다루지 않았다. 이러한 문제들은 이광수의 문학비평이나 논설 등을 통해서보다는 그의 작품에 대한 깊이 있는 분석을 통해서 더욱 잘 드러날 수 있을 것으로 생각된다.

앞에서 검증해낸 이광수의 근대적 작가 의식 역시, 각 항목에서 언급된 작품들에 대한 심층적 연구를 통해 보완될 수 있을 것이다.

1930년대 후반 문학비평의 변모와 근대성

하 정 일

1. 1930년대 후반과 근대성의 문제

 우리의 근대 문학사 전체는 문학적 근대성의 실현을 위한 고투의 기록이라 해도 과언이 아니다. 그것이 비록 '쫓아가기'의 형태로 이루어지긴 했지만, 그러한 '쫓아가기'의 밑바닥에는 선구자로서의 자부심과 따라잡을 수 있다는 낙관적 전망이 깔려 있었다. 이러한 자부심과 낙관적 전망이 우리의 근대 문학사를 추동해온 동력이었음은 분명하며, 그 과정에서 우리 문학의 급속한 발전이 이루어졌던 것 역시 부정할 수 없는 사실이다. 이인직과 이광수의 계몽주의 문학이나 염상섭으로 대표되는 비판적 리얼리즘 문학이 그러할 뿐 아니라 프로 문학이나 모더니즘 문학 또한 여기서 예외가 아니었다.
 이러한 자부심과 낙관적 전망에 심각한 도전이 불어닥친 것이 30년대 중반이었다. 물론 그러한 위기의 징후는 30년대로 들어서면서 이미 나타나기 시작했지만, 이러한 위기를 문학권이 뚜렷한 자각으로 받아들이기 시작한 것은 30년대 중반 이후였던 것이다. 이러한 위기감이 조성되는 데 있어서 중요한 역할을 한 계기들로는 대충 다음의 세 가지 정도를 지적할 수 있다. 첫째, 만주 사변 이후 급속히 강화된 일제의 탄압과 검열이다. 이는 두 번에 걸친 카프 검거와 35년의 강제적 카프 해산으로 상징되는데, 긍정적 의미에서든 부정적 의미에서든 당대 근대 문학 운동의 구심이었던 카프의 탄압과 해체는 문단 전체에 위기 의식과 함께 방향 감각의 혼란을 불러일으켰다. 둘째, 통속 상업주의 문학의 본격적 확산이다. 언론 출판의 기업화에 기반한 이러한 상업주의 문학은 상당수의 평론가들이 그 심각성을 경고할 정도로 빠르고 널리 확산되고 있었고, 이것은 본격 문학의 위기감을 증폭시키는 데 중요한 역할을 했다(상업주의 문학의 확산은 언제나 이념적 방향 감각의 혼란과 밀접히 연관되어 있다). 셋째, 근대 문학 운동이 실패했다는 사실에 대한 뼈저린 자각이다. 실패에 대한 인정의 정도는 논자마다 편차가 있지만, 지금까지의 근대 문학 운동이 실패의 위기에 봉착했다는 점을 부인하는 사람은 거의 찾아보기 힘들어진다. 그런데 실패의 결정적인 원인으로는 주로 이식성의 문제가 지적된다. 요컨대 우리의 특수성을 고려하지 않고 서구와 일본을 모방하기에 급급했던 것이 실패의 결정적인 원인이라는 것이다. 이러한 지적은 프로 문학, 모더니즘 문학, '순수 문학' 등에서 두루 나타나는데, 이 점이야말로 30년대 후반의 위기 의식을 증폭시킨 중요한 내부적 요인이라 할 수 있다. 왜냐하면 실패에 대한 자각은 근본적인 자기 반성을 요구하게 마련이기 때문이다.

이상의 세 가지 계기들이 중층적으로 작용하면서 30년대 후반 문학의 새로운 지형도가 그려진다. 본고의 주제와 관련하여 특히 중요한 것은 세번째이다. 물론 첫번째와 두번째의 계기들도 30년대 후반의 새로운 모색들에 직간접적으로 작용하지만, 그것들 역시 궁극적으로는 세번째 계기로 집중된다. 이와 관련하여 중요한 것이 이식성의 문제이다. 당시 주요 논자들이 행한 자기 반성의 공통항이 이 이식성의 문제인데, 그 저변에는 결국 '쫓아가기'에 급급했던 것이 실패를 야기하고 말았다는 인식이 깔려 있다. 이식성의 문제가 관심의 초점이 되었던 이유는 무엇일까. 그것은 한마디로 말해 우리의 특수성이라는 것이 시야에 들어왔다는 점이다. 어찌 보면, 특수성에 대한 자각이 생겼다는 것 자체가 우리 근대 문학의 성숙을 말해주는 증좌이기도 하지만, 이식과 모방에만 급급하여 우리의 특수성을 몰각했던 것이 위기를 불러왔다는 인식은 우리 근대 문학 전체에 대한 근본적 반성으로 나아갈 수밖에 없었다. 그런 점에서 30년대 후반은 '제3세계적 근대성'에 대한 고민이 단초적으로나마 싹트기 시작한 시기였다고도 할 수 있다. 그리고 이러한 근본적 반성의 결과가 '조선적 구체화'라는 슬로건이었다. '조선적 구체화'란 슬로건은 프로 문학뿐 아니라 모더니즘 문학, 나아가서는 '순수 문학'에서도 새로운 모색의 주요 방향으로 제시되는데, 따라서 이 슬로건이야말로 당시의 '본격 문학'을 하나로 묶어줄 수 있는 공통 분모였던 셈이다.

그렇다면 '조선적 구체화'의 구체적인 내용은 무엇일까. 이 글 전체의 기본적 문제 의식을 이루는 이 질문에 대한 해답을 밝히려면 당시의 문학——창작과 비평을 포괄한——전체를 살펴보아야 하겠지만, 여기서는 일단 프로 문학 진영의 문학론을 중심으로 하여 분석하고 그것을 모더니즘 문학론 및 '순수 문학'론과 비교해 보는 접근 방식을 취하기로 하겠다. 특히 '조선적 구체화'의 문제 의식과 관련하여 근대성을 어떻게 이해했는가 하는 점이 논의의 초점이 될 것이다. 이를 통해 당시의 주요 문학론들의 내적 변화 혹은 분화가 근대성에 대한 새로운 평가와 밀접히 관련되어 있음이 드러날 것이다.

2. 프로 문학론의 내적 변화와
   문학적 근대성의 새로운 인식

프로 문학은 30년대 초반까지만 해도 다소간의 내적 편차에도 불구하고 근대 이후를 지향하는 문학 이념이라는 동질성을 보여준다. 프로 문학의 독자성에 집착했던 것도 이러한 이유 때문인데, 말하자면 근대성의 전망에 갇혀 있는 다른 문학——부르주아 문학——들과 근대 이후를 지향하는 프로 문학은 서로 근본적으로 다를 수밖에 없다는 것이다. 프로 문학을 이처럼 '근대 이후'적 문학 이념으로 설정하는 발상은 이미 신경향파 시기부터 나타난다. 이를테면 근대 문학을 '자본주의 문학'으로 규정하면서 프로 문학을 거기에 맞선 '혁명의 문학'이라고 설명한 박영희의 논리가 그것이거니와[1] 이러한 생각은 이후에도 계속 되풀이되고 강화된다. 이와 관련하여 중요한 사항은 두 가지이다. 첫째, 근대와 자본주의의 동일시이다. 따라서 자본주의를 무너뜨리려는 프로 문학이 근대에 대해 적대적인 입장에 서는 것은 당연하다. 둘째, 근대적인 것과 부르주아적인 것의 동일시이다. 이는 첫번째의 필연적 귀결이라 할 수 있는데, 그 결과 근대 문학 전체가 부르주아 문학으로 규정된다. 이로 인해 예컨대 부르주아 리얼리즘조차도 자연주의로 폄하된다. '프롤레타리아 리얼리즘'이 부르주아 리얼리즘과 근본적으로 구별되는 것은 그런 점에서 당연하다. 비판적 리얼리즘을 포함한 근대 문학 전체에 대한 '단절론적 시각'은 이로부터 발생한다. 이러한 관점은 해방 후에 '북문예총'이 임화가 강조했던 '근대적 의미의 민족문학의 건설'이라는 명제에서 '근대적'을 꼬투리삼아 임화가 부르주아적 민족문학의 건설을 기도했다고 비

---

1) 박영희, 「문학상 공리적 가치 여하」, 『개벽』, 1925. 2.

판하는 데에서 절정에 이른다.

　근대가 자본주의의 규정력에 의해 결정적인 영향을 받는 것은 분명하다. 또한 근대적인 것과 부르주아적인 것의 밀접한 연관성 역시 분명하다. 그럼에도 불구하고 이러한 사고 방식은 근대의 역동성을 무시하고 있다는 근본적인 한계를 지닌다. 근대란 자본주의에 의해 규정되면서도 그것에 전적으로 포괄되지만은 않는 역동적 장이다. 그런 점에서 근대란 다양한 근대 기획들이 헤게모니를 다투는 경쟁의 장이라 할 수 있다. 이러한 근대의 역동성은 두 가지 문제와 밀접하게 연관되어 있다. 하나는 시민 사회의 역동성이다. 시민 사회는 자본주의적 시장 경제가 만들어낸 산물이다. 그러나 시장 경제는 자유 경쟁이라는 그 자체의 속성상 자본주의를 넘어서는 지향을 동시에 갖는다. 시민 사회의 역동성은 이로부터 형성된다. 자본주의적 지배 논리가 관철되는 국가에 대해 시민 사회가 상대적 자율성을 갖는 것도 이 때문이다(물론 국가도 단순한 부르주아 계급 지배의 도구만은 아니다. 그 안에도 헤게모니 경쟁의 가능성은 언제나 열려 있다). 두번째는 민주주의의 확산이다. 근대 민주주의의 헤게모니를 부르주아가 쥐고 있는 것은 사실이다. 근대 민주주의가 형식적·절차적 성격을 띠는 것도 여기에 기인한다. 그러나 근대 민주주의는 부르주아만의 산물이 아니라 중세 봉건 체제를 무너뜨리려는 부르주아와 민중의 공동 투쟁의 산물이다. 그런 점에서 근대 민주주의는 민중과 이해 관계를 공유하는 부분을 갖는다. 뿐만 아니라 근대 민주주의의 내용도 완결되거나 고정된 것이 아니다. 요컨대 민주주의 변혁의 헤게모니를 누가 쥐느냐에 따라 그 내용성은 얼마든지 가변적인 것이다. 예컨대 마르크스주의를 급진적 민주주의의 전통 속에서 이해할 수 있는 것도 이러한 맥락에서이다. 그런 점에서 마르크스주의 역시 부르주아적 근대 기획과 구별되는(부분적으로는 겹치기도 하는) 근대 기획의 일종이다. 근대 기획 일반을 계몽의 기획이라 규정할 때 마르크스주

의는 바로 급진적 계몽 기획의 전통에 속한다는 것이다.[2]

30년대 전반까지의 프로 문학 운동은 그러나 자신을 근대 이후적 문학 이념으로 설정함으로써 프로 문학의 문학적 근대 기획으로서의 성격을 부정하고 만다. 여기에서 프로 문학 운동의 모든 편향과 한계가 도출된다. 이를테면 근대적인 것들을 부르주아적인 것과 동일시하여 배격한다든지(부르주아 민주주의 대 프롤레타리아 민주주의라는 이분법) 전대의 진보적 문학 유산이나 동시대의 진보적 문학 경향들을 부르주아 문학으로 매도하는 단절론적 시각을 보인다든지 혹은 근대 이후의 전망에 집착하여 현실의 실상을 과장하거나 왜곡한다든지 하는 등의 문제점이 근대의 역동성을 폄하하고 프로 문학을 근대 이후적 문학 이념으로만 일면화하는 관점과 밀접히 연관되어 있다는 것이다. 물론 프로 문학은 12월 테제에 입각하여 당시를 부르주아 민주주의 변혁기로 규정하고 있었고, 반제와 반봉건이라는 근대적 과제를 프로 문학 운동이 지향해야 할 당면 목표로 설정하고 있었다. 그러나 반제·반봉건 부르주아 민주주의 변혁을 한갓 '전술적' 과제로만 이해했다는 것은 결국 프로 문학의 기본 지향이 '근대 이후'에 놓여 있었음을 말해준다. 다시 말해 변혁의 이념은 부르주아 민주주의라는 근대적 내용임에도 불구하고 미학의 모든 프로그램은 근대 문학 '이후'에 맞추어져 있었다는 데에 당시 프로 문학 운동의 근본적 딜레마가 있었던 것이다.

30년대 후반은 이러한 관점 자체에 대한 근본적 반성이 나타나는 시기이다. 이때 부각되는 이론가가 임화이다. 왜냐하면 30년대 임화의 모든 이론적 작업은 프로 문학과 근대성을 조화시키려는 문제 의식의 산물이었기 때문이다. 임화의 새로운 모색은 크게 두

---

[2] 이에 대한 좀더 자세한 설명으로는 졸고, 「근대성과 민족문학」, 『실천문학』, 1994년 여름호를 참조할 것.

단계로 나누어져 이루어진다. 첫번째는 프로 문학의 이중적 과제라는 관점에서 프로 문학과 근대성의 '조화'를 꾀하는 단계이며, 두번째는 근대 문학의 두 지향이라는 관점에서 프로 문학과 근대성의 '일치'를 강조하는 단계이다. 이 두 단계는 서로 긴밀한 이론적 연속성을 지닌다. 따라서 임화의 새로운 모색은 결국 두번째 단계에 가서 일관된 틀을 얻게 된다고 할 수 있다. 그런데 두번째 단계의 핵심 논지는 바로 프로 문학이란 문학적 근대 기획이라는 점이다. 문학적 근대 기획으로서의 프로 문학관은 프로 문학의 이념적·역사적 위상을 이전과는 질적으로 다르게 규정했다는 점에서 프로 문학론의 근본적 전환이라 할 수 있으며, 임화를 중심으로 프로 문학론의 내적 변화를 탐색해보려는 것도 이 때문이다.

프로 문학과 근대성을 조화 혹은 일치시키려는 임화의 이론적 탐색은 앞에서 지적한 것처럼 두 단계에 걸쳐 이루어진다. 첫째 단계에서 임화는 근대 문학의 일반적 과제와 프로 문학의 독자적 과제의 중첩을 조선 프로 문학의 특수성으로 규정한다. 여기서 먼저 지적할 것은 프로 문학의 '조선적 특수성'에 대한 자각이 보이기 시작한다는 점이다. 이러한 자각은 민족문학에 대한 새로운 평가와 관련이 깊다. 임화는 당대 조선 문학의 역사적 과제로 '진정한 의미의 민족문학의 수립'을 제시하면서, 민족문학이란 '근대적 의미의 민족의 성립'과 더불어 형성된 문학 이념임을 강조한다. 그리고 프로 문학은 이러한 역사적 과제를 이룰 수 있는 '주류적 담당자'로 규정된다. 여기서 우리가 알 수 있는 것은 임화가 민족문학의 수립이라는 일반적 과제의 관점에서 프로 문학의 위상과 역할을 규정하고 있다는 점이다. 말하자면 프로 문학의 위상이 철저히 근대성의 맥락에서 설명되고 있는 것이다. 이런 식의 설명은 신경향파 문학을 이전 근대 문학의 '종합적 통일자'로 평가하거나 "조선의 시민적 문학이 해결해야 할 것을 미해결인 채로 남긴 과제까지도 계승받아 실로 모든 영역의 개척자로서의 운명을 가지고 출발"했다고 해석하는 데에서 극명하게 드러난다. 요컨대 조선 시민 문학의 불구성과 일면성을 종합하여 완성하는 과제를 프로 문학이 부여받았다는 것이다.[3]

그러나 이와 함께 임화는 프로 문학의 독자적 과제를 동시에 강조한다. 프로 문학의 독자성에 대한 강조는 앞으로 수립되어야 할 민족문학의 내용을 '민족적 형식의 계급적 내용'으로 규정하는 데에서 잘 나타나거니와 이러한 규정은 민족문학을 부르주아 민족문학과 구별되는 사회주의 민족문학의 틀내에서 설명하는 것이라 할 수 있다. 이런 식의 설명은 한편으로는 근대와 근대 이후를 통일적으로 이해하려는 노력으로도 볼 수 있지만, 다른 한편으로는 양자 사이의 긴장 혹은 동요로도 읽을 수 있다. 전체적으로는 후자의 측면이 지배적이라고 하겠는데, 그 까닭은 근대성을 근대 이후적 전망 속에 종속시키려는 의도 때문이라 할 수 있다. 다시 말해 근대성의 가치에 대한 재평가가 시작되기는 했지만, 아직도 근대 이후적 전망이 지배적이어서 근대성에 대한 합당한 배려가 제대로 이루어지지 못한 과도기적 상태를 보여준다는 것이다. 물론 그렇다고 해서 임화의 시각이 근대 이후에 머물러 있는 것은 아니다. 그보다는 양자 사이에서 끊임없이 동요하고 있다는 것이 정확한 해석일 것이다.

이러한 동요상은 그의 리얼리즘론에서도 나타난다. 일단 임화의 사회주의 리얼리즘론이 '현실의 특수성'에 입각한 '구체화'의 한 소산이라는 점을 강조해둘 필요가 있다. 이때부터 이미 이식성에 대한 반성이 나타나기 시작하는데, 그런 점에서 러시아의 사회주의 리얼리즘과는 구별되는 조선의 현실에 맞는 사회주의 리얼리즘의 재구성이 이 시기 임화의 중심적 문제 의식이라 할 수 있다. 그가 사회주의 리얼리즘을 "우리의 문학에만 적용되는 구체적인 전

---

3) 임화, 「조선 신문학사론 서설」, 『조선중앙일보』, 1935. 10. 9~1935. 11. 13.

략"이라고 규정한 것도 동일한 맥락에서이다. 이와 관련하여 다음과 같은 발언은 시사적이다.

> 신창작 방법은 본시 고정화된 주문은 아니었을 것이다. 그것은 다만 '어느 한곳에' 있어 그곳 현실을 반영하고 권외 작가를 유도하는 데 구체적일 뿐만 아니라, '다른 한곳'에 있어 작가들이 현실을 예술적으로 파악하며 붕괴된 주체를 재건하는 데 더 한층 적절한 구체성을 갖지 않았는가?
> 중심을 가진 문학계가 비진보적 작가를 재교육하는 방법이, 중심 없는 문학계에 있어서 양심적 작가가 자기를 재건해가는 방법으로 적용되지 않는다면 그것은 명백한 모순이다.[4]

위 인용문에서 중요한 것이 중심의 부재라는 현실적 조건과 객관적 반영의 문제이다. 예술적 현실 반영의 객관성이란 근대 리얼리즘 문학의 일반적 원리에 해당되거니와 그런 점에서 임화가 반영의 객관성을 강조한 것은 결국 문학적 근대성의 강조에 다름아니다. 뿐만 아니라 중심의 부재라는 우리 현실의 특수성을 강조하고 그 연장선상에서 사회주의 리얼리즘의 적용 대상을 프로 작가에서 '양심적 작가'에까지 확대하고 있는 것 역시 '조선적 구체화'라는 문제 의식과 밀접히 관련을 맺고 있는 동시에 그것이 리얼리즘 일반의 원리에 대한 중시로 귀결된다는 점에서 근대성에 대한 배려의 또 다른 표현이라 할 수 있다(리얼리즘의 승리에 대한 각별한 강조도 마찬가지이다).[5] 그런데 이러한 논리의 밑바닥에는 부르주아적 근대 문학 혹은 민족문학에 대한 재평가가 깔려 있음을 주목할 필요가 있다. 요컨대 당대 조선 문학의 과제를 근대 문학 혹

---

4) 임화, 「주체의 재건과 문학의 세계」, 『문학의 논리』(학예사, 1941).
5) 임화, 윗글.

은 민족문학의 완성으로 이해한 관점의 연장선상에서 현실 반영의 객관성이라는 리얼리즘 일반론과 조선적 현실의 특수성에 대한 강조가 도출되었다는 것이다.

하지만 그의 사회주의 리얼리즘론 역시 근대와 근대 이후 사이에서의 동요가 뚜렷이 나타난다. 그것은 무엇보다도 사회주의 리얼리즘이 '양심적 작가' 전체의 창작 방법인지 프로 문학의 고유한 창작 방법인지 불분명하다는 데에서 극명하게 드러난다. 물론 이러한 사회주의 리얼리즘관이 그의 인민 전선적 구상의 산물임에는 분명하지만, 그럼에도 불구하고 문제가 되는 것은 프로 문학의 독자적 예술 프로그램으로서의 성격에 대한 집착이 여전하다는 점이다. 특히 당파성에 대한 끊임없는 강조에서 이러한 지향이 두드러지는데, 왜냐하면 당파성에 매달리는 한 사회주의 리얼리즘의 근본적 재구성은 현실적으로 어려울 수밖에 없기 때문이다. 한편으로는 사회주의 리얼리즘의 특수성이 강조되고 다른 한편으로는 당파성에 대한 집착으로 말미암아 결과적으로 그것이 부정되기도 하는 이론적 동요의 밑바닥에는 근대 문학의 일반적 과제로서의 근대성과 프로 문학의 고유한 과제로서의 근대 이후성 사이의 팽팽한 긴장이 가로놓여 있다.

프로 문학과 근대성의 일치를 위한 노력이 보다 구체화되는 것은 이른바 '본격 소설론' 단계에 가서이다. 물론 이러한 노력은 이전 시기의 연장선상에서 이루어진다. 요컨대 사회주의 리얼리즘의 '조선적 구체화'의 발전적 귀결로서 '본격 소설론'이 제기되었다는 것이다. 본격 소설론이 30년대말의 더욱 악화된 정세에 대한 대응인 것은 분명하다. 그러나 그런 식의 대응이 이전 시기의 모색이 없었다면 불가능했을 것도 사실이다. 그 점에 양자의 이론적 연속성이 존재한다.

이 시기에 가장 뚜렷한 변화는 근대적인 것의 선차성을 강조하고 있는 점이다. 그 결과 프로 문학은 민족주의 문학——부르주아 민족문학——과 함께 문학적 근대성을 실현하기 위한 대표적인 두 기획 중의 하나로 재규정된다. 이러한 재규정이 갖는 의미는 실로 크다. 왜냐하면 이로써 온전히 근대성의 틀내에서 프로 문학을 이해하는 것이 가능해졌기 때문이다. 이와 관련하여 이식성의 문제가 부각된다. 임화는 조선 문학의 과제를 근대성의 달성으로 보면서, 그것을 가로막은 가장 결정적인 원인으로 이식성을 강조한다. 말하자면 서구와 일본의 근대 문학을 이식하는 데 급급하다 보니까 하나가 완숙되기도 전에 다른 쪽으로 넘어가는 상황이 벌어졌고, 그로 인해 민족주의 문학이나 프로 문학 양자가 공히 불구성을 면치 못했다는 것이다. 특히 개성적인 것과 사회적인 것의 통일이라는 근대 문학의 과제를 온전히 구현할 수 없었던 근본적인 원인으로 "서구적 의미의 완미한 개성으로서의 인간 또는 그 기초가 되는 사회 생활"의 불철저성을 지적한 것은 주목할 만하다. 왜냐하면 이는 결국 부르주아 민주주의 변혁 단계——즉 자주적 근대화——를 거치지 못한 것에 대한 강조를 의미하는 동시에 우리의 근대가 갖는 특수성에 대한 자각을 의미하기 때문이다. 그러나 이러한 근본적 한계에도 불구하고 민족주의 문학이건 프로 문학이건간에 우리의 근대 소설이 공히 본격 소설이라는 근대적 과제의 실현을 위한 노력의 산물이었음을 임화는 강조한다.

결국 이때까지의 조선 소설이 고전적 의미의 소설, 소위 본격 소설의 면모를 잃치 않았드라는 것인데 물론 먼저도 언급한 것처럼 그것은 완성된 전통적 성격으로서가 아니라 미완의 그러므로 완성에의 지향으로 표현된 것이었다.

그것은 물론 문학에(혹은 문화에) 있어 근대적인 것의 완성을 도모코자 하던 광범한 노력의 일부면이었다.

그러면 소설이란 문학 '쟝르'의 본격성을 유지시키는 정신적 원천이 된 작가들이 가진 문학 정신의 대립은 어떤 의미를 갖는가?

태준과 민촌은(혹은 설야와 춘원이래도 좋다) 일목에 요연한 차이를 가진 작가이다. 그럼에도 불구하고 『고향』이나 『제2의 운명』, 또는 『황혼』과 『흙』과 같은 작품이 가지고 있는 공통성을 어찌 볼 것인가?[6]

우리 근대 소설사가 결국 문학적 근대성의 완성을 위한 과정이었음을 설명하는 이 귀절에서 임화가 궁극적으로 강조하고자 했던 것은 민족주의 문학과 프로 문학의 '공통성'이다. 그 공통성이란 크게 세 가지로 요약된다. 첫째, 양식상의 공통성으로서 '인물과 환경의 조화'이다. 둘째, 근대 문학의 예술적 과제인 '개성적인 것과 사회적인 것의 통일'이다. 셋째, 문학적 본격성의 기초로서의 이념이다. 임화는 이 세 가지가 민족주의 문학과 프로 문학의 공통점인 동시에 문학적 근대성의 핵심임을 지적하고 있다. 요컨대 민족주의 문학과 프로 문학이 문학적 근대성의 완성을 위한 근대 문학의 두 지향이라는 것이다. 프로 문학과 여타의 문학을 구별하면서 프로 문학의 독자성을 강조하던 이전 시기와 비교하면 근본적인 전환이라 하겠는데, 이러한 변신은 문학적 근대성에 대한 새로운 자각 덕분에 가능했다고 할 수 있다.

당시 임화의 글들을 전체적으로 고려할 때 그것은 두 가지 측면을 동시에 함축하고 있는 것으로 보인다. 하나는 자본주의 문명과 부르주아 계급의 역사적 진보성에 대한 자각이며, 다른 하나는 근대(성)이 자본주의와 부르주아의 전유물이 아니라는 자각이다. 그 중 후자는 애매모호하긴 하지만, 예컨대 신경향파 문학과 프로 문학의 역사적 위상을 근대 민족문학의 진정한 계승자로 규정하거나 부르주아 민족문학의 근본적 한계를 부르주아 계급의 비진보성과 미숙성에 기인한 결과로 설명하는 부분에서 그러한 인식의 흔적을 찾아볼 수 있다. 이 같은 문제 의식들이 중층적으로 작용하면서

---

6) 임화, 「본격 소설론」, 『문학의 논리』(학예사, 1940).

문학적 근대성에 대한 새로운 자각을 불러일으킨 것이다. 이로써 프로 문학의 성격과 역할을 온전히 근대 문학의 틀내에서 규정하는 것이 가능해졌다. 이는 다른 말로 하면 임화가 프로 문학이 민족문학을 구성하는 하위 범주임을 분명하게 인식했다는 의미이다.

임화가 프로 문학을 민족문학과의 연관 속에서 설명하려는 시도는 이미 35년경부터 나타난다. 그러나 이때만 하더라도 프로 문학을 근대 이후적 관점에서 바라보려는 전망이 한편에 자리잡고 있었기 때문에, 민족문학과 프로 문학의 관계가 애매했던 것이 사실이다. 말하자면 민족문학의 틀만으로는 프로 문학을 설명하기 어려운 측면이 존재했다는 것이다. 하지만 본격 소설론 시기로 오면 그러한 애매성이 사라지고 민족문학의 제반 일반적 원리로 프로 문학의 위상이 규명된다. 앞에서 제시한 세 가지가 바로 그러한 일반 원리인 셈이다. 그렇다면 근대 문학의 일반 원리로 제시된 이념, 개성적인 것과 사회적인 것의 통일, 인물과 환경의 조화 등이 어째서 민족문학의 일반 원리일 수 있는가.

그 까닭은 이 세 가지가 리얼리즘의 일반적 원리이기도 하다는 점과 관련된다. 위의 세 가지 원리는 기실 내포적 총체성이나 예술적 전형성에 대한 설명이라 할 수 있다. 그런 점에서 임화는 근대 문학의 리얼리즘적 지향을 중시했다고 할 수 있는데, 여기서 우리는 임화가 문학적 근대성의 핵심을 리얼리즘으로 이해했음을 알 수 있다. 물론 이전에도 리얼리즘을 강조했지만, 그것은 사회주의 리얼리즘과 부르주아 리얼리즘의 질적 단절이라는 관점을 기초로 하고 있었다. 그에 비해 이 시기로 오면 양자를 포괄한 리얼리즘 일반에 초점을 맞춘다. 다시 말해 문학적 근대성에 대한 자각이 리얼리즘 일반의 중시로 나아간 것이다. 그런데 리얼리즘이란 주지하다시피 민족문학의 가장 유력한 예술 방법이다. 이는 결국 임화가 근대 문학의 중심 이념을 민족문학으로 이해하고 있음을 말해주며, 따라서 프로 문학을 문학적 근대 기획으로 규정하면서 그 실내용을 민족문학의 관점에서 해명한 것은 임화의 이론 구도하에서는 자연스러운 귀결이었다고 하겠다.

이 같은 문학 이념적 전환이 본격 문학의 퇴조라는 당시 상황에 대한 수세적 대응의 산물이긴 하지만, 그럼에도 불구하고 그것이 결국 문학적 근대성과 리얼리즘 일반에 대한 새로운 각성으로 이어진 점은 대단히 중요하다. 왜냐하면 이로써 우리의 근대 문학사를 리얼리즘 일반의 완성 과정으로 계통화하고 프로 문학을 그러한 연속적 흐름의 연장선상에서 위치 규정하는 것이 가능해졌기 때문이다. 뿐만 아니라, 당시에 풍미하던 문학의 통속화와 '순수화' 경향에 대한 공동 대응의 미학적 거점을 마련하는 것도 이로써 가능해졌다(이의 구체적 실천은 해방 직후에 본격화된다). 임화의 「신문학사」 역시 바로 그러한 자각의 산물이었다고 할 수 있다. 이와 함께 임화가 프로 문학과 여타 문학의 질적 차별성을 부정하지 않았다는 점도 지적할 필요가 있다. 「소설 문학의 20년」 등에서 확인되듯이 임화는 프로 문학이 여타 문학에 대해 갖는 이념적·미학적 우월성을 지속적으로 강조한다. 그런 점에서 임화는 프로 문학을 민족문학의 하위 범주이자 주도적 조류로 이해했다고 할 수 있다. 다시 말해 주체와 세계 혹은 개성적인 것과 일반적인 것을 온전히 통일시킬 수 있는 근대적 문학 기획으로 프로 문학을 설정하고 있는 것이다. 프로 문학을 '계급 문학의 형식을 빌린 민족문학'으로 규정한 해방 직후 임화의 프로 문학관은 이미 이때부터 배태되어 있었던 셈이다.

그런 점에서 이 시기에 임화를 지배했던 문제 의식은 다음의 네 가지로 요약할 수 있다. 첫째, 프로 문학은 민족주의 문학——부르주아 민족문학——과 함께 문학적 근대 기획의 일환이다. 둘째, 근대 문학의 주도 이념은 민족문학이다. 셋째, 따라서 프로 문학은 민족문학의 본질적 구성 부분을 이룬다. 넷째, 동시에 프로 문학은 어느 문학보다도 민족문학의 이념과 방법에 가장 철저하다는 점에서 민족문학의 주도적 조류이다. 물론 이 같은 문제 의식은 충분히 체계화되어 있지 못할 뿐더러 여러 문제점을 내포하고 있기도 하다. 특히 여전히 강조되는 프로 문학의 질적 차별성이란 것의 구체적 내용이 빈약하다는 점은 심각한 결함으로 지적될 수 있다. 왜냐하면 프로 문학을 문학적 근대 기획의 일환으로 규정할 경우 프로 문학의 질적 차별성 역시 이전의 방식과는 달리 설명되어야 하기 때문이다. 따라서 프로 문학의 질적 차별성에 대한 새롭고도 보다 치밀한 설명이 없는 한 그에 대한 강조는 하나의 수사에 불과하거나 과거 논리의 답습에 불과할 수밖에 없는 것이다. 하지만 이러한 한계에도 불구하고 30년대 후반 임화의 프로 문학관은 프로 문학―문학적 근대 기획―리얼리즘―민족문학의 연관을 밝혀냈다는 점에서 해방 직후 민족문학론의 체계화를 가능하게 해준 이론적 원동력이었을 뿐만 아니라 근대성에 대한 새로운 인식을 촉발시키는 계기를 마련해준 중요한 문제 제기였다고 평가할 수 있다.

3. 모더니즘 문학과 '순수 문학'의 근대관

프로 문학론의 새로운 모색과 함께 30년대 후반의 중요한 비평사적 변화로 꼽을 수 있는 것이 모더니즘론의 변모와 순수 문학론의 등장이다. 이러한 변화가 30년대 후반의 민족적 위기와 밀접히 연관되어 있음은 분명하다. 다만 모더니즘론이 그러한 위기를 현실과의 구체적 결합이라는 방식을 통해 극복하려 한 데 반해 순수 문학론은 현실로부터의 도피를 통해 해결하려 한 점이 다르다고 할 수 있으리라. 그런데 이와 같은 새로운 이론적 대응의 밑바닥에도 마찬가지로 '조선적 특수성'이라는 문제 의식이 깔려 있음을 지적할 필요가 있다. 다시 말해 모더니즘 문학론의 변모가 '조선적 특수성'의 몰각에 대한 자기 반성의 산물이라면, 순수 문학론은 이전의 근대 문학 운동이 우리의 특수성에 대한 투철한 의식이 결여된 상태에서 이루어졌음을 비판하면서 등장했다는 것이다.

이 시기에 와서 프로 문학뿐 아니라 모더니즘이나 순수 문학까지 민족적 특수성의 문제를 고민하게 된 이유는 무엇일까. 그것은 앞에서도 지적했지만 우리의 근대성에 대한 불철저한 인식이 근대 문학 운동의 '실패'를 초래했다는 자각 때문이었다. 여기서 다시 한번 근대성의 문제가 제기된다. 도대체 근대성의 보편성과 특수성이란 무엇인가, 이 양자의 통일은 어떻게 가능한 것인가, 더 나아가 문학은 그것을 어떻게 실현해야 하는가 등등이 이 시기의 비평가들을 사로잡은 중요한 문제 의식이었던 것이다. 모더니즘의 변모나 순수 문학의 대두는 바로 그러한 위기 의식과 문제 의식으로부터 나온 대안이었다고 할 수 있다. 이 부분에서 우리는 프로 문학과의 공통된 문제 의식을 발견할 수 있거니와 따라서 30년대 후반 모더니즘론과 순수 문학론의 근대관을 추적하는 작업은 결국 당시의 지성사적 뿌리를 해명하는 의의를 갖는다.

I. 모더니즘론의 변모와 지성의 문제

30년대 후반 모더니즘론의 변모는 두 가지 문제와 긴밀히 연관되어 있다. 첫째는 모더니즘 운동의 실패에 대한 자기 반성이다. 김기림은 「시와 현실」에서 프로시의 내용 편중주의에 반발하면서 본격화된 30년대의 시운동이 '기교주의'에 빠졌음을 지적한 바 있는데, 이는 결국 모더니즘 운동의 실패를 자인한 셈이다. 김기림은 그 대안으로 내용과 형식이 통일된 전체시의 추구를 제시한다. 그런데 여기서 주목할 것은 그가 근대시 일반의 '순수화' 경향을 인식하고 있었다는 점이다. 이런 점에서 김기림의 전체시론은 모더니즘시의 자기 반성이자 '조선적 구체화'의 일환으로 해석할 수 있다. 두번째는 민족적 위기에 대한 자각이다. 최재서의 30년대 후반 비평 활동은 바로 이러한 위기 의식을 기반으로 하여 이루어졌다고 할 수 있는데, 그의 풍자 문학론은 따라서 민족적 위기의 극복을 위한 나름대로의 모색의 산물이었다.

이러한 두 가지 문제 의식을 바탕으로 30년대 후반 모더니즘론의 새로운 모색이 이루어진다. 여기서는 최재서를 중심으로 하여 모더니즘론의 자기 변신의 노력과 근대성의 이론적 연관에 대해 고찰해보도록 하겠다. 최재서의 평론 활동은 30년대 전반까지는 주로 원론의 소개에 머물러 있었다. 우리 문학에 대한 그의 비평적 개입이 적극화되는 시기가 30년대 중반부터라고 할 수 있는데, 이러한 적극적 개입을 통해 그는 모더니즘 문학뿐 아니라 조선 문학 전체의 위기를 타개할 수 있는 방안들을 꾸준히 모색한다. 그 과정에서 나온 중요한 이론적 성과가 풍자 문학론이다. 그는 사회적 위기와 문학적 위기를 구별하면서, 신념의 상실에 기인하는 문학적 위기야말로 해결하기 어려운 심각한 위기라고 규정한다. 그는 조선 문학이 바로 그러한 문학적 위기에 빠졌다고 진단하는데, 이러한 근본적 위기상을 극복할 수 있는 효과적인 해결책이 풍자 문학이란 것이다. 풍자는 순응적 태도와 거부적 태도의 중간에 위치한 비평적 태도로부터 나온다. 왜냐하면 풍자란 현실을 직접적으로 비판하기 어려울 때 택할 수 있는 간접적인 현실 비판의 방식이기 때문이다. 최재서는 특히 자기 풍자를 강조하는데, 말하자면 현대의 위기가 자기 분열에서 비롯된 것이란 점에서 자기 풍자야말로 현대 문학이 감당해야 할 중요한 몫이라는 것이다.

이처럼 최재서의 풍자 문학론은 자본주의적 근대에 대한 문학의 비판성을 회복하기 위한 진지한 모색의 산물이다. 그런 점에서 근대시의 기교주의화 경향을 극복하려 한 김기림의 '전체시'론과 동일한 문제 의식을 보여준다고 하겠는데, 주목할 것은 그가 지성의 의의와 역할을 대단히 강조하고 있다는 점이다. 지성에 대한 이러한 강조는 물론 30년대 전반에도 보이지만, 이 시기로 오면 그의 지성 옹호가 반파시즘의 문제와 연관된다는 점이 특이하다. 가령 '지적 협력 국제 회의'의 한 회합을 소개한 「지성 옹호」란 글에서 최재서는 현대가 파시즘의 창궐로 지성이 붕괴의 위기를 맞이한 시대라고 규정하면서 강력하게 지성의 옹호를 주장하는데, 이는 그가 지성의 옹호를 통해 파시즘의 도전에 맞설 수 있다고 생각했음을 보여준다. 풍자의 기반인 '비평적 태도'가 지성의 구체적 표현이라는 점에서 지성에 대한 최재서의 옹호는 그의 이론적 체계 내에서 자연스러운 귀결이라 할 수 있다. 여기서 우리는 최재서의 풍자 문학론이 파시즘에 대한 비판의 한 전략임을 알 수 있다. 30년대 후반 최재서의 모더니즘론이 갖는 진보성이 이 점에 있다. 요컨대 풍자 문학론은 자본주의적 근대와 그것의 한 변종인 파시즘에 대한 문학적 저항의 방법이었던 것이다.

그러나 최재서의 모더니즘론은 이러한 진보성에도 불구하고 근본적인 자기 반성의 수준에는 미치지 못한 것으로 보인다. 그것은 무엇보다도 그가 현실 비판의 무기로 상정했던 지성이 '수단으로서의 지성'에 불과하다는 데에 기인한다. 그가 지성을 대상을 '관조'하는 수단으로 이해하고 있음은 지성과 행동을 대립시키는 설명 방식에서 우선 드러난다. 그에 따르면, 행동이란 대부분 기계적 행동 아니면 충동적 행동이다. 행동을 이렇게 분류하는 데서 우리는 행동에 대한 그의 불신감을 쉽게 발견할 수 있거니와 지성이란 따라서 비행동성을 자신의 본질로 한다. 이러한 지성관은 결국 최재서가 지성을 실천과는 무관한, 대상에 대한 관조의 테두리에 가두고 있음을 말해준다.[7] 그렇다면 여기서 나올 수 있는 최대치는 무엇일까. 최재서는 그것을 '비평적 태도'라고 규정한다. 그런 점에서 비평적 태도는 지성의 가장 적극적인 구현 방식인 셈이다. 일단 그가 문학을 분류하는 데 있어서 내용과 사상을 이차적

---

7) 최재서, 「현대적 지성에 관하여」, 『문학과 지성』(인문사, 1938).

인 것으로 취급하고 대신 '태도와 기술'을 일차적인 것으로 평가하는 점에 주목할 필요가 있다. 왜냐하면 이러한 분류 기준 자체에 지성을 이념이나 실천과 구별하려는 최재서의 관점이 배어 있기 때문이다. 그 연장선상에서 그는 비평적 태도를 다음과 같이 설명한다.

    사람은 외부 세계에 대하여 더우기 현재와 같은 혼돈 세계에 처하여 무릇 세 가지 태도를 취할 수 있다. 수용적 태도와 거부적 태도 및 비평적 태도. 외부 세계를 현재 있는 그대로의 상태에서 승인하고 접하는 태도를 나는 수용적 태도라고 한다. 이것은 문학 제작엔 가장 적절한 태도이나 그러나 대부분의 현대 작가는 위선 사회인으로서 이 같은 태도를 취할 수 없지 않을까 생각한다. 둘째로 외부 세계를 전체적으로 부인하고 거절하려는 태도를 나는 거부적 태도라고 한다. 정확하게 말하면 이 태도는 현재 세계에 관심하기보다는 혹종의 신세계를 건설함에 분망하다. 〔……〕
    따라서 비평적 태도는 수용적 태도와 거부적 태도의 중간에 개재함을 우리는 깨달을 수 있다. 그것은 결국 일개 중간적 존재임을 면치 못한다. 그러나 현대와 같은 과도기에 있어선 오히려 합리적인 태도일까 한다.[8]

여기서 중요한 사항은 두 가지이다. 하나는 비평적 태도가 '중간적'인 입장이라는 점이며, 다른 하나는 그러한 태도가 '합리적'인 태도라는 점이다. 이는 결국 긍정도 부정도 하지 않은 채 대상을 관조하는 태도가 바로 비평적 태도임을 말해준다. 이런 식의 관조적 지성은 결국 가치 중립적이고 도구-합리적인 지성으로 나아갈 수밖에 없다. 그 까닭으로는 두 가지를 지적할 수 있다. 첫

---

8) 최재서,「풍자 문학론」,『조선일보』, 1935. 7. 21.

째, 관조적 지성이란 앞에서 지적한 비행동성을 자신의 본질로 하기 때문에 실천력을 결여하고 있다. 실천을 결여한 지성이 가치 지향적이기 어려운 것은 필연적이다. 최재서가 비평적 태도가 "일개 중간적 존재임을 면치 못한다"고 토로한 것도 마찬가지의 맥락에서이다. 물론 행동에 대한 거부는 분명 파시즘에 대한 비판 의식을 내포하고 있다. 그러나 파시즘을 행동성의 측면에서 비판할 경우 그 같은 비판은 반파시즘적 이념 전체에 대한 비판으로까지 확산될 수밖에 없다. 말하자면 행동성──즉 실천성──비판은 반드시 파시즘적 이념과 반파시즘적 이념을 무차별적으로 동질화시키는 이론적 혼돈에 빠진다는 것이다. 둘째, 관조적 지성은 궁극적으로 '도구적 합리성'과 맞닿아 있다. 대상을 관조한다는 것은 결국 대상을 순수-객관적으로, 즉 실증주의적으로 관찰하는 것을 의미한다. 뒤에서 다시 살펴보겠지만, 이는 최재서가 리얼리즘을 대상에 대한 순수-객관적 묘사와 동일시하는 데서도 잘 드러나거니와, 그런 점에서 관조적 지성은 실증주의와 밀접한 연관성을 갖는다. 그런데 대상에 대한 순수-객관적 관찰을 기반으로 하는 실증주의적 방법은, 하버마스의 예리한 비판처럼, 그것의 비실천성과 비정치성으로 인해 마침내 도구적 합리성으로 귀결되고 만다. 실증주의가 인식과 실천 혹은 인식과 가치를 끊임없이 분리시킴으로써 인식을 가치와 실천에 대한 대타적 범주로 일면화하는 것도 따라서 도구적 합리성의 또 다른 표현에 불과하다(최재서가 계속 모랄을 강조하면서도 그것을 인식 외적인 것으로 이해하는 데 머물렀던 것도 이 때문이다). 이와 관련하여 "수용적 태도가 문학 제작에 가장 적절한 태도"라는 최재서의 발언에 주목할 필요가 있다. 이 발언에서 최재서의 속생각이 교묘하게 드러나고 있는데, 기실 가치 중립성과 도구적 합리성에 기반한 비평적 태도 역시 수용적 태도로부터 그다지 멀지 않은 거리에 놓여 있다. 이로 인해 최재서가 비평적 태도를 통해 실현하고자 했던 문학의 비판성은 애매모호해지고 만다. 왜냐하면 진정한 의미에서의 비판이란 도구적 합리성과는 구별되는 가치 지향성을 기반으로 하기 때문이다.

이러한 도구-합리적인 비평적 태도론 혹은 지성관이 극단화되는 지점이 그의 리얼리즘론이다. 그가 박태원의 『천변풍경』을 리얼리즘의 확대로, 이상의 「날개」를 리얼리즘의 심화로 높이 평가한 것은 잘 알려진 사실이다. 그런데 이러한 고평의 배경에는 대상에 대한 순수-객관적인 관찰 '태도'와 묘사 '기술'이 평가 기준으로 가로놓여 있다. 다시 말해 『천변풍경』은 외부 세계를 '객관적으로' 그렸고, 「날개」는 내부 세계를 '객관적으로' 그렸다는 것이다.[9] 리얼리즘을 이처럼 순수-객관적인 관찰 태도와 묘사 기술로 이해하는 최재서의 리얼리즘관이 그의 비평적 태도론의 연장선상에 놓여 있음은 말할 나위도 없다. 따라서 최재서의 리얼리즘관은 가치 중립적이고 도구-합리적인 지성의 미학적 등가물인 셈이다.

이로써 우리는 최재서가 생각한 문학적 근대성의 핵심인 지성이 일종의 도구적 합리성에 불과함을 확인하게 된다. 이러한 도구적 합리성을 무기로 하여 자본주의적 근대를 비판하는 것이 과연 가능할까. 그에 대한 대답은 부정적이다. 왜냐하면 자본주의적 근대의 지적 원동력이 바로 도구적 합리성이고, 그런 점에서 최재서의 모더니즘론은 자본주의적 논리로 자본주의를 비판하는 논리적 모순에 빠져 있기 때문이다. 이는 식민지 파시즘에 대해서도 마찬가지이다. 왜냐하면 파시즘이란 것이 자본주의적 근대의 한 변종, 즉 아도르노의 탁월한 통찰처럼 도구적 합리성의 극단적 결과에 불과하기 때문이다. 이와 관련하여 최재서의 모더니즘론이 서구 모더니즘의 미학적 저항 의식조차 제대로 소화해내지 못한 점을 지적할 필요가 있다. 서구 모더니즘의 한계는 분명하지만, 그럼에도 불구하고 그것은 도구적 합리성이 지배하는 자본주의적 근대에

---

9) 최재서, 「리얼리즘의 심화와 확대」, 『문학과 지성』(인문사, 1938).

대한 미학적 저항의 표현이었다. 이른바 "물화의 체험을 통해 물화에 저항한다"는 서구 모더니즘의 이념은 그 내부에 도구적 합리성이 아닌 가치 합리성의 세계에 대한 동경을 내포하고 있는 것이다.[10] 그러나 최재서의 모더니즘론에서는 그러한 의미에서의 가치 지향성이나 미학적 저항 의식을 발견할 수 없으며, 오히려 근대 자본주의의 도구적 합리성의 논리에 굴복하고 마는 한계만을 확인할 뿐이다. 문학적 근대성의 실현이라는 동일한 문제 의식에도 불구하고 자본주의적 근대에 대한 비판 의식 속에서 문학적 근대성의 본질을 규명하려 한 임화와 최재서의 모더니즘론은 이 지점에서 결정적으로 갈리게 된다.

II. '순수 문학론'과 근대성의 왜곡

'순수 문학론'은 30년대말 '세대 논쟁'의 과정에서 김동리와 김환태를 중심으로 하여 제시된 문학 이념이다. 필자가 굳이 문학 '이념'이라는 용어를 사용한 이유는 당시의 세대 논쟁이 단순히 기성 세대와 신진 세대간의 갈등이 아니라 전시 체제라는 민족적 위기 상황 속에서 근대 문학의 나아갈 길을 둘러싼 문학 이념적 대립이었기 때문이다. 이와 관련하여 순수 문학론이 이념의 혼란이 초미의 문제가 되고 있던 시점에서 형식 문제를 거론함으로써 당대 문학의 절실한 요구로부터 벗어나버렸다는 점에서 현실 도피주의의 미학적 표현이었다는 점을 먼저 지적할 필요가 있다. 그런 점에서 순수 문학론은 예술 지상주의의 30년대판 변형이라 하겠다. 그런데 당시와 같은 민족적 위기 속에서 현실 도피적 예술 지상주의가 어떻게 정당화될 수 있었을까. 그 해답은 순수 문학론의 자기 정당화의 배후에 문학적 근대성에 대한 교묘한 왜곡이 숨어 있다는 사실이다.

---

10) 아도르노, 홍승용 역, 『미학 이론』(문학과지성사, 1984), pp. 43~45.

김동리는 두 가지 근거를 들어 이전의 근대 문학 운동을 비판한다. 하나는 '표현 없는 정신'이란 무가치하다는 논리이다. 요컨대 기성 세대의 문학은 정신 혹은 이념의 문제에만 집착한 채 문학적 형상화라든가 형식적 완결성의 문제를 등한시했다는 것이다. 그런 점에서 신진 세대의 순수 문학은 정신과 형식의 통일을 지향하는 문학이라는 것이다. 다른 하나는 우리의 근대 문학 운동이 서구의 문학을 이식하는 데 급급한 사대주의에 빠져 있었다는 것이다. 민족주의 문학이건 프로 문학이건 그 점에서는 마찬가지이다. 그에 비해 순수 문학은 주체성에 기반한 문학이며, 진정한 인간성 옹호의 문학이라는 것이다. 요컨대 순수 문학이야말로 본격적인 의미에서의 참다운 근대 문학이다.[11]

'표현 없는 정신'이나 사대주의에 대한 비판은 문면상으로는 아무런 하자도 없는 논리이다. 뿐만 아니라 그것이 근대 문학의 관념성과 이식성에 대한 문제 제기라는 점에서 나름대로의 의의도 있다. 하지만 과거의 근대 문학 운동 전체를 이런 식으로 매도하는 것은 부분을 가지고 전체를 재단한 비판이라는 점에서 일면적이라는 한계를 갖는다. 게다가 더욱 심각한 것은 '물질주의'에 사로잡혀 문학을 이념의 노예로 전락시킨 프로 문학이 퇴조한 지금이야말로 근대 문학이 제대로 발전할 수 있는 호기라는 단정이다. 이러한 단정은 프로 문학에 대한 평가의 타당성 여부는 차치하더라도 당시가 근대 문학 발전의 '호기'는커녕 조선 문학 전체가 붕괴할 '위기'의 시대였다는 점에서 시대착오적인 발상이라 할 수 있다. 그런데 이러한 시대착오적인 정세 인식은 근대 문학의 성격과 과제에 대한 잘못된 이해에 기반하고 있다.

대개, 근대 문학 정신을 일러 '인간성 탐구'라 하고, 이 인간성 탐구

---
11) 김동리, 「순수 이의」, 『문장』, 1939. 8.

의 정신이란 말할 것도 없이 르네상스 정신의 발전이며, 르네상스 정신의 진수란, 세칭, '인간성의 옹호'란 것이니, 이 말은, 즉 '신'이라는 전제적 우상의 예속에서 인간이 각기 제개성과 생명에 복귀하여 그것을 옹호하고 발휘 지양시킨다는 뜻이다. 그러므로 근대 문학 정신을 인간성 탐구라 할 때 그것은 인간의 개성과 생명의 구경적 의의를 탐구한다는 뜻이다.[12]

여기서 김동리는 근대 문학의 출발을 르네상스 문학으로 잡으면서, 르네상스 정신의 핵심을 '인간성 옹호'로 규정한다. 그런데 문제는 인간성 옹호의 내용이다. 그것은 바로 "개성과 생명의 구경적 의의의 탐구"이다. 다시 말해 근대 문학의 정신이 "개성과 생명의 구경적 의의의 탐구"라는 것이다. 그가 프로 문학을 전면적으로 부정한 이유가 이로써 분명해진다. 왜냐하면 프로 문학은 '물질주의'에 사로잡혀 '개성과 생명의 구경적 의의의 탐구'를 부정한 문학 이념이기 때문이다.

여기서 무엇보다 문제가 되는 것은 구체적 현실과 절연된 인간의 '구경적 의의,' 즉 인간의 존재론적인 본질에 대한 탐구를 근대 문학의 과제로 보고 있는 점이다. 이는 문학적 근대성에 대한 심각한 왜곡이라 할 수 있는데, 왜냐하면 근대 문학이란 김동리의 설명과는 반대로 인간의 본질을 당대 현실과의 구체적인 연관 속에서 그리려는 노력의 산물이었기 때문이다. 근대 문학에서 개성이 중시되는 것은 인간의 삶을 보다 생생하게 형상화하기 위해서이지 현실과 단절하기 위해서가 결코 아니다. 다시 말해 개성과 보편성이 조화될 때 삶의 예술적 형상화가 가능하다는 취지에서 개성의 역할을 강조한 것이다. 근대 문학에서 예술적 재현의 문제가 핵심적인 미학적 쟁점이 되어온 것이 그 분명한 증좌라 할 수

---

12) 김동리, 「신세대의 정신」, 『문장』, 1940. 5.

있다. 왜냐하면 예술적 재현이란 항상 인간과 환경, 개성적인 것과 사회적인 것의 통일적 형상화를 통해서만 가능하기 때문이다. 근대 문학이 리얼리즘 대 반리얼리즘의 경향적 대립의 구도를 보여주는 것도 여기에 기인한다. 따라서 현실에 대한 예술적 재현의 가능성을 거부할 때 근대 문학의 타락은 필연적인 귀결이다. 서구의 모더니즘이나 예술 지상주의의 역사가 이를 웅변적으로 보여주거니와 그런 점에서 김동리의 순수 문학론은 문학적 근대성에 대한 교묘한 왜곡을 통해 문학의 현실 연관성을 근원적으로 부정하려 한 미학적 구상이라 할 수 있다. 이러한 현실 도피주의는 보들레르나 발레리의 예술적 탁월성이 사실과 정면에서 맞선 것이 아니라 반대로 사실을 피하여 인간의 존재론적 본질을 탐구한 점에 있다고 역설한 김환태의 논리에서도 분명하게 드러나거니와[13] 이런 식의 발상은 사실과의 정면 대결을 통한 '사실의 진실로의 지양'을 강조한 임화의 생각과 철저하게 대립된다.

4. 소결: 근대성과 민족문학

이상으로 임화를 중심으로 하여 당시의 주요 문학론들에서 나타난 근대관을 개괄적으로 살펴보았다. 이를 통해 임화의 새로운 모색이 결국 근대성에 대한 자각과 긴밀히 연관되어 있음을 확인할 수 있었는데, 프로 문학 진영뿐 아니라 최재서나 김동리와 비교하더라도 문학적 근대성에 대한 임화의 새로운 인식은 당시로서는 대단히 선구적이었다고 하겠다. 민족문학에 대한 그의 탁월한 구상이 가능했던 것도 이 때문이지만, 그럼에도 불구하고 아직은 이론적 체계화의 수준까지는 도달하지 못한 상태였던 것으로 보인

---

13) 김환태, 「순수 시비」, 『문장』, 1939. 11.

다. 본격적인 의미에서의 이론적 체계화가 시도되는 것은 해방 직후이다. 그런데 30년대 후반에 제기되어 해방 직후에 본격화되는 그의 민족문학론은 근대성과 민족문학의 밀접한 친화성을 바탕으로 하고 있다. 근대성—민주주의 변혁—민중 연대성—리얼리즘—민족문학의 구도가 그것이거니와 그런 점에서 30년대 후반 이후 임화의 모든 이론적 작업은 근대성과 민족문학의 이념적·미학적 연관성에 대한 탐색으로 모아진다고 해도 과언이 아니다. 비평사적으로 볼 때 70~80년대의 민족문학론 역시 임화의 연장선상에 놓여 있다고 할 수 있으리라. 그런 점에서 30년대 후반 임화의 이론적 작업은 포스트모더니즘의 도전을 겪고 있는 지금의 우리에게도 시사하는 바가 크다. 왜냐하면 임화의 새로운 모색이 의미하는 요점은 근대가 계속되는 한 민족문학의 생명력은 여전하며 그 역도 마찬가지라는 사실이기 때문이다.

반면에 최재서와 김동리의 문학론은 나름대로의 의의에도 불구하고 그것이 근대성을 일면화하거나 왜곡함으로써 나온 산물이라는 점에서 근대의 역동성을 몰각한 논리라는 근본적 한계를 갖는다. 이 역시 우리에게 역설적인 교훈을 주는데, 그 교훈은 문제는 근대(성)라는 것이다. 그렇다면 왜 아직도 근대(성)가 문제인가. 그 까닭은 서론에서 간단히 거론했듯이 근대가 대단히 역동적인 시대이고, 따라서 탈근대가 유행처럼 운위되는 지금에도 근대의 가능성과 잠재력은 여전하기 때문이다. 버먼의 분석처럼 근대는 이중적이고 모순적인 시대인 동시에 그러한 이중성과 모순성이 역동적 발전의 추진력이 되는 시대이다.[14] 물론 임화의 인식이 거기까지 도달했다고 하기는 어렵다. 그러나 적어도 근대성의 맥락에서 프로 문학과 민족문학의 과거와 현재 그리고 미래를 조망하려 한 점은 민족문학이 포스트모더니즘의 도전을 돌파할 수 있는 올

---

14) 버먼, 윤호병 외 역, 『현대성의 경험』(현대미학사, 1994), pp. 12~40.

바른 길이 무엇인가에 대해 많은 단서를 제공해준다. 30년대 후반 임화의 이론적 모색이 갖는 진정한 의의는 바로 이러한 근본적인 문제 제기에 있다.

안함광 문학론에 나타난 근대와 현대에 대한 인식

오 현 주

1. 들어가는 말

 1930년대 한국 문학은 그 어느 시기보다도 근대 문학의 형성·확립의 문제와 관련하여 문학의 근대성, 혹은 근대라는 시대에 대해 관심이 높았다. 따라서 그 시대의 문학을 연구할 경우 당대 문학가들이 당시를 어떤 시대로 인식했으며 한국에 있어 근대 사회란 어떠한 사회를 의미하는지 혹은 그들이 근대 문학을 어떻게 이해했으며 근대 문학이라 규정지을 수 있는 기준이 되는 문학에 있어 근대성 내지 시대 규정의 내용적 기준으로서 '근대성'이란 어떤 내용적 규정을 담고 있는가 하는 문제가 떠오른다. 그런데 이 때 '근대성'의 문제는 오늘날 포스트모더니즘론의 광범한 대두와 더불어 모더니티를 문제시할 때 주로 언급되는 모더니티(근대성)와는 차원을 달리하여 접근할 것을 요구한다. 역사적인 범주로서 모더니티를 논의할 경우, 넓게는 괴테 시대 이후부터 시기를 구분하여 모더니티를 역사적 시기 구분의 질적 범주로 설명하기도 하지만(예를 들면 버먼의 경우) 실제로 포스트모더니즘론자들이 탈근대를 외치면서 극복해야 할 대상으로서 모더니티를 문제삼을 때

그것은 19세기경에 나타난 정치·경제·사회·문화·예술의 전차
원에서 드러나기 시작한 특정한 경향성이다. 그리고 그것이 예술
분야에서 뚜렷하게 등장하기 시작한 것은 시대적 특성으로서 '근
대성'의 출현보다는 시기적으로 훨씬 후인 19세기말경이다.
　예술에 있어 모더니즘은 매우 다양하며, 통일되지 않는 전망과
미학적 실재를 지닌 것들이다. 그리고 이러한 조류들이 전유럽적
으로 등장했던 시기는 1880년경——주로 상징주의의 출발에서부
터 기점을 잡는다——이후부터이다. 그러나 시기적으로 엄밀히
따지자면 2차 세계 대전을 기점으로 1880년경부터 1930년대까지의
모더니즘 예술과 1950년대 이후 새로이 등장한 모더니즘 예술로
나누어진다고 할 수 있다. 뿐만 아니라 지역적으로도 영미권과 유
럽 대륙이 서로 다른 양상을 띠었으며 동일 지역일 경우라도 나라
마다 혹은 예술 쟝르마다 다른 특색을 보여주고 있다. 따라서 1930
년대 한국 문학에 나타난 근대성의 문제를 탐구하기 위해서는 이
러한 동시대적 논의의 다양성을 이해하는 속에서 이뤄질 필요가
있다. 이와 같다고 할 때 최근에 논의된 모더니티의 문제는 1930년
대 한국 문학의 근대성을 설명하는 데 부적절할 수밖에 없다고 할
수 있다(물론 여기에는 근대성에 대한 합의된 개념 정리가 아직 없는
상태라는 점과 서구에서 논의된 근대성 문제와 한국적 현실에서 논의
가능한 근대성의 문제가 지닌 낙차가 크기 때문이라는 이유도 있다).
　특히 이 글에서 다루고자 하는 1930년대 한국 문학의 경우 다양
한 예술적 모더니즘 조류 가운데에서 영미 주지주의를 주로 받아
들였고 그 밖의 경우——예를 들자면 표현주의·다다이즘·초현
실주의 등——는 아주 미미한 실정이다. 따라서 당시 서구 사회에
서 광범위하게 제기되었던 예술에 있어 모더니즘의 문제가 한국
문학에 이르면 그 위치나 비중, 의미 등이 달라질 수밖에 없다. 서
구 사회와는 달리 한국이 식민지라는 특수한 상황에 처해 있었고
아울러 문학이 그러한 현실로부터 결코 자유로울 수 없는 조건이

었다고 할 때 서구의 논의와 국내 논의는 다른 양상을 띨 수밖에 없으며 모더니즘 문학과는 다른 문학관에 기초한 문학이 필연적으로 요구되는 현실이었던 것이다. 다시 말해 식민지 현실을 올바르게 인식하고 그를 진실하게 반영함으로써 문학을 통해 현실에 대응하고자 하는 노력은 모더니즘 문학보다 리얼리즘 문학이 더 유용했다. 이에 따라 1930년대 한국 문학은 리얼리즘 문학의 주된 흐름 속에 모더니즘 문학이 한 부분을 차지하는 양상을 보이고 있다 (물론 서구의 경우도 리얼리즘 문학과 모더니즘 문학의 대립을 보인 것은 사실이다. 그러나 리얼리즘 문학이 갖는 의미와 비중은 우리의 경우와 다르다).

그런데 1930년대 문학을 대표하던 두 가지 문학 조류, 즉 리얼리즘 문학과 모더니즘 문학에서 근대에 대한 이해가 전혀 달랐다는 점을 주지할 필요가 있다. 리얼리즘 문학이라고 할 때 특히 카프 출신의 작가·비평가 들의 문학을 일컬음인데 그들의 문학론에서 보여준 근대에 대한 인식——물론 논자마다 서로 다르기는 하지만——과 당시 모더니즘 문학론자들의 근대에 대한 인식이 전혀 다른 차원에서 이루어지고 있었다는 점이다. 모더니스트 중 대표적 이론가격인 김기림의 경우만 살펴보더라도 주로 영미 주지주의 이론을 받아들였기 때문에 그가 모더니즘 문학을 주장하는 것은 그 같은 영향권내에서 나온 것이었다. 그는 근대적인 새로운 정신이 새로운 문학 양식을 요구한다고 하여 문학 형식의 근대성 문제를 제기하고 이에 합당한 것으로 현대 문명의 징후를 주지적 방법에 의거하는, 즉 다시 말해 제작 과정에서 지적 통제를 가하는 태도로 창작할 것을 주장한 바 있었다. 김기림은 구성적이고 즉물적이며 지성적인 문학 형식에서 진정한 근대성을 발견한 비평가였다. 그리고 그러한 모더니즘 문학은 사회와의 관계에서 볼 때 문명 비판적인 태도를 지니지 않을 수 없다고 했던바(이상은 서준섭, 『한국 모더니즘 문학 연구』, 일지사, pp.64~85 참조) 이렇게 볼 때 모더니스트들의 근대에 대한 인식은 자본주의 사회내에서 나타난 여러 새로운 징후들, 특히 자본주의적 병폐에 대해 문학이 새롭게 대응하려는 노력 속에서 나타난 것이며 이는 형식의 혁명 속에서 이뤄질 수 있는 것으로 이해했다고 할 수 있다.

이와는 대조적으로 당시 카프 출신의 비평가들은 근대를 자본주의 시대와의 연관 속에서, 다시 말해 자본주의적 생산 양식이 지배적인 시대를 근대로 인식하고 있다. 그들은 마르크스의 역사 발전 단계론에 입각하여 1930년대를 전형적으로 자본주의가 지배하는 시대로 인식했기보다(모더니스트들처럼)는 마르크스주의에 입각한 새로운 사회 운동의 발흥으로 1930년대를 새로운 역사적 단계에 돌입한 시기로 이해하는 경향이 강하다.

이상과 같다고 할 때 1930년대 프로 문학론자들의 근대에 대한 인식 및 근대 문학에 대한 인식은 영어 modern을 직역한 것으로 근대와 현대 모두를 의미한다거나 당시 활동했던 모더니스트들이 그대로 '모던'이라는 용어를 사용했을 때의 의미와는 다른 용법으로 사용되고 있었다고 할 수 있다.

이제 그 구체적인 함의를 안함광이라는 카프 출신의 대표적인 비평가를 통해 알아보기로 하자.

2. 몸말

안함광의 비평론에서는 임화와 달리 자신이 살고 있는 동시대에 대한 인식을 구체적으로 언명한 경우가 매우 적다. 그가 자신이 살고 있는 당시를 언급할 경우 대개는 추상적인 언명에 그쳐버리는 수가 많다. 가령 '바바리즘의 시대' 또는 '사상성이 감퇴한 시대' 등 파시즘 체제하의 억압적 현실에 대한 우회적 표현이거나 비유적 표현이 많이 등장한다. 이는 그 시대가 그만큼 시대에 대한 분명하고 구체적인 언급을 어렵게 만드는 시기였기 때문이며 이는 동시에 안함광의 시대 인식이 당시 대부분의 카프 출신의 비평가들과 비슷한 것임을 보여주는 것이기도 하다.
안함광의 근대에 대한 인식은 우선 근대 사회와 현대 사회를 구분하는 데에서 출발한다. 그는 자신이 살고 있는 현시대를 현대라고 하는 반면에 자본주의 발흥기 이후부터 19세기말경까지는 근대로 지칭한다. 그가 이처럼 근대와 현대를 구분하는 근거는 무엇인가? 그에 의하면 현대와 근대를 구분짓는 가장 근본적인 것은 우선적으로 생산 양식에 의해 조건지어지는 것이라 한다. 그런데 당시 세계는 소련을 제외한 전지구적 차원에서 아직 자본주의적 생산 양식이 지배하고 있는 상황이다. 그럼에도 불구하고 현시대를 현대라고 본 것에 대해 안함광은 당시가 다른 한편으로는 마르크스주의에 의한 신흥 계급의 운동이 현실적인 것으로 존재하면서 새로운 현실이 미지의 접근 불가능한 세계로 존재하는 것이 아니라 도달 가능한 세계로 존재하는 현실이라는 점을 중시한다. 따라서 그에 의하면 전대〔근대: 필자 주〕가 "근세 자본주의의 발전이라는 물질적 기초를 갖고 수행되어진 한 개의 역사적 길항이었으며 개성적으로는 어느 편인가 하면 자연과학 정신에 의하여 관류되는 바 '개인의 발견'이었다고 하면 지금〔현대: 필자 주〕의 그것은〔휴머니즘: 필자 주〕 해명을 완료한 당해 사회가 그의 내재적 모순에 의하여 이미 진보적·혁신적 요소를 거세당하고 있는 역사적 전환기에 있어서의 새로운 사회의 해방, 새로운 사회적 인간의 탐구를 의욕하는"(「'지성의 자유'와 휴머니즘 정신」, 동아일보, 1937. 6. 30) 시대라는 것이다. 이렇게 본다면 적어도 그가 현대라 칭한 당시는 아직 자본주의 생산 양식에 지배받고 있기는 하지만 다른 한편으로는 새로운 시대로 나아가기 위한 전환기라 할 수 있다. 그런데 이처럼 그가 어떤 곳에서는 무엇보다도 생산 양식에 의한 시대의 규정성을 강하게 주장하면서 당시를 전환기라고 인식하고 있음에도 불구하고 현대로 시대를 규정했던 근거는 무엇이었을까? 그것은 우선 이미 소련에서 사회주의 사회가 성립되었다는 사실에서 나온 주장이었다고 추측된다. 즉 이미 새로운 시대를 알리는 사회주의 사회가 하나의 현실로 존재하고 있고, 자본주의 국가가 사회주의 사회로 나아가는 것은 세계사의 필연적 흐름이라는 판단이 깔려 있는 것이다. 그런데 여기서 소련의 현실을 곧바로 한국의 현실로 치환시켜버릴 수 없는 차이가 존재하는 점과 관련해서 그는 한국 사회의 경우 그 후진성으로 말미암아 사회주의 사회가 현실적 세계로 존재하지 못하고 가능의 세계, 의욕의 세계로서 그러한 세계를 추구하는 형편이기는 하지만 그것은 실현이 불가능한 현실이 아니라 현실의 운동의 발전에 의해 성취 가능한 세계라고 주장한다. 따라서 역사적으로 보아 아직 근대적인 생산 양식에 지배받고 있지만 전형적인 자본주의의 발흥기와는 다른, 따라서 새로운 시대가 열릴 가능성이 이미 현실 속에 존재하는 지금은 현대가 되는 것이다.

이렇게 볼 때 안함광에게 있어 근대와 현대를 구분지을 수 있는 가장 뚜렷한 대비점은 생산 양식이 아니라 시대 사상이 된다. 안함광은 이 점과 관련하여 분명하게 지적하고 있다. 그에 의하면 자본주의 발전에 있어 일단계를 대표했던 사상은 자유주의이며 이는 부르주아 이데올로기로서 작일의 사상이라고 한다(「문학에 있어서 자유주의적 경향」). 그런데 이런 시대 사상은 어디까지나 그것을 수요로 하는 바 물질적 기초를 전제하는 것이라 할 때 구주 대전 이후에 흘러들어온 국제적 시대 사상〔공산주의 사상: 필자 주〕은 마찬가지로 그를 수요하는 바 현실적 기초 위에서 나타난 사상(事象)이며 이는 조선의 땅 위의 문학에 새로운 국면을 제공했다고 한다(「조선 문학 정신 검찰」, 조선일보, 1938. 8. 24). 그리고 이러한 시대 사상은 이데올로기적 성격의 공통성이라고 하는 것의 추출적 조건으로서 생산 발전의 단계적 공통성까지를 의미하는 것이 아니라 하여 조선이 자본주의 생산 단계에 있음을 전제로 하면서도 당시가 현대 사회일 수 있는 근거가 바로 시대 사상에 있음을 보여준다.

그런데 이 같은 근대와 현대에 대한 시기 구분은 점차 1939년에 접어들면서 다른 양상을 띠게 된다. 다시 말해 안함광은 1939년에 오면 일정하게 자신이 종전에 갖고 있던 문학적 입장에 변화를 보이게 되는데(「조선 문학의 진로」) 이와 더불어 근대와 현대라는 시기를 나름대로 질적 구분하던 종래의 입장에도 변화를 보인다. 즉 이상과 같은 시대 인식의 변화는 그의 비평이 이 시기에 들어와 전반적으로 체제 동조적이 되어가는 양상과 동일하게 진보적 견해의 후퇴를 보여주는 것인바 변화된 시대 인식은 그 당시 일반적으로 통용되던 인식을 그대로 보여준 것이었다. 자신이 살고 있는 시대가 근대를 극복하기 위한 전환기, 그것도 사회주의 사회로의 발전 가능성을 전제한 현대로서 인식하는 것이 아니라 근대와 현대의 구분이 더 이상 의미를 갖지 못하는 것으로 후퇴하고 말기 때문이다.

안함광뿐만 아니라 당시를 살고 있던 대부분의 사람들은 자기 시대를 현대로 규정하고 있었는데 이같이 근대가 아닌 현대로 분명히 규정하는 것은 영어에서 '모던'을 근대와 현대의 구분 없이 사용하고 있는 것과 차이를 보이는 것으로 이는 서양과 달리 동양권에서 시대를 특별히 질적으로 구분하는 근거를 갖고 있기 때문이라기보다는 일반적 의미 용법으로 볼 때 다분히 영어에서 modern과 contemporary의 뜻에 대응되는 것으로 사용한 것 같다. 그러나 1930년대말경에 보인 근대와 현대의 구분은 명확한 정치적 함의를 지닌 것이라 할 수 있는 것이다. 왜냐하면 일본에서 이루어진 근대와 현대의 시기 구분은 일본의 제국주의적 성격을 노골적으로 보여주는 것이었으며 일본에서 이뤄졌던 근대의 초극을 둘러싼 논의를 받아들인 혐의가 보이기 때문이다.

1930년대말에서 1940년대 초엽에 이르면 일본은 제국주의 전쟁을 수행하면서 국내외적으로 여러 변화를 겪게 된다. 즉 전쟁을 원활히 수행하기 위해 국내 및 식민지를 군국주의화할 필요가 생겼고 이를 뒷받침해줄 수 있는 이데올로기도 필요로 하게 된다. 이때 일본 사회의 요구를 실현시켜주는 존재가 바로 지식인들이었던바 진보적인 소수의 몇몇을 제외한 대부분의 사상 운동가나 예술인·문화인 들은 애국심을 명분으로 삼아 군국주의적 정권의 하수인을 자처하는 지경에까지 이르게 된다. 그렇지 않을 경우 정부로부터 탄압을 받을 수밖에 없었는데 당시 일본의 상황은 진보적 지식인들이 자신의 전향을 쉽게 정당화할 수 있도록 해주었다. 다시 말해 전향이 정부로부터의 물리적 탄압이라든지 세계 정세의 변화에 따른 진보적 운동의 위축에 따른 대중으로부터의 고립감, 지도부의 상실과 같은 외적인 요인도 크게 작용한 것은 사실이지만 점차 정세가 불리해지면 질수록 그보다는 국가에 대한 충성심이라는 나름의 명분이 다른 한편으로는 전향을 보다 손쉽게 택할 수 있는 한 요인으로 작용하고 있었던 것이다. 이때 정당화를 위해 동원된 충성심은 보다 구체적으로는 천황제에 대한 귀의와 일본 정신, 일본 고전에 대한 관심 등 국수주의적 성향을 띠는 것들이었는데 이는 일본의 군국주의화를 뒷받침하는 정신적 논리로서 자리잡고 있었다. 특히 일본이 한국·만주·대만은 물론이고 중국 전지역 및 동남아 지역으로 전쟁을 확대해갈 무렵 그들이 내세운 논리인 대동아 공영권의 주장은 자기 고전에 대한 관심 및 동양 문화에 대한 논의와 더불어 일본의 침략 전쟁을 정당화하는 대표적인 논리였다. 그런데 이처럼 그들이 동양에 대한 관심과 동양에 대한 대타적인 세력으로서 서양을 상정한 일종의 동양 중심주의적 논리를 뒷받침하는 논리는 무엇이었는지 따져볼 필요가 있다. 왜냐하면 바로 이 지점에서 당시 일본 지식인들의 역사 인식을 단적으로 보여주는 근대의 초극이라는 논리가 등장하고 있기 때문이다.

당시 일본의 대표적 순수 문예 잡지였던 『문학계(文學界)』에서 주도한 좌담이었던 「근대의 초극: 좌담회」[1]를 보면 우선 '근대'라고 할 때 서양적인 근대를 문제시하면서 동양의 '근대'는 바로 이 서양적인 '근대'가 옮겨진 것이라 주장한다. 이어 그들 역시 자신이 살고 있는 시대를 현대라고 인식하면서 서양적인 근대를 다음과 같이 규정하고 그러한 근대의 극복을 제기한다.

"보통 르네상스는 '근대'의 출발점이었다고 말합니다만, 그게 무슨 말인가. 유럽적 근대라는 것은 잘못되어 있는 것을 열심히 생각하게 되었던 시기이지만 [……] 잘못되어 있는 그러한 근대라는 것의 출발점이 어디 있는가라는 것을 생각하면, 누구라도 그렇게 생각하듯이 역시 프랑스 혁명이 그 출발점입니다. 가령 그렇게 생각할 때 거기에서 계보를 끌어오고 있는 '근대' 그것은 정치상으로는 데모크라시가 되며, 사상상으로는 리버럴리즘, 경제상으로는 자본주의, 그런 것들이 19세기라고 말할 수 있다고 생각합니다. 19세기에 국한시키지 않고라도 원래 근대라는 것은 유럽적인 것이라는 식으로 생각하면 대체로 잘못이 아니겠지요. 그렇게 근대적인 것이 유럽적이라는 것, 이때 그 유럽이라는 것은 유럽만은 아니고 더욱 세계적인 것이라는 의미의 유럽, 그래서 유럽의 세계 지배라고 말하고 있는 것입니다만, 그러한 유럽의 세계 지배를 초극하기 위해서 현재 대동아 전쟁이 행해지고 있습니다. 그것도 역시 하나의 근대의 초극이라고 말할 수 있다고 생각합니다.

그런 식으로 세계 질서의 외형을 변혁한다는 것이 시급한 당면의 문제가 되는 터입니다만, 그러나 그러한 외면적인 질서나 체제의 변혁만이 아니라 또 한 가지 내면적인 질서의 변혁, 정신의 변혁이라는 것을 생각할 필요가 있지 않을까, 그런 것도 생각되지

---

1) 「근대의 초극: 좌담회」, 이경훈 역, 『문학계』(『현대 문학의 연구』 5집에 실릴 예정) 참조.

않으면 안 될 것이라고 봅니다. 어쨌든 단지 외면적인 질서의 변혁만으로는 진정 궁극적인 의미에서 근대의 초극이 가진 의미의 근저를 건드리는 것은 불가능하지 않은가 생각되는 것입니다."

이어 이상에서 말한 내적 질서의 변혁을 위해 자신의 고전에 대한 탐구로 돌아갈 것, 역사의 진보에 대한 믿음을 부정하면서 물질 문명의 병폐에 대한 극복으로서 정신적인 가치의 중요성을 제기하는 등 일본적인 것, 일본적인 정신, 일본 고전의 가치 재인식 등과 같이 국수주의적인 성격을 노골적으로 보여준다.

이상과 같다고 할 때 자본주의적 현실을 지양하고 사회주의 사회에 대한 전망을 바탕으로 하는 근대의 초극 의지가 역사 의식을 상실할 때 그것은 곧 일본의 군국주의적 논리를 자신도 모르게 옹호하는 데로 빠질 위험이 도사리고 있는 것이었다. 그리고 그것은 당시 많은 비평가들에게서 확인되는 바이기도 하다. 고전론·동양 문화사론·신체제론 등 당시 한국 문단내에서 논의된 일련의 비평적 논의들은 모두 일본의 위와 같은 논의의 연장선상에 놓여 있는 것들이었다.

안함광의 경우 자기 시대에 대한 구체적 언급이 적고 일본의 군국주의화 논리를 옹호하는 위의 논의에 가담하지 않은 인물이지만 일본에서 이루어진 일련의 논의들과의 연관성을 자신의 문학론을 통해 보여준다고 할 수 있는데 그것은 바로 '픽션론'과 '성격론'으로 대표되는 그의 소설론을 통해서이다.

이제 그의 문학관을 소설론을 통해 구체적으로 살펴보자. 그에 의하면 사회적·경제적 조건이 훨씬 떨어지는 곳에 발생한 시대 사상이라고 하는 것이 그 결실을 위해서 '존재'에 대한 '의식'의 능동성에 많은 기대를 가지는 특징을 지닌다고 하는데 이것이 문학에서——특히 소설론에서——는 '픽션론'과 '성격론'으로 이어진다. 그러나 '성격론'과 '픽션론'으로 구체화하기 이전에 안함광은 우선 부르주아 문학과 프로 문학의 구분 속에서 근대 문학과 현대 문학의 구분을 시도한다. 안함광은 당시의 경향 문학이 시대사상이 들어오게 된 현실적 지층에도 불구하고 그것이 주체적인 작가의 생활적 근거와의 합리적인 통일이 이뤄지지 못함으로써 세계관이 주체화되지 못하였고 그에 따라 경향 문학이 우수한 창작 수준에 이르지 못했다며 일단 비판한다. 그러나 그것은 외면적인 의미에 있어서 그때의 시대적 특질이 그러했기 때문이며 내면적으로는 예술 세계의 원시적 계몽성 때문이었다고 하여 다른 한편으로는 어느 정도 옹호하고 있다. 이어서 그는 카프 시절 프로 문학에 대한 비판을 전제로 하면서 일정하게 부르주아 문학과 선을 그음으로써 질적인 구분을 시도하고 있는바 그가 춘원을 필두로 하는 일련의 문학을 평가하는 데에서 단적으로 드러난다.

안함광은 프로 문학이 대두하여 민족주의 계열의 작품과 공존하고 있던 당시 민족주의 계열의 문학을 '이전의 문학 세계'로 지칭하면서 경향 문학과는 대립적인 문학으로 상정한다. 그리고는 경향 문학이 환경의 초극을 테마로 하였다면 이전의 문학은 단순히 환경의 설명자의 위치에 있다고 하면서 전자를 초극의 의식의 문학이라 하고 후자를 조화의 의식의 문학이라 칭한다. 그리고 성격의 창조에 있어서도 전자가 성격의 발전이 경우의 발전과 함께 창조되어졌다고 하면 후자의 경우 주관만의 영역에서 성격을 발전시켰다 한다. 이에 따라 춘원을 비롯한 다른 이념의 문학은 성격의 발전적 창조라는 것이 현실에 대한 순응적 한도에서 현현될 뿐이며 거기서 취급되어지는 갈등은 성격 창조에 있어 현실에 대한 점차적 자기 제한 타협의 과정으로서 나타나며 『흙』과 같은 작품의 경우 그 가운데 취급된 사회 개조의 플랜이 비상히 유토피아적이라고 비판하고 있다. 그리고 자연주의 문학가, 혹은 인생파 예술가에게 있어 인간이라는 것은 사회인이기보다는 하나의 개성이고, 작가의 사회적 관심이라기보다는 정신적·문화적 수양의 한도를 표현하는 것이라 한다(「문단 시평: 성격 구조의 허구성의 요구」, 조선일보, 1938. 12. 17). 반면에 현대의 문학('당대'의 문학, 영어로는 contemporary의 의미가 강한)으로서 경향 문학은 성격의 발전이 환경, 즉 객관적 현실의 발전과의 연관에서 창작된 것이며, 다시 말해 경우(境遇)에 의해 영향받은 성격이 동시에 경우 그 자체에 대한 의욕적인 작용을 정시(呈示)하면서 발전해온 문학이라 한다. 그런데 우수한 역사적 의미의 성격 창조는 초극 의식의 문학에서만 비비드하게 살려질 수 있다고 주장하면서 안함광은 이럴 때 문학의 창조는 필연적으로 '픽션'을 요구하게 된다고 한다. 왜냐하면 "환경에 대한 초극이라고 하는 것은 반드시 새로운 질서를 요망하는 세계이고 이 새로운 질서의 세계는 하나의 의욕의 세계일 뿐으로 결코 가시의 현실은 아니기 때문"이라는 것이다. 따라서 결국 픽션의 세계를 그린다는 것은 허구의 현실성이 필연적 법칙 위에서 설명되어질 수 있는 세계의 창조를 의미한다는 것이다(「문학과 성격」, 조선일보, 1938. 12. 17).

이상과 같다고 할 때 안함광의 근대 문학과 현대 문학의 구분은 부르주아 문학(민족주의 문학)과 경향 문학의 구분과 일치하며 이 때 현대 문학은 성격론과 픽션론을 중심적 이론으로 삼고 있음을 알 수 있다. 그런데 이와 같은 안함광의 근대 문학과 현대 문학에 대한 인식은 여러 면에서 많은 문제점을 노정하고 있다. 우선 먼저 그가 현대 문학을 환경에 대한 초극을 그리는 문학이며 이는 새로운 질서를 요망하는 세계이고 이 새로운 질서의 세계는 하나의 의욕의 세계일 뿐이므로 필연적으로 픽션을 요구한다고 했을 때 비록 그러한 픽션의 세계의 현실성이 필연적 법칙 위에서 설명되어야 한다는 토를 달기는 했지만 역사의 흐름에 대한 전망을 갖기 어려운 당시 현실에서 그것은 결국 말 그대로 단순한 픽션일 뿐이거나 아니면 당시 논의되던 신체제론의 옹호로 기울 가능성을 다분히 지니고 있기 때문이다. 이미 1939년 이후에 이르면 근대와 현대의 질적 구분이 모호해지기 시작하고 있었던바 그러한 현실에서 근대를 극복하기 위한 초극의 문학이란 결국 신체제로 가는 현실을 그린 것으로 빠지기 쉽기 때문이다.[2]

문학론 자체만을 두고 볼 때도 현대 문학과 근대 문학을 구분하는 기준이 되는 성격 창조의 경우 춘원을 비롯한 다른 이념의 문학은 성격의 창조적 발전 대신에 현실에 대한 순응적 한도내에서 성격의 발전적 창조가 그려질 뿐이라든지, 성격의 발전이 주관——성격——에만 있을 뿐 환경과의 연관 속에서 발전이 그려지지 못한다고 본 점, 경향 문학만이 성격 대 성격에 있어서 또는 성격 대 환경에 있어서 도저히 타협할 수 없는 충돌과 갈등의 세계를 취급한다고 본 점 등을 미루어볼 때 근대 문학과 현대 문학, 다시 말해 부르주아 문학과 프로 문학과의 관계를 리얼리즘 문학으로서 발전적이고 연속적 관계 속에서 이해하지 못하고 질적으로 다른 별개의 문학으로서 보고 있었다고 할 수 있다. 다시 말해 부르주아 문학의 성격을 안함광처럼 경우의 발전과 함께 그리지 못하고 주관의 영역에서만 성격을 발전시킨다고 할 경우 그러한 인물의 창조란 결국 리얼리즘 문학의 성격 창조가 되지 못함을 의미하게 된다. 인물이 현실과 상호 작용하는 가운데 사건의 전개에 따라 창조되어지는 것은 리얼리즘 문학이 되기 위한 기본 요건으로 경향 문학이 지닌 독자적인 창작 원리는 아니기 때문이다. 따라서 이 같은 논리라면 경향 문학만이 리얼리즘 문학이라는 주장이 성립하게 되는데 이는 그의 리얼리즘관의 문제점과도 관련이 있다고 할 수 있다.

그가 초극의 의식의 문학으로서 경향 문학의 본질적 성격을 규정짓고 그를 위해 픽션을 그릴 것을 요구하면서 픽션이란 것이 현실의 역사적 필연성에 대한 신념을 기반으로 해서 그려질 수 있는 세계이고 이렇게 창조된 문학을 리얼리즘 문학[3]이라고 한 안함광

---

2) 실제의 안함광의 글인「조선 문학의 진로」는 그러한 혐의를 보여준다.

의 리얼리즘론은 부르주아 문학이라고 그가 평가한 작품들에서는 도저히 합당한 작품들을 찾을 수가 없게 된다. 왜냐하면 안함광의 리얼리즘론은 사회주의 리얼리즘론을 염두에 둔 것으로 부르주아 문학은 그의 리얼리즘론에 포괄되기 어렵기 때문이다.

이와 같은 문제점은 곧바로 그의 문학사에 대한 인식의 결여로 이어진다. 근대 문학과 현대 문학의 질적인 구분만을 했을 뿐 그 속에서 어떻게 연속성이 이어지고 있는가에 대한 안함광의 무관심은 결국 문학사의 발전에 대한 인식이 결여되었음을 보여주는 것으로 임화가 프로 문학을 부르주아 문학의 유산을 물려받는 가운데에 보다 발전된 문학——개성과 사회성의 종합으로서의 문학——으로 인식했던 점과 비교하여 뒤떨어진 견해임을 보여준다. 문학사에 대한 인식은 역사를 인식하는 일인 동시에 문학 유산의 올바른 계승과 발전을 위한 것이라 할 때 무엇이 자신들에게 남겨진 계승해야 할 유산인가를 명확히 인식하는 일은 우선적인 과제가 되지 않을 수 없다.

다른 한편으로 안함광의 문학사에 대한 인식의 결여는 근대 문학에 대한 올바른 평가가 이뤄지지 못한 가운데 이루어졌던 것으로 근대에 대한 추상적이고 빈약한 인식에서 비롯된 것이라 할 수 있다. 안함광은 근대를 곧바로 자본주의 시대이며 자유주의 사상이 지배하고 그것에 지배되는 부르주아 사회를 특징으로 한다고 이해했을 때(「지성의 자유와 휴머니즘의 정신」) 그것은 이미 앞에서 일본 지식인들의 견해에서 보여준 바 있듯이 당시 일반적으로 통용되던 논의인 동시에 구체성을 결여한 추상적 수준의 인식임을 보여준 것이다. 왜냐하면 조선이 식민지 국가로서 어떤 역사적인

---

3) 이는 물론 그가 사회주의 리얼리즘론을 염두에 두면서 혁명적 낭만주의론을 받아들였기 때문으로 보이는데 그에 의하면 리얼리즘의 능동면은 그것이 포섭하는 낭만적 모멘트에 의한 것으로 바로 이것이 허구성의 문학화를 요청하는 세계라고 하고 있다(「문학의 진실성과 허구성의 논리」, 『인문평론』, 1939. 12).

특수성을 지닐 수밖에 없는 것인지 그로 인해 근대 사회가 어떤 특수성을 지니게 되는지에 대한 인식이 보이지 않으며 아울러 이러한 특수한 근대사를 가진 조선의 현대가 그러한 근대로부터 어떠한 유산을 물려받았는지에 대한 인식 역시 보이지 않고 있기 때문이다.[4]

이상을 통해 살펴볼 때 안함광은 임화나 당시 모더니스트들에 의해 지속적인 관심사로서 제기된 근대성 및 근대와 현대의 관련성에 대한 문제에 무관심했음을 알 수 있다. 그에게 있어 자본주의가 전면적으로 개화했던 시기가 근대이고 사회주의 사회의 성립이 현실에서 실현 가능한 시대가 현대인 점은 자명한 것으로 인식되고 있다. 결국 이 같은 안함광의 시대관은 역사적 암흑기에 과거의 역사를 되돌아보고 평가하는 가운데에서 오늘의 진로를 진지하게 모색하려 했던 임화와는 좋은 대조를 보이는 것으로 이 같은 역사에 대한 인식 결여는 이후 안함광의 친일적 문학론의 바탕이 되었을 수도 있을 것이다.

---

4) 이 점에서 안광함은 임화와 좋은 대조를 보인다. 임화는 문학사의 서술을 통해 조선 근대사와 근대 문학의 특수성을 인식하려 노력했음을 보여준 바 있었다. 그런데 근대사의 특수성에 대한 인식이 결여됐다는 안광함에 대한 평가는 그가 문학사를 서술한 적이 없었기 때문이기도 하기 때문에 그에 대한 전반적인 한계로 규정짓기는 어렵다.

1930년대 임화의 문학론과 근대성

이 훈

1. 서론

현실 사회주의권의 몰락으로 세계는 자본주의 체제의 승리를 목도하고 있다. 그래서 전망의 부재를 한탄하는 소리가 들린다. 더 나아가서 전망이란 아예 존재하지 않는 목적론적 환상이기 때문에 철학도 역사도 허구라고 하면서 역사의 서사화[1]를 외치는 목소리에 솔깃해하는 사람도 있다. 따라서 현실을 총체적으로 형상화하면서 전망을 드러낸다는 리얼리즘론에도 시비가 없을 수 없다. 지금의 시대가 근대 이후 *postmodern*라고 주장하는 사람들은 반영을 문제시하는 것을 넘어서 근원적으로 실재 자체에 의문을 제기하면서 객관적 현실의 존재를 전제하는 리얼리즘을 근본적으로 잘못된 방법으로서 폐기 처분해야 한다고 주장한다.[2] 그런데 포스트모더

---

1) 해체론자들에 의한 역사·철학의 서사화(허구화)에 대한 요령 있는 설명은 도정일, 「자크 라캉이라는 좌절/유혹의 기표」, 『세계의 문학』, 1990년 여름호, pp. 158~63을 볼 것.
2) "리얼리즘이 재현과 실재 양자 모두에서의 안정과 질서를 약속한다면, 모더니스트 자율화와 자기 입법은 재현을 효과적으로 불안정하게 한다. 포스트모더니스트

니즘을 비판하는 서양의 학자, 예컨대 제임슨은 리얼리즘을 이미 지나간 단계의 것으로 여기고, 혁명의 임무로 근대성의 철폐를 단호하게 주장하는 앤더슨도 리얼리즘에 주목하지 않는 현실과 만나게 된다.[3] 또 근대의 기획이나 이 근대를 극복하기 위한 논의들이 인간 중심주의와 물질적인 진보를 숭상함으로써 생태계의 위기를 불러오고 결국은 지구의 종언을 맞이하게 될 것이라는 경고도 나오고 있다.[4]

이러한 주장이나 경고에 대해 자본주의 체제의 상품 논리에 영합하는 일이라거나 비현실적인 낭만적 태도라고 일축하는 것은 쉬운 일이기는 하지만 문제의 해결에 눈감는 일밖에 되지 않는다. 요컨대 우리 시대의 현실과 세계관을 근원적 radical으로 파헤치는 일이 절박하게 요구되는 시점에 와 있는 것이다. 문제의 근원은 근대 자본주의 체제의 성격을 올바르게 인식하는 일이라고 생각한다. 이 과정을 통해서만 근대의 극복을 지향하면서 그 내실을 튼튼하게 할 수 있는 것이다. 그러나 이러한 작업은 필자의 능력을 한참 넘어서는 것이고, 또 어느 한 분야의 노력으로만 이루어질 수도 없는 일이다.

여기서는 다만 이러한 문제 의식을 염두에 두면서 식민지 시대의 대표적인 비평가였던 임화의 문학론을 살피기로 하겠다. 즉 임화의 문학론에서 나타나는 바 근대 문학, 특히 프로 문학에 대한 인식과 프로 문학이 퇴조한 후의 문학관 내지 현실관에 초점을 맞

탈분화는 실재 자체에 대한 우리들의 경험에 혼란·취약성·불안정을 가져다준다"(스코트 래쉬, 김재필 역, 『포스트모더니즘과 사회학』, 한신문화사, 1993, p. 19).
3) 백낙청, 「문학과 예술에서의 근대성 문제」, 『창작과비평』, 1993년 겨울호, pp. 18~22, 29. 참고로 칼리니스쿠는 제임슨이 모더니즘을 "진정한 영웅"으로, 즉 "자본주의적 문화 질서의 미적 전복"을 기도한 것으로 이해하고 있다고 설명한다(M. 칼리니스쿠, 이영욱 외 옮김, 『모더니티의 다섯 얼굴』〔시각과 언어, 1993〕, p. 359).

추어 그가 근대성을 어떻게 파악하고 극복하려고 했는지를 검토하려는 것이다.

근대를 살아가는 한에서 모든 사람은 의식적으로 무의식적으로 근대의 성격에서 자유로울 수 없는 것은 당연하지만 임화의 경우는 남다른 바가 있다. 그는 그의 문학적 일생 전기간을 통하여 근대성에 주목한 사람이라고 해도 과언이 아니다. 프로 문학으로 전환하기 전의 초기 시절부터 그는 비록 교양 체험에 의한 것이기는 하지만 근대 문학의 성격을 소개하고 바로 근대의 부정적인 현실에 저항하는 전위주의로 나아갔던 것이다.[5] 근대 극복의 지향을 가진 카프 시절은 말할 것도 없고, 카프의 해산 후에도 근대의 성격을 해명하기 위해 고심했다. 이식 문학론도 이러한 과정에서 나온 결과라고 할 수 있다. 궁극적으로 자본주의적 토대의 미숙성이 프로 문학의 실패를 가져온 원인이라고 생각했고, 따라서 근대의 해명을 통해 우리 문학의 역사적 성격을 살피고 그 해결책을 찾으려고 했던 것이다. 그가 문학사의 최종적인 목표로 시대 정신, 구체적으로 말하면 근대 정신을 구명하는 것이라고 주장했던 것[6]은 이러한 문제 의식에서 나온 것이다.

이 글에서는 임화의 이러한 문제 의식과 실천을 1930년대 문학론에서 살펴보고자 하는데, 관점의 변화를 기준으로 하여 두 시기로 나누어서 검토하려고 한다. 그 하나는 대략 1933년부터 1937년까지로 프로 문학의 방법으로서 제출한 사회주의 리얼리즘론을 중심으로 문학을 논의하는 시기이고, 그 이후의 시기는 1938년서부터 1930년대말까지로 프로 문학의 실패를 인정하고 「본격 소설론」 (1938. 5) 등을 통하여 그 원인을 탐구하고 대안을 제시하려고 했지만 점차 반영론의 관점에서 멀어지면서 파시즘 체제를 현실로서

---

5) 임화의 초기 문학론의 성격에 대해서는 이훈, 「임화의 초기 문학론 연구」, 『국어국문학』 111호, 1994. 5를 볼 것.
6) 임화, 「신문학사의 방법」, 『문학의 논리』(학예사, 1940), p. 838.

수용하는 시기이다.[7]

2. 근대 문학의 완성과 탈근대적 지향의 문학적 담당자로서의 프로 문학, 방법으로서의 사회주의 리얼리즘

임화에게 있어서 근대 문학은 자본주의 시대의 민족문학이라는 점이 전제되어 있다. 따라서 근대 문학은 자본주의의 발달에 의하여 민족이 형성되기 때문에 민족 문학은 "민족 의식의 자각과 민족어의 통일적 형성이란 문화적 조건 없이" 성립할 수 없는 것이다.[8] 그런데 이 시기 임화가 파악한 근대 문학사의 구도는 1920년대 중반에서 시민 문학의 시기가 끝나고 그 이후로는 프로 문학이 헤게모니를 획득한다는 것으로 요약된다. 임화의 설명에 따르면 근대 시민 문학이 수행해야 할 핵심적인 과제는 반제·반봉건이다. 그러나 토대가 성숙하지 못한 결과로 시민 계급의 역량이 미약할 수밖에 없었고, 따라서 이러한 과제를 철저하게 실천할 수 없었다.

이 시대(1910년에서 1923, 24년까지의 시기: 인용자)의 작가·시인 들

---

7) 임화 문학론의 시기 구분에서, 「본격 소설론」 등을 사회주의 리얼리즘론을 구체화하려는 노력으로 파악하여 사회주의 리얼리즘 논의 단계와 구분하지 않는 것이 일반화되어 있다. 그러나 이 소설론들이 프로 문학의 실패를 전제한 논의라는 점에서 앞단계와는 단절적인 것──물론 앞으로 논의하겠지만 연속적인 측면을 무시할 수는 없다──으로 이해하는 것이 타당하다고 생각한다. 그런데 김재용(「카프 해소파의 이론적 근거: 임화론」, 『실천문학』, 1993년 여름호)은 이 글과 마찬가지로 시기를 구분하고 있는데, 그렇다고 하여 그 구체적인 논의 내용에 동의하는 것은 아니다.
8) 임화, 「조선 문학의 신정세와 현대적 제상」, 조선중앙일보, 1936.1.29.

에게 있어서 그 주도적 정신이 되었던 것은 조선 민족의 생활과 문학의 발전을 저해하던 봉건적 유제와 민족적인 민주주의적 정신 그것이었다.

그러나 일찍이 조선의 근대 문학과 대표자들이 자기의 예술 가운데서 요구하던 데모크라시의 정신이란 것은 뒤떨어진 조선의 경제적·문화적 수준에 의하여 커다란 제약을 받았다.

봉건적 유제와 임페리알리즘에 대한 공연한 태도 대신에, 개인적·인간적 자유에 대한 확고한 요구 대신에 근근히 가부장제 가운데의 미약한 반항이, 그리고 유물론과 실증주의적 사상 대신에 낭만적 정신과 천박한 이상주의가 문학의 내용을 지배하였다.

[………]

요컨대 조선의 근대 문학은 한번도 예술적으로 자기를 완성하는 일이 없이, 한 사람의 적확한 리얼리스트를 가져본 일이 없이 퇴화의 길을 걸어간 것이다.[9]

따라서 프로 문학은 시민 문학의 과제와 그 자신의 것을 이중으로 지게 된다는 것이 이 시기 임화의 핵심적인 논지를 이루고 있다.[10] 그런데 그가 이중의 과제를 강조하면서도 프로 문학 이외의

---

9) 임화, 「1933년의 조선 문학의 제경향과 전망」, 조선일보, 1934.1.2.
10) 위의 글, 「역사적 반성에의 요망」(조선중앙일보, 1935.7.10), 「언어의 마술성」(조선중앙일보, 1936.3. 『문학의 논리』, p. 586) 등을 볼 것. 그런데 김재용, 앞의 글에서는 이 시기의 "임화의 프로 문학론은 기본적으로 사회주의적 민족문학관에 입각한 것으로 근대적인 민주주의 민족문학관과는 거리가 먼 것"이고 "따라서 조선 현실의 특수성 즉 반제국주의 반봉건의 민주주의 과제 같은 것을 중요하게 인식하려고 하는 모든 노력——그것이 부르주아 민주주의에 기초한 것이든 아니면 노동자 계급에 기초한 것이든——민족 개량주의이고 복고주의적인 것으로 비판"하고 "중간파 문학을 철저하게 배제"하고 있다고 해석하고 있다. "부르주아 민족문학과 프롤레타리아 국제주의 문학의 양극 위에서 프롤레타리아 국제주의 문학으로서의 사회주의적 민족문학만을 인정하는 논리 속에서 이는 당연한 귀결"이라는 것이다(pp. 322~23). 임화가 중간파 문학의 의의를 부정한 것은 사실이다. 그러나 이러한 논리가 사회주의적 민족문학론의 당연한 귀결

경향, 구체적으로 말하자면 염상섭이라든지 구인회 등의 모더니즘의 문학사적 의의를 무시한 것은 문학사 구도의 커다란 문제라고 하지 않을 수 없다. 예를 들어 그의 「조선 신문학사론 서설」(1935. 10~11)에서 이러한 조류의 문학은 들어설 자리가 전혀 마련되어 있지 못하다. 둘째 시기의 글에서 "근대적인 것의 완성을 도모코자 하던 광범한 노력"[11]으로 포괄하는 시각을 이 시기에는 결여하고 있는 것이다. 물론 이와는 완전히 다른 견해도 있다. 즉 「사실주의의 재인식」(1937. 10) 등은 반파시즘 인민 전선의 이념에 조응하는 리얼리즘 일반론의 성격을 띤 사회주의 리얼리즘 이론이라는 것이다.[12] 사회주의 리얼리즘이 리얼리즘 일반의 역사적 형태라는 점에서 일반론의 성격을 가지는 것은, 반파시즘 인민 전선과 관계없이, 너무나 당연한 것이다. 그러므로 중요한 것은 임화의 글에서 인민 전선의 문제 의식을 실증하는 일인데, 이런 작업이 만족스럽게 이루어지지는 못한 것 같다.[13]

이라는 주장은 이해하기가 곤란하다. 배제하거나 포괄하는 것은 각각의 사회의 계급적인 조건에 따라서 얼마든지 다르게 나타날 수 있는 것이다. 따라서 임화가 중간파 문학의 의의를 부정한 것은 타당한 판단은 아니지만, 당시의 계급 상황을 양극화하는 것으로 파악한 데서 나온 결과인 것이다. 그런데 이 글의 더 큰 문제점은 임화가 거듭하여 프로 문학의 '이중의 과제'에 대해서 역설하고 있음에도 불구하고 김재용은 이러한 점을 언급조차 하지 않은 채, 임화가 비현실적으로 프로 문학 자체의 과제만을 배타적으로 주장한 것으로 강변하는 데 있다. 자신의 논지인 '카프 해소파'라는 도식에 임화를 집어넣기 위해서다. 부르주아 문학과 프롤레타리아 문학이라는 양극론을 배타적으로 이해하는 사람은 오히려 김재용 자신인 셈이다(참고로 '카프 해소파, 비해소파'란 도식이 1930년대 문학론의 실상을 제대로 설명하는 데 도움을 주지도 못하거니와 오히려 왜곡하고 있다는 점에 대한 부분적인 문제 제기는 이훈, 「1930년대 임화의 문학론 연구」, 서울대 박사 논문, 1993, p. 93을 볼 것).

11) 임화, 「본격 소설론」, 『문학의 논리』, p. 370.
12) 하정일, 「1930년대 후반 사회주의 리얼리즘론의 발전과 반파시즘 인민 전선」, 『창작과비평』, 1991년 봄호.
13) 위의 글은, "중심을 가진 문학계[소련: 인용자]가 비진보적 작가를 재교육하는

임화는 프로 문학의 과제를 "진정한 의미의 민족문학의 건설"[14] 이라는 명제로 내건다. 이 민족문학은 "'형식에 있어서는 민족적이고 내용에 있어서는 국제주의 정신'으로 대중을 교육하고 그 힘의 강화를 목적으로 하는" 문학이다.[15] 여기서 '국제주의 정신'이 노동자 계급의 세계관을 의미한다는 것은 말할 필요도 없을 것이다. 그리고 민족적인 형식은 주로 언어의 측면에서 설명하고 있다. 그가 언어에 관하여 여러 편의 글을 쓴 것은 물론 조선어가 위기 상황에 처해 있다는 인식 때문이었지만 한편으로는 이 민족적인 형식을 언어의 측면에서 구체적으로 해명하기 위해서였다. 근대의 민족문학은 자본주의의 발달에 따라 형성된 것이고 따라서 언어의 근대적인 성격의 확립은 민족문학을 이루는 데 필수 불가결의 조건이 된다. 그래서 민족어의 통일(표준어의 확립)에 의해서 언어의 합리성과 심미성·민중성을 획득하여 창조성과 교육적인

방법이, 중심 없는 문학계(조선: 인용자)에 있어서 양심적 작가가 자기를 재건하는 방법으로(사회주의 리얼리즘이: 인용자) 적용되지 않는다면 그것은 명백한 모순 (임화, 「주체의 재건과 문학의 세계」(1937. 11), 『문학의 논리』, p. 67) 이라는 구절을 그 증거로 들고 있는데, 여기서 '양심적 작가'의 외연이 프로 문학을 포함한 민족문학 전체라는 것이다(pp. 338~39). 그러나 「사실주의의 재인식」에서 분명하게 경향 소설만을 그 대상으로 하여 논의를 진행시키고 있는 것을 보면, 그 외연이 프로 문학에 한정된다고 이해하는 것이 옳을 것 같다. 또 반대의 증거로 다음과 같은 임화의 발언을 참고할 수도 있다. "지성의 옹호라는 마당에서 양자(19세기적 지성과 20세기적 지성, 즉 리버럴리즘과 마르크시즘: 인용자)는 공동의 자세를 취할 수가 있었다. 그러나 이러한 자세는 어디까지나 잠정적인 것이고, 또한 우리들 자체도 모두 그런 것이 일시적이기를 희망하고 있는 것은 사실이다. 왜냐하면 양자는 같은 지성적인 것이라 하더라도 실질적으로 내용을 달리하는 것이고 얼마 전까지의 경험으로만 보더라도 서로 대립하고 상극하는 것이었으며 (……)"(임화, 「사실의 재인식」, 『문학의 논리』, p. 84)

14) 임화, 「언어와 문학: 특히 민족어와의 관계에 대하여」, 『문학 창조』, 1934. 6, p. 24.
15) 위의 글, p. 25.

효과를 가져야 한다.[16] 그러나 시민 문학은 그 주체인 시민 계급의 미숙성으로 이 과제를 제대로 수행할 수 없었고 프로 문학이 그 짐을 넘겨받아야 했다는 것이다.

프로 문학의 그 본래의 성질상 새로운 언어적 세계를 개척하였다. 본래에 있어 모든 고유의 조선어를 이야기하는 생산 인민의 생활, 심리 묘사를 위하여 또 그들에게 읽힐 현실적인 이유 등 이중의 필요에 의하여 그 존립의 10년간을 노력한 것이다.[17]

그런데 '민족적 형식'의 가장 중요한 계기가 되는 것이 민족어이기 때문에, 그 질을 평가하는 기준으로서 합리성과 민중성을 든 것을 일정하게 평가할 수 있지만, '민족적 형식'에 대한 논의가 협소하다는 점은 지적할 필요가 있다. 다시 말하면 임화는 민족적 형식의 문제를 해명하면서 언어 그 자체에만 논의의 초점을 맞추고 있다. 그래서 고전 문학의 유산을 창조적으로 계승하는 문제 등은 고려하고 있지 못한 것이다.[18] 이러한 사유 방식이 '이식 문학론'에서 문학적 전통을 주요한 탐구 대상으로 설정하고 있음에도 불구하고 대체로 그것을 부정적인 유산으로 파악하는 것으로 나타나게 되는 것이다.

문학의 참다운(긍정적인) 근대성을 완성함과 동시에 근대를 극복한다는 지향을 가진 프로 문학의 예술적 방법으로서 제출된 것이 리얼리즘론임은 주지하는 바이다. 그러니까 그의 문학론의 밑바탕에는 리얼리즘에 의해서만이 현실을 올바르게 인식할 수 있다는 전제가 깔려 있는 것이다. 첫째 시기 임화가 리얼리즘을 논의

---

16) 임화, 「언어의 마술성」(1936. 3), 『문학의 논리』.
17) 임화, 「조선어와 위기하의 조선 문학」, 조선중앙일보, 1936. 3. 20.
18) 해방 직후 논의된 문학 유산의 계승 문제에 대해서는 김윤태, 「해방 직후 민족 문학론의 문학 유산 계승 문제」, 『문학과 논리』 2호, 1992를 볼 것.

하는 과정은 먼저 1934년에서 1936년까지 낭만주의론을 제출하고, 다음은 사회주의 리얼리즘의 실천을 통해서 주체를 재건하는 방법을 탐색하는 단계로 나누어볼 수 있다.

먼저 사회주의 리얼리즘의 핵심적인 요소로서 내걸었던 (혁명적) 낭만주의론은 박영희의 전향 선언(1934. 1), 카프 맹원의 제2차 피검(1934. 2), 카프의 해산(1935) 등에서 드러나는 바와 같이 객관적 상황이 악화되는 것에 대응하기 위해서 제창된 것이다. 즉 정치와 예술을 분리하는 탈정치주의적인 분위기에 대한 비판으로서 미래에 대한 신념을 강조한 것이다. 그가 제창한 '낭만적 정신'은 마르크스주의가 말하는 바 역사 발전의 필연성에 대한 믿음을 말하는 것인데, 이것을 사회주의 리얼리즘의 본질을 이루는 것으로 이해한 것이다. 그런데 이러한 주관적 계기를 강조하는 나머지 낭만적 정신을 '사실적(寫實的)인 것'과 분리하는 데[19] 문제가 있었다. 이 사실적인 것은 현실을 수동적으로 복사한다는 것(객관주의)인데, 이러한 논리를 연장하면 결국 사회주의 리얼리즘은 주관적인 것(혁명적 낭만주의)과 관조주의의 절충으로 나타나게 된다.[20] 그러므로 문제의 올바른 해결은 사실적인 것 속에 이미 주관이 작용한다는 사실을 분명히 인식하고 이 주관이 현실을 얼마나 진실하게 반영하고 있는지를 살피는 데 있는 것이다. 낭만주의론이 내포하고 있는 이원론의 문제점은 시간이 흐를수록 증폭되는데, 현실에 근거하지 못한 낭만적 정신은 상황이 악화되는 것에 비례하여 현실과 유리될 수밖에 없기 때문이다. 요컨대 현실에 대한 위기 의식을 객관적인 현실과 관계없이 일면적으로 주체의 신념만을 강조함으로써 극복하려고 했던 데 문제의 본질이 있었던 것이다.

---

19) 임화, 「낭만적 정신의 현실적 구조」, 조선일보, 1934. 4. 20.
20) 그의 낭만주의론이 지니고 있는 이원론이 이 시기의 문학사 서술, 즉 「조선 신문학사론 서설」(조선중앙일보, 1935. 10. 9~11. 3)에 미친 영향과 문제점에 대해서는 이훈, 「1930년 임화의 문학론 연구」, pp. 168~71을 볼 것.

위에서 본 대로 낭만주의론은 현실과 교섭하지 않은 채 일방적으로 주관을 강조함으로써 주관주의적인 성격을 드러냈다. 그러므로 이제 임화는 주체의 패배에 대해서 다른 방식으로 대처해야 했는데 그것이 주체 재건의 방법으로서 내놓은 사회주의 리얼리즘론이다.[21] 그러니까 지금까지는 리얼리즘을 논의하면서도 세계관을 관념적으로 받아들인 것에 지나지 않았고 따라서 상황이 열악해지자 임화의 말을 빌리면 "이론적으로 파악된 세계관이 실천의 마당에서 산새와 같이 떠나가"버렸던 '쓰라린 경험'을 했던 것을 반성하는 과정에서 나온 산물인 것이다. 그래서 생활 실천이 불가능한 현실에서 "이론이란 것이 대뇌의 일부에만 아니라 나의 육체, 나의 모세관의 세부까지를 충만시킬 한 사람의 순화된 사상인"이 되어야 한다[22]는 문제 의식을 리얼리즘을 통하여 해명하려고 했던 것이다.

먼저 임화는 사회주의 리얼리즘을 이해하거나 실천하는 데 있어서 나타나는 주관주의와 관조주의의 양편향을 비판하고, 이것을 변증법적으로 지양할 수 있는 주객 변증법을 "객관적 현실의 반영으로서의 리얼리즘 가운데 표현할 주체성은 일개인의 국한된 주관이 아니라 현실의 묘사로서의 의식"[23]이라는 명제로 정리한다. 앞에서 보았듯이 낭만주의론 단계에서 의식(주관)과 현실(객관)이 분리되었던 것에 비하면 질적인 전환을 이룬 셈이다. 이렇게 주체화의 방법으로서 리얼리즘을 원리적으로 해명한 다음에 그 구체적인 지침으로서 엥겔스의 '리얼리즘의 승리' 명제를 통하여 리얼리즘을 실천함으로써 객관적 현실과 어긋나는 세계관을 고쳐나가고 혈

---

21) 임화의 사회주의 리얼리즘론을 주체 재건의 방법으로 주목한 글로서는 신두원, 「임화의 현실주의론 연구」, 서울대 석사 논문, 1991; 이훈, 「1930년대 임화의 문학론 연구」를 볼 것.
22) 임화, 「주체의 재건과 문학의 세계」, 『문학의 논리』, pp. 49~50.
23) 임화, 「사실주의의 재인식」, 『문학의 논리』, p. 93

육화된 세계관을 획득할 수 있는 가능성을 탐구한다. 임화는 리얼리즘의 실천이 세계관에 대해서 승리를 거둘 수 있는 근거로서 "그릇된 세계관을 격파할 만큼 현상의 본질에 투철하고, 협소한 자의식과 하등의 관계 없이 현실이 발전해가는 역사적 대도를 조명하려는 작가의 고매한 정신"[24]을 역설하였다. 그러므로 이제 주체를 재건하는 데 결정적으로 중요한 것은 현실의 의의를 바르게 이해하는 일이다. 즉 현실은 '단순한 묘사의 대상'이 아니고, "주체의 성질을 분석하는 시금석이고 성격의 운명을 결정하는 객체"라는 점을 인식해야 한다는 것이다.[25] 이와 같이 주체 재건의 방법을 논리적으로 검토한 것은 오늘날에도 여전히 의의를 지니는 업적이지만, 주체 재건론의 결정적인 문제점은 현실의 의의를 그토록 강조하였음에도 불구하고 그 현실이라는 것이 임화가 주체 재건을 모색하면서 전제한 대로 생활적인 실천이 불가능한 당대의 구체적인 현실이 아니라 주체의 능동적인 작용이 가능한 일반론적인 현실이라는 데 있다. 그 결과로 역설적이게도 의도와는 달리 리얼리즘에서 멀어질 소지를 다분히 내포하고 있는 것이다. 이런 문제점이 후에 살펴보겠지만 본격 소설론에 이어져서 본격 소설을 당면의 과제로 제시하면서도 동시에 그것의 실제 창작이 불가능하다는 논리의 혼란을 드러내는 이유가 된다. 물론 이러한 문제점을 주체 재건론 자체의 한계 때문인 것으로만 평가하는 것은 공정하지 못할 것이다. 한편으로는 리얼리즘의 승리를 가능하게 해줄 사회 집단의 실천이 불가능했던 상황 자체의 요인이 작용했다는 것을 감안해야 하기 때문이다.[26]

---

24) 앞의 글, pp. 77~78.
25) 임화, 「현대 문학의 정신적 기축: 주체의 재건과 현실의 의의」(1938.3), 『문학의 논리』, p. 117.
26) 이런 측면에 대한 임화의 설명은 「의도와 작품의 낙차와, 비평」(1938.4), 『문학의 논리』)을 볼 것. 주체 재건론에서 차지하는 이 글의 중요성에 대해서는 이

3. 근대 문학의 완성에 대한 지향, 리얼리즘적인 관점의 약화

둘째의 시기, 즉「본격 소설론」(1938. 5)을 전후로 한 일련의 소설론을 발표하는 데서부터 1930년대말까지의 시기를 따로 구분한 것은 앞시기의 문제 의식과 다른 양상을 보인다고 판단했기 때문이다. 그것은 무엇보다도 근대 문학을 완성하고 프로 문학의 독자적인 과제를 해결한다는 목표를 가진 프로 문학의 실패를 분명하게 인정한다는 데서 드러난다. 또 이 시기에 와서 문학론이나 현실관에서 정합적으로 해석할 수 없는 혼란상을 읽을 수 있는 점도 무시할 수 없다. 그런데 지금까지 임화의 문학론을 해석하는 일반적인 흐름은 사회주의 리얼리즘론과「본격 소설론」등의 단계를 연속적인 것으로 파악하는 것이었다. 그러나 예를 들어「본격 소설론」이 발표된 후 3개월이 지나서 나온「사실의 재인식」(1938. 8)에서 본격 소설론의 추상성을 고백하면서 '기정 사실의 인정'을 내세우고 있는 것을 보면 사회주의 리얼리즘의 구체화라는 측면에서 일련의 소설론을 검토하는 것[27]은 전체적인 맥락보다는 특정한 측면만을 배타적으로 강조하는 것이어서 일면적이라는 느낌을 준다. 이 시기 문학인들의 정신적 분위기에서 나타나는 "현실에 대한 깊은 환멸, 허무주의 그리고 방향 감각의 상실을 감안"해야만 1930년대 후반의 문학(론)의 성격을 좀더 실상에 맞게 해석할 수 있다는 점[28]을 별로 고려하지 않고 있다는 인상을 받기 때문이다.

훈,「1930년대 임화의 문학론 연구」, pp. 74~78을 볼 것.
27) 민경희,「임화의 소설론 연구」, 서울대 석사논문, 1990; 하정일, 앞의 글; 오현주,「임화의 문학사 서술의 추이에 관한 연구」,『실천문학』, 1992년 봄호.
28) 류보선,「환멸과 반성, 혹은 1930년대 후반기 문학이 다다른 자리」,『민족문학사 연구』4호, 1993, p. 220.

따라서 이 시기의 글을 해석하는 데는 어느 한 측면에 초점을 맞추기보다는 여러 차원의 논의가 중첩되어 있다는 점을 전제하는 것이 올바른 독법이 된다고 생각한다. 1930년대 후반기에 발표된 글 중에서 가장 문제적인 글의 하나라 할 「본격 소설론」이 특히 그러하다. 여기서는 이 글을 중심으로 이 시기 문학론의 성격을 살펴보기로 하겠다.

먼저 「본격 소설론」은 프로 문학의 실패를 인정하면서 근대 문학의 완성을 지향한다는 관점에서 당대 소설의 위기 현상을 주목하고 '본격 소설'을 당면의 과제로 제시하고 있는 글이다. 임화가 보기에 시민 문학과 프로 문학의 실패는 무엇보다도 근대의 미성숙 때문이다.

> 누언하는 바와 같이 소설은 개인으로서의 성격과 환경과 그 운명을 그리는 예술이므로 서구적 의미의 완미한 개성으로서의 인간 또는 그 기초가 되는 사회 생활이 확립되지 않는 한, 소설 양식의 완성은 기대할 수 없는 것이다.
> 이런 의미에서 진정으로 개성이기엔 다분히 봉건적인 신문학, 또한 개성적이라기보다는 지나치게 집단적인 경향 문학은 결국 조선의 소설 양식을 완성할 순 없었다. 뿐만 아니라 시민적 개성의 문학을 집단적인 개성으로 여과하므로 제 독특한(19세기의 소설과 구별되는) 소설(혹은 서사시)을 형성할 경향 문학으로서 아직 시민적 의미의 개성도 형성되지 않은 땅에서 일을 시작한다는 것은 두려운 모험이었다. 조선의 경향 소설은 그런 때문에 개성의 가치를 자기의 입장에서 평가하고 재생시키는 것을 몰각하게 되었다. 〔……〕
> 그러므로 신문학의 후예들 속엔 사회성에서 분열된 형해로서의 개성의 환영이 남게 되고 경향 문학에는 산 개성의 풍요성에서 떨어진 둔중한 사회성의 실체만이 드러난 것이다. 〔……〕
> 이렇게 근대적 전통의 결여가 조선의 소설 발전 내지 완성에 치명적인

결함으로 나타날 때, 문학은 점점 더 괴로운 생활을 인내하지 아니할 수 없게 되었다.[29]

요컨대 지금까지는 참다운 근대성을 완성시키는 임무에 대해서 비교적 낙관적으로 생각해왔던 셈이다. 그런데 이 시기에 이르면, 당대의 소설에서 나타나는 침체 현상은 근대적인 토대가 확립되지 못한 데서 오는 필연적인 결과로 판단했고 따라서 이제는 근대적인 것의 완성을 도모한다는 것이 당면의 숙제가 된 것이다. 이 글에서, 또 1939년서부터 시작한 근대 문학사 서술이나, 문학사 방법론에서 강조한 우리 근대 문학의 이식성은 바로 이러한 문제 의식에서 나온 산물이다. 즉 근대성의 해명에 그 초점이 가 있었던 것이다. 미 군정기의 민족문학론도 근대 문학의 완성을 지향하는 본격 소설론의 이 측면과 연속선상에 있다.

다음으로 「본격 소설론」의 또 다른 측면은 앞단계의 리얼리즘론과 연속되는 것이다. 본격 소설의 성격은 '말하려는 것'과 '그리려는 것의'의 통일, 또는 '성격과 환경의 조화(객체의 여건과 주체 사이의 갈등과 조화의 변증법)'라는 명제로 요약된다. 이 명제는 앞에서 살핀 바 있는 리얼리즘의 주객 변증법을 소설에 적용한 것으로 해석할 수 있다. 그런데 성격과 환경의 조화라는 임화의 명제는 엥겔스의 반영론, 즉 '전형적 상황 속의 전형적인 인물을 충실하게 재현한다'는 원칙에서 벗어나고 있다는 인상을 준다. 다시 말하면 성격과 환경의 문제가 소설의 내적인 형식의 문제로서만 간주됨으로써 소설과 현실 사이의 관계가 탐구의 대상으로 설정되지 못하고 있는 것이다. 구체적으로 민족주의 문학의 본격 소설적인 성격을 인정하면서도 그것의 리얼리즘적인 성취를 별로 문제삼고 있지 않는 것에서 이 점을 확인할 수 있다. 또 그의 소설론이 리얼

---

29) 임화, 「본격 소설론」, 『문학의 논리』, pp. 375~77.

리즘의 관점에서 멀어지고 있다는 인상은 문학적인 현실 진단과 그 대안 사이의 논리적인 모순에서도 뚜렷하게 나타난다. 임화는 1930년대말의 현실에서는 주체의 적극성이 허용될 수 없다는 점을 인정하면서, 다시 말하면 세태와 내성 소설의 발생론적 근거를 긍정하면서도 그 대안으로서 본격 소설의 성격에게는 "현실을 이상으로 전화시키는 오묘한 능력"을 부여해야 한다고 주장한다.[30] 일종의 로맨티시즘(의지주의)인 셈이다. "작자의 희망을 살리려면 리얼리즘을 버리고 로맨티시즘을 취하지 않을 수가 없다"는 작자의 술회를 수긍하는 것[31]을 보면 이 점이 드러난다. 따라서 당대의 현실에 대해서, 주체가 세계에 대하여 작용을 가하고 그에 대해 세계가 호응하기도 하고 적대적인 힘으로 나타나기도 하는 일반적이고 원론적인 주객 관계를 운위하는 것은 비현실적인 현실 인식이라고 할 수밖에 없다. 요컨대 반영론적인 문제 의식에서 멀어진 것이다. 그 결과로 본격 소설은 작품 밖의 현실과 관계없이 다만 내적 형식의 관점에서만 그 가능성을 주장하게 되는 것은 필연적이라고 할 수 있다. 그러므로 임화가 현실을 돌아보자마자 본격 소설론의 추상성을 인정하고 현실의 여건이 본격 소설의 창작을 불가능하게 한다는 점을 고백하는 것[32]은 문제의 당연한 결말이라고 할 수밖에 없다. 이론과 실천을 통해 장편소설의 개조에 깊은 관심을 기울였던 김남천이, 당시의 소설 현상에 대한 임화의 진단을 높이 사면서도 본격 소설의 추상적인 성격과 논의의 과정에서 드러난 비관주의를 염려한 것[33]은 소설가로서의 당연한 반응이었

---

30) 임화,「세태소설론」,『문학의 논리』, p. 348.
31) 위의 글, p. 347.
32) 임화,「사실의 재인식」,『문학의 논리』, pp. 120~22.
33) 김남천,「현대 조선 소설의 이념: 로만 개조에 대한 일작가의 각서」, 조선일보, 1938. 9. 10~18;「세태와 풍속: 장편소설 개조론에 기(奇)함」, 동아일보, 1938. 10. 14~25.

던 셈이다. 그런데 이처럼 본격 소설론이 현실 대응력이나 실제 창작에서 무력했던 것은 앞에서 지적한 바와 같이 사회주의 리얼리즘 논의에서 강조된 '현실의 의의'를 인식하는 과정에서 드러낸 '현실' 개념의 추상적인 성격과 이어지는 것이다. 즉 사회주의 리얼리즘론의 문제점이 본격 소설론에 와서 증폭되고 있는 것이다. 그렇다면 근대 문학의 완성에 대한 지향은 당위적인 명제로만 제출되었을 뿐, 그 참다운 의미를 채우지 못하고 있다고 할 수 있다.

마지막으로 당시의 소설의 위기 현상에 대한 해결책과 연관되는 측면에서 「본격 소설론」을 검토하는 것도 필요하다. 이 글은 "창작상 지도적인 기여"를 당면의 목표로 하고 있는 글이다.[34] 그러나 위에서 말한 이유로, 또 한편으로는 당시의 객관적인 여건 때문에 그 목표를 이루지 못했다. 그래서 임화는 본격 소설과 현실과의 낙차를 깨닫고 또다시 현실의 의의를 탐구하게 된다. 그 결과가 "기정 사실의 인정"이다.[35] 파시즘 체제를 관념적으로 부인하는 것은 문제의 해결에 아무 소용이 없으므로 그것을 현실로서 인정하자는 것이다. 물론 이런 태도를 친일적이라고 몰아붙이는 것은 옳지 않을 것이다. 여전히 '시련의 정신'을 강조하고 있고, 리얼리즘이야말로 무엇보다도 객관적 현실에 그 바탕을 두고 있는 것이기 때문이다. 그러나 파시즘 체제의 현실적 존재를 인정하는 일이 "새로운 사실 가운데 있는 새로운 문화 정신의 발견으로 우리의 낡은 문화를 수정하고 신선하게 고쳐가는 길"[36]로 추천될 때 소극

---

34) 임화, 「사실의 재인식」, p. 121.
35) 위의 글, p. 130. 이 글은 1930년대말의 임화 정신의 궤적, 구체적으로 말해서 파시즘 체제를 현실로서 수용하는 태도를 추적하는 데 매우 중요한 위치를 차지하는 글이다. 따라서 「본격 소설론」 등을 사회주의 리얼리즘의 구체화라든지 반 파시즘 인민 전선의 이념과 연관해서 읽으려는 논자들이 이 글을 거론하지 않는 것은 시사하는 바가 있다. 논지에 들어맞지 않은 글을 배제하려는 태도가 작용하고 있는 것이다. 이런 것에 비하면 본격 소설론의 문제점을 솔직하게 인정하는 임화가 훨씬 더 현실주의적인 관점에 입각해 있다고 생각한다.

적이나마 현실을 수용하는 것이라고 판단할 수밖에 없다.「전체주의 문학론」(1939. 2),「19세기의 청산」(1939. 5) 같은 글의 결론에서 당시의 초미적인 문제에 대해서 판단을 유보하는 것은 이런 태도의 반영이라고 할 수 있다. 이런 성격을 극단적으로 내보이는 글이「생산 소설론」(1940. 4)이다. 임화는 이 글에서 국책 문학의 일종인 생산 소설이 "최근 조선 소설에 있어서 작가의 정신 능력의 쇠퇴"를 치유할 수 있는 계기가 될 것이라는 희망을 피력하고 있다.

그러므로 생산 소설 가운데 기대할 것은 작가들이 시정을 지배할 능력을 얻게 함과 동시에 그것으로 일반 작가들의 정신 능력의 부활과 제재에 대한 지배력의 재생의 계기를 삼자는 데 있지 않은가 한다.
요컨대 시정 생활 가운데 침닉해버린 저회하는 리얼리즘의 한 타개책일 것이다.[37]

생산 소설을 통하여 본격 소설을 구체화하고 있는 셈이다. 그러니까 그가 말한 대로 '고도(전망)'를 드러나게 상실하고 있는 것이다.[38] 물론 이 글은 임화 문학론 가운데서 극단에 위치하고 있는 글이고 또 이와 대조되는 글[39]이 없지 않다는 점을 충분히 감안해

---

36) 앞의 글, p. 131.
37) 임화,「생산 소설론」,『인문평론』, 1940. 4, p. 9.
38) 임화,「비평의 고도」(1939. 1),『문학의 논리』. 그런데 현실을 소극적으로나마 수용하는 글에는 파시즘을 소위 '근대의 초극'이라는 관점으로 인식하려는 흔적이 부분적으로나마 보이기도 한다. 예컨대 나치스의 문화 정책이 "현대 문학의 오래 된 병폐의 일단을 적발하고 있다"고 설명하면서 구체적으로 시민의 정신, 상인 기질, 타산적 개인주의를 그 예로 거론하는 것(임화,「전체주의 문학론」 〔1939. 2~3),『문학의 논리』, pp. 764~66)에서 이런 측면을 엿볼 수 있다.
39) 예컨대,「창조적 비평」,『인문평론』, 1940. 10;「소설의 인상」,『춘추』, 1943. 1 등을 볼 것.

야 하겠지만, 생산 소설에서 세태소설의 문제점을 해결할 수 있는 가능성을 모색하는 자세를 염두에 두면 본격 소설론의 성격이 추상적인 현실 인식에 그 바탕을 두고 있다는 점이 더 확연하게 드러난다고 하겠다.

4. 결론

지금까지 임화의 1930년대 문학론을 근대라는 시대에 대응하는 측면을 중심으로 하여 두 시기로 나누어 살펴본 셈이다.

첫째 시기인 1933년부터 1937년까지의 시기에서 나타나는 임화의 문학사 구도는 1920년대 중반에 시민 문학의 시대가 끝나고 프로 문학이 헤게모니를 장악했다는 것으로 요약할 수 있다. 시민 문학은 근대적인 언어로 반제·반봉건의 과제를 수행해야 했었는데 토대의 여건 때문에 그 과제를 철저히 수행하지 못해서 프로 문학은 이것을 이어받아야 했었다는 것이 임화의 핵심적인 논지를 이루고 있다. 그런데 임화는 이중의 과제를 강조하면서도 프로 문학 이외의 문학 조류에 대해서 그 문학사적 의의를 부여하지 않고 있다. 이런 진단은 당시의 계급적인 상황을 양극화하는 것으로 판단한 데서 나온 것인데, 오늘날의 관점에서 보면 프로 문학의 헤게모니에만 일방적으로 집착한 것으로 보인다. 임화는 프로 문학을 '진정한 의미의 민족문학'이라고 내세웠다. 이 민족문학은 노동자 계급의 세계관을 민족적인 형식에 담은 것이라고 했다. 그가 언어에 관해 여러 편의 글을 쓴 것은 이 민족적 형식을 해명하기 위해서였다. 그러나 민족적 형식의 문제를 언어에만 국한한 것은 너무 편협한 시각이라고 할 수 있다.

프로 문학의 예술적 방법으로 제출한 것이 사회주의 리얼리즘이다. 이 시기 사회주의 리얼리즘론은 붕괴된 주체를 재건하기 위하여 모색된 것이었는데, 그 결과로 '현실의 묘사로서의 의식'이라는 명제로 리얼리즘의 주객 변증법을 해명하였다. 임화는 주체 재건론에서 현실의 의의를 인식하는 일이 결정적으로 중요하다는 점을 거듭하여 역설하였지만, 그 현실의 개념이 당대 현실을 구체적으로 탐색하기보다는 일반적이고 추상적인 현실 개념에 멈추고 말았다. 이것이 그의 리얼리즘론의 가장 큰 문제점이다.

대략 1938년부터 1930년대말까지의 둘째 시기는 이 시기의 가장 중요한 글의 하나인 「본격 소설론」을 중심으로 그의 문학론의 성격을 살폈다. 「본격 소설론」에는 여러 차원의 논의가 중첩되어 있는데, 앞시기와 연속되는 측면도 있고 단절되는 것도 나타나고 있다. 먼저 근대 문학의 완성을 지향하는 관점이 주목된다. 근대적인 토대가 제대로 확립되지 못한 결과로 상부 구조인 근대 문학도 근대적인 것을 완성하지 못했다. 임화가 보기에 프로 문학을 포함한 근대 문학의 실패는 '완미한 개성' 또는 '그 기초가 되는 사회 생활이 확립되지 않'은 데서 온 필연적인 결과이다. 따라서 민족주의 문학과 프로 문학은 '근대적인 것의 완성을 도모한 광범한 노력'이었지만, '근대적 전통의 결여'와 '이식성'이라는 현실적 조건과 주체의 성격 때문에 근대적인 개성과 사회성을 종합한 소설 양식을 완성할 수 없었다. 그래서 근대성의 해명에 관심의 초점이 모아지는데 근대 문학사의 서술 등에서 이식성을 내세운 것은 이것과 연관되는 것이다. 둘째로 「본격 소설론」은 앞시기의 리얼리즘과 이어지는 측면도 갖고 있다. 본격 소설의 성격인 '성격과 환경의 조화'는 리얼리즘의 주객 변증법을 소설에 적용한 것으로 해석할 수 있는 것이다. 그러나 앞에서 말한 대로 현실 개념의 추상성 때문에 세태와 내성 소설의 사회적 근거를 수긍하면서도 본격 소설을 당면의 과제로 내세우는 논리적인 모순을 드러냈다. 따라서 성격과 환경의 조화는 소설 내적인 문제로만 나타나게 되고 리얼리즘의 관점이 관철되지 못하게 되었다. 마지막으로 이 글을 실제 창작과 관련해서 읽을 수도 있다. 그렇지만 위에서 본 대로 당대 현실과의 거리 때문에 창작상에 의미있는 기여를 하지 못하고 말았다. 그래서 재차 현실의 의의를 탐구하게 되는데 그 결과로 나온 것이 '기정 사실의 인정'론이다. 더 나아가서는 국책 문학의 일종인 생산 소설이 세태소설의 문제점을 해결할 수 있을 것이라는 희망을 피력하기도 한다. 이러한 탐색 과정을 따라가면 본격 소설론이 추상적인 현실 인식에 그 바탕을 두고 있다는 점을 다시 확인하게 된다.

그러나 이런 문제점에도 불구하고 리얼리즘을 그 중심에 두고 끈질기게 근대와 대응하려고 했던 임화의 노력은 근대의 극복을 근원적인 차원에서 문제삼아야 하는 오늘날에도 시사하는 바가 크고, 그런 만큼 지울 수 없는 업적이라고 해도 과대 평가는 아닐 것이다.

모더니즘 비평에 나타난
근대 문학과 현대 문학의 성격
―― 1930년대 최재서와 김기림의 비평을 중심으로

김 윤 재

1. 서론

　1920년대 후반의 문학비평은 카프에 의해 주도되었다고 해도 무리가 아니다. 하지만 1930년을 넘어서면서 이에 견줄 만한 체계적인 비평이 전개되었으니, 그것이 바로 모더니즘 비평이다. 1920년대 카프가 정론 비평에 치중한 반면, 모더니즘 비평은 나름대로 사회적 상황에 대처해 나아가려 했을 뿐만 아니라 문학의 특수성도 고려했다. 하지만 카프처럼 동일한 목적을 가진 조직이나 집단에 의해 전개된 것이 아니라, 주로 최재서와 김기림 두 사람에 의해 주도되었다. 그렇기 때문에 이 두 명의 모더니스트를 연구하면 자연히 모더니즘 비평의 전모를 거의 파악할 수 있다. 그래서 모더니즘 비평에 대한 연구는 주로 이 두 사람에 집중되었다.[1]

---

1) 최재서 비평에 관한 대표적인 업적으로는 김윤식, 「최재서론」, 『현대문학』, 1966. 3; 김흥규, 「최재서 연구」, 서울대 석사 논문, 1972; 임환모, 『문학적 이념과 비평적 성찰』(태학사, 1993) 등이 있다. 김기림 비평에 관해서는 김윤식, 「전체시론: 김기림의 경우」, 『한국 근대 문학 사상사』(한길사, 1984); 김학동, 『김기림 연구』(새문사, 1988); 강은교, 「1930년대 김기림의 모더니즘 연구」, 『한국 근대

카프의 검거와 해산, 선진 제국의 파시즘화, 일제 탄압의 강화 등 어려운 상황 속에서 모더니즘 비평은 전개되었다. 물론 최재서와 김기림이 4~5년의 시기를 두고 문단에 나왔지만, 1930년대라는 상황이 그들에게 부여한 과제는 동일한 것이었다. 즉 근대 문학을 극복하고 현대 문학을 건설해야 한다는 것이 그것이다. 물론 언뜻 보기에는 단순한 문제 같지만, 실은 그렇지가 않다. 과연 1920년대 까지의 조선 문학이 명실상부하게 근대 문학의 수준에까지 도달했는가에 대한 해명도 쉬운 일이 아니고, 현대 문학이라는 것도 아직 확실한 실체를 가지고 있지 않았다.

그들은 이런 어려움을 해결하기 위해 나름대로 영미 주지주의를 수용했다. 그렇기 때문에 그들을 주지주의 혹은 모더니즘이라는 용어로 함께 포괄하여 불러왔다. 하지만 그들의 비평을 고찰하다 보면, 이렇게 둘을 함께 묶는다는 것에 많은 무리가 따름을 알게 될 것이다.

본고는 이런 문제 의식에서 출발했다. 비록 주지주의를 수용했음에도 불구하고 최재서와 김기림은 상당히 다른 길을 걸었다. 그들이 풀어야 했던 가장 근본적인 문제인 근대 문학의 극복과 현대 문학의 건설이라는 면에서도 이는 잘 드러난다. 그래서 먼저 근대 문학과 현대 문학의 시기 구분에 대해 살펴보고, 다음으로 그들이 근대 문학에 대해 어떻게 생각했는지를, 또한 현대 문학의 정체를 어떻게 설정했는지를 고찰해볼 것이다.

문학 비평사 연구』(세계, 1989); 정순진, 『김기림 문학 연구』(국학자료원, 1991) 등이 있다. 모더니즘 비평을 전체적으로 다루고 있는 것으로는 문덕수, 『한국 모더니즘시 연구』(시문학사, 1981); 서준섭, 『한국 모더니즘 연구』(일지사, 1988) 등이 있다.

2. 근대와 현대의 시기 구분

영미 모더니즘이란 근대 문학이 파국에 다다랐다는 위기 의식 속에서 이를 극복하고 당대를 이끌어나갈 만한 새로운 문학을 모색하는 과정에서 나온 것이다. 그렇기 때문에 모더니스트 최재서와 김기림에게도 근대 문학의 극복은 중요한 문제였다. 근대 문학 이후의 문학을 현대 문학이라고 부른다면, 최재서와 김기림의 모더니즘론은 근대와 현대의 차별성을 명확히하는 과정이라고까지 단순화시켜 말할 수 있을 것이다.

근대 문학과 현대 문학의 성격이 어떤지는 뒤에서 살펴보기로 하고, 여기서는 최재서와 김기림이 근대와 현대를 어떻게 시기 구분하고 있는지부터 밝혀보기로 한다.

근대의 기점에 대해 최재서는 "근세 문명 즉 르네상스 이후의 문명"[2]이라고 했고, 김기림은 "'르네상스'는 근대 정신의 발상"[3]이라고 했다. 즉 근대는 르네상스부터 서서히 태동하기 시작했다는 말인데, 본격적으로 근대라고 부를 수 있는 시기에 대해서는 다음과 같이 말하고 있다.

> 그러나 우리들이 현금에 사용하는 시인이라는 계단적 특수성을 의미하는 개념은 불란서 혁명 이후 제3계급의 승리에 의하여 새로운 지배 계급이 역사의 무대에 등장하였을 때, 그것과의 관계를 보지(保持)하면서 차차 직업적으로 분리한 극히 근대의 순수한 시인을 의미한다.[4]

---

2) 최재서, 「문학 발견 시대」, 『문학과 지성』(인문사, 1938), p. 46. 이하 출판사와 발행 연도는 생략함.
3) 김기림, 「우리 신문학과 근대 의식」, 『김기림 전집』 2(심설당, 1988), p. 43. 이하 출판사와 발행 연도는 생략하고 서명(書名)은 『전집』 2 등으로 표시함.
4) 김기림, 「시인과 시의 개념」, 『전집』 2, p. 291.

르네상스에서 근대의 발단을 보았고 그것이 프랑스 혁명 이후 본격적으로 자리잡게 되었다는 말인데, 이때는 낭만주의에 해당한다. 흄으로부터 시작한 영미 주지주의에서도 근대를 낭만주의로 보았다.

현대라는 개념에 대해서는 간혹 근대와 혼용해서 쓰기도 하지만, 대부분은 이 두 개념을 구분하려는 의도를 보여주고 있다. 현대는 주로 동시대 의식을 기반으로 사용된다.

동시대 의식이란, 당대 조선을 민족적 특수성에서 파악하지 않고 영미 등과 동질적 세계로 파악함을 말한다. 즉 다른 나라의 위기 상황을 세계적인 보편적 현상이라고 생각하고, 조선 역시 그 나라들과 같은 위기를 맞고 있다고 본 것이다. 최재서가 "우리가 현재에 당면하고 있는 과도기는 국부적이나 지별적 과도기가 아니라 전인류가 생활의 근저로부터 동요를 받고 있는 과도기"[5]라고 말한 것도 동시대 의식 때문이다. 그래서 그는 "불안과 초조를 특징으로 삼는 현대 정신"을 뚫고 나갈 방법을 영미 주지주의에서 찾았던 것이다.[6] 김기림 역시 마찬가지였다. 동시대 의식을 가지고, "'근대'라는 세계는 실로 바로 우리의 눈앞에서 드디어 파국에 부딪혔"고, "현대의 시인은 드디어 '근대'에 대한 열렬한 부정자요, 비판자요, 풍자자로서 등장"[7]했다고 말했다.

현대의 기점에 대해서도 둘은 비슷하다. 즉 1910년을 전후로 해서 현대가 시작되었다고 보았다. 최재서는 근대 낭만주의의 꿈을 "던져버리지 않을 수 없"[8]게 된 것은 1914년의 세계 대전 때문이라고 했고, 또한 인텔리겐치아가 "세계 대전 이후 사상적으로 신념

---

5) 최재서, 「비평과 과학」, 『문학과 지성』, p. 39.
6) 위의 글, p. 19.
7) 김기림, 「시의 장래」, 『전집』 2, p. 338.
8) 최재서, 「문학 발견 시대」, 『문학과 지성』, p. 47.

을 잃"[9]게 되었다고 했다. 김기림이 다다와 미래파를 중시했다는 사실은 잘 알려져 있는데, 전자를 "근대 예술의 최후의 탕자가 그 조선(祖先)의 화단을 스스로 파쇄(破碎)한 것"[10]이라 했고, 후자를 "근대시의 붕괴 작용"[11]이라 했다. 다다와 미래파는 1910년을 전후하여 대두했다. 그러므로 최재서와 김기림은 모두 1910년을 전후해서 근대와 현대가 나뉜다고 본 것이다.

이처럼, 최재서와 김기림은 근대와 현대의 시기를 구분하는 데 거의 일치했다. 하지만 실상 근대 문학과 현대 문학의 구체적 내용을 살펴본다면 이 두 명의 모더니스트가 상당히 다른 길을 걸었다는 사실을 알게 될 것이다.

3. 근대 문학의 성격

근대 문학을 낭만주의로 보는 영미 모더니즘에서는 근대 문학의 특징 중 하나로 센티멘탈리즘을 든다. 최재서는 「센티멘탈론」에서 센티멘탈리즘이 어떻게 근대 문학의 특징이 되었는지를 두 가지 면에서 설명하고 있다.

첫째는 자연신론(自然神論)으로부터 센티멘탈리즘이 대두했다는 설명이다. 중세기에 신은 공포와 경외의 대상이었는데, 근대 자연신론에 의하면 신은 인자와 온정의 아버지였다. 이에 따라 중세기에는 양심이 금욕의 이성으로 생각되었지만, 근대에는 미덕을 본능적으로 즐겨하는 일종의 감관(感官)으로 생각되었다. 그래서 인간의 정서는 이성의 속박을 벗어나 무한대로 확장할 수 있었다는

---
[9] 최재서, 「현대 소설 연구 (3): 학슬리 「포인트. 카운터 포인트」」, 『최재서 평론집』(청운출판사, 1960), p. 270. 이하 출판사와 발행 연도는 생략함.
[10] 김기림, 「상아탑의 비극」, 『전집』 2, p. 314.
[11] 위의 글, 같은 곳.

것이다. 물론 센티멘털리즘의 유포, 확대는 낭만주의의 전성기인 1760년경부터라는 것이다.

두번째 설명은 부르주아지의 발흥에서 찾았다. 18세기 중반 세력을 얻은 부르주아지는 기독교적 도그마와 귀족적 절제에 대항해서 자기의 선량성과 정서의 가치를 주장하게 됨에 따라 센티멘털리즘이 대두했다는 것이다.[12]

김기림은 최재서처럼 구체적인 설명은 없지만, 센티멘털리즘을 반대하고 지성을 중시한 점으로 보아, 센티멘털리즘이 낭만주의의 특성이라는 사실을 염두에 두었음을 추측해볼 수 있다.

이상을 통해서 최재서와 김기림은 센티멘털리즘을 낭만주의, 즉 근대 문학의 중요한 특성으로 보았음을 알 수 있다. 그런데 이 두 명의 모더니스트가 이러한 사실을 조선 문단에 적용했을 때 문제가 그렇게 간단하지만은 않음을 깨달았을 것이다. 즉 영미에서 근대 문학의 특성인 센티멘털리즘이 조선에서는 차라리 전(前)근대 문학의 특성이었기 때문이다. 조선에서는 개화기 이후 1920년대까지 센티멘털리즘이 문단의 주류를 형성하고 있었지만,[13] 개화 이전의 문학도 모두 센티멘털리즘에 빠져 있었던 것이다. 그럴 때 센티멘털리즘이 근대 문학의 특성임을 강조하는 것은 별 의미가 없다. 그들이 센티멘털리즘에 대해 수없이 비판했으면서도, 그것이 근대 문학의 특성이라는 사실에 대해서는, 앞서 본 최재서의 설명 이외에는, 크게 중시하지 않았다는 점도 이런 이유에서 설명이 가능할 것이다.

근대 문학의 특징이었던 센티멘털리즘은 이제 그 근대성을 몰각

---

12) 최재서, 「센티멘탈론」, 『문학과 지성』, pp. 212~15.
13) 김억의 다음과 같은 말은 이를 잘 보여준다. "사람의 감정이 어떤 극에 달하였을 때에는 얼굴에 남모를 표정이 생기며 입에서는 그때 그 감정을 경험하는 사람이 아니고서는 그러한 소리를 낼 수 없는 음성이 나옵니다. 시는 그때에 벌써 생긴 것입니다"(「작시법」, 『조선 문단』, 1925, p. 25).

해버리고, 조선의 전근대 문학까지를 포용하는 광범한 개념으로 변해버렸다. 김기림의 다음과 같은 유명한 말은 이를 잘 드러내준다.

> 그러면서도 내가 권하고 싶은 것은 차라리 의연히 상봉(相逢)이나 귀의(歸依)나 원만(圓滿)이나 사사(師事)나 타협(妥協)의 미덕이 아니다. 차라리 결별을 저 동양적 적멸로부터 무절제한 감상의 배설로부터 너는 이 즉각으로 떠나지 않어서는 아니 된다.[14]

최재서의 근대관은 철저하게 T. E. 흄과 T. S. 엘리엇의 입장에 따르고 있다. 흄은 실재가 절대적인 분리에 의해, 즉 실질적인 불연속에 의해 서로간에 분리된 세 영역으로 나누어진다고 가정하고 각각의 세계를 다음과 같이 설명한다. 1) 수학과 물리학의 무기적인 세계, 2) 생물학·심리학·역사학의 생명적인 세계, 3) 윤리적·종교적인 가치의 세계. 그런데 낭만주의는 인간에게 신의 완전성을 부여함으로써 인격을 신과 인간의 혼합물로 보는 견해를 낳았고 인간이 모든 가치의 기준이 되게 만들었다. 따라서 생명적인 세계에 무기적인 세계와 가치의 세계가 도입되었고, 마침내 그것은 신과 인간이 혼동되는 현상을 초래했던 것이다. 결국 근대 낭만주의란 불연속적인 것들에게 연속적인 개념을 적용해서 나왔다고 평가했다.[15] 흄의 입장에 근거해서 최재서는 근대를 아래와 같이 설명한다.

> 근세 문명은 자연과 인생을 동일시하는 범신론적(汎神論的) 인생 태도를 근저로 한 자연주의적 문명이지. 그 태도를 가지고 볼 때 인간은 〔……〕 무한한 완성의 가능성을 가지고 또 소위 쇠-네제레(즉 아름다운

---

14) 김기림, 「어떤 친한 '시의 벗'에게」, 『태양의 풍속』 서문, 『전집』 1, p. 15.
15) 김흥실, 『영미 모더니스트 시학』(한신문화사, 1990), pp. 13~15; 최재서, 「현대 주지주의 문학 이론」, 『문학과 지성』, pp. 295~97.

혼)을 가진 개체이여. 그래서 사람이 할 일은 이 완성의 가능성을 철저히 발전시키고 이 아름다운 개성을 완전히 표현함이었네. 이것이 군도 잘 알고 있는 개성의 문학이었네.[16]

최재서는 또한 엘리엇에게도 크게 영향받았다. 특히 전통과 모랄의 문제에서 더욱 그러했다. 엘리엇은 전통을 매우 중시했다. 역사 의식을 내포한 전통이 중요한 까닭은, 작가가 "자기 세대를 골수에 간직하면서 작품을 쓸 뿐 아니라, 호머 이래의 유럽 문학 전체와 그 일부를 이루는 자국 문학 전체가 동시적 존재를 가지고 동시적 질서를 형성한다는 감정을 가지고 작품을 쓰도록 강요"하기 때문이다. 이것은 "작가로 하여금 시간 속의 자기 위치, 즉 자기의 현대성을 가장 예민하게 의식하도록 만들어"주게 된다.[17] 이러한 전통의 내재화가 모랄로 연결되는 것이다. 그런데 최재서는 현대를 "전통을 그대로 수용할 수도 없고 또 그렇다고 실질적으로 거부할 수도 없는 곤란한 시대"[18]라고 보았다. 또한 다음과 같이 말하기도 했다.

> 전통과 현실, 개인과 사회, 취미와 신념, 문학과 사상이 너무도 심하게 분열되어 있는 현대에 있어 비평가는 대단한 곤란을 당하고 있다.[19]

이러한 말을 거꾸로 생각해보면 근대의 성격이 도출된다. 즉 근대 낭만주의에서는 "의거할 만한 전통과 신념"[20]이 있었고, 전통과

---

16) 최재서, 「문학 발견 시대」, 『문학과 지성』, p. 47.
17) T. S. 엘리엇, 최종수 역, 「전통과 개인의 재능」, 『문예 비평론』(박영사, 1987), p. 13.
18) 최재서, 「풍자문학론」, 『최재서 평론집』, p. 190.
19) 최재서, 「취미론」, 『문학과 지성』, p. 236.
20) 최재서, 「비평과 과학」, 『문학과 지성』, p. 19.

현실, 개인과 사회, 취미와 신념, 문학과 사상이 조화롭게 통일되어 있었거나, 최소한 심하게 분열되지는 않았다는 것이다.

결국 최재서에게 근대란 연속적 세계관에 의해 낭만주의가 횡행하던 시대였다. 그 시대는 옳건 그르건간에 균형잡히고 조화로운 세계였는데, 제1차 세계 대전 이후로 이런 균형과 조화가 너무도 심하게 분열되어 현대는 혼돈의 시대로 접어들게 된 것이다.

최재서가 흄과 엘리엇 등의 영미 주지주의자에게 영향을 받아 근대 문학의 성격을 파악했다면, 김기림은 계급 사관의 영향을 더 크게 받아 근대 문학의 성격을 살피고 있다. 그에게 근대는 근대 이전, 나아가 시가 처음으로 등장했던 고대와의 관계에서 파악할 때만이 의미있는 작업일 수 있었다.

그는 먼저 인류의 역사를 시와 관련하여 크게 두 시기로 나누었다. 첫번째 시기는 원시 부락 혹은 전설 시대(희랍 시대)로서, 이때에는 모든 사회 구성원이 시인이며 동시에 독자였다. 즉 시라는 것이 특정 개인이 아닌 부락 전체의 소유였으며 생활 그 자체였다. 그러던 것이 사회가 지배 계급과 피지배 계급으로 양분되자 시는 지배 계급의 향락 수단으로 전락하게 되었다. 이제 시란 더 이상 생활 그 자체가 아니라 지배 계급을 만족시키기 위한 수단일 뿐이며, 이를 위해 전문적인 시 제작자, 즉 시인이 탄생케 되었다는 것이다.[21] 물론 이러한 인식은 구체적이고 세밀한 분석을 통해 도출된 것은 아니지만, 김기림이 영미 주지주의에만 추수되지 않았다는 점에서 그 의의를 찾을 수 있다. 더구나, 뒤에서 보겠지만, 그의 시론은 바로 이런 인식 밑에서 나올 수 있었던 것이다.

지배 계급이 등장한 이후로 시인은 그들이 향락에 복무하는 자에 다름아니란 생각은 근대에도 역시 해당된다. 근대와 봉건이라는 구분은 계급 사회라는 커다란 범주 안에서는 그 기본적인 성격

---

21) 김기림, 「시인과 시의 개념」「상아탑의 비극」, 『전집』 2 참조.

이 동일하고, 단지 기본적 성격의 표출 양태만이 다를 뿐이었다.

김기림은 「'인텔리'의 장래: 그 위기와 분화 과정에 관한 소연구」[22]에서 인텔리겐치아의 형성 배경과 특성을 세심하게 살피고 있다. 그가 인텔리겐치아를 중시하는 이면에는, 근대 시인의 성격을 밝혀보겠다는 심사가 놓여 있었다. 그에게 근대 시인이란 인텔리겐치아의 한 부류일 뿐이었고, 인텔리겐치아의 운명은 바로 근대 시인의 운명이기도 했다.

김기림은 신흥 시민 계급이 결정적으로 봉건 사회를 해체한 프랑스 혁명에서 인텔리겐치아의 혁명적 역할을 인정했다. 그러나 이것은 일시적인 현상일 뿐이었고, 그들은 차차 지배 계급에 예속되어 자신의 혁명성을 거세당하게 되었다고 보았다. 더구나 그들은 카우츠키와 부하린이 말했던 것처럼 "점차 그 수요가 증가함에 따라 프롤레타리아에 접근한 층으로 전락"하게 되고 프롤레타리아 계급에 소속되기 시작한다는 것이다.[23]

근대 시인 역시 인텔리겐치아와 마찬가지로 지배 계급에 예속되어, 그들의 시란 다음과 같은 것일 수밖에 없었던 것이다.

> 사실 화가가 '살롱'이나 화상의 '갤러리'에 작품을 걸고, 시인이 그 시를 출판하여 각각 그것을 팔아서 그 논구의 책을 도(圖)하는 이상 예술 작품은 한 개의 상품 이상의 아무것도 아니며 예술가란 수공업자의 명칭 속에 포괄될 성질의 것이다.[24]

예술이 하나의 상품으로 전락한 시대, 그것이 바로 근대이다. 더구나 그 상품의 구매자는 극히 제한되어 있다. 즉 일반 대중이

---

[22] 김기림, 『전집』 6.
[23] 김기림, 「'인텔리'의 장래: 그 위기와 분화 과정에 관한 소연구」, 『전집』 6, pp. 28~29.
[24] 김기림, 「상아탑의 비극」, 『전집』 2, p. 317.

아니라 경제력과 향락의 시간을 지닌 지배 계급에 국한된 것이다. 근대 시인의 어려움이 바로 여기에 있다.

우리가 지금 문제삼지 않으면 아니 되는 것은, 그리고 문제삼고 싶은 흥미를 느끼는 것은 현금 '부르주아'와 '프롤레타리아'의 첨예하게 대립한 두 계급의 중간에 부유하는 표백된 창백한 계급으로서의 근대 시인이다.[25]

더군다나 현재는 지배 계급의 자기 붕괴가 행해지고 있기 때문에 자연히 근대시도 붕괴 과정에 돌입할 수밖에 없다는 것이다.
최재서와 김기림은 모두 르네상스 이후 낭만주의 문학을 근대 문학이라고 보았다. 그러나 최재서가 영미 주지주의의 영향을 주로 받았다면, 김기림은 여기에 계급 사관을 아우르고 있다. 이러한 사실은 쉽게 지나칠 수 없는데, 왜냐하면 이후 그들의 문학론은 모두 여기에서 출발하기 때문이다. 최재서가 흄과 엘리엇에 기대 근대의 파국을 보았지만 그렇다고 해서 그들처럼 원죄 이론으로 돌아가지는 않았다. 거기에는 원죄 이론으로는 설명할 수 없는 조선적 특수성이 내재해 있었기 때문이다. 이럴 때 우리는 최재서의 태도를 예상할 수 있다. 그것은 바로 '탐색'의 정신이다. 서양이 근대의 위기를 어떻게 극복하느냐 하는 점을 탐색하고 그것을 조선에 소개하는 것만이 있을 수 있다. 그것은 심리 탐색으로 귀결된다. 반면에 김기림에게 근대의 위기는 인간 역사를 총체적으로 조망해볼 때 필연적 현상이었다. 역사가 지배 계급과 피지배 계급으로 나뉘고 지배 계급의 향락에 종사하던 시인이 근대에 와서 파국을 맞은 것이다. 이제 그에게는 이런 파국의 원인은 너무도 자명한 것이었고 이를 극복할 방안 역시 추상적이나마 보이기

---

25) 김기림, 「시인과 시의 개념」, 『전집』 2, p. 291.

시작했다. 이 두 명의 모더니스트가 이루고자 했던 현대 문학이 바로 이곳에서 출발한다.

4. 현대 문학의 성격

앞에서 살펴보았듯이, 최재서와 김기림은 당대를 현대라고 파악하고 과도기라고 했다. 과도기라고 부른 까닭은, 현대가 어떤 질서정연하고 안정적인 목표를 가져야 한다는, 그리고 가질 수 있다는 속뜻을 담고 있었기 때문이다. 이 과도기의 현실에서 벗어나는 일 혹은 벗어나기 위한 길을 찾는 작업이 그들 비평의 목표였다. 최재서에게 그것은 주지주의 문학론이었으며, 김기림에게는 전체주의 시론으로 귀결되었다.

최재서는 1930년대 중반 영미의 주지주의 문학 이론가들을 소개하면서 문단에 두각을 드러냈다. 흄, 엘리엇, 리드, 리처드 등을 소개하고 있는데, 그가 이러한 작업을 하게 된 데에는 동시대 의식이 자리잡고 있었다. 동시대 의식으로 현대를 과도기적 혼돈성 혹은 병실이라고 진단했기 때문에, "광명과 길을 찾는 비교적 건전하고 진정한 비평가"[26]인 영미 주지주의자들에게 관심을 쏟았다. 즉 그들은 바로 세계적인 혼돈으로부터 길을 찾는 선구자와 같은 인물들이었고, 이럴 때 그들의 공통적인 경향인 주지주의 문학론을 검토하는 것은 자연스러운 일이었다.

그러나 초기에는 최재서가 일방적으로 서양의 이론에 추수된 것 같지는 않다. 물론 주지주의가 이 과도기를 헤쳐나갈 것이라는 믿음을 가졌지만, 그 구체적인 적용을 조선의 특수성 속에서 고려해야 한다는 당위가 크게 작용하고 있었던 것이다. 그는 「문학 발견

---

26) 최재서, 「현대 주지주의 문학 이론」, 『문학과 지성』, p. 2.

시대」에서 민중을 중시하고 그들을 기록하는 문학으로부터 어떤 돌파구를 찾으려 했다. 그 구체적인 예로 민요를 들었다.[27] 민요는 엘리엇이 말한 전통과도 관련되었기 때문에 좋은 예였을 것이다. 또한 민요에 대해 이미 한국 문단은 주목한 바 있었기 때문에, 그의 이런 의욕은 고무적인 현상이라고 할 수 있겠다. 그가 "처음부터 전통을 무시하는 것은 전통에 대한 무지를 폭로하는 외에 아무 이익도 없을 것"[28]이라고 자신있게 말한 것도, 엘리엇의 전통 논의를 조선에 적용시키고자 했던 의도를 보여주는 대목이다. 하지만 그가 조선의 민요에 주목했을 때, 다음과 같은 난관에 부닥치고 만다.

　　우리는 이들 노래에 참을 수 없는 어필을 느끼면서도 그 형태에 대하여 부끄러움을 금할 수 없다. 가령 노서아의 대표적인 민요「볼가의 노래」를 들을 때 우리는 노서아 농민을 연상한다. 그와 마찬가지로 서반아의「아이 아이 아이」를 들을 때 무랑(舞娘)을 연상하고 이태리의「오-소레미오」를 들을 때 가수를 연상한다. 그러나「영변가」나「산염불」을 들을 때 우리는 〔……〕 기생밖에는 없다.[29]

우리의 민요 속에는 기생밖에는 없다는 단언에는 이미 우리 전통에 대한 절망감이 내포되어 있다. 그가 1930년대 내내 전통에 대한 중요성을 말하고 있지만 전혀 구체성을 획득할 수 없었던 데에는 바로 이런 절망감이 놓여 있었던 것이다.
　주지주의 문학론을 조선에 적용하려 했을 때, 전통 이외에 또 하나 중요한 개념이 지성이다. 그는 지성에 대해 다음과 같이 설명하고 있다.

---

27) 최재서,「문학 발견 시대」,『문학과 지성』, pp. 52~53.
28) 최재서,「리듬, 패턴」,『문학과 지성』, p. 278.
29) 위의 글, p. 277.

예술에 있어서의 지성이란 예술가가 자기 내부에 가치 의식을 가지고 그 가치감을 실현하기 위하여 외부의 소재 즉 언어와 이미지를 한 의도 밑에 조직하고 통제하는 데서 표시되기 때문이다.[30]

지성을 두 층위에서 설명하고 있다. 내용적으로 지성은 가치 의식 혹은 가치감을 지녀야 한다. 형식적으로는 이런 내용을 조직 통제할 수 있는 능력이 있어야 한다. 결국 지성이란 작품의 내용과 형식을 모두 아우르는 원리와 같은 것이다.
지성이란 곧 현대 문학을 과도기에서 건져줄 수 있는 유일한 척도인데, 문제는 우리에게 그러한 지성이 존재하는가 하는 점이다. 그러나 이에 대한 답은 전통과 마찬가지로 부정적이었다.

우리들에게 절실한 문제는 어떻게 지성을 옹호할까가 아니라, 옹호할 지성이 있느냐 하는 것이다. 정치 사정도 유럽과는 다를 뿐 아니라 외적 전통에 있어서도 우리는 그들과 사정을 달리한다는 단순한 사실을 고의로 무의식적으로 무시하는 데서 금일의 지성론의 혼란은 생겨난 것이다.[31]

우리가 유럽과 다르다는 문제 의식은 그가 풀어야 할 가장 어렵고도 중요한 일이었다. 만약 조선에서도 유럽과 흡사한 지성의 모습을 발견할 수만 있었다면 주지주의 문학론은 쉽게 받아들여질 수 있었을 것이다. 즉 조선적인 지성을 토대로 하여 이것을 유럽의 주지주의와 접맥시킨다면, 과도기적 혼돈의 현실을 뚫고 나갈 수 있었기 때문이다. 그러나 최재서는 지성에서도 조선의 후진성

---

30) 최재서, 「문학, 작가, 지성」, 『최재서 평론집』, p. 308.
31) 위의 글, p. 305.

을 발견하고, 전통과 마찬가지로 절망감에 빠질 수밖에 없었다. 이럴 때 그에게는 두 가지의 선택이 가능하다. 첫째가 영미의 주지주의를 완전히 포기하는 것이고, 둘째가 영미의 주지주의를 조선에 그대로 이식하는 일이다. 물론 그는 후자를 선택했다. 그렇지만 전통과 지성을 양축으로 한 주지주의에서 전통은 완전히 배제할 수밖에 없었다. 왜냐하면 서양의 전통을 우리에게 적용 내지 이식한다는 것은 애초부터 불가능한 일이었기 때문이다. 여기서 그의 주지주의는 온전한 주지주의가 되지 못할 필연성에 부닥친다.

그러나 최재서는 섣불리 주지주의의 핵심 내용을 조선에 이식시키고자 하지는 않았다. 먼저 당대 영미 주지주의 문학의 객관적인 모습을 소개하는 것이 일차적인 과제였다. 1934년경부터 문단에 주지주의를 소개하기 시작한 그의 노력은 1940년 이전까지 쉼없이 계속되었다. 사실 한국 근대 문학에 있어서 최재서처럼 일관되게 외국 문학의 한 경향을 소개한 경우는 보기 힘들다. 이런 점에서 그의 노력은 매우 고무적인 현상이었다. 하지만 이러한 긍정적인 면에도 불구하고, 그는 지성을 행동과 대립 개념으로 보는 한계를 드러낸다.

최재서는 「각서: 현대적 지성에 대하여」에서 리처드의 이론에 입각해 행동을 두 가지로 분류했다. 첫째가 기계적 행동이고 둘째가 충동적 행동이다. 전자는 외부의 힘대로 행동하는 것으로서 비즈니스맨이 대표하고, 후자는 내부적 행동으로서 탕아(蕩兒)가 대표한다. 어느 것이나 사색의 과정을 밟지 않는다는 점에서는 공통적이다. 최재서는 이 두 가지 행동이 "현대인에게 허용된 행동권의 전부"[32]라고 명확히 밝혔다. 그가 행동을 이렇게 축소해놓았기 때문에, 행동과 지성을 대립 개념으로 설정한 것은 당연한 일이었다. 그런데 여기서 그는 한 가지의 행동을 더 예상하고 있는데 허

---

32) 최재서, 「각서: 현대적 지성에 대하여」, 『문학과 지성』, pp. 136~37.

용되지 않는 행동권이란 것이다. 허용되지 않는 행동권이란 지하 운동자의 행동뿐이라고 했다.[33] 그러면서 그는 지하 운동자의 행동은 논외로 치고 더 이상 언급하지 않았다. 여기서 그의 인식에 결정적인 한계가 있음을 볼 수 있다. 즉 지하 운동자들의 행동을 제외한 이유는 '허용되지 않는 행동권'이기 때문인데, 이 말은 '허용된 행동권'만을 상정한다는 뜻이다. 그렇다면 허용된 행동권이란 무엇인가. 그것은 다름아닌 일제가 만들어놓은 제도권내의 행동일 뿐이다. 이 점에서 볼 때, 최재서에게 있어 식민지라는 시대적 상황은 별 의미를 가질 수 없는 것이었다. 그러면서 다음과 같은 말을 한다.

> 참된 의미에 있어서의 지식인의 비행동성이라는 것이 이상과 같은 기계적 혹은 충동적 행동의 기피를 의미한다면 그것은 진실일 것이다. 〔……〕 아무 행동도 아니하는 것이 제일 바른 행동일 때도 있고, 웅변은 은이고 침묵은 금인 경우도 있다. 그러나 이것은 지식인이 참된 가치관을 가졌을 때에 한하여서이다.[34]

비록 제도권내의 행동만을 상정했다고 하더라도, 지식인이 참된 가치관을 가지고 사색의 과정을 거친다면 그것은 사회 비판적인 의미에서 나름대로의 의의를 찾을 수 있다. 그런데 문제는 참된 가치관에 있다. 참된 가치관이란 곧 모랄일 텐데, 최재서가 "현대는 모랄리티가 없이 모랄에의 지향만이 있고, 도덕적 주제가 없이 도덕적 감정만이 충만한 시대"[35]라고 말하고 있듯이, 당대에는 모랄이 없다는 것이 문제이다. 이 지점에서 최재서는 자기 모순 속에 빠져버린다. 모랄이 없는 시대에 지식인은 참된 가치관을 가질

---

33) 위의 글, p. 137.
34) 위의 글, 같은 곳.
35) 최재서, 「비평과 모랄의 문제」, 『최재서 평론집』, p. 26.

수 없고, 그렇다면 지성이라 할 수 있는 그들의 비행동성이 의미가 없어진다. 내용적으로 가치 의식을, 형식적으로 이런 내용을 조직·통제할 수 있는 능력[36]이 지성이라면, 가치 의식 즉 모랄이 없는 상황에서 지성은 의미가 없어진다.

그렇다고 해서 최재서는 지성을 포기할 수는 없었다. 모랄이 없더라도, 그것에 대한 지향을 강조함으로써 지성을 끌고 나가고자 했다. 이럴 때 그가 취할 수 있는 길은 탐색뿐이다. 당대 사회를 탐색함으로써 모랄 지향의 방향성을 잡을 수 있기 때문이다. 하지만 "완전히 허무와 무가치를 느끼던가 혹은 개선에 관하여 아주 절망"[37]할 뿐인 당대 사회에서, 그리고 의거할 신념이나 도덕이 없는 당대 사회에서 모랄 지향을 위한 탐색이란 아무런 의미가 없는 일이다. 이렇듯 그에게는 모랄을 위해 탐색의 전략이 남아 있었지만, 그 탐색이란 사회를 원초적으로 배제한 전략이었다.

이제 최재서가 모랄을 위해 탐색할 대상은 사회가 아닌 개인뿐이었다. 행동을 무의미하다고 치부해버린 그에게 개인 탐색은 자연히 심리 문제로 집중되었다. 그래서 조이스, 토마스 만, 헉슬리 등의 소설에 보이는 심리 묘사에 주목하고 이 작품들을 심리소설 내지 관념소설이라고 불렀다.[38] 그러나 최재서는 이 소설들의 사회적 의미는 거의 무시하고 심리 묘사의 뛰어남에서만 고평하고 있다.

최재서가 심리 묘사에만 중요성을 두었다는 사실은 다른 곳에서도 드러난다. 최재서는 취미 *taste*를 대상에 대한 판단 표준이라고 했다. 취미를 합리화한 것이 도그마인데, 도그마는 또한 장구한

---

[36] 최재서, 「문학, 작가, 지성」, 『최재서 평론집』, p. 308.
[37] 최재서, 「풍자문학론」, 『최재서 평론집』, p. 196.
[38] 최재서, 「현대 소설 연구 (1): 조이스『젊은 예술가의 초상화』」「현대 소설 연구 (2): 토마스 만『붓덴부로크 일가(一家)』」「현대 소설 연구 (3): 헉슬리『포인트 카운터 포인트』」「비평가로서의 A. 헉슬리」(이상 『최재서 평론집』) 참조.

체험의 결과로 도달된 신념의 결정이라고 했다. 그리고 비평이 취미의 합리화라고도 했다.[39] 이 논리를 쉽게 말하자면, 취미의 합리화가 비평이라는 말인데, 비평이란 지성의 체현에 의해 가능해지는 것이다. 그렇다면 중요한 것은 취미의 양성인데, 이를 가능케 해주는 것이 바로 교양이다. 교양이야말로 지성을 통해 수행되는 비평 작업의 밑거름을 마련해주는 원동력이다. 그런데 이런 교양의 양성에 대해 그는 다음과 같이 말하고 있다.

> 교양에 있어서 씨가 되고 기름이 되는 것은 문화와 사회적 자극이다. 개성이 문화를 호흡하여 자기의 숨은 여러 능력을 개발하고 발달시키는 데에서 교양은 형성된다. 그렇기 때문에 교양의 정신은 우선 고독의 정신이다. 왜 그러냐 하면 교양의 결실이요 또 종자인 문화는 사회적일런지 모르나, 그것을 개성 내부에서 개발시키고 배양하는 데에는 착실히 오랜 동안의 고독의 시기가 필요하다. 〔……〕 따라서 교양은 집단적 생활과는 양립되기 어려운 성질을 가지고 있다.[40]

최재서는 교양에 대한 사회의 역할을 일단 시인한다. 그러나 사회와의 격리가 필요함을 강조하고 있다. 교양이란 최재서의 말대로 문화와 사회적 자극에 의해서 발단된다. 하지만 사회와 괴리되어 "오랜 동안의 고독의 시기"가 필요한 것이 아니라, 주체와 사회 간의 끊임없는 교호 작용 속에서 풍부해지는 것이다. 그런데 최재서는 주체와 사회를 구분하고 전자의 중요성만을 일방적으로 강조하고는, 집단적 생활과는 양립되기 어렵다고 했다. 이를 다른 말로 하자면, 지성을 발휘하게 해주는 교양은 집단 생활이나 혹은 사회로부터 일단 자극은 받지만, 그 이후 이로부터 격리되어야만

---

39) 최재서, 「취미론」, 『문학과 지성』, pp. 226~36.
40) 최재서, 「교양의 정신」, 『최재서 평론집』, p. 166.

풍부해지고 체화될 수 있다는 논리이다. 그의 주지주의론이 갖는 토대가 이러할 때, 당연히 그의 비평은 비사회적 '심리 탐색'을 중시할 수밖에 없게 되는 것이다.

최재서가 주지주의 문학론을 조선에 적용한 글로 알려진 것이 「풍자문학론」과 「리얼리즘의 확대와 심화:「천변풍경」과 「날개」에 관하여」이다.[41]

「풍자문학론」의 기본적인 문제 의식은 문학이 어떻게 현대의 혼돈성을 극복할 수 있는가이다. "허무감과 무가치감"[42]이 만연한 현대 사회에서 현대인은 자의식의 분열을 겪을 수밖에 없는데, 이런 현대의 병증을 해부하는 길이 바로 자기 풍자 문학이라고 했다. 이러한 그의 발상은, 물론 동시대 의식 아래, 이 글의 부제처럼 문단 위기의 타개책을 제시해보겠다는 의욕에서 나온 것이다. 하지만 자의식의 분열이 무엇인지 설명하는 대목에 오면 비사회적 심리 탐색의 문학론이 여실히 드러난다.

> 즉 밥을 먹고 장가를 들고 애를 낳고 친구와 교제하는 자아와 가끔 이 자아를 떠나서 먼 곳에서 혹은 높은 곳에서 회고하고 관찰하는 또 하나의 자아──이 두 자아가 대부분의 현대인 속에 동거하면서 소위 '동굴의 내란'을 일으키고 있다.[43]

일상적 현실의 자아와 이로부터 떠난 관조적 자아의 대립을 자의식의 분열이라고 했다. 현대의 가장 큰 특징인 자의식의 분열을 당대 사회적 모순, 즉 세계적인 파시즘의 대두와 조선에 대한 일제의 탄압 강화 등의 구체적 현실 상황과는 단절시켜 파악하고 있

---

41) 최재서,「풍자문학론」,『최재서 평론집』;「리얼리즘의 확대와 심화:「천변풍경」과 「날개」에 관하여」,『문학과 지성』.
42) 최재서,「풍자문학론」,『최재서 평론집』, p. 193.
43) 위의 글, pp. 194~95.

모더니즘 비평에 나타난 근대 문학과 현대 문학의 성격 445

다. 결국 그의 풍자문학론도 비사회적 심리 탐색에 그치고 말뿐, 진정한 '문단 위기의 타개책'이 될 수는 없었다.

「리얼리즘의 확대와 심화」에서는 박태원의 「천변풍경」과 이상의 「날개」를, 객관적 태도로써 각각 객관과 주관을 보았다는 이유로 리얼리즘의 확대와 심화라고 했다. 그러나 그는 '객관적' 혹은 리얼리즘이란 말을 자연주의적 의미에서 사용하고 있을 뿐이다. 그렇기 때문에 대상의 본질에 대한 문제는 전혀 고려되지 않았고, 단지 소재가 외부 현실이냐 아니면 의식 내부이냐에 따라서 리얼리즘의 확대 혹은 심화라고 불렀던 것이다.

이상에서 우리는 최재서의 주지주의 문학론에 관해 살펴보았다. 그는 현대의 혼돈성을 해결할 수 있는 방법으로 주지주의를 상정했다. 그래서 1930년대 중반 이후 꾸준히 서구 주지주의를 소개했다. 물론 이런 그의 작업은 한국 문단에서 거의 보기 드문 일이었고, 비평의 아르바이트화라는 의미에서는 평가할 만하다.[44] 하지만 그에게 현대의 위기는 동시대 의식을 기반으로 한 추상적인 차원에 머물렀으며, 대안으로 제시했던 주지주의는 서구의 이론을 기계적으로 모방한 것에 다름아니었다. 그것도 사회와 괴리된 심리 탐색에 머물고 말았다. 이런 작업은 약 5~6년간이나 지속되었지만, 주지주의는 현대의 위기를 전혀 해결할 수 없었다. 조선의 현실에 대한 구체적인 파악이 없었던 최재서였기에, 비록 주지주의의 한계를 깨달았다고 할지라도 올바른 대안을 모색할 수는 없었다. 1940년경을 고비로 그는 주지주의를 버리고 또 다른 외부 이론을 모방하기 시작한다. 그것이 바로 일본의 전체주의였다.

같은 모더니스트라 할지라도 김기림은 최재서처럼 영미 주지주의의 영향을 크게 받지는 않았다. 최재서와는 달리 영미 주지주의를 체계적으로 소개하지도 않았다. 최재서의 경우, 주지주의의 중

---

44) 김윤식, 「최재서론」, 앞의 책, p. 287.

요한 한 축이라 할 전통 논의에서 좌절을 맛본 반면, 김기림은 전통에 대해서는 거의 언급하지 않았다. 조선의 전통이 센티멘털리즘에 토대하고 있다는 사실은 격렬하게 비판했지만, 전통으로부터 현대의 혼돈성을 해결할 단초를 전혀 발견하고자 하지 않았다. 대표적인 영미 문학 전공자인 그가 엘리엇의 전통 논의를 몰랐을 리가 없었을 텐데도 불구하고 언급하지 않았던 까닭은, 이미 김기림이 주지주의의 조선 이식에 문제가 있음을 인식하고 있었다는 사실을 반증하는 증거일 수 있다. 그는 주지주의의 다른 한 축인 지성만을 받아들이고 있을 뿐이다. 하지만 이것 역시 최재서처럼 취미·교양·전통·도그마 등과 관련해서가 아니라, 단지 의식적으로 창작에 임할 것을 강조하는 수준이었다.

> 시인은 시를 제작하는 것을 의식하지 않으면 아니 된다. 시인은 한 개의 목적=가치의 창조로 향하여 활동하는 것이다. 그래서 의식적으로 의도된 가치가 시로서 나타나야 할 것이다. 이것은 소박한 표현주의적 방법에 대립하는 전연 별개의 시작상의 방법이다. 사람들은 흔히 그것을 주지적 태도라고 불러왔다.[45]

인용에서 볼 수 있듯이 지성 혹은 주지적 태도는 소박한 표현주의적 방법, 즉 감상의 즉자적 발현과 반대되는 뜻으로 쓰인 것으로서, 작가의 의도된 가치를 절제된 예술적 기법으로 표현하라는 의미일 뿐이다. 이것은 사실 영미 주지주의의 독창적인 이론이라기보다는, 일반적으로 시인이 갖춰야 할 기본적인 태도이다. 이렇게 김기림은 주지주의의 지성을 가장 기본적인 수준에서 받아들였다. 그리고 여기에 계급 사관을 첨가했는데, 앞장에서 본 그의 시사(詩史) 파악이 바로 그것이다.

---

45) 김기림, 「시의 방법」, 『전집』 2, pp. 78~79.

김기림은 과거의 시인 및 예술가가 지배 계급의 향락을 위해 봉사했다고 단언하고는, 현재의 예술가는 "일하고 있는 사람과 일의 미"를 추구해야 한다고 했다. 프롤레타리아의 생활 자체는 둔중하지만 그들이 참여하는 기계의 세계는 오늘날 전문명의 역학을 형성하고 있기 때문에, 그들이 시의 대상이 되어야 한다고 했다.[46] 리듬도 "민중의 일상 언어의 자연스러운 상태에서 발견하는 미와 탄력과 조화"[47]에서 발견해야 한다고 했다. 물론 이런 시를 창작함에 있어 기본적으로 지성적 태도가 기반이 되어야 한다.

 이런 시론은, 영미 주지주의와 계급 사관이라는 서구의 선진 사상을 받아들여 이들의 장점만을 취하려 했다는 점에서 의의를 찾을 수 있다. 문학의 예술성과 사회성을 동시에 고려하겠다는 의도도 깔려 있다. 하지만 그의 시론은 다분히 기계적 결합이라는 한계를 노정한다. 그는 민중 전체가 아니라 프롤레타리아만을 중시했다. 당시 조선 인구의 대부분을 차지했던 농민은 전혀 고려하지 않았고, 프롤레타리아도 선진 자본주의 사회에서 주로 볼 수 있는 산업 노동자들만을 뜻했다. 또한 그는 시의 사회적 역할을 부정적으로 보고 있다. 시란 "위험성 없는 안전한 '연장'"이며 "무용한 '연장'"일 뿐이다. 시는 단지 "인생 생활의 여기(餘技)"이며 "생활의 배설물"이기 때문에,[48] 시가 사회에 적극적인 작용을 가할 수 있다는 생각은 버려야 한다. 그렇다면, 조선의 계급 모순과 민족 모순의 해결이라는 문제에서 시인이 할 수 있는 일이란 아무것도 없다. 단지 산업 노동자를 대상으로 해서 여기를 생산하는 일밖에는 없는 것이다.

 1930년대 중반을 거치면서 김기림은 전체주의 시론을 주장했다. 이것의 특징은, 영미 주지주의를 명확하게 비판하고 있다는 점이다.

---

46) 김기림, 「'피에로'의 독백」, 『전집』 2, pp. 301~02.
47) 위의 글, p. 303.
48) 김기림, 「시인과 시의 개념」, 『전집』 2, pp. 295~97.

드디어는 명백히 비인간성의 예술을 주장한 유파가 있었다. 예를 들면 무기적(無機的)인 예술, 기하학적 선 등을 존중하여 불연속성의 이론을 세운 'T. E. 흄'과 그의 고전주의를 전수한 'T. S. 엘리엇'의 개성 도피의 설이 바로 그것이라고 생각한다. 이것은 물론 인간성과 뚜렷하게 대립하는 근대 문명의 '메카니즘'과 신통하게도 부합하는 설이다. 그러므로 그들의 고전주의는 근대 문명의 반영일지언정 비판자는 될 수 없다. '엘리엇'의 시의 한계는 여기 있는 것인가 한다.[49]

위의 인용에서 김기림은 영미 모더니스트들이 인간성을 배제했다고 비판했다. 이는 주지주의가 현실의 혼돈을 극복할 수 있는 온전한 대안이 될 수 없다는 사실을 명확히 밝힌 것이다. 더구나 주지주의를 "인간성과 대립하는 근대 문명"의 반영이라고 했다. 영미 주지주의에서 근대란 신과 인간을 동일시했던 낭만주의를 말하는 것이고 이는 인간성을 극도로 중시했다는 특징이 있다. 그런데 김기림은 이와는 완전히 달리, 근대가 인간성과 대립한다고 했고, 다른 곳에서는 "인간의 결핍 그것은 근대 문명 그 자체의 병폐"[50]라고도 했다. 이는 전체주의 시론 단계에 오면, 김기림은 영미 주지주의에서와는 완전히 다르게 근대를 파악하고 있음을 보여준다. 그가 말한 근대란, "너무나 기계적인 것으로 달아나고 만 문명"인 자본주의 사회를 말하는 것이 아닌가 한다. 그렇기에 영미 주지주의도 더 이상 현대가 아니라 근대라고 명시할 수 있었던 듯하다.

그러나 주지주의를 일방적으로 부정하지는 않았고, 지성만은 가져오고자 했다. 그리고 여기에 로맨티시즘의 인간성을 융합해서

---

49) 김기림, 「오전의 시론: 의미와 주제」, 『전집』 2, p. 174.
50) 김기림, 「오전의 시론: 인간의 결핍」, 『전집』 2, p. 159.

내세운 시론이 바로 전체주의 시론이었다.
　여기서 우리는 지성이, 김기림이 초기에 파악했던 것과는 상당히 다르다는 사실을 알 수 있다. 지성이란 원래, 창작에 있어 내용과 형식에 공히 작용하는 의식적·객관적 태도를 말한다. 하지만 전체주의 시론에서는 지성이 형식 개념과 흡사하게 쓰이고 있다. 로맨티시즘과 고전주의의 결합인 전체주의 시론은 다른 말로 하면, "내용과 형식=사상과 기술"이 조화롭게 통일됨을 목표로 한다.[51] 여기서 내용과 사상은 로맨티시즘의 인간성과, 형식과 기술은 고전주의의 지성과 거의 동일하게 쓰인다. 이럴 때 지성은 작품의 형식적 조정 원리 정도로 그 범주가 축소되어버리는 것이다.
　이상에서 우리는 김기림의 시론을 살펴보았다. 그는 처음부터 영미 주지주의를 유일한 대안으로 삼지 않고 그것을 계급 사관과 융합하려 했다. 이런 그의 노력은 전체주의 시론에서는 영미 주지주의를 명확하게 비판하는 데로 집중된다. 그래서 흄과 엘리엇 등의 이론을 현대 이전 단계인 근대의 산물이라고 파악했다. 그러자 주지주의의 지성이란 형식적 의미밖에는 가질 수 없게 된 것이다.
　같은 모더니스트 혹은 주지주의자로 생각해온 최재서와 김기림은 큰 차이를 지닌다. 최재서는 영미 주지주의를 현대의 가장 올바른 문학 경향으로 생각하여 이를 한국에 소개하는 작업을 최고의 가치로 알았다. 사실 그의 풍자문학론이나 리얼리즘관은 주지주의를 최재서 나름대로 소화했다기보다는 단순한 '모방'을 통해서 나온 것이다. 그나마 사회적 연관 관계를 홀시하고 심리적 탐색에만 매몰되고 말았다. 반면 김기림은 영미 주지주의를 일방적으로 추수하지 않고 그것을 변형시켜 받아들이고 있다. 비록 그의 시론이 절충적인 한계를 보이고 있지만, 최재서와 비교해볼 때, 서구의 선진 이론을 조선 현실에 맞게 변형시키고자 했던 의욕은

---

51) 김기림, 「사상과 기술」, 『전집』 2, p. 187.

고평할 만하다. 이 두 명의 모더니스트의 차이에는 우연성과 필연성의 문제가 놓여 있다. 최재서에게 현대의 혼돈은 원인을 알 수 없는 현상이었다. 비록 흄이 불연속적 세계관으로 설명하고는 있지만, 이것은 서구에서나 가능한 말이지 조선에서는 전혀 맞지 않는 말이었다. 이럴 때 현대 조선의 혼돈성은 알 수 없는 극히 우연적인 현상이었고, 그가 할 수 있는 일이란 서구의 현대 문학을 관찰하는 일 외에는 있을 수 없었다. 반면 김기림에게 현대의 혼돈은 계급 대립이 첨예화된 근대 자본주의 사회에서는 필연적인 일이었다. 그에게는 현대 혼돈성의 원인이 자명했으므로, 이를 극복할 새로운 대안을 제시하는 일이 크게 어렵지만은 않았다. 전체주의 시론으로 귀결되는 그의 대안이 바로 그것이었다. 물론 김기림 역시 구체적이고 세밀한 현실 분석을 결여하고 있었기 때문에, 절충적 대안에 머물고 말았다.

5. 결론

최재서와 김기림의 1930년대 비평은 동일한 문제 의식에서 시작했다. 따라야 할 모범으로 생각되었던 서양의 근대 문학이 위기에 처했다는 인식, 그에 따라 이에 대체될 만한 현대 문학을 건설해야 한다는 의무감이 그것이다. 이를 위해서는 먼저 근대 문학의 성격을 밝혀야만 했다. 그들은 근대 문학이 르네상스 이후 태동해서 낭만주의에서 절정에 달했다고 보았다. 물론 이러한 생각은 영미 주지주의의 주장과 흡사한 것이었다. 하지만 근대 문학의 구체적인 성격을 설명하는 데 오면 둘의 입장은 갈라진다.

최재서에게 근대 문학이란 흄의 말대로 연속적 세계관에 입각했던 낭만주의를 뜻했다. 그러므로 이때는 의거할 만한 전통과 신념이 있었고 문학과 사상이 분열되지 않았다. 그런데 1910년경에 오면 연속적 세계관이 깨져버리고 근대의 위기가 닥쳤다고 했다. 제1차 세계 대전은 그것을 극명하게 보여주는 사건이었다. 한편, 김기림은 근대 문학이 지배 계급의 향락을 위해 존재했으며, 문학 작품이란 단지 상품으로서만 의미를 가진다고 했다. 다다와 미래파가 이런 근대 문학의 퇴폐적 경향을 극단적으로 보여주는 마지막 단계였으며, 현재는 지배 계급의 붕괴가 급속하게 이루어짐으로써 근대 시인은 새로운 방향을 모색해야 한다는 것이다.

근대 문학을 극복한 현대 문학은, 최재서에게는 영미 주지주의에서 그 발단을 볼 수 있었다. 그에게 조선의 특수성은 중요한 문제가 되지 못했고, 현대의 혼돈은 세계적이고 보편적인 현상이었다. 따라서 이를 극복하려 했던 영미 주지주의자들은 그에게 모범이 될 수 있었고, 최재서는 이들의 문학을 계속 소개했다. 특히 그들 작품에 보이는 비사회적 심리 탐색에만 주로 주목함으로써 사회적 문제는 도외시하는 결과를 낳고 말았다. 반면에 김기림은 영미 주지주의의 지성 개념을 계급 사관과 융합하여 민중을 중심으로 한 문학을 주장했다. 그러나 그가 말한 민중이란 선진 서구의 산업 노동자만을 의미했지, 당시 조선의 대부분을 차지하던 농민은 언급하지 않았다. 1930년대 중반 전체주의 시론에 오면 김기림은 영미 주지주의를 근대 문학일 뿐이라고 폄하하고, 현대 문학은 낭만주의의 인간성과 주지주의의 지성을 내용과 형식으로 해서 결합하는 방식이 되어야 한다고 했다. 김기림이 나름대로 영미 주지주의를 변형시켜 수용하려 했다는 사실은 평가할 만하지만, 절충적이라는 한계를 노정하고 말았다.

최재서는 1930년대말까지 영미 주지주의를 주장했다. 하지만 그는 전혀 조선의 특수성을 고려하지 않았다. 그가 결국 주지주의를 통해 현대의 혼돈을 극복하기 어렵다는 사실을 인식하고 주지주의를 버렸을 때, 그는 급속하게 일제의 식민 정책에 영합하고 말았다. 그가 친일로 기울어질 수밖에 없었던 데는 조선의 특수성을 무시했던 점이 큰 원인이 되었다. 그에게는 오직 동시대의 의식만이 있었다. 이에 따라 처음에는 영미와 조선을 동일시하여 주지주의를 수용했고, 그 이후에는 일본과 조선을 동일시하여 일제의 식민 정책에 영합하고 말았던 것이다.

이에 반해 김기림은 전체주의 시론 이후, 시학 연구에 몰두했다. 물론 시학 연구에서도 그의 뿌리 깊은 절충론은 사라지지 않았지만, 나름대로 조선 현실을 중심에 놓고 사고했다. 그가 결국에는 이전의 주지주의를 비판하고 문학의 사회적 역할을 강조한 것에서도, 그리고 시학에서 문학의 사회성과 역사성을 중시한 것도 바로 이 때문인 것이다.

제Ⅴ부 토론

토론: 민족문학과 근대성*

개별 토론

사 회 그럼 지금부터 제2부 개별 토론 및 종합 토론을 시작하겠습니다. 우선 이 자리에서 토론을 해주실 선생님을 소개해드리겠습니다. 먼저 최원식 선생님의 발표문에 대해서 토론을 해주실 교원대학 국어과에 계시는 김철 선생님, 김종철 선생님의 발표에 대해 토론을 해주실 고려대학교의 김흥규 선생님, 고미숙 선생님의 발표에 대해 토론을 해주실 인하대학교의 윤영천 선생님, 하정일 선생님의 발표에 대해 토론을 해주실 신두원 선생님, 마지막으로 서영채 선생님의 발표에 대해 토론을 해주실 고려대학교의 이남호 선생님, 이상 여섯 분께서 수고해주시겠습니다. 시간이 많이 지연된 관계상 토론을 간명하게 진행해주시기 바랍니다. 그럼 먼저 개별 토론부터 진행하도록 하겠습니다. 토론 방식은 토론자가 발제문에 대해서 몇 가지 문제를 제기하고, 그 제기된 문제에 대해서 발표자가 대답을 하는 것으로 일단락을 짓도록 하겠습니다. 제일 먼저 최원식 선생님의 「한국 문학의 근대성을 다시 생각한다」는 발표문에 대한 김철 선생님의 토론이 있겠습니다.

---

* 개별 토론은 최원식·김종철·고미숙·하정일·서영채의 주제 발표에 대한 질의와 응답으로 구성되어 있다. 지정 토론은 김철·김흥규·윤영천·신두원·이남호가 맡아주었다.

김 철 최원식 선생님의 발제는 총론이기 때문에 구체적이고 개별적인 사항을 논의하기보다는 전체적이고 거시적인 관점을 문제삼고 있습니다. 분량은 짧지만 대단히 의미심장하고 파격적인 내용들을 많이 담고 있어서, 우선 토론을 맡은 저로서도 깨닫는 바가 많았다는 점을 말씀드리고 시작하겠습니다.

역시 문제가 되는 것은 '근대와 근대 이후의 통일'이라는 명제 (근대와 반근대의 통일)입니다. 한국 근대 문학의 지표를 근대와 근대 이후를 통일한 정도라고 했을 때, 그때 그 '근대 이후'가 구체적으로 가리키는 것은 무엇인가, 이것을 좀더 자세히 설명해야 된다고 생각합니다. 그렇지 않으면 논의가 늘상 '명제'나 '화두'의 수준에서 맴돌 뿐 더 이상의 진척을 기대할 수 없다고 보입니다. 최원식 선생님의 발제에서 분명히 알 수 있는 것은, 이 근대 이후가 '사회주의'를 가리키는 것은 아니라는 것입니다. 무언가 우리가 아직 역사적으로 경험하지 않은 어떤 것을 가리킨다는 것은 짐작할 수 있으나, 이러한 화두의 제시만으로는 일반적이고 상식적인 수준에서의 혼돈을 피할 수가 없습니다. 그 혼돈이란 대체로 이런 것입니다. 이 발제문에 나와 있는 것처럼, 맹목적 근대 부정과 낭만적 근대 부정을 하나로 통일하는 어떤 전망, 근대를 자기 몸 속에서 실현하면서 또 근대 이후를 하나로 통일하는 것을 진정한 의미의 근대성이라고 한다면, 이때 이 근대성 내지는 근대 이후란 도무지 정체를 알 수 없는 모호한 것으로 생각됩니다. 이 점을 좀더 자세히 설명해주시기 바랍니다.

이광수나 채만식에 대해 말씀하시면서 쥘리앵과 같은 인물형이 나타났다가 제대로 발전하지 못하고 차단되는 그런 경우를 우리 근대 문학의 빈곤성이나 한계로 지적하셨는데, 여기에 대해서는 저도 동의를 합니다. 그런데 그렇게 된 원인을 발제문에서는 구체적으로 지적하고 있진 않지만, 짐작건대 자본주의적 발전의 미성숙 내지는 그 기형성을 들고 있는 게 아닌가 합니다. 이런 설명은 흔히 듣는 것이기는 하지만, 이것을 근대성 논의와 연결시킬 때는 큰 함정에 빠질 우려가 있습니다. 즉 근대의 절대적이고도 유일한 기준으로서 자본주의 생산 양식을 상정했을 때 그 논리적 결과는 다음과 같이 될 수 있습니다. 첫째, 우리나라 자본주의의 미성숙과 기형성이라는 문제만을 중심에 놓고 부각시키면, 불충분한 자본주의 아래서는 제대로 되지 못한 근대 문학이 산출되는 것은 필연적인 사실이라는 결론에 이르는 것입니다. 혹은 그처럼 기형화된 것 자체가 우리 근대 내지는 근대 문학의 모습이라는 식으로, 우리의 특수성을 이른바 특권화하는 경향으로도 나아갈 수 있습니다. 다른 하나의 결론은, 그처럼 자본주의가 충분히 발전하지 못한 상태에서 우리 문학이 이루어져왔으니까 근대의 완성이라는 것은 역시 자본주의적 발전을 끝까지 추구하고 완성시키는 것이 아니겠는가, 최근의 시민 사회론에서 보는 바와 같은 그러한 결론에 이를 수도 있다고 생각합니다. 그런데 이러한 결론들은 모두 우리가 앞에서 이야기했던 명제, 즉 근대와 근대 이후의 통일이라는 그 명제의 문제 의식과는 크게 거리가 있는 것이 아니겠습니까? 그렇다고 본다면, 이 근대 이후의 상에 대한 보다 명료한 설명의 필요성은 더욱 커진다고 하겠습니다.

그 다음, 발표자께서는 기존의 프로 문학 연구 태도를 비판하셨는데, 저 자신도 그러한 비판에서 자유로울 수 없다는 점에서 발제를 듣는 동안 내내 마음이 무거웠습니다. 개인적으로는, 이제 와서 돌이켜볼 때 80년대의 우리 연구가 전혀 반대의 의미에서 어떤 레드 콤플렉스에 지펴 있었던 것은 아닌가 하는 생각도 하고 있습니다. 그러나 그렇다고 해서 기존의 프로 문학 연구가 프로 문학을 근대성의 초극으로만 나아가는, 즉 근대 이후의 징표만을 찾아내려는 데에 매몰되어 있었다는 것은 사실을 조금 과장해서 말씀하신 것이 아닌가 합니다. 이러한 시각으로는 당대의 프로 문학 진영이 지니고 있었던, 근대적 주체를 건설하고자 하는 지난한 역정을 옳게 파악할 수 없다고 보입니다. 그런 점에서 발제자가 말씀하신 비교문학적 관점이나, 내재적 발전론의 변증법적 지양이라고 하는 국제 문학적 시각이 무엇을 말하는 것인지 더 자세한 설명을 듣고 싶습니다.

근대의 기점에 관해서는, 문제는 우리가 근대성을 논의하는 한 어쩔 수 없이 부딪치게 되는 사안이기는 합니다만, 저로서는 이 문제가 논의의 중심에 서는 것은 그다지 생산적인 논의를 보장해 주지 못한다고 생각합니다. 근대성의 문제를 우리 나름대로 체계화하고 그 속에서 구체적인 작가와 작품 경향들을 통해서 논증하는 가운데 근대성의 실체가 잡히고 그 기점 문제도 해결되는 그러한 방향으로 작업을 수행해야지, 근대 기점 문제를 앞세우고 그것을 논의의 중심으로 삼는다면 논의의 중요한 주제들이 실종되고 축소될 우려가 있다고 저는 생각합니다. 저의 토론도 결국 총론적인 것이 될 수밖에 없습니다만, 저는 한국 문학의 경험을 토대로 근대성의 또 다른 '일반론'이 정립될 필요가 있다고 생각하고 우리가 이 논의를 하는 목표도 거기에 주어져야 한다고 생각합니다. 사회경제적인 차원에서의 모더니티와 미적-예술적 차원에서의 모더니티가 서로 불균등한, 불일치한 발전을 보이는 이런 현상들은 비단 우리만의 경우가 아니고 제3세계 일반의 혹은 근대적인 것 그 자체의 일반적인 현상이라고 할 수 있고, 그렇다면 우리의 경우에서 그것의 구체적인 내용이 무엇이냐, 그리고 그것들을 현상시키고 규정하는 여러 요인들은 무엇이냐 하는 것을 규명하는 속에서 우리는 근대성에 대한 또 다른 일반론을 정립할 수 있고, 그럼으로써 비로소 '근대 이후'에 대한 참다운 인식에도 이를 수 있다고 생각합니다.

최원식 김철 선생님의 진지한 문제 제기에 감사드립니다. 그런데 제가 오늘, '근대와 근대 이후를 통일한 정도'를 우리 근대 문학 작품들을 평가하고 배치하는 데 있어서 하나의 새로운 기준으로 설정해보고자 한 것은, 이것이 바로 해답이라고 제시하는 것이 아니라 우리가 모두 함께 찾아야 될, 이런 것을 찾아야 되지 않을까 하는, 말하자면 저 자신한테 던지는 질문이자 진보적인 문학도 모두에게 던지는 하나의 화두라고 할 수 있을 것입니다. 그렇다고 해서 질문에 대해서 답변 없이 그냥 도망갈 수는 없을 테고……김철 선생님께서는 '근대 이후'라는 것의 상(像)이 어렴풋하고 명쾌하지 않기 때문에 겉으로는 근대와 근대 이후의 통일을 이야기하고 있지만 결국은 근대의 추종에 머무는 것이 아닌가 하는 날카로운 질문을 하셨습니다. 그런데 제가 이야기하는 근대 이후란, 발제문에도 썼지만, 소위 역사의 최종 목표로 예정 설정된 사회주의, 현존 사회주의와는 물론 구분되는 것입니다. 그리고 근대 이후의 상을 구체적으로 어떻게 잡아나가야 할 것인가에 대해서는 아직 땅띔도 못하고 있지만 한 가지 분명한 것은 자본주의적인 것을 그대로 수락하는 것은 아닌, 자본주의를 넘어서는 것을 근대 이후의 상으로 잡은 것은 분명한 사실일 것인데, 다만 그것이 어떻게 실현되어나갈 것인지는 앞으로 우리 사회의 현재에 대한 내밀한 점검과 우리가 나아가야 할 방향에 대한 보다 넓은 지평에서의 진지한 성찰을 결합하면서 우리가 만들어나가야 할 상이라는 생각입니다. 그리고 외국 문학에서도 마찬가지겠지만 우리 문학사에서도 근대 사회 안에서 생산된 좋은 문학은 근대에 대한 진지한 의문을 담지 않은 좋은 작품은 거의 없다는 것을 말씀드리고 싶습니다. 예컨대 벽초 홍명희의 『임꺽정』이 그 형식이나 내용에 있어서 그러한 것처럼. 그래서 막연한 이야기인 것 같지만 작품과 진지하게 부딪치고 우리가 지금 살고 있는 시대와 진지하게 부딪쳐본다면 그 속에서 뭔가 나올 수 있으리라고 저는 생각을 합니다.

두번째로 김철 선생님께서는 프로 문학의 주류성을 해소하자는 저의 제안에 대해서 너무 과도한 것이 아닌가 하는 말씀을 하셨는데, 제가 근대와 근대 이후를 자기 안에서 통일한 정도를 가늠하는 것으로서 중요한 기준을 삼자는 말씀을 드린 것과 마찬가지로 이것도 말하자면 저 자신에게 그리고 진보적인 국문학도 전부에게 던지는 하나의 공안(公案)적인 것입니다. 이렇게 이야기한다고 해서 프로 문학은 아무것도 아니라고 이야기하는 것은 절대로 아니고, 여러분뿐만 아니라 저 자신의 경우도 아무리 다른 쪽을 생각해보고자 해도 아무래도 프로 문학 쪽을 자꾸 들여다보게 되기 때문에 제 자신에게 먼저 프로 문학과 그와 관련된 문학뿐만 아니라 프로 문학의 외부에 있었던 혹은 소위 적대적인 위치에 놓여 있었다고 생각되는 문학에서도 뭔가 새로운 것을 찾고 그럼으로써 우리 문학의 중심을 잡아갈 수 있는 새로운 배치가 필요하지 않겠는가 하는 제 나름의 전술적인 절실함에서 나온 하나의 공안(公案)이라고 생각해주시면 감사하겠습니다.

김홍규 김종철 선생님께 제가 질문드릴 사항은 큰 줄기 한 가지입니다. 그리고 그 큰 줄기에 연관되는 부분적인 논증에 대해서도 생각을 달리하는 부분이 있기 때문에 그것을 덧붙여 말씀드리겠습니다. 그전에 먼저 전제를 할 것이 있는데, 지금 발표하신 김종철 선생님과 저는 판소리사 특히 19세기 판소리사의 성격과 전개 양상에 대해서 아주 큰 견해차를 보이는 논문을 발표한 적도 있었습니다. 오늘 발표하신 논문의 내용도 그것과 관련이 있기는 하지만 문제를 19세기 판소리사 쪽으로 옮겨가면 오늘 발표 내용과 직접적으로는 상관이 없는 문제로 확대될 것 같으므로 그 문제에 대해서는 서로 이견이 있더라도 일단 논외로 하고 말씀을 드리겠습니다.

조금은 이상한 비유 같습니다만 비유가 도움이 될 것 같아서 말씀을 드린다면 김종철 교수께서 말씀하시는 조선 후기 판소리 특히 19세기 판소리와 『은세계』의 「최병두 타령」의 관계를 마치 박정권과 5공화국과의 관계처럼 그렇게 이해를 했습니다. 즉 앞시대의 역사적 추이의 필연적 산물로서 좀더 강하게 나타난 것이 『은세계」의 「최병도 타령」이라는 것입니다. 그러니까 차별성보다는 연속성, 그 연속성에서의 고양과 강화라는 측면을 강조해서 말씀하셨습니다. 그러나 역시 비유를 가지고 말씀을 드리자면 제가 보기에는 두 시대 사이에는 노태우 정권과 김영삼 정권 정도의 차이가 있는 것이 아닌가 합니다. 물론 이어받은 부분도 있고 청산되지 않은 부분도 있고 또 달라진 부분도 있겠습니다만, 거기에는 달라질 만한 내적·외적 요인도 있었다고 보는 것입니다. 제 질문의 가장 큰 골자는 첫 페이지 하단에서 김선생님이 말씀하신 사항에 대한 것입니다. 본문을 보면 김선생님께서는 『은세계』의 「최병두 타령」을 19세기 판소리사의 전개 과정이 필연적으로 산출한 산물로 보고, 그것이 돌출한 것이 아니라, 판소리의 근대 문학 지향이 꾸준히 성장해서 나온 결과라고 보고 있습니다. 물론 그와 같은 상당한 정도의 계승 관계, 또 발전의 연속 관계가 존재한다는 사실을 부인하지는 않습니다. 그러나 이 점에 대해 최원식 교수가 좋은 논문을 쓴 바도 있듯이, 『은세계』 혹은 「최병두 타령」이라는 창극이 창출되고 존립할 수 있었던 연행 환경, 즉 물질적 조건의 차이를 우리가 주목하지 않으면 그 단순한 연속성론 속에서 자칫 중요한 차이를 잃어버릴 염려가 있다고 생각합니다. 다시 말하면 재래의 판소리는 소리채를 지불하는 사람들에 많이 의존했고 때로는 장터에서 푼전을 받기도 했습니다만, 19세기에 오면 그런 호사가들의 부름에 응해서 연행을 하는 일이 주요 수입원이었습니다. 따라서 새로운 레퍼토리를 실험할 수 있는 여건이 대단히 불비했습니다. 그러니까 전통적인 농업 경제와 재래적인 사회 구조 속에서의 예술 취향에 응해서 재래적 레퍼토리의 점진적 변이가 이루어졌던 것입니다. 반면에 극장이라는 상설 공간이 마련되고 거기에 다수 대중이 일정 시간에 모여서 입장료를 지불하고 공연을 관람한다는 조건은 예전의 판소리 연행 조건과는 전혀 다른 것입니다. 또 그런 면에 있어서는 다수 청중을 모으고 그들의 요구에 부응하는 무엇인가 새로운 소재, 새로운 표현, 새로운 갈등 구조를 창출해야 할 필요가 19세기말까지의 상황에 비해서 훨씬 더 뚜렷했던 것입니다. 그러니까 이 두 시대 사이에 연속 관계가 있긴 합니다만 그 연속 관계에도 불구하고 왜 갑자기 그 시기에 그러한 일종의 도약 혹은 현저한 전환이 이루어졌는가, 왜 그것이 19세기 중엽도 아니고 1870년대도 아니고 원각사 시절에 이루어졌는가가 중요합니다. 그런 점에서 당시의 사회 변화 및 극장과 같은 상설 공간의 등장 그리고 거기에 일정한 입장료를 내고 들어오는 청중들의 영향 등을 중시해야 할 것입니다. 그와 같은 차별성을 적게 평가하고 반대로 연속성을 강조하는 것은 우리가 『은세계』에 대해서 그리고 판소리와 창극의 역사적 계승과 변이에 대해서 좀더 충분한 인식을 하는 데 부족한 것이 아닌가 생각합니다.

김종철 제가 『은세계』를 19세기까지 판소리사의 흐름의 연속성 위에서 파악하고 특히 그 중에서도 주목할 만한 경향이 이 『은세계』에서 특화되었다라고 본 것에 대해서 19세기에 비해 20세기의 질적 변화 또는 도약이라고 할 수 있는 부분에 대해서 온당하게 평가하지 않았다라고 지적하셨습니다. 그런데 제가 이 발표에서는 19~20페이지에 걸쳐서 소략하게 했습니다만, 이 시기에 와서 극장에서의 공연이라고 하는 것이 새로운 일종의 시민 문화로 정착되면서 『은세계』라는 작품이 요구되었다는 관점에서 말씀을 드렸습니다. 실제로 19세기말까지의 판소리 후원자들은 금방 선생님께서 말씀하신 바와 같이 양반층과 신재효로 대표되는 중산층을 들 수 있겠습니다. 그런데 20세기초에 오면 상인 자본들이 극장을 건립하며 그쪽으로 분명하게 자기의 후원자를 정했습니다. 그런 점에서 보면 이런 환경의 변화는 분명하게 어떤 질적 발전, 도약이라고 할 수 있겠습니다. 이 점에 대해서는 저도 분명히 동의를 하는 바입니다.

김흥규 그리고 이제는 몇 가지 세부적인 사항에 대해서 질의를 드리겠습니다. 모두 두 가지만 말씀드리겠습니다. 이는 아까 지적한 것처럼 19세기 판소리사의 어떤 힘이 『은세계』에 좀더 발전적으로 그러나 순조롭게 이어지는 연속 관계를 가지는 것으로 논증하신 사항들인데, 제가 보기에는 너무 희망적으로 해석하시는 것은 아닌가 하는 생각이 듭니다. 그 중의 하나가 『은세계』의 비장미를 이야기하면서 예전의 적벽가에도 역시 비장미가 있었는데, 이것을 그 적벽가에 대한 순조로운 계승, 확대 관계처럼 보셨습니다. 그런데 제가 보기에는 적벽가의 비장미는 『은세계』의 그것과는 그 미적 특질에 있어서 많은 차이를 보입니다. 19세기 판소리에서 양반들 또는 중인층과 같은 비교적 상층의 청중들에게 가장 인기있는 레퍼토리가 적벽가였습니다. 적벽가를 못 하면 그 광대는 홀대를 받았습니다. 그 적벽가가 가지고 있는 비장미는 그러나 패전군사가 애절하게 가족을 그리워하는 그 대목의 비장미보다는 영웅적 인물의 기개와 심회를 노래하는 것이 주축이 되는 것입니다. 따라서 그 비장미를 양반·중인층 청중들이 애호한 것과 『은세계』가 가지고 있는 비장미는 그렇게 간단하게 순조로운 연속 관계로 보기에는 무리가 있지 않나 하는 생각이 듭니다.

그 다음, 춘향전의 경우 이본의 흐름을 보면 역사적으로 중요한 변화가 나타납니다. 초기의 춘향은 향단이라는 몸종이 없다가 나중에 나타났고, 처음의 춘향은 이도령과 광한루에서 만나서 곧바로 집으로 데리고 가는데 나중의 춘향전은 이도령이 일단 집으로 갔다가 나중에 스스로 춘향의 집으로 찾아옵니다. 또 처음의 춘향은…… 비를 받는데 나중의 춘향은 아무것도 받지 않고 그냥 언약을 하고 몸을 허락합니다. 또 춘향의 신분도 상승이 됩니다. 처음엔 기생이었지만 열녀춘향수절가에서는 성참판의 서녀로 말입니다. 이런 일련의 변화를 통해서 춘향이 좀더 품위 있고 지체 높은 인물로 올라가는 변화에 대해서 김종철 선생께서는 그것이 기생만의 문제가 아니고 일반 양민의 문제라고 하는 말하자면 판소리

「춘향전」의 사회 의식의 확대, 심화라는 측면에서 그런 변화를 해석하셨는데, 춘향전이 그런 의식의 추이를 전혀 보이지 않는다는 것이 아니라 그런 신분의 상승이라든가 하는 것은 오히려 상층 청중들의 관심이 더 확대되면서 초기의 설정이 사회적인 통념상 너무나도 소화하기 거북하기 때문에 조정되어간 것이라고 보는 것이 타당하지 않을까 하는 생각입니다.

김종철 「춘향전」에 대한 해석부터 답변을 하도록 하겠습니다. 「춘향전」의 역사적 변모에서 가장 두드러지는 것이 금방 말씀하신 춘향의 신분과 성격 등입니다. 그런 점을 지금까지는 양반 좌상객의 향유 의식 또는 양반 좌상객들이 가지고 있던 일반적인 정서나 또는 질서 의식에 대해서 대단히 파격적이고 공격적이기 때문에 바꾸었으리라 하는 생각은 판소리 창자들의 회고 등에서 드러나는 점입니다. 그런데 제가 보기에는 그러한 점들이 만약 양반 좌상객들의 기호에 부응해가는 쪽으로만 나갔더라면 판소리가 20세기에 와서 이러한 시민 예술로서 극장에서 상설적으로 공연되는 작품으로 정립되기에는 상당한 곤란함을 겪었으리라 생각합니다. 20세기 초에 와서 판소리 연행 공간이 근대적인 시민 문화로 정립되는 과정을 보면, 춘향이 제기하는 문제가 기생이라는 특정 신분층의 문제가 아니라 다수의 문제를 포괄하는 쪽으로 확장되었다고 보는 것이 오히려 타당한 것이 아닌가 하는 생각입니다. 그러니까 겉으로 드러난 것을 그 자체로만 이해한다는 것은 좀 곤란한 일이 아닌가 하는 생각입니다. 예를 든다면 『옥중화』에 이르면 변학도가 수청을 들라고 하는 문제를 기생의 수청 문제가 아니고 유부녀를 겁탈하는 문제로 제기합니다. 이것은 평범한 사람들의 문제로 확대해가는 그런 경향이 있었기 때문에 가능하지 않았나 그렇게 생각합니다. 그 다음에 먼저 제기하신 비장미의 경우에는, 물론 전승 5가의 경우 특히 적벽가의 비장미라든가 또는 「춘향전」에서의 비장미는 모두 동일하지 않고 개별적인 독자성을 지니고 있습니다. 그런데 제가 비장미라는 것을 하위적으로 구분했을 때의 그러한 차별성보다도 비장미로의 경사라고 할 수 있는 커다란 판소리사의 흐름을 주목해야 한다고 생각합니다. 20세기에 들어와서 판소리는 창작 판소리가 몇 개 나오긴 했습니다만 거의 전적으로 골계미의 소거로 나아가고 있는 그런 현상을 주목해야 한다고 봅니다. 그리고 그 골계미의 소거와 함께 비장미는 역사 자체의 문제에 집착하는 쪽으로, 가령 열사가라든가 최근의 창작 판소리처럼 역사적 현실에 더욱 깊이 들어가는 쪽으로 흐르면서 비장미가 부여되는 방향으로 나갔다고 볼 수 있습니다. 그래서 전승 5가의 비장미와 20세기 이후 『은세계』라든가 열사가라든가 그 이후의 비장미의 내적인 특성은 당연히 구별될 수 있다고 생각합니다. 그러나 포괄적인 것으로서는 비장미라고 보아야 되지 않겠나 하는 생각입니다.

윤영천 오늘 발제한 고미숙 선생의 글은 대한매일신보의 작품을 중심으로 애국 계몽기 신문의 주요 내용 그리고 그 시적 성취 더 나아가서 근대적 성격을 논하고 있는데, 우리 근현대시의 사적 전개에 관심을 가지고 있는 저로서도 상당히 큰 도움이 되었고, 또 다시 한번 그런 문제에 대해서 반성적인 계기가 되었다고 봅니다. 전체적인 느낌을 우선 말씀드린다면 제가 생각하기에 기존의 연구들이 지닌 편향적인 오류와 같은 문제에 대한 전반적인 비판, 본질적인 비판을 전제하면서 이 논문의 구도가 짜여진 것으로 봅니다. 그런 점에서 대단히 논쟁적인 성격을 지니고 있다고 봅니다. 우리 전통 시가가 1920년대에 본격적으로 출발한 근대 서정시, 그 중간의 맨 위의 핵심으로서 1890년대부터 1910년까지 특히 그 중에서도 애국 계몽기의 시가 관계되는 점이 대단히 크다는 점에서 저는 몇 가지를 질문하고자 합니다.

첫째는, 1910년 이후 애국 계몽기의 대한매일신보 주체들의 계급적인 혹은 이념적인 한계하고 관련이 되겠지만, 발제문을 보니까 1910년 한일 합방을 계기로 그 시적 성과가 10년대에는 전혀 이루어지지 않았다라는 요지의 말씀을 하셨습니다. 만약 그것이 사실이라면, 그것은 제가 이해하기에 마치, 기존의 1920년대 시를 논하는 대다수의 논자들이 20년대 시에 들어 있는 병적인 낭만주의적 성격, 이것은 3·1 운동의 실패가 직접 연관이 있는 것처럼 논의를 펴왔지만 사실은 별반 연관이 없다고 저는 생각을 하고 또 여기 앉아 계신 김흥규 선생님도 과거에 그런 논지의 글을 쓰신 바가 있습니다만, 일반적으로 생각하면 이 문제, 즉 연속성을 강조하기는 하되 1910년 한일 합방을 계기로 해서 그 운동의 담당층이 다 사라지고 마는 그런 점 때문에 1910년대에는 그 시적 성취가 과연 이어지지 못했는가 하는 그 점을 우선 생각해보았습니다.

그리고 나머지 두 가지 문제는 조금 지엽적인 문제일 수도 있겠는데, 애국 계몽기 시운동의 아주 구체적인 표현이라고 할 수 있는 단재의 '동국 시계 혁명,' 발제문 52면을 보면 일부를 인용하셨는데, 시는 "국민 언어의 정화"라는 말이 있고 "인정(人情)을 감발(感發)"이라는 말이 있습니다. 이것은 단재가 온전한 시라면 '인정을 감발'할 능력을 구비한 그런 시를 강조한 대목인데 발표자는 이런 문제와 관련해서 유교적 재도론을 거론했습니다. 그것을 보면 "유교적 재도론의 재탕으로 해석하는 것은 사태를 지극히 평면적으로 해석한 것이다"라는 말씀인데, 신채호를 비롯해서 그 당시에 운동의 논리가 우세했던 사람은 상당수가 개신 유학자들이고 전통적으로 시를 통한 가르침, 시교라든지 또 이 감발이라는 것은 감동의 차원에서 우리가 여러모로 생각할 수 있는 그런 것을 요구하기 때문에, 또는 ~라는 문학관이라고 하는 것이 문학의 효용론적인 측면만을 단순하게 가리키는 것은 아니기 때문에 이 문제에 대해서는 좀 재고할 필요가 있지 않은가 그렇게 생각합니다. 또 이 문제와 간접적으로 관련된 것으로 1920년 이후의 중요 시인들, 가령 만해라든지 소월이라든지 이런 시인들의 작품 속에는 유가적인 교양 또는 한시적인 교양이 깊이 배어 있고 그것이 우리 시의 근대성을 논의할 때 상당히 주요한 몫을 하고 있지 않은가 하는 생각이 듭니다. 그래서 발제자는 재도적인 문학관 이것을 너무 부정적인 관점에서 보는 것은 아닌가 하는 의문이 들었습니다. 그 다음 마지막으로 기존 연구에서 두드러지게 나타나는 것으로, 애국 계몽기 시가에서 보이는 계몽성에 대한 부정적인 인식 태도에 대해서 순문예주의적 편견이다라고 부정적인 입장을 보이셨는데, 사실 고미숙 선생의 의도를 모르는 것은 아닙니다만 계몽성의 문제와 관련해서 제가 지적하고 싶은 말이 있습니다. 고미숙 선생의 생각은 아마 계몽성과 예술성은 공존할 수 있다는 것을 전제로 하고 있는 것 같습니다. 그 대목을 보면 "계몽주의 시대란 달리 말하면 시적인 것과 정치적인 것이 하나로 일치되는 시대를 뜻"하며 "이러한 시대에는 정치적 목적이 강렬하면 할수록 또 이념적 선진성이 뚜렷하면 할수록 시는 더욱 시다워질 수 있다는 전제가 가능하다"고 하셨는데, 제가 느끼기에 시의 이념적 선진성이 드러나는 경우가 물론 없지 않겠지만 시적인 성취, 작품적 성취 또는 독자의 감발 능력과 같이 작품에서 기본적으로 요청되는 그런 항목보다는 어떤 의미에서는 정치적인 선전과 선동 또는 그러한 기능을 선차적으로 생각하는 듯한 그런 느낌이 들었습니다. 처음에 말씀드렸듯이 사실은 애국 계몽기 무렵의 시가에 대해서는 그리 깊이 있게 연구하지도 못했지만 다만 이 시간에 방금 말씀드린 세 가지 문제를 통해서 우리 근대시의 사적 전개가 기존 연구에서 **중요함**에도 불구하고 간과되었던 그런 문제들에 대한 관심이 새롭게 **환**기되고 또 이 글의 전반적인 논의 구도가 보다 폭넓은 작품적인 실체를 통해서 깊이 있게 천착되었으면 하는 생각을 지니면서 제 질문을 마치겠습니다.

　　고미숙　답변을 드리기 전에, 제 발표문이 문제 제기적인 성격이 강하다고 말씀하셨는데 제 개인적으로 더 강조하고 싶은 것은,

저는 처음으로 이 분야에 대해서 글을 쓰고 자료들을 보게 되었는데 그 이전 연구들이 지극히 혼란스럽게 진행되었다는 점을 다시한번 말씀드리고 싶습니다. 개화 가사냐 창가냐 신체시냐 하는 이런 문제를 가지고 너무나 많은 역량을 소모했고, 실제로 가장 핵심이 된다고 할 수 있는 대한매일신보의 시양식들은 간과되는 등많은 문제를 지녔다는 생각에서 제 글이 문제 제기적인 성격이 강해진 것 같습니다.

1910년대 이후의 평가는, 사실 제가 10년대 이후를 정확하게 알고 있지는 못해서 여기에서 대략적인 연결 고리만을 짚어보고자했습니다. 그런데 10년대 이후에 모든 것이 다 실종된 것은 아니고 이 운동의 중요한 담당자인 신채호가 그 이후에 보여준 시적인 경로를 본다면 이 운동은 그 이후에 또 나름대로 발전해가서 자유시의 모습도 어느 정도 나타나고 있다고 생각합니다. 그런데 『학지광』이나 『태서문예신보』의 시들은 시운동과 연속선상에서 이루어졌다기보다는, 조금 다른 세대가 별도의 경로를 가지고 근대시를 향해서 나아가고자 노력했다고 생각합니다. 다시 말해서 이 앞의 시운동에서 보여준 여러 가지 모색과 그 다음 『학지광』 이후 20년대 초반에 나타난 모색은 일단은 단절된 채 서로 다른 통로로 근대시를 향해서 나아가고 그런 진통 속에서 1920년대 김소월이나 한용운을 만나게 되는 것이 아닌가 하는 것입니다. 그러니까 이 문제는 그 부분을 심화하되 애국 계몽기 시운동과 어떻게 연결되고 어떻게 단절되는가를 규명하려는 문제 의식을 통해서 밝혀지리라 생각합니다.

그 다음 두번째 유교적 재도론에 대해서 너무 부정적으로 보지 않았는가 하는 말씀을 하셨는데요. 제가 보기에는 기존 연구가 신채호나 특히 대한매일신보의 주체들이 개신 유학자라는 점을 굉장히 강조해서 오히려 유학적인 전통이라는 것을 확대 해석했다고 생각합니다. 그러니까 이들이 제기한 민족어문학론이나 그뒤의 여러 가지 전통의 계승이라는 문제는 전통의 자양분을 어떻게 근대적인 것으로 변화시킬 것인가 하는 점에 총역량이 집중되어 있는데, 유교적인 전통을 가졌다는 그 선입관 때문에 그 논지가 약간만 비슷하면 전부 유교적 재도론이나 아니면 전통을 불식하지 못한 것으로 간주하고 있습니다. 그리고 유교적 재도론에서 인정을 감발하고 시의 효용적인 기능을 강화하는 것은 중세적인 이념하에 감성을 종속시키는 것으로 신채호가 동국 시계 혁명에서 강조하는 '인정(人情)을 감발(感發)'하는 문제는 민족주의라는 문제로 집중되기 때문에 그것과는 연속선상에 있으면서 도약하는 부분이 더 중요하다고 생각합니다. 그리고 그 이후에 이육사나 한용운의 경우 한시적 전통이 계승되는데 그것은 한시의 정수나 핵심적인 부분이 이어지는 아주 원칙적인 부분이고 그것 때문에 과거의 전통에 속박되었다고 볼 수는 없는 것입니다.

마지막 질문에 대해서는 간단하게 답변을 드리겠습니다. 이 시대는 계몽주의 시대였습니다. 이 시대에 대한 연구가 제대로 이루어지지 않은 것은 이 시대의 계몽성이라는 것에 너무 질려서 그런 것 같습니다. 그런데 이 계몽성을 오히려 적극적으로 해석을 한다면 시와 계몽의 문제는 아주 긴밀하게 결합이 되기 때문에 소설이나 다른 장르에서는 볼 수 없는 그런 행복한 일치의 측면을 분명히 볼 수 있습니다. 그런데 이것은 시의 독자성이나 표현의 특수성을 무시하고 선전·선동으로 나가는 것만이 좋다고 보는 것이 아니라, 계몽이 필요한 시대에는 그야말로 계몽 이성이 필요하고, 따라서 그 이념이 선명할수록 그 시가 가장 시적인 형상성을 띨 수 있다는 그런 전제하에서 접근을 했고 연구 결과 그러한 전제는 대한매일신보의 시들이 충분하게 충족을 시켜주었습니다. 그러니까 이것은 80년대 이후의 노동 해방 문학론이나 민중문학론에서도 마찬가지라 할 수 있는데 그것이 선전·선동이냐 아니냐 하는 문제를 떠나서 어쨌든 계몽을 전제로 하는 시에서 이념적 선진성이라는 것은 필수 조건이라는 것입니다. 물론 이념적 선진성을 가진 작품이 모두 시적 형상성을 가진다고 말할 수 있는 것은 아니지만 계몽을 전제로 하면서도 이념이 흐리멍텅하다면 그것은 시적 형상성에 있어서도 성공적일 수 없는데 이 점을 증명해준 것이 바로 신체시와 창가라고 저는 생각합니다. 그래서 신체시나 창가에 몰두했던 그런 역량을 거두고 대한매일신보의 시들과 같은 작품에 연구자들의 애정이 더욱 쏟아졌으면 하는 바람입니다.

신두원 저는 크게 두 가지 질문을 드리고자 합니다. 하나는 30년대 후반에 다다른 임화의 근대 문학관에 대한 해석의 문제이고, 또 하나는 근대 내지 근대성에 대한 발표자의 이해에 관한 문제입니다.

저도 발표자와 마찬가지로 당대의 문학 과제에 대한 임화의 논리가 1930년대 초반의 근대 극복의 문학으로부터 온전한 근대 문학의 수립이라는 방향으로 변화하고 있다는 지적에 동의합니다. 분명히 임화는 30년대 후반이 되면서 이전에 자신이 지도했던 프로 문학에 대해서 비판적으로 되고 근대 문학의 수립이 의연히 과제로 남아 있음을 자각하게 되며 그것이 해방 직후의 민족문학론의 수립으로 이어졌습니다. 그런데 발표자는 더 나아가서 30년대 후반, 38~39년에 이르러 임화가 프로 문학을 온전히 근대성의 틀 내에서 이해했고 그리고 민족문학의 하위 범주이자 주도적인 조류로 이해했다고 해석하고 있습니다. 요컨대 30년대 초반에는 임화에게 있어 프로 문학이 근대를 극복하는 그런 문학이었는데 30년대 후반에 와서는 프로 문학도 역시 근대 문학의 한 조류, 주도적인 조류로 이해했다고 해석하고 있습니다. 그 점에 대해서 저는 다른 의견입니다. 물론 프로 문학에 대한 임화의 생각은 변화했지만, 30년대 후반 임화는, 프로 문학이라는 것이 30년대 초반에는 이념적인 유효성을 지닌 그런 범주였는데 이 시기에는 과거에 존재했던 하나의 문학사적인 조류에 불과하고 어떤 이념적인 유효성을 지닌 실체로 간주하지는 않게 되었다고 생각합니다. 물론 이 시기 임화의 글을 보면 프로 문학·경향 문학이라는 용어가 자주 등장하긴 하는데 주로 경향 문학이라는 말을 사용하고 프로 문학이라는 말을 직접 사용하는 경우는 별로 없었습니다. 이는 한편으로는 검열이나 탄압을 의식한 표현이기도 하지만, 30년대 후반의 위치에서 바라본다면 과거의 프로 문학 그러니까 20년대말부터 30년대초까지 존재했던 프로 문학은 과거의 문학사적 범주로서, 근대 자본주의를 극복할 만한 진정한 실력을 갖추었던 것이 아니라 실상은 소시민 계급 문학인의 관념성과 이식성에서 벗어나지 못했던 그런 것으로 임화가 이해했다고 저는 생각합니다. 그 원인으로 임화는, 우리 문학이 완전한 의미의 근대 문학의 수립에 다다르지 못하고 그것을 거치지 못한 가운데 조급하게 프로 문학을 제기했기 때문이라고 보고 있습니다. 요컨대 임화가 30년대 후반에 이르러서도 프로 문학이라는 범주를 인정을 하고 그 이념적인 유효성도 인정을 하고 그것을 민족문학의 하나의 조류로 이해한 것은 아니지 않은가 하는 생각입니다. 그리고 나아가서 임화가 이 시기 우리 문학의 과제를 말 그대로의 근대성의 구현에만 국한시킨 것인지에 대해서도 저는 선뜻 수긍하기 어려운데요. 임화가 30년대 후반 우리 문학의 과제를 온전한 근대의 구현에 국한하고 근대를 극복하는 문제에 대한 사고를 결여한 것, 아니 오히려 근대를 극복하려는 사고가 제거되고 근대성과 근대 이후에 대한 사고를 제거하고 오로지 근대적인 문학에만 이념적인 초점을 맞춘 것을 발표자께서는 발전으로 파악하고 있는데, 과연 임화가 그랬던가에 대해서는 저는 달리 생각합니다. 물론 임화는 자주 완전한 의미에서의 근대 문학의 수립이 우리 문학의 과제라는 식으로 표현하고 있습니다만, 그가 내세운 근대적인 것의 완성이란 것도, 근대적인 체험을 충실히 반영하면서도 그리고 그 극복으로의 지향을 내포한 그런 상태를 지칭한 것이 아닌가 그렇게 생각합니다. 임화가 이 당시 혼히 사용했던 유명한 말이 있습니다. '그리려는 것과 말하려는 것이 분열'이라는 표현으로 그 당시의 문학을 진단하고 그것을 극복하는 것이 본격 문학을 완성하는 길이다라고 말한 것입니다. 요컨대 말하려는 것과 그리려는 것을 일치시켜야 한다고 보았던 임화의 사고는 한편으로는 근대적인 체험을 충실히 반영하는 것과 아울러 그것을 통해서 그 극복을 지향하는 정신이 통일되어야 하는 것으로 파악한 것이라고 저는 생각합니다. 발표자는 임화가 근대 문학을 하나의 이념적인 차원으로 파악함으로써 올바른 근대의 이해에 다다랐다고 보는데, 이는 사실 임화가 완전한 의미의 근대 문학의 수립을 과제로 내세우면서도 그 이면에 근대 문학을 넘어서는 더 높은 단계의 문학에 대한 지향을 담고 있음을 읽어내지 못하게 만드는 것이 아닌가 하고 생각합니다. 이에 대해서 어떻게 생각하시는지 말씀을 듣고 싶습니다.

그리고 발표자의 이러한 해석은 근대, 근대성, 근대 문학에 대한 발표자 자신의 독특한 이해에 기반해 있는 것처럼 보이는데요. 지금까지 우리 근대 문학 연구에서 뚜렷이 볼 수 없었던 입장인 것 같습니다. 발표자는 근대 내지 근대성이 자본주의 시대 자본주의적 현실의 특성에 국한되지 않고 더 넓은 의미로 확대될 수 있다고 보고 있습니다. 그리고 더 나아가서 근대성의 구현이라는 그 자체가 하나의 이념적인 목표로까지 격상되고 있는 것이 아닌가 하는 생각이 듭니다. 이것은 상당히 심각한 문제를 야기할 것으로 보입니다. 곧 그것은 근대 내지 근대성의 개념을 너무 확대함으로써 오히려 불확정한 상태로 남겨두게 되고 그럼으로써 근대성 논의의 유효성 자체도 불분명하게 만드는 것이 아닌가 하는 의문이 떠오릅니다. 그래서 근대성 논의의 유효성 자체도 부정하게 되는 그런 역설로 빠지게 되든지 아니면 이른바 근대화론에 함몰될 위험을 안고 있는 것처럼 보입니다. 이 위험을 감지하게 만드는 부분이 발표자가 근대의 역동성의 예로 드는 시민 사회의 역동성과 민주주의의 확산, 이 부분이 아닌가 싶습니다. 현실 사회주의가 붕괴하면서 기존의 사회주의의 이념이 시민 사회의 상부 구조의 역동성 등을 지나치게 간과했음이 반성되었고 급기야 시민 사회·시민 운동론 등이 그 대안으로 떠오르기도 했습니다. 제 생각에 발표자의 사고는 시민 사회·시민 운동이 대안이 된다고 하는 이러한 포스트마르크시즘적 사고로부터 자유롭지 못한 것이 아닌가 하는 생각이 듭니다. 구체적으로 근대의 역동성과 시민 사회의 역동성 두 가지를 들면서, 시민 사회는 자본주의적 시장 경제가 만들어낸 산물이지만, 시장 경제까지도 자유 경쟁이라는 그 자체의 속성상 자본주의를 넘어서는 지향을 동시에 갖고 시민 사회의 역동성이 이로부터 형성된다는 표현이 그것입니다. 그러나 사실 유통 과정이나 시민 사회라는 것은 물론 하나의 상대적인 자율성을 가지지만 시민 사회나 유통 과정의 내면에는 의연히 부르주아의 계급 지배가 관철되고 있는 것이 아닌가, 그 부르주아의 계급 지배의 본질을 분명히하지 않은 가운데 유통 과정 혹은 시장 경제나 시민 사회의 자율성을 강조하게 될 때는 부르주아의 계급 지배를 사실상 간과하게 만드는 것이 아닌가 하는 질문을 드리겠습니다. 민주주의에 대해서도 마찬가지입니다. 민주주의도 역시 그 자체로 어떤 독립적인 가치를 지니는 것으로 파악하게 될 경우에는 그 이면에 의연히 관철되고 있는 계급 지배의 현실을 은폐하는 그런 오류에 빠지게 되지는 않는가 하는 생각입니다. 발표자의 근대관이 계급 적대의 현실을 간과하게 만들 염려가 있고 그럼으로써 임화의 근대 문학관에 대한 해석에서도 역시 문제를 낳고 있다는 게 저의 문제 제기의 요점입니다. 이 정도로 질문을 마치겠습니다.

하정일 첫번째 질문부터 답변을 하겠습니다. 질문 요지는 30년대 후반 임화에게 있어서 프로 문학은 문학사적인 범주일 뿐 이념적 유효성을 지닌 실체는 아니었는데, 저는 프로 문학을 이념적 유효성을 지닌 실체로 보고 있는 것이 아닌가 하는 질문인 것 같

습니다. 그런데 우선 이 시기에 임화가 프로 문학을 이념적 유효
성을 지닌 실체로 보았는지 그렇지 않은지는 사실 30년대 후반만
을 보아서는 대단히 애매하게 처리되어 있다고 생각합니다. 오히
려 이 문제는 해방 직후 임화의 민족문학론과의 이론적인 연속성
속에서 접근할 때에만 이해가 될 수 있다고 봅니다. 예컨대 해방
직후에 임화의 프로 문학에 대한 규정, 즉 계급 문학의 형식을 빌
린 민족문학 운동이었다는 규정은 두 가지 의미를 갖고 있습니다.
계급 문학의 경우 외피는 프로 문학이었지만 실내용은 민족문학이
었다는 의미가 그 하나이고, 두번째는 바로 그런 식으로 계급 문
학 운동이 이루어져왔다는 점을 강조하고 있는 것입니다. 그러니
까 민족문학과 질적으로 구별되는 이념적 실체로 프로 문학이나
계급 문학을 설명해나가는 것이 아니라, 오히려 민족문학적인 관
점, 즉 민족문학내에서 프로 문학이나 계급 문학이 차지하는 위상
이나 역할이나 가능성이라는 관점에서 프로 문학의 독자성을 이해
하고 있는 것으로 그 명제를 해석할 수 있을 것입니다. 그렇다면
결국 임화가 이 시기에 와서 프로 문학을 단순히 문학사적인 범주
로만 본 것이 아니라 오히려 더 나아가서 프로 문학의 성격을 민
족문학의 관점에서 재해석하고 그 연장선상에서 프로 문학의 유효
성과 가능성을 여전히 인정하고 있는 것으로 해석하는 것이 타당
하지 않은가 하는 것이 제 생각입니다. 특히 해방 직후에 문맹이
나 임화 모두 마찬가지지만, 이들이 계급 문학 자체를 부정한 적
은 한번도 없었던 것 같습니다. 계급 문학 자체를 부정한 것이 아
니라 당대의 문학 이념이 민족문학이며, 따라서 프로 문학·계급
문학도 이 민족문학의 이념이라는 관점에서 그 역할이나 위상, 성
격이 규정되어야 한다는 식으로 설명했다는 것입니다. 그래서 해
방 이후와의 연관성을 생각할 때, 30년대말에도 불분명하지만 여
전히 프로 문학을 민족문학의 한 조류 그것도 민족문학의 이념에
가장 철저한 조류로 이해하고 있었던 것이 아닌가 하고 해석한 것

입니다.
 두번째로 임화의 근대 문학관 속에는 근대 이후에 대한 전망이 암암리에 내재해 있는 것이 아닌가 하는 질문을 하셨는데요, 그것은 세번째 질문과 연결되는 질문인 것 같습니다. 그래서 두 가지 질문에 대한 답변을 합쳐서 하겠습니다. 결국 이 문제는 근대 혹은 근대성을 어떻게 규정할 것인가 하는 문제와 긴밀히 연관되는 문제인데요, 일반적으로 근대 이후라는 패러다임을 이야기할 경우 그것은 기본적으로 근대의 근본적인 한계를 설정하고 그리고 근대의 근본적인 한계에 대해서 대타적인 위상을 갖는 것으로서의 근대 이후라는 것으로 얘기를 합니다. 그런데 우선 여기에 대해서 소박하게 문제 제기를 한다면 이렇게 말할 수 있겠습니다. 과연 근대 이후의 상이라는 것을 어떻게 구체적으로 인식할 수 있겠는가? 근대성이라는 경험을 통과하지 않고서도 근대 이후에 대한 구체적 상을 인식하는 일이 가능하겠는가? 그런 인식이라는 것이 이상주의적이거나 추상화된 인식이 아닌 구체적인 인식으로까지 발전해나갈 수 있겠느냐 등등에 대해서 근대 이후라는 패러다임을 강조하는 것은 그다지 설득력 있는 답변을 제시하기 어렵지 않겠는가 하는 회의를 저로서는 갖게 됩니다. 그리고 아까 민주주의와 시민 사회의 문제에 대한 이야기를 하셨는데 민주주의나 시민 사회가 그렇게 단순한 것은 아니라고 봅니다. 이 민주주의나 시민 사회가 분명히 부르주아 계급 지배의 도구로서의 성격을 갖는다는 점에 대해서는 저도 동의를 하지만, 동시에 민주주의나 시민 사회라는 것이 부르주아 계급 지배로부터 벗어나려는 지향을 갖는 것도 사실인 것 같습니다. 질문자는 이를 포스트마르크시즘이라는 것과 연결시켰는데, 저는 민주주의와 시민 사회의 역동성, 부르주아 계급 지배로부터 벗어나려는 이 역동성에 대해서 포스트마르크시즘에서만 얘기하는 것은 아니라고 생각합니다. 예를 들어서 그람시나 루카치 혹은 플란차스 등을 보더라도 민주주의와 시민 사회의 역동성, 다시 말해서 민주주의의 변혁과 시민 사회의 변혁을 통한 국가의 변혁이라는 전략이 분명히 존재해왔는데, 그런 점에서 이 민주주의와 시민 사회의 문제를 간단히 볼 것이 아니라는 생각입니다. 오히려 저는 민주주의나 시민 사회를 부르주아 계급 지배의 도구로만 보는 것이야말로 문제에 대한 속류 마르크시즘적인 해석이고 스탈린주의적 논리가 아닌가 하는 생각을 해봅니다. 그래서 민주주의나 시민 사회 문제가 간단하게 논해버릴 것이 아니라는 것입니다.

그리고 이제 계급 패러다임이라는 것이 문제가 되는데, 저는 이 계급 패러다임이라는 것을 철저하게 근대적인 범주라고 생각합니다. 근대가 있지 않고서 계급이라는 범주가 생길 수는 없는 것 아니겠습니까? 이 계급이라는 범주 자체가 근대가 만들어낸 산물이기 때문에 예컨대 이 계급 문제의 해결이라는 것도 근대성에 철저할 때에야 가능하다고 생각합니다. 이와 관련해서 한 가지만 더 이야기를 하자면, 자본주의와 근대와의 관계에 대해서 문제 제기를 해주셨는데, 이 글에서는 30년대 후반의 프로 문학의 변화 양상을 추적하는 것을 주목적으로 삼았기 때문에 그런 이론적인 문제에 대해서는 별로 다루지 않았습니다. 다른 글에서 이 문제에 대해 이론적으로 다룬 적이 있기 때문에 간단하게 말씀드린다면, 일단 자본주의 세계 체제라는 차원에서 본다면 근대는 자본주의에 의해서 규정이 되는 것이라고 보아야겠죠. 근대를 단순히 자본주의 시대라고 보기보다는 오히려 자본주의 세계 체제에 의해서 규정되는 시대라고 하는 것이 정확한 설명일 것 같습니다. 그런데 이 말 속에는 무슨 의미가 깔려 있느냐 하면 세계 체제의 관점에서는 근대와 자본주의가 동일하지만 개별 민족 국가 단위에서 이야기한다면 근대와 자본주의가 반드시 동일한 것이 아니라는 얘기입니다. 예컨대 개별 민족 국가 차원에서는 분명히 비자본주의적인 근대가 역사적으로 존재해왔다는 점을 주목해야 할 것이고 그렇다면 개별 민족 국가적인 차원에서 존재했던 비자본주의적인 근대가 어떻게 해서 가능했고 그것이 어떠한 의미를 갖는가를 따져 봐야 하는데, 바로 이처럼 개별 민족 국가적인 차원에서 비자본주의적인 근대에의 노력이 존재했던 사실 자체가 근대와 자본주의를 단순하게 동일시할 수 없는 중요한 실증적인 증거라고 봅니다. 임화가 근대성의 완성이라는 과제를 강조했던 것도 불분명하긴 하지만 근대가 가지고 있는 그러한 역동성에 대한 나름대로의 단초적 인식이 있었기 때문이라고 생각합니다. 그런 점에서 만약 근대를 그런 식으로 규정할 경우에 근대 이후성을 설정하는 것이 반드시 필요한가 하는 점에 대해 저는 회의적인 견해를 갖고 있습니다. 이상입니다.

이남호 서영채 선생님의 발표는 논쟁적인 주제를 다룬 토론의 주제로 적합한 성질의 것은 아닌 것 같습니다. 그래서 제가 듣고 읽은 몇 가지 소감만 간단히 말씀드리도록 하겠습니다. 권태와 위티즘을 통하여 이상 소설의 수사학이 지닌 그 성격과 의미를 흥미롭게 분석한 논문인데요, 부분적인 대목들도 흥미로운 부분이 적지 않았고, 특히 염상섭의 권태와 이상의 권태를 대비한 점 또 자기 보존과 진정성이라는 근대 정신의 두 가지 파토스와는 다른 근대적 주체의 모습을 규명했다는 것은 매우 주목할 만한 통찰이라고 생각합니다. 발표자는 이 발표의 목적이 수사학의 내적 논리와 의미, 기능 등을 밝히는 것이라고 했지만 저로서는 그 부분보다도 그것을 통해서 나온 결론, 즉 제3의 파토스를 지닌 근대적 주체의 모습을 분명히 보여주었다는 점이 매우 소중한 성과라고 생각합니다. 사실 근대성의 문제라는 것은 지금까지의 논의에서도 어느 정도는 드러나는 바이지만 자칫하면 추상적이고 공허하게 되기 쉽습니다. 구체적인 작품 속에서 구체적인 근대의 성격과 모습을 규명하는 작업이 절실히 요청된다고 하겠습니다. 사실 저로서는 이 논문이 사실 좀 어려웠습니다. 그래서 아주 자세하게 세부적 논의의 맥락이나 의미를 충분히 파악했다고 자신할 수는 없을 것 같습니다. 가령 이상의 권태가 자기 소멸의 공포와 죽음 본능을 보여준다고 했는데 그것이 어떻게 위티즘과 관련되는가 하는 문제라든가, 권태가 새로운 질서 찾기의 긴장을 내포한 것이라고 했는데 그것이 죽음 본능, 자기 소멸의 성격을 지닌다는 것과의 연결성이 무엇인가, 화용론적인 수사학이라는 것이 전체적 맥락 속에서 어떤 기능을 하면서 이 글 속에서 의미를 가지고 있는가 하는 점 등과 함께 세부적인 부분의 의미의 불투명성이, 제 능력상 이해를 못하는 것인지도 모르겠습니다만, 곳곳에서 발견되는 것 같습니다. 이 점과 관련해서, 물론 이 논문은 좀 어렵긴 하지만 나름대로 명료한 의미를 가진다고 판단되지만, 일반적인 이상에 관한 논문을 보다보면 어떤 생각이 드는가 하면, 이상 문학 자체가 어려운 것이 아니라 이상 문학에 대한 논의 자체가 어려운 것이 아닌가, 그래서 이상 문학을 이상하게 만드는 것은 이상 문학 자체가 아니라 이상 문학에 대한 논의들이 아닌가 하는 생각이 듭니다. 그래서 앞으로 이상 문학에 대한 접근은 좀더 평이하고 상식적인 차원에서, 이상을 이상한 사람으로 보지 말고 이상을 평범한 사람으로 설정해서 접근을 함으로써 정말 이상하지 않은 이상 문학을 이해할 수 있게 되기를 바랍니다.

발표자께서는 이상 소설의 주체가 목적을 상실했고 정신적 고립에 빠져 있으며 자기 소멸 혹은 죽음 본능에 매달리고 있다고 지적했습니다. 그리고 위티즘은 이러한 권태에 맞서는 지적 유희라고 말하는가 하면, 또 그러한 고립 실천이 위티즘 생산의 유일한 길이요 창작 방법이라고 그 의미를 밝히고 있습니다. 권태에 맞서서 위티즘을 구사했는데 그 위티즘이 다시 유일한 글쓰기 방편이요 전략이라는 것은 순환 논리가 아닌가 하는 느낌을 받았습니다. 그런데 이 문제와 관련해서 이것보다 더 중요하게 드는 의문은 무엇인가 하면 이상 소설의 주체가 목적 상실, 고립 실천, 자기 소멸의 모습을 보여준다면 도대체 왜 그러한 모습을 이상의 작품이 보여주는가 하는 것입니다. 그냥 이상은 원래 이상한 사람이니까 그렇게 보여준다는 것은 대답이 되지 않겠죠. 그리고 이상은 근대적 주체의 모습을 이런 식으로 보여준다는 대답은 역시 불충분하다는 생각입니다. 그러한 주체가 나타나게 되는 사회적·역사적·전기적 해명이 무엇보다도 중요한 것이 아닌가, 가령 예를 들어서 여러분들도 잘 알고 계시는 것이겠지만, 이상이 「날개」의 첫머리에서 박제가 되어버린 천재라고 스스로 말을 하고 있습니다. 그러면 그 박제가 되어버린 천재를 이해할 때 이상이 왜 박제가 되어버렸는가, 이런 질문을 던져야 하지 않겠는가 하는 생각입니다. 1930년대 소설에는 룸펜이 되어버린 고등 실업자들이 많이 등장하는데, 박제가 되어버린 천재도 그러한 실업자 지식인의 한 유형이 아닌가 이런 생각을 해볼 수가 있을 것입니다. 만약 그런 생각이 어느 정도 그럴듯하다면 박제가 되어버린 천재라는 주체를 이해하기 위해서 그 식민지 상황을 우리가 생각해보지 않을 수 없을 것입니다. 또 다르게 생각해볼 수도 있을 것입니다. 가령 박제가 되어버린 천재를 아직 성숙하지 못한 혹은 왜곡되거나 빈약한 근대 속에서 주체·자아만 근대인 이런 모습을 우리는 박제가 되어버린 천재라고 이해해본다면 그것은 당시 왜곡되거나 미성숙한 근대적 상황을 주의 깊게 참고해야만 그 주체의 의미가 밝혀지지 않을까 하는 생각입니다. 다시 말해서 이상 소설의 주체가 근대성의 두 파토스가 아닌 제3의 파토스를 보여주고 탕아-예술가의 모습을 보여준다면 그러한 주체의 성격 규명이 일차적으로 중요할 것인데 그 점에 관해서는 별로 언급이 없습니다. 뿐만 아니라, 동시에 어떤 시대적 상황 속에서 왜 그러한 주체가 생겨났는가 하는 데까지 물음이 나아갔어야 한다는 생각입니다. 이러한 점에 대해서 생각하신 바 있다면 말씀해주시기 바랍니다.

서영채 이상에 대한 논의가 어려운 것은 이상이 이상한 사람이기 때문이라고 생각합니다. 바로 그 이상의 이상성을 파악하는 것이 이상 문학의 실체에 접근하는 요체라고 생각합니다. 두번째 화용론을 말씀하셨는데 화용론은 위티즘을 해명하는 데 가장 본질적인 얘기입니다. 그 이야기를 하지 않고서는 논리를 풀어나갈 수 없을 것입니다. 화용론은 기호와 주체 사이의 관계를 다루는 언어학 혹은 기호학의 한 분과로서 이상의 수사학을 해명하는 데 있어서는 필수적인 요소입니다. 그리고 이 점은 발표문에서, 충분치는 않지만 지적해두었습니다.

그리고 권태와 위티즘에 대한 이야기가 순환 논리가 아니냐고 말씀하셨는데요, 저로서는 그것이 왜 순환 논리라는 것인지 잘 납득되지 않습니다. 나중에 다시 한번 말씀해주시면 잘 새겨듣고 답변하도록 하겠습니다.

사 회 이제 자유 토론의 시간을 갖도록 하겠습니다.

청 중 서영채 선생님께 질문드리겠습니다. 이상을 말씀하시면서 작가와 독자의 관계를 말씀하셨는데요, 선생님이 보시기에는 이상의 작품이 작가와 독자의 관계를 무난하게 연결시켜주는 작품이라고 생각하시는지요?

서영채 그렇지 못하다고 생각합니다. 이상이 독자로 상정한 사람은 자신의 동업자, 즉 소설가나 비평가들입니다. 자기가 가장 높은 수준에 있다고 생각하는 자기 동류의 작가·평론가 들을 대상으로 쓴 것입니다. 그런 의미에서의 독자라면 의미가 있다고 생각할 수 있겠습니다만 일반 독자를 향한 글쓰기가 아니라는 점에서는 소통이 제대로 되지 않았다고 생각합니다.

청 중 소통이 되지 않는 작품이 과연 어떤 의미를 지닐 수 있는지에 대해서 말씀해주십시오. 이남호 선생님께서 말씀하신 바와 같이 이 글에는 이상이 그러한 사고를 가지게 된 사회적 배경과 같은 여타의 내용이 하나도 나타나 있지 않은데, 지나치게 작품 안으로 밀착되어 들어감으로써 주변 여건이 모두 단절되어 있다는 생각이 듭니다.
 서영채 예. 무슨 말씀인지 알겠습니다. 제가 이 글을 쓴 것은 근대성이라는 맥락을 염두에 두고 쓴 것입니다. 이상 문학에 대해서 지금 말씀하신 것과 같은 그런 요소들을 모두 아우르기 위해서는 사실 책 한 권으로도 부족할 것입니다. 근대성의 맥락하에서, 우리 소설에 나타나는 근대성의 계보를 어떻게 파악할 수 있는가 하는 것이 제 관심의 핵심이었습니다. 그런 핵심을 위해서 나머지 다른 부분들은 다루기가 어려워진 것이라고 말씀드릴 수 있겠습니다.
 청 중 김종철 선생님께 여쭈어보겠습니다. 선생님께서는 판소리가 가지고 있던 비장미와 골계미 중 『은세계』에서는 골계미가 사라지고 비장미 위주로 작품이 이루어졌다고 말씀하셨는데, 원래 판소리가 대중 속에서 자신의 위치를 지키고 있었던 것은 사회 자체에 이원적인 구조가 있어서 그 속에서 비장미와 골계미가 적절히 조화되었기 때문에 판소리가 생명력을 지니고 있었던 것으로 알고 있습니다. 그런데 20세기 이후 비장미만 살아 남고 골계미가 살아 남지 않았더라면 판소리는 대중 속에서 거의 사라지지 않았을까 하는 생각이 듭니다. 비장미만 살아 남고 골계미가 죽어갔다는 생각은 문제가 있는 것이 아닌가 하는 생각입니다.
 김종철 그 점에 대해서는 저도 마찬가지의 생각을 하고 있습니다. 전승 5가 외에 오늘날 불리는 창작 판소리는 대체로 엄숙한 분위기를 지닌 판소리들입니다. 아까 제가 발표할 때도 말씀드렸습니만 열사가라든가 혹은 최근에 만들어진 '5월 광주' 같은 창작 판소리는 청중들의 마음을 편안하게 만들어주지 않습니다. 엄숙한 가운데 들어야 하고 판소리 창자가 오히려 우위에 서서 청중을 이끌어가는 그런 형국입니다. 그러니까 정통 판소리에서는 상당히 일탈되었다는 점을 지적할 수 있습니다. 판소리가 비장미로 흐른다는 것을 제가 높이 평가하고 찬양하는 것은 아니라는 점을 말씀드리고 싶습니다.

오양호 정확하게는 모르겠습니다만 근대성을 파악하는 시각에는 두 가지가 있을 수 있겠는데요, 하나는 시민 사회적 관점이고 다른 하나는 우리가 많이 이야기해온 모더니즘적 관점이라고 할 수 있겠습니다. 서영채 선생님께 질문하겠습니다. 이상의 경우는 후자에 속하는 것이겠는데, 그것을 작품 자체에서 파악하기 위해 상당히 노력한 것 같습니다. 그런 점에서는 지금까지 이상의 문학을 연구해온 것과는 상당히 구별되는 논문으로 보입니다. 그러나 이 논문이 벤야민의 이야기를 활용해서 권태에 대해서 정리를 하고 정의를 내리고 있는 부분은 어느 정도 논지에 비약이 있는 것 같습니다. 그렇지만 이상을 이상하게 이해하는 것이 이상 문학의 흐름이라는 식의 질의는 이 논문이 가지고 있는 독창성과 진지성을 너무 가볍게 보는 것이 아닌가, 이 논문이 오늘 발표한 다른 분들이 근대성을 이해하는 시각과는 상당히 다른 자리에서 출발하고 있다는 점을 인정하면서, 이에 대한 발표자의 좀더 진지한 해명을 들어보고 싶습니다.

이남호 그 부분에 대해서 제가 먼저 한 말씀 드리겠습니다. 제 질문에 대해서 조금 오해가 있는 것 같습니다. 제가 이상 문학을 이상하게 만드는 것은 이상 문학 자체가 이상한 것이 아니라 이상 문학에 대한 논의가 이상해서 그렇다고 했는데 그것은 지금 서영채 선생님의 논문이 그렇다는 이야기가 아니었습니다. 이 논문과는 상관없이 별개의 사항을 말씀드린 것이었고 이 논문은 그것과는 달리 분명한 주제를 보여주고 있다는 말씀을 드렸습니다. 선생님이 말씀하셨던 이 논문의 가치·독창성·지향성 이런 것들에 대해서는 저도 마찬가지로 존중하고 있다는 말씀을 드리고 싶습니다.

사 회 오양호 선생님께서 서영채 선생님의 논문이 다른 분들의 발표와는 상당히 다른 점에 대해서 말씀하셨는데요. 그것은 근대라는 것을 가치 판단의 문제로 보지 않고 진위 판단의 문제로 본다는 점, 다시 말하자면 제도로서의 근대와 같은 가치 중립적인 관점으로 말할 수도 있을 것 같은데요. 서영채 선생은 수사학적인 장치만을 이상의 작품에서 따지겠다고 하셨는데, 그래서 다른 논문들과는 약간의 차이가 있습니다. 그 차이를 오양호 선생님께서 느끼고 질문하신 것 같습니다. 서영채 선생님 답변해주시죠.

서영채 어떤 맥락에서 그런 질문을 하셨는지 선명하게 알기 어려운데요, 제가 드릴 수 있는 최선의 말은, 이상의 수사학이 직접적인 분석의 대상이긴 하지만 그 자체가 궁극적인 논의의 대상은 아니라는 것입니다. 이상 문학은 최소한 식민지 소설사에서는 평지 돌출과 같은 현상이 아닌가 생각합니다. 많은 모더니즘 작가들에 대해서 이야기를 하더라도 박태원이나 이태준과도 크게 다른 그런 독특함을 지니고 있다는 것입니다. 수사학에 대한 고찰은 그러한 독특성에 접근해가기 위한 한 방편이라는 것입니다. 그리고 근대성에 관한 문제는, 저는 철저하게 현상학적인 혹은 계보학적인 입장을 일단 지키겠다고 미리 말씀드렸는데요. 그것은 제게 주어진 범위 안에서 제가 할 수 있는 최선이라고 생각했기 때문입니다. 그 이후는 가치 판단의 문제라고 생각합니다. 제 개인적인 의견을 말씀드리자면 과연 근대적인 학의 영역에서 혹은 제도적인 학문의 영역에서 가치 판단이 가능한 것인가 논리적인 가치 판단, 주관성이 전혀 섞이지 않은 그런 식의 가치 판단이 가능할 것이며 또 그렇게 하는 것이 최선인가에 대해서 저는 자신있게 이렇다 하고 말씀드릴 수는 없을 것 같습니다. 그래서 제가 할 수 있는 최선은 현상을 분석하여 현상 뒤에 숨어 있는 어떤 의미들을 건져올리고 그 건져진 의미들이 우리 문학사를 좀더 잘 이해할 수 있고 좀더 잘 설명해낼 수 있는 그런 하나의 가설적인 틀이 될 수가 있으면 그것으로 족하다는 생각입니다. 그런 의미에서 현상학과 계보학적인 태도를 견지하고자 했던 것입니다. 아마 실천적인 견지에서 근대성을 문제삼는다면 그것은 또 다른 차원의 문제가 아닌가 생각합니다. 그리고 지금 상태로서는 그것을 책임질 만한 수준도 되지 못한다고 생각합니다.

청 중 고미숙 선생님께 질문드리겠습니다. 아까 이념이 강할 때 가장 시적일 수 있다고 말씀하셨는데요, 그렇지만 너무 이념이 강하면 그 생명이 길지 못하다는 말씀도 하신 것 같은데요. 그러면 그 이념이 대중적으로 부각되는 이념일 경우에는 시가 가장 시적일 수가 있지만 그렇지 못한 경우에는 아무리 이념이 강해도 오히려 그것이 부작용을 일으켜서 생명이 짧아지는 것이 아닐까요?

고미숙 제 주장은 시 원론적인 차원에서 이념이 강해야만 좋은 시가 된다는 그런 이야기가 아니라, 계몽주의 시대에는 이념의 선명성이 기본적인 출발이 된다는 것입니다. 20세기 초반의 특수한 상황, 모든 쟝르가 계몽의 전선에 나와 있을 때는 당연히 이념적 선명성은 기본적인 전제가 된다는 거죠. 그렇다고 해서 이념적 선명성이 필요 충분 조건이 되어서 그것만 있으면 모두 시적 형상성을 갖추게 된다는 것은 아니고 그 중에서도 이념적 선명성이 시적 형상성을 담보하지 못하는 경우도 얼마든지 있지요. 물론 이러한 결론은 작품들을 보면서 다분히 귀납적으로 찾아낸 것이기 때문에 일반론적으로 확대할 수는 없겠습니다. 덧붙이자면, 소설이나 여타의 쟝르 같은 경우에는 이념의 문제가 계몽주의 시대라 하더라도 직접적으로 연관되지 않을 수 있다는 생각입니다. 아까 김종철 선생님께서 발표하신 『은세계』의 경우만 보더라도 대표적인 친일파인 이인직이 뚜렷한 소설적 성취를 이루어낸 것 아닙니까? 그러나 시의 경우에는 시가 가지고 있는 독특한 성격이 특히 계몽주의 시대에 그런 식으로 나타나지 않는가 하고 생각을 했습니다.

사 회 시 작품이 시대의 요청에 어떤 방식으로 부응하느냐는 문제는 여러 가지 긴 이야기가 필요할 것 같습니다. 이상으로 개별 토론을 마치기로 하겠습니다.

종합 토론

사 회 이제 백낙청·임형택 두 분 선생님께서 지금까지의 발표에 대해 종합적인 강평을 하는 것으로 종합 토론을 대신하도록 하겠습니다. 특히 백낙청 선생님께서는 최근에 쓰신 글을 통해서 근대의 기점 문제에 대해 새로운 주장을 하신 바도 있습니다. 1894년을 그 기점으로 새롭게 제기하셨는데, 오늘 발표하신 최원식 선생님은 1905~10년 사이를 근대 문학의 기점으로 설정할 것을 주장하시면서 근대 문학의 기점을 부질없이 끌어올리려는 시도를 그만둘 것을 말씀하신 적이 있었고, 김종철 선생님께서는 장구한 근대로의 이행기를 주장하는 논문을 오늘 발표하셨습니다. 또 고미숙 선생도 근대로의 이행기에 부합하는 그런 내용의 논문을 발표하셨으니까, 백낙청 선생님께서 이런저런 문제에 대해서 아마 적절하게 강평을 해주실 수 있으리라 생각합니다. 그리고 임형택 선생님께서는 모두 알고 계신 바와 같이 이조 후기 한문학의 근대적인 측면과 민중적인 측면들 그리고 애국 계몽기 시대에 이르기까지 폭넓게 연구해오신 바가 있기 때문에 누구보다도 적절하게 말씀해주시리라 생각합니다. 두 분 선생님의 강평을 부탁드립니다. 우선 백낙청 선생님부터 말씀해주시죠.

백낙청 전공자도 아닌 사람이 이 자리에 와서 토론에 참여하게 된 것은 대단한 영광입니다마는 과연 나왔어야 하는지 스스로 회의를 느낍니다. 원래 이 방면에 특별히 공부한 것도 없는 데다가 개인 사정이 겹쳐서 오늘 아침부터 있었던 발제와 토론을 제대로 듣지도 못했습니다. 다만 발제문은 일단 한 번씩 읽었고 아까 토론하는 중간에 들어와서 토론도 조금 들을 기회는 있었습니다. 시간을 절약하기 위해서도 그렇고 또 저 자신의 능력의 한계를 감안해서도 여기 나온 논문들을 일일이 평하기보다 총론에 해당하는 최원식 선생의 글을 중심으로 하면서 간간이 다른 문제에 대해서도 언급을 해볼까 합니다. 최원식 교수가 이번에 내놓은 일련의 명제들은 그사이 최교수가 여기저기서 언급한 바도 있고 또 저하고는 사석에서 의견을 나눈 바도 있습니다만, 이렇게 일목요연하게 정리한 것은 처음이 아닌가 합니다. 그래서 제가 보기에 대단히 의의 깊은 발제이고 저로서는 대체로 공감하는 이야기들입니다. 앞에서부터 제기한 몇 가지 문제점을 짚어가면서 제 의견을 말씀드릴까 하는데요. 우선 근대 문학의 기점을 올리려는 부질없는 시도를 그만두자는 취지에 저는 전적으로 찬성합니다. 여기에 저 자신의 근대 문학의 기점설이라는 것이 등장하는데, 그점에 대해서는 나중에 따로 말씀을 드리도록 하겠습니다. 우선 원칙적으로 그 동안 우리가 민족문학의 자산을 정당하게 평가하고 우리 문학이 오래 전부터 가지고 있던 민족문학의 가능성을 인식하고자 노력하는 가운데, 기점 자체를 부당하게 올려잡으려는 시도가 많았다고 생각합니다. 그런데 그럴 필요가 없다고 말하는 것은 어떻게 보면 그만큼 우리 근대 문학의 성취에 대해서 자신을 가지고, 꼭 기점이 많이 올라가야 되는 것이 아니고 결국은 근대 문학이 출발한 이후의 업적과 지금 이루어지고 있는 작업 또 앞으로의 가능성 이것이 더 중요하다는 그런 생각의 표시라고 하겠습니다. 그것과 관련해서 최원식 교수는 최근에 스땅달과 플로베르를 다시 읽은 이야기를 하고 또 서구에서 근대 전환기 또는 근대 초기에 우리나라의 『춘향전』과 유사한 작품이 많이 나왔다고 하면서 가령 셰익스피어의 『루크리스의 능욕』이라든가 레싱의 『에밀리아 갈로티』 등을 예로 들었습니다. 그것은 근대 전환기에 이런 유사한 주제가 등장한다는 흥미있는 사실을 지적한 면도 있지만, 서양 문학에서 유사한 근대 초기 작품들과 비교해볼 때 우리 문학에서 근대 문학의 맹아라든가 심지어는 근대 문학 그 자체라고 일컬어지는 작품들이 실제로 서양 문학의 그러한 작품 수준에 미치지 못하는 것이 아닌가, 이런 사정에 대해 우리가 훨씬 더 냉철한 판단을 해야 옳다는 의사 표시라고 생각합니다. 서양 문학을 전공하는 사람으로서 저도 이 점은 사실이라고 봅니다. 『루크리스의 능욕』은 16세기 셰익스피어의 작품이고 레싱의 작품은 18세기, 스탕달이나 플로베르는 19세기니까 서양으로 치면 근대로의 전환이 이루어진 한참 뒤의 작품이라고 할 수 있습니다. 따라서 그러한 작품과 비교하기보다 오히려 더 거슬러올라가서 서양의 중세 말기에 나타난 근대 성향의 작품들과 비교해본다면, 가령 쉬운 예로 우리가 이조 말기의 한문 단편의 성과라든가 이러한 것에서 근대성을 찾는 논의도 있습니다만, 서양의 14세기에 씌어진 작품으로 여러분도 다 아시는 보카치오의 『데카메론』 같은 작품을 보면 우선 그것이 한문 같은 중세의 공통 문어로 씌어지지 않고 그 나라의 언문으로 되어 있다는 사실도 사실이지만, 작품으로서의 완성도라든가 여러 가지 면에서 확실히 다른 차원의 성취라고 생각합니다. 그래서 그런 세계 문학적인 시야를 가지고 비교를 해보면서 가령 한문 단편이면 한문 단편이, 판소리 소설 같으면 판소리 소설이 과거의 작품에 비해서 어떤 진전을 이루었는가를 보는 동시에 『데카메론』 같은 작품에 비해서도 근대성이라는 면에서 여러 가지로 부족하다는 점을 인정할 필요가 있다고 생각합니다.

우리 문학의 가난을 얘기하신 것과 더불어 프로 문학의 위상에 대해서도 말씀을 하셨는데, 이제까지 좌우파 규정이 소박한 실재론에 지펴 있었다라는 말씀과 또 그 구체적인 예로서 카프 문학의 주류성에 대한 주장이 특히 진보 문학계 내지는 진보 학계에서 상당한 위치를 차지하며 힘을 발휘하고 있었는데 이제는 그것을 해소할 때가 되었다는 주장을 내놓았습니다. 카프 문학을 과대평가해서는 안 된다는 이야기는 80년대 카프 연구의 열풍이 차츰 사그러들면서 여기저기서 나왔습니다만 이번에 최원식 교수가 하신 것처럼 분명하게 다소 도전적으로 이런 문제 제기를 한 것은 과문한 저로서는 처음 보는 일입니다. 물론 처음부터 카프를 부정하는 입장에서 그런 말을 한 사람은 많지만 카프의 문제 의식이라든가 카프의 업적을 수용하면서 그 주류성에 대한 주장을 해소해야 한다는 주장은 제가 보기에는 상당히 새롭고도 중요한 주장이라고 생각합니다. 70년대 이후의 민족문학 운동의 현장에서 한몫을 해온 사람으로서 이 취지에 기본적으로 동의합니다. 70년대 이래의 민족문학 운동이 해방 직후의 임화 같은 사람이 제기한 민족문학론을 여러 가지 면에서 계승한 면이 없는 것은 아닙니다만, 기본적인 차이도 있습니다. 첫째는 8·15 후는 이미 분단이 된 이후이긴 합니다만 우리 시대처럼 분단이 고착되기 이전이기 때문에 분단극복이라는 과제가 민족문학의 중심적인 문제로 떠오르기 이전이었습니다. 또 하나는 최원식 교수가 지적하고 있듯이 임화가 과거의 자신의 계급 문학론에 대한 여러 가지 반성을 했고 또 하정일 선생의 논문에도 나옵니다만 그 이전부터 프로 문학을 민족문학의 구도 안에 수용하려는 노력을 했다고 하더라도 결코 카프 문학의 주류성이라는 그 명제는 포기하지 않았습니다. 민족문학 혹은 인민 민주주의 민족문학과 같은 개념을 내세울 때도 그것은 어디까지나 사회주의 리얼리즘이라든가 프로 문학의 이념을 조선의 낙후한 현실에 적응시키기 위해 하나의 과도기적 단계로 설정한 것이고 이것이 더 발전될 때 원래 카프 문학이 또는 소련식 사회주의 리얼리즘 문학이 지향하는 쪽으로 나가야 된다는 전제가 깔려 있었다고 생각합니다. 그런데 우리 시대의 민족문학 운동을 벌인 사람들은 물론 그 내부에 여러 가지 의견의 차이가 있고 지금도 카프의 주류성을 견지하는 분들도 계십니다만 저 자신이나 상당수의 사람들은, 카프의 주류성을 계승한다는 의도를 처음부터 가지지 않고 민족문학론을 전개해왔고, 80년대에 카프에 대한 논의가 활발해지면서 기존의 민족문학론에 대한 여러 가지 도전이 나오고 그것이 소시민적이다라고 비판할 때 우리는 이것이 소시민적이라서가 아니라 오히려 카프의 주류성을 전제로 한 민족문학론이 시대에 뒤떨어지고 우리 현실에 맞지 않기 때문에, 우리가 제기하는 민족문학론이 오히려 더 선진적이다라는 그런 신념을 가지고 해왔던 것입니다. 그렇기 때문에 최원식 교수의 이러한 문제 제기는 저의 문제 의식과도 일치합니다.

그러면 근대 문학의 기점에 대해서 제 입장을 말씀드려보겠습니다. 최원식 교수는 근대 문학의 기점에 대해 제가 1894년설을 주장했다고 하면서 거기에 대한 반대 의견을 말씀하셨고, 이선영 선생님께서는 기조 강연에서 제가 1906년 정도를 근대 문학의 기점으로 설정하고 있다고 말씀하시면서 대체로 거기에 동의하는 말씀을 하신 걸로 압니다. 어쩌면 사람을 헷갈리게 만드는 것이 저의 장기가 아닌가 하는 느낌이 듭니다. 사실 저는 여기에 대해 무슨 체계적인 논문을 쓴 것은 없고 「문학과 예술의 근대성 문제」라는 글에서 잠깐 언급을 했고 또 『민족문학사 연구』 2호 좌담에서 이런 문제를 토론한 적이 있습니다. 그때 제가 말하고자 한 것은 1894년부터 1910년까지 실제로 어떤 작품이 있었고 어떤 활동이 있었는가를 저같이 소상하게 알고 있지 못한 사람으로서 기점이 1894년이 되어야 된다 또는 1905년이 되어야 된다고 말하는 것은 외람된 일이기도 하고 적어도 지금의 시점에서는 거기에 대해서 확고한 의견을 내세울 만한 처지가 아니라는 것이었습니다. 오히려 제가, 특히 서양 문학을 공부한 사람으로서 강조하고자 했던 것은, 하나는 우리나라뿐 아니라 다른 나라의 문학을 보더라도 심지어는 유럽의 문학을 보더라도 일반 역사에서의 근대 전환과 문학사에서의 근대 문학의 출발 사이에 어떤 일정한 상관 관계를 이론적으로 설정할 수 있지 않겠느냐 하는 것이었습니다. 다시 말해서 근대 전환이 주체적으로 이루어지면 이루어질수록 근대 문학의 기점이 앞당겨지고 심지어는 일반사에서의 근대 전환보다 더 앞서는 경우도 있습니다. 가령 이탈리아 같은 나라가 그렇고 영국이 그렇습니다.

반면에 근대로의 전환이 타율적으로 이루어지면 그만큼 일반사에서의 근대사의 시발점과 문학사에서의 근대 문학의 기점의 차이가 벌어지면서 근대 문학사의 기점이 늦어집니다. 또 이렇게 늦어질 때 그 늦어지는 도가 심해질수록 딱히 어느 지점에서 근대 문학의 시발점을 잡아야 할지가 모호해진다는 것입니다. 그래서 가령 1894년을 시발점으로 잡는 관점은 1876년의 개항을 근대사 출발의 기점으로 잡는다 하더라도 그때부터 1894년 이전까지는 문학적으로 너무나 성과가 미약하니까 1894년쯤 되서 농민 전쟁과 갑오경장을 거치면서 순 우리말로 된 독립신문도 나오고 국문이 주된 표현 수단이 되었을 때, 일단 그때는 작품다운 작품이 없다 하더라도 그쯤 되면 근대 문학의 기점으로 생각할 수 있지 않겠는가 하는 것이고, 작품다운 작품이 좀더 있어야 하겠다는 입장이라면 역시 1905년 이후에 가야 더 많은 작품이 나온다고 해서 그때를 기점으로 설정합니다. 특히 그 점에 대해서는 오늘 발제문에서 김종철 선생의 『은세계』에 관한 논문이라든가, 고미숙 선생의 글을 통해서 알 수 있는 가령 독립신문에 나온 창가류하고 대한매일신보에 실린 시가류 사이에 얼마나 큰 차이가 있는가, 또 그 밖에 여러 가지 현상들 이를테면 신채호의 민족문학론에 해당하는 논설이라든가 이런 것을 감안할 때, 1905년을 계기로 설령 그것이 같은 근대 문학내의 시기라 하더라도 어떤 커다란 국면의 전환이 이루어지는 것은 틀림이 없다고 생각합니다. 그러나 애국 계몽기라고 해서 정말 근대 문학으로 내세울 만한 작품이 확실히 있는지는 논란의 여지가 없지 않지요. 그래서 저는 1894년에 근대 문학의 기점을 두고 1905년에 와서 새로운 국면이 벌어진다고 볼 것인지, 아니면 1894년 이후의 집중적인 준비 기간을 거쳐 1905년에 가서야 근대 문학이 제대로 출범한다고 볼 것인지 이것은 전문가 여러분들이 토론해서 결정할 문제로 남겨두고자 하는 것입니다.

끝으로 근대 문학의 근대성과 탈근대성, 또는 근대와 근대 이후, 이것이 이번 심포지엄의 큰 주제인 것 같은데요, 저도 여기에 대해서 글을 썼습니다만 이런 논의가 흔히 마주치는 반응은, 첫째는 근대성이라고 말하는데 근대성의 개념이 너무 모호하다라는 것이고, 둘째로 근대 이후라든가 탈근대를 이야기하지만 그 탈근대의 전망이나 탈근대의 구체적인 양상이 제대로 드러나지 않고 너무 막연하다라는 두 가지인 듯합니다. 저 자신의 글에 대해서도 그런 논평을 많이 들었고 아마 이런 문제를 이론적으로 다룰 때 대부분의 논자가 그런 비판이나 지적을 받지 않을까 하는 생각이 듭니다. 그 점에 대해서 한 가지 말씀드릴 것은 이 근대성이라는 개념이 가령 사회경제사의 발달 과정에서 자본주의 시대를 근대라고 본다면, 물론 그것도 구체적인 적용에 들어가면 모호한 점이 많겠습니다만 그래도 비교적 객관적으로 판정이 날 수 있는 문제라고 생각합니다. 그런데 문학에서의 근대성이라 하면 그러한 자본주의적인 근대에 걸맞는 인식과 그런 현실에 대한 기본적인 적응력을 바탕으로 하면서도 동시에 문학이란 이름에 걸맞는 작품을 내놓아야 하기 때문에, 자본주의 사회에 수동적으로 적응하는 것만으로는 그러한 문학이 성립할 수가 없습니다. 그렇기 때문에 근대적인 문학이라든지 문학의 근대성을 규정하고자 할 경우에는 필연적으로 사회경제면에서의 근대를 규정할 때와는 다른 요소가 끼여들게 됩니다. 다시 말해서 사회경제면에서의 근대성에 해당하는 것을 부정하려는 노력도 다소간에 끼여들게 마련입니다. 그렇기 때문에 어떻게 보면 적어도 문학에서는 근대 이후를 지향하는 그 자체도 근대성의 일부로 포함할 수가 있습니다. 편의상 근대 문학 속에서 어떤 면은 근대를 수용하는 요소이고 어떤 면은 근대의 극복을 지향하는 요소라고 구별하는 것도 가능해지기 때문에 여기에 모호성이 따릅니다. 단순히 논자의 역량 부족이나 정리가 미비해서라기보다도 소위 사회경제적인 현실의 근대성과는 다른 문학의 근대성, 또는 주체적 인간의 대응 방법의 근대성이라고 할 경우에는 그 모호성을 떨쳐버릴 수가 없다고 생각합니다. 그렇기는 하지만 근대의 역사가 진전되면서 근대에 대해서 의식적으로 부정하고 이것을 넘어서야겠다는 의지가 훌륭한 문학 작품일수록 강화된다고 생각합니다. 그것이 딱히 몇년도를 기해서 그전까지는 부르주아 리얼리즘이었는데 그 이후는 사회주의 리얼리즘으로 변한다든가 하는 식의 명확한 구별을 짓는 데는 저 자신 반대한 바 있습니다만, 근대 서양 문학의 위대한 작가들을 보더라도 역사상 여러 번의 중요한 고비와 계기를 거치면서 이런 탈근대 지향성이 강화되어온 추세이기 때문에 지금쯤 되면 근대 극복에의 지향이 구체적으로 어떻게 드러나는가 하는 것을 작품 평가의 중요한 기준으로 삼아도 되는 시기가 되었다고 생각합니다. 그리고 이것이 막연하다고들 하는데요, 저는 적어도 우리 민족문학 운동에서 구체적으로 제기된 문제에 따르면 이것은 결코 막연하지 않다고 봅니다. 왜냐하면 우리 민족문학 운동이라는 것이 시발점에서부터, 한편으로는 가령 애국 계몽기 같으면 비교적 소박하게 선진 제국의 국민문학을 우리 땅에도 세워보자라는 것으로 시작을 했지만, 그때에도 은연중에 선진 자본주의 국가를 무조건 따라가는 것이 우리가 근대 국민으로서 할 일은 아니다라는 의식이 있었고 더군다나 그러한 애국 계몽기의 국민 문학 건설 운동이 국권 상실로 인해 실패하고 난 이후로는 근대 지향과 탈근대 지향이라는 것이 더 눈에 띄게 병존하면서 진행되어왔습니다. 거기다가 이제 우리 시대의 민족문학론에 이르면 이것이 우리 한반도의 분단 체제 극복이라는 구체적인 과제로 모아지는데, 이 분단 체제의 극복이라는 것을 단순히 어떻게 해서든지 통일만 하고 보자 무력 통일을 하든 흡수 통일을 하든 어떤 식으로 통일만 하고 보자는 것이 아니거든요. 한반도의 이 분단 체제가 세계 체제의 일부로서 어떻게 형성되었고 또 현 세계 체제 안에서 어떻게 작동하고 있으며 이 분단 체제를 제대로 극복하는 것이 세계 체제에 어떤 변화를 가져오고 그것의 근본적인 변혁에까지도 이바지할 수 있는가라는 인식과 거기에 대한 일정한 경륜을 요구하는 것입니다. 따라서 분단 체제의 극복에 이바지하는 민족문학이라는 것은 한편으로는 우리에게 아직도 미완의 과제로 남겨져 있는 근대성의 성취 문제, 구체적으로는 남한내에서의 민주적 개혁이라든가 평등과 자주권의 증진과 같은 것, 또 한반도 전체에 걸친 통일 국가의 형성과 민족의 통일 이러한 목표를 설정하게 되지만 다른 한편으로는 이것이 그런 근대성을 뒤늦게나마 실현한다는 차원에서는 달성될 수 없는 목표라는 것을 인식하지 않을 수 없다고 봅니다. 즉 남한 사회의 민주화라든가 자주화의 증진이라는 것이 분단 체제내에서는 엄연한 한계에 머물 수밖에 없다는 인식이 있고, 통일 문제에 대해서도 기존의 '근대적' 발상에서 벗어날 필요가 있기는 마찬가지라고 생각합니다. 통일도 우리가 1945년에 당연히 이룩했어야 할 통일 민족 국가의 성립을 그때 놓쳤으니까 지금 뒤늦게나마 실현해보자라는 생각, 가령 국가 연합이나 연방제만 하더라도 하나의 통일적인 민족 국가를 이루기 위한 과도적 조치로서 현재 많은 사람들이 생각하고 있는 것 같은데요, 저는 그렇게 생각하지 않습니다. 그때 통일된 민족 국가를 건설하지 못한 것은 우리로서는 큰 한이 되고 또 그 때문에 한국 전쟁과 같은 엄청난 대가를 지불하기도 했습니다. 그러나 이미 대가를 지불할 만큼 했는데 이제 와서 통일을 한다면서 45년에 이루지 못한 국민 국가를 복원하는 것만으로는 너무나 부족하고 또 그것은 현실적으로도 어려운 일이라고 봅니다. 그렇기 때문에 어떤 식의 복합 국가가 될지는 모르겠습니다만 좀더 세계사의 큰 흐름에 부합하는, 다시 말해서 국민 국가의 단일성이나 완결성이 약화되어가는 세계사의 대세에 부응하면서 동시에 우리 민족의 통일을 이룩하는 이런 민족 사회를 만들어야 하는데, 거기에 이바지하는 문학이라고 한다면 전형적인 근대 개념으로서의 국민 국가라든가 단일 민족의 문제 또는 일국 사회 내부에서의 계급 문제 등을 뛰어넘는 인식이 필요하다고 생각합니다. 그래서 오늘날의 민족문학에 주어진 과제를 구체적으로 검토하고 그것을 해결하려는 경륜을 갖게 되면 근대 이후라든가 탈근대를 지향한다는 것이 결코 막연한 이야기만은 아니고 바로 우리가 이 땅에서 분단체제를 어떻게 극복할 것인가, 또 이 체제하에서 어떤 작품을 쓰고 어떤 작품을 좋다고 평가하며 어떤 작품을 나쁘다거나 덜 좋다고 말할 것인가와 같은 우리 문학인 또는 문학 연구자들의 일상적인 작업과 직결되는 구체성을 띠게 된다고 생각합니다.

임형택 여러분들 장시간 동안 매우 힘드실 텐데요. 저는 오늘 쟁점이 되었던 점 중에서 두 가지 문제만을 간략하게 말씀드리고자 합니다.

하나는 근대 문학의 기점 문제입니다. 사실 우리가 근대 문학의 출발선을 꼭 어느 시점으로 잡느냐 하는 것이 반드시 가장 중요한 문제는 아닙니다. 그것은 어떠한 관점에서 근대를 구분하느냐이며, 그 연도는 약간의 출입이 있을 수도 있겠습니다. 그러나 실제로 문학사를 서술한다든지 또 강의를 한다든지 할 때 도대체 언제부터가 근대 문학인가 하는 문제를 유보해두고 지나갈 수는 없습니다. 저도 그에 대해서 이야기하는 것을 퍽 주저해왔습니다만 이미 오늘 쟁점으로 부각되었으므로 제 의견을 간단하게 말씀드리겠습니다. 이 문제에 대해서 대체로 남한 학계뿐만 아니라 북한 학계까지 거의 공약수로 묶어지는 것은 19세기 후반에서부터 20세기 초의 시기입니다. 지금 문제는 시점을 정확하게 언제로 볼 것인가 하는 점입니다. 1860년대쯤으로 볼 수도 있겠고 1876년 개항 이후부터 또는 1894년, 1905년 등의 몇 가지를 상정할 수 있겠고 또 오늘 발표에서 최원식 교수가 애국 계몽기를 상당히 설득력 있게 힘주어서 말씀하셨고 그뒤의 두 분 발표도 그 주장에 대한 보완적인 성격을 갖는다고 생각됩니다. 그런데 저로서는 이 기점 문제는 전략적인 면을 상당히 중요하게 생각해서 고려해야 한다고 생각합니다. 이런 점에서 볼 때 저는 1894년을 일단 근대 문학의 출발점으로 잡는 것이 타당하지 않을까 하는 생각입니다. 그 논거로 몇 가지를 얘기할 수 있겠습니다만 무엇보다도 우리의 근대를 향한 움직임에서 가장 중요한 것은 역시 민중의 새로운 역사를 향한 행진이고 그것이 최고조에 오른 것은 1894년이라고 생각합니다. 또 과거에는 갑오경장이라는 것을 중요시했고 그래서 그 시기를 근대 문학의 출발로 잡아오기도 했습니다. 그런데 갑오경장을 과거에 보아왔던 식으로 파악하는 것에는 물론 저도 동의를 하지 않습니다만 갑오경장이 가지고 있는 타율성, 비주체적인 측면을 우리가 부인할 수는 없지만 그러나 또 한편으로 생각할 때 가령 3·1 운동 이후에 일제하에서 이루어진 문화 통치 이것도 일제의 선혜가 아니고 그것은 결국 우리가 3·1 운동에서 쟁취한 부분이기도 한 것처럼, 꼭같은 상황 논리를 적용시킬 수 있는 것은 아니지만 갑오경장도 민중에 의해 촉구된 위로부터의 개혁이라는 점, 불가피한 대세의 흐름 속에서 나온 것이 아닌가 하는 생각입니다. 그 다음에 또 하나 우리가 중요하게 고려해야 할 부분은 청일 전쟁으로 중국이 패배하고 일본이 승리했다는 표면적인 의미를 떠나서, 대단히 중요한 상징적인 의미를 갖는다고 생각합니다. 동아시아의 중국 중심적인 체제가 아주 가시적으로 붕괴되는 시점도 1894년에 맞닿아 있기 때문입니다. 그리고 농민 전쟁의 실패, 이것에 대해서도 문제를 제기할 수 있겠는데요, 그런데 마찬가지로 애국 계몽 운동도 성공한 운동이라고 할 수는 없겠죠, 1910년에 와서 결국은 좌절한 것이기는 하지만 그 의의를 중요하게 여기듯이, 1894년을 우리 근대 문학의 출발점으로 잡는 데는 매우 전략적인 지점이 아닌가 하는 생각입니다. 물론 구체적인 문학의 성과 면에서 볼 때 약하다는 것은 부인할 수 없습니다. 그러나 애국 계몽 운동에서 활발하게 일어날 수 있었던 여러 가지 근대적 문학에의 지향도 1894년을 기점으로 해서 출발한 것이 아닌가 생각해볼 수 있습니다. 또 상징적인 의미로서 이야기할 때 국문이 공식적인 문자로 선언이 된 점도 우리가 중요하게 보아야 할 점입니다. 이런 여러 가지 면에서 볼 때 1894년을 근대 문학의 출발점으로 보는 것이 무 난하고 유리하지 않을까 하는 것이 제 의견입니다. 물론 이 점은 앞으로 우리가 더 많은 논의를 거쳐야만 하리라고 봅니다.

그 다음에 한 가지 더 말씀드리고 싶은 것은 카프 문학의 평가 문제입니다. 오늘 최원식 교수가 카프 문학의 주류성의 해소라는 점을 말씀하셨고 또 백낙청 선생님도 거기에 대해서 동의하는 취 지의 말씀이 있었습니다만 저는 거기에 대해서 하나의 단서를 꼭 붙여야 한다고 봅니다. 그것은 1925년에서 30년대 중반까지에 있어 서 주류성이라고 부르기에는 문제가 있을지 모르지만 프로 문학 의 주도성은 문학사적인 사실로서는 인정을 해야 한다는 것입니 다. 프로 문학의 바깥에서 일어났던 제반 문학 운동이나 현상들 역시 카프의 주도성에 대한 적극적 혹은 소극적 대응의 방향이라 고 할 수 있습니다. 그래서 적어도 문학사적인 현상으로서의 그 기간에 있어서 프로 문학의 주도성은 인정해야 옳지 않겠느냐는 의견입니다. 그러면 프로 문학을 우리가 문학사적으로 어떻게 성 격 규정할 수 있느냐 하는 문제가 함께 제기될 수 있습니다. 저는 그 부분에 대해서 이전부터 생각을 부분적으로는 피력을 한 바가 있고 또 개인적인 의견을 여러 자리에서 많이 이야기했습니다만, 우리 근대 문학의 본격적인 출발은 3·1 운동이 중요한 계기로서 3·1 운동 이후에 전개된 신문학은 우리 근대 문학의 본격적인 출 발이라고 보아야 할 것이며 사실은 오늘날까지도 바로 이 신문학 의 자기 발전의 과정이라고 보는 것이 타당할 것이라는 생각입니 다. 그리고 그 관점에서 보면 프로 문학이라는 것도 신문학의 자 기 변혁·자기 발전의 과정으로 이해하는 것이 옳지 않겠느냐 하 는 판단입니다. 여기에 대해서는 좀더 충분한 논의가 있어야 하겠 지만 제 이야기는 이 정도로 마칠까 합니다.

오늘 기조 강연과 함께 다섯 분의 발표와 그에 따른 토론이 있었습니다. 자화자찬 같습니다만 오늘의 학술 회의는 대단히 많은 성과를 거두지 않았는가 하는 마음이 듭니다. 사실 오늘 여러분들의 발표와 토론 속에서 제기된 문제들은 우리 문학사 연구에 있어서 대단히 중요한 문제들로서 이 문제들은 앞으로 우리 연구를 통해서 확인하고 발전시켜야 할 과제로 주어진 것이라는 말씀을 드리면서 모두 마치겠습니다.

필자 소개

고미숙 한양대 강사. 주요 논문으로「19세기 시조의 전개 양상과 그 작품 세계 연구」「18~19세기 시가사의 리얼리즘적 발전」등이 있음.

김경숙 이화여대 박사과정. 주요 논문으로「오장환 시 연구」등이 있음.

김영민 연세대 국문과 교수. 주요 저서로『한국 문학비평 논쟁사』『한국 근대 문학비평사 연구』등이 있음.

김윤재 한국외국어대 강사. 주요 논문으로「카프 문예비평에 나타난 속류 사회학주의와 반영론 연구」「김남천 창작 방법에 끼친 루카치 소설론의 영향」등이 있음.

김종철 아주대 국문과 교수. 주요 논문으로「옥수기 연구」「19~20세기초 판소리 변모 양상 연구」등이 있음.

서영채 강원대 강사. 주요 논문으로「『무정』 연구」「알레고리의 내적 형식과 그 의미: 장용학의『원형의 전설』론」등이 있음.

오현주 서경대 강사. 주요 논문으로「개화기 소설의 현실 대응 방식 연구」「임화의 문학사 서술에 대한 고찰」 등이 있음.

이상경　한국과학기술원 교수. 주요 저서로『이기영: 시대와 문학』『한국 근대 민족문학사』(하정일 공저) 등이 있음.

이선영　연세대 국문과 교수. 주요 저서로『상황의 문학』『소외와 참여』『한국 문학의 사회학』 등이 있음.

이현식　인하대 강사. 주요 논문으로「1930년대 후반 안함광 문학론의 구조」「김동석론」 등이 있음.

이　훈　목포대 국문과 교수. 주요 논문으로「1930년대 임화의 문학론 연구」「임화의 초기 문학론 연구」 등이 있음.

정우택　성균관대 강사. 주요 논문으로「'정선아라리'의 구조적 성격과 역사적 전개」 등이 있음.

최원식　인하대 국문과 교수. 주요 저서로『민족문학의 논리』『한국 근대 소설사론』 등이 있음.

하정일　연세대 국문과 교수. 주요 저서로『민족문학의 이념과 방법』『한국 근대 민족문학사』(이상경 공저) 등이 있음.

한기형　성균관대 강사. 주요 논문으로「한문 단편의 서사 전통과 신소설」 등이 있음.

＊ 순서는 가나다순입니다.